ZHONGGUO XINAN MINZU YANJIU XUEHUI
JIANHUI 30 ZHOUNIAN JINGXUAN XUESHU WENKU

袁晓文 陈国安 总主编

中国西南民族研究学会建会30周年精选学术文库

GUANGXI JUAN

广西卷

覃彩銮 俸代瑜 主编

民族出版社

总　序

袁晓文

光阴荏苒，岁月如梭，弹指间，中国西南民族研究学会已走过了30个春秋。古人云“三十而立”，这套为庆祝学会建会30周年而精选的学术文库，正是西南民族研究同仁们为“三十而立”精心准备的一份厚礼！

西南民族地区是中华民族多元一体格局的重要组成部分，同时也是我国世居民族数量与种类最繁多、支系最复杂的地区。早在20世纪三四十年代，一大批接受过西方民族学、人类学等学科训练的学者，躬身到这个地区进行实地调查，将理论与田野相结合，撰写了大量有价值的学术论著，为西南民族研究奠定了坚实基础。五六十年代的少数民族社会历史大调查，又为西南民族研究积累了丰富的历史经验和第一手资料。西南民族研究先驱者们的筚路蓝缕与学术耕耘，最终开创了具有中国民族学特点、西南民族研究特色的民族研究路径。

中国西南民族研究学会的诞生，是与西南少数民族的交错分布和文化多样性密切相关的。西南少数民族有两个非常显著的特征：

第一，民族分布不受行政区划限制，有不少民族跨省而居，有的甚至跨国境而居，且一族的发展也常因区域不同呈现出较大差异。有些人口较多民族的居住区域横跨数个省区，其中壮、彝、苗、土家等族分布于川、黔、滇、桂、渝、鄂、湘等省市区；藏族跨越藏、川、滇、青、甘等省区；傈僳、纳西、傣、仡佬、瑶、侗、水、布依、蒙古、普米等族也都分布于两个以上的省区。历史上各民族间频繁的迁徙往来与交流互动，形成你中有我、我中有你的基本格局，各民族交错居住，具有大散居、小聚居的特点。

第二，各民族间乃至民族内部的社会经济发展极不平衡，文化多样性极为突出。社会组织方面，同一民族内部社会形态差异较大。如大小凉山彝族尚处于奴隶制，一般彝族地区已进入封建领主或地主经济，个别地区已产生了资本主义经济成分。由于地理的、政治的、经济的、历史的因素错综交织，导致了民族内部支系纷繁，语言多样。有时同一民族的支系多达十余支乃至几十支。同一民族使用的语言有一种至几种，又有方言、次方言和土语之别。民族文字也一样丰富多彩，如傣文有德宏傣文、西双版纳傣文、金平傣文和傣绷文4种地方文字；而大凉山、黔西和滇中的彝文，在书写顺序和字体形状方面也各不相同。仅云南省就有28种民族语言和23种民族文字。

中华人民共和国成立后，我们对于各民族的历史和现状进行了大量的调查研究，取得很大成绩。但由于有关省区间协作不够，因而对于跨省区的民族缺乏整体的、全面的研究和认识。至于对同一语族的各民族的综合比较研究则开展得更少，这不仅给科学研究工作带来不利，同时也影响到民族工作。比如一些地理位置相连的同一民族，因分布省区不同而至今还被误认为是两个民族。新中国成立前被称为“西番”的人群，其中一部分在云南定为普米族，在四川则归入了藏族；同样自称为“纳日”的人群，在四川木里定为“蒙古族”，而居地相邻的云南永宁地区则定为纳西族（摩梭人）。

西南少数民族文化的多样性及居住格局的复杂性，要求我们对分布于不同省区的同一民族和各民族之间的历史关系以及影响各民族间关系的种种要素进行整体的、系统的、多维度的综合比较研究，这样才能全面地、正确地认识和掌握各民族的历史、社会、经济、文化等方面的特点及其互动关系，并在此基础上正确总结西南民族演变的特点与规律，进而深入认识西南多民族和谐共居的文化内涵与社会价值，从而为我国的改革开放和社会主义现代化建设服务。因此，打破行政区划与学科界限进行更广泛的合作与比较研究，是时代赋予西南民族研究的学术使命，中国西南民族研究学会正是在这一特殊的学术研究背景下应运而生的。

经过30年的发展，中国西南民族研究学会的团体会员，从建会初期的四川、西藏、贵州、广西、云南、北京6省市区，扩大到包括重庆、湖南、湖北、广东、福建、青海，共12个省市区。这个地区有藏、门巴、珞巴、羌、彝、白、哈尼、傣、傈僳、佤、拉祜、纳西、景颇、布朗、阿昌、普米、怒、德昂、独龙、基诺、苗、布依、侗、水、仡佬、壮、瑶、仫佬、毛南、京、土家、畲、满、蒙古、回35个世居少数民族以及若干族称待确认的民族，这些民族的语言主要分属两大语系4个语族，即汉藏语系的藏缅语族、壮侗语族、苗瑶语族，南亚语系的孟-高棉语族。与之相适应，西南民族历史上也可分为四大族群，即氐羌族群、百越族群、苗蛮族群和云南濮人族群。属于藏缅语族即氐羌族群的有彝、藏、白、哈尼、拉祜、纳西、傈僳、普米、景颇、阿昌、土家、羌、基诺、怒、独龙、门巴、珞巴等民族及僜人等；属于壮侗语族即百越族群的有壮、侗、布依、傣、水、仡佬、仫佬、毛南等民族，属于苗瑶语族即苗蛮族群的有苗族和瑶族；属于南亚语系孟-高棉语族的有佤族、布朗族、德昂族和克木人等，他们都是西南地区的古老民族。元代以后进入西南地区的回族、满族则操汉语，云南的蒙古族也已基本上改操彝语。

30年来，学会通过多层次、多类型的学术活动，建立了西南各省区间平等互助、团结协作的学术关系，已逐步将学会建成多学科、跨区域研究的高端学术平台。学会曾多次组织民族学、人类学、民族史、民族语文、考古学、经济学、地理学、宗教学等多学科的综合科学考察，对分布于岷江、大渡河、雅砻江、金沙江、澜沧江和怒江六江流域的藏缅语族各族进行综合考察；组织“壮侗语族综合考察队”，对分布于我国南方和桂滇各省即古代“百越”地区的壮、侗、水、傣各族进行综合考察；组织“苗瑶语族综合考察队”，对分布于黔桂滇以及中南各省即古代“苗蛮”地区的苗、瑶、畲等各族进行综合调查。同时还加强了对分布在云南境内孟—高棉语族各族的调查。这些考察不断取得卓有价值的成果。目前，学会丰硕的研究成果已成为中国人类学与民族学研究中的重要组成部分，许多研究理论与经典个案已成为民族学、人类学本土化的成功范例。

30年来，学会不断占领民族研究的学术制高点，开拓新领域，开创中国民族区域研究的新局面。除进行综合研究以外，还积极推动单一民族的研究，初步建立了藏学、门巴学、珞巴学、羌学、彝学、白学、哈尼学、傣学、傈僳学、佤学、拉祜学、纳西学、景颇学、布朗学、阿昌学、普米学、怒学、德昂学、独龙学、基诺学、苗学、布依学、侗学、水学、仡佬学、壮学、瑶学、仫佬学、毛南学、京学、土家学、畲学等的学科体系和基础理论体系，有的已逐步成为国际显学。

30年来，学会秉承为繁荣哲学社会科学研究服务、为民族地区服务、为少数民族群众服务、为时代中心工作服务的宗旨，坚持田野调查与学术创新并举，学术工作与时代要求紧密结合，关注现实、关注焦点与难点，涌现出一大批高质量的研究论著，并在学术刊物创办、系列丛书出版等方面取得了卓越成就，为西南民族地区经济与社会的发展、为祖国的西部大开发战略做出了积极贡献，为西南各少数民族走向世界搭建了新的平台。

30 年来，学会在资料库建设、学科理论等层面形成了良好的学术研究传统，丰厚的学术积淀为人才培养奠定了坚实基础，丰富的学术资源是人才成长的摇篮，结构合理、体系完备的学术研究梯队业已形成，科研人员年轻化、高学历化的趋势日渐明显，他们中，有不少人已是高等学府和科研院所的学术带头人，许多人还获得了博士学位，已成为当前西南民族研究的中坚力量。

30 年来，西南民族研究的学术同仁们紧密团结在学会周围，学会也不断成长、壮大，吸纳省份不断增加，团体成员不断增多，在重大课题攻关、重点理论创新、人才培养与梯队建设、对外交流与合作、为政府建言献策等方面取得了令人欣喜的成就。

白居易曾说过："文章合为时而著，歌诗合为事而作。"呈现在读者面前的这套学术精品文库，既是对学会 30 年工作的回顾与巡礼，也是西南民族研究的学术同仁们，带着对西南各民族的温情与敬意，带着对西南民族地区发展进步的殷切希望，用自己严谨的治学态度、扎实的研究功底，以高度的社会责任感与学术道德，研究西南各民族历史、社会、文化、生态与经济发展等各方面重大问题的智慧结晶。我们希望通过这个文库的编辑出版，深刻认识过去，正确走向未来，为未来 30 年的发展奠定良好的基础。

衷心祝愿我们的学会越办越好，取得更大辉煌！

前　言

何耀华　陈国安（执笔）

中国西南民族研究学会成立于我国改革开放之初。

中国共产党十一届三中全会后，我国进入改革开放新的历史时期，迎来了科学的春天。1980 年，经过中国科学院民族研究所和贵州省民族研究所的积极筹备，10 月在贵阳胜利召开了“首届全国民族学学术讨论会”，会议着重讨论了民族学的性质、研究对象、任务和方法，恢复了民族学科的科学地位，建立了“中国民族学学会”。

会议的应时召开，使参会人员倍感科学春天的到来而深受鼓舞和启发。会议期间，出席会议的云贵川桂藏和北京等省市区的部分代表，就筹建西南地区民族研究学会组织有关问题进行协商，并建立筹备委员会。在马曜等专家学者积极努力和各省区民族事务委员会的大力支持下，经过一年的筹备工作，于 1981 年 11 月在昆明召开了中国西南民族研究学会的成立大会暨首届学术年会。“会员主要采取团体会员制，包括上述五省（区）（系指云、贵、川、桂、藏）和北京的民族研究所、民族学院以及有关科研、高等院校的成员，也包括一部分有多年民族工作经验的民族工作干部和一部分在研究工作中取得突出成绩的其他战线的成员。”

学会建立 30 年来，已顺利进入第 9 届，历届领导班子积极工作，充分发挥各会员单位的作用，团结学会广大会员，努力推动西南民族科学研究事业的向前发展，加强民族学科建设，加强为少数民族和民族地区的社会进步、经济发展、文化繁荣服务。学会具有建立早、行动快、形势好、起点高的特点，也就是说中国西南民族研究学会就是在这样一个很好的形势下开始的。概括起来主要有以下三个方面。

一、积极广泛地推动民族学的田野调查和研究工作

民族学的田野调查是民族学研究最重要、最基本的方法，在我国从某个意义上说，没有田野调查就谈不上真正的民族学研究。西南民族研究学会在成立大会上就提出：“加强各民族的完整和系统的研究，拟由学会组织关于藏缅、苗瑶、壮侗、孟－高棉四个语族的综合考察队进行民族学、民族史、语言学、体质人类学、考古学、地理学、经济学的综合考察。”

首先筹组关于藏缅语族的“‘六江’流域民族综合考察队”。

遵循这一思路，学会很快组建考察队，由川、滇、黔、桂4省区和上海复旦大学人类学研究室的研究工作者以及四川大学历史系实习生20人，共计40余人参加。“六江”流域（六江系指岷江、雅砻江、大渡河、金沙江、澜沧江、怒江）又称藏缅语族走廊或藏彝走廊。“六江”流域民族综合考察队由李绍明、童恩正、何耀华等负责，考察包括民族学、民族史、民族语言、考古学、经济学、人口学、宗教学、体质人类学与血型分析等多门学科。考察从1982年5月开始，至1984年7月结束，共分3个阶段进行。重点完成了对“六江”流域攀枝花市境内傣族、白族、米易“亚拉人”、盐源冕宁纳西族、冕宁“西番”中的“纳木依”等的社会历史调查；对纳西语的东部方言和东巴文、“纳木依”语、四川傈僳语等的语言调查；对盐边、米易、冕宁等县的考古调查；对冕宁县和米易县的人口与经济问题调查，收集了丰富的、有较高学术价值

的第一手资料。之后的 1991 年，中国西南民族研究学会又组织了 30 名中外学者的学术考察团，到云南省宁蒗彝族自治县、丽江纳西族自治县等地进行了为期半个月的实地考察，有来自美国、苏联、日本、泰国、印度、巴基斯坦、尼泊尔、巴西等外籍山地开发研究专家和中国西南民族研究学会的川、滇、黔、桂、藏、京专家。在深入民族地区进行实地考察的基础上，进行学术讨论，创造了一种将实地考察与研讨会结合起来的新形式。

除学会组织的田野调查外，学会相关各省区市也组织了许多的调查。

贵州主要有"'六山六水'民族调查"［"六山六水"系指贵州境内的雷公山、云雾山、武陵山、月亮山、大小麻山、乌蒙山和清水江、都柳江、舞（㵲）阳河、乌江、北盘江、南盘江 6 座山 6 条江地区］。遵循中国西南民族研究学会的倡议，由贵州省民族研究学会和贵州省民族研究所共同牵头组织，有中国社科院民族研究所、贵州省民族研究所、贵州省社科院、贵州民族学院、贵州省博物馆、贵州省教科所、贵州省民族文化宫等单位参与。从 1983 年起，每年组织一期，一直进行下去，迄今已完成 30 期调查，收集调查资料 2600 余万字。调查时间长，坚持了 30 年之久不间断，在国内外民族学史上也属罕见；参加单位和人数多，先后有贵州民族学院、贵州省社科院、贵州省博物馆、贵州省教科所、贵州省民族文化宫、中国社科院民族研究所等单位和部分地方民族工作部门的实际工作者以及省内各地的民族研究爱好者参加。据不完全统计，有近 200 人、1000 余人次参加调查。调查内容涵盖民族史、民族学、政治学、经济学、语言学、教育学、社会学、考古学、宗教学、人口学、民俗学、法学、民族医药学等多个学科；调查地域面广，几乎踏遍了贵州的山山水水和典型民族村寨；调查的民族众多，包括了贵州的苗族、布依族、侗族、土家族、彝族、仡佬族、水族等 17 个世居少数民族和汉族；资料收集丰富、珍贵，有较高的学术研究价值。贵州民族大学对贵州傩文化、水书、世居少数民族的历史文化、习惯法等组织多次调查，收集了丰富的民族学研究资料。贵州省社会科学院多次组织对省内苗族、布依族、侗族、彝族、水族民间文学和文化的调查，为民族文化研究积累了丰富的资料。

四川省组织了对川东酉水土家族的调查（当时重庆市还未设立为直辖市），有四川省民族研究所、西南民族大学、四川大学、重庆市博物馆等单位的10人参加。调查从1987年开始，经过1989—1990年的4次实地考察，对川东酉水土家族的社会历史、建置沿革、经济文化、民族宗教、民间社团、风俗习惯、民间文艺等进行了全面调查。2001年，由四川省民族研究所牵头，进行了有四川大学、甘孜藏族自治州等10多个单位组成的“大渡河上游民族综合考察”。自2005年开始，在四川省民族研究所的组织下，通过整合学术研究资源，对藏彝走廊各区域展开了一系列具有开拓意义和重大社会价值的田野考察，其中较重要的有：与美国西雅图华盛顿大学合作开展攀枝花金沙江流域彝汉社区20年追踪调查；对石棉县尔苏、木雅两个藏族支系的考察，宝兴县硗碛藏族综合考察，甘洛县尔苏藏族调查，冕宁县多续藏族历史与文化综合考察，九龙县纳木依和里汝藏族的综合考察，道孚雅江的扎巴藏族考察以及对汶川县雁门乡萝卜寨羌族的考察，这些区域均为20世纪五六十年代民族调查工作未能重视的区域，因此以上藏彝走廊东缘地区的调查是具有填补空白意义的考察。特别是汶川县萝卜寨的调查，该调查完成后不久即遭遇“5·12”汶川特大地震，为学术界保留了不可再得的第一手宝贵材料。西南民族大学为配合国际人类学与民族学世界大会在昆明召开，在四川民族地区开展了民主改革的口述史调查，取得了宝贵的民族学资料。四川大学对黑水藏羌居住区域、云南藏回共居区域进行的调查，也推进了藏彝走廊的研究。四川省民族研究所和中山大学、平武县合作开展了平武各民族文化综合调查，形成了关于白马藏族、羌族和回族的丰硕研究成果。

广西壮族自治区组织了多次民族调查。1985—1986 年，对南盘江流域少数民族开展民族学调查，分两个调查小组进行，收集资料 40 余万字。同时又组织了“花山崖壁画调查”，这是一次以左江流域崖壁画为内容的大型专题调查，组织了较雄厚的力量，对左江流域 200 多公里长的崖壁画进行了较全面的调查，基本搞清了域内崖壁画的情况。之后，邀请全国知名的考古学家、民族学家、崖壁画研究专家，对花山崖壁画进行了全面的论证，这是有史以来对花山崖壁画最大型、最全面的考察论证。1989—1991 年，开展“红水河流域民族调查”，广西民族研究所一批青年学者多次深入红水河流域的天峨、南丹、东兰、巴马、都安、大化、马山、忻城、来宾等地，对这一带民族走廊的民族情况、土地、人口、传统文化、民族关系、国家电力开发与地方利益关系、水电站库区移民安置等问题进行了综合调查，为摸清红水河流域境内的民族、人口、资源等情况收集了丰富的资料，形成 40 多万字的成果。1991 年，经过认真准备，组织了“壮族传统文化调查”和“云南文山州壮族调查”。“壮族传统文化调查”具有较强的抢救性质，20 多人参加，分为桂东、桂南、桂西、桂北、桂中 5 个调查小组，收集了极为丰富的、有较高学术价值的民族学资料。“云南文山州壮族调查”，由 20 多名民族学专业人员组成。该调查是对 20 世纪 50 年代全国少数民族社会历史调查的一次较大型的补充调查，重点是壮族的传统文化，共收集 200 多万字的民族学资料，弥补了 50 年代的不足。1992—1993 年，广西民族研究所进行了“边疆民族地区稳定与发展的主要问题及对策”调查。1997—2002 年，广西民族研究所对区内 58 个民族乡进行了全面调查，为政府全面了解广西的民族乡提供了翔实的资料。2005 年，广西民族研究所与云南大学合作，开展中国少数民族村寨调查。其后，在国家保护非物质文化遗产政策的推动下，对壮族、瑶族等民族传统文化展开了多次调查。

西藏自治区以西藏社科院、西藏民族学院、西藏大学为主体的团体会员单位，结合西藏的实际，多次组织对境内藏族、门巴族、珞巴族的调查和研究。以西藏社科院为主，先后3次对境内进行文物普查，特别是对青藏铁路西藏段的调查，基本掌握了各类文物古迹和遗址的分布、数量、现状和文化价值，征集文物2万多件，明确各级文物保护单位4283处，并参与了重点文物的保护和维修工作。开展了对藏族民间艺人的调查，采访民间艺人1万多人次，收集录像资料100多盘，录音带500多盘，照片1万余张，民歌、乐曲、曲艺、戏曲音乐等1万多首，文字资料3000余万字。还对藏戏、藏医药浴和19个民间艺术之乡、2个特色艺术之乡、14个民间文化艺术之乡进行了规模较大、较全面的调查，为政府的命名提供了丰富坚实的基础资料。西藏民族学院还进行了人口较少的门巴族、珞巴族的全面调查和西藏边疆民族地区历史文化调查，调查队员不辞辛劳，穿越原始森林进入墨脱县调查，获得了门巴族、珞巴族和僜人丰富的第一手资料。

重庆市的三峡博物馆、西南大学、长江师范学院等团体会员单位，组织民族研究学者多次进行专题调查。长江师范学院乌江流域经济文化研究中心10余次对乌江流域进行了综合、专题的考察，包括历史文化、社会组织、土司制度、教育等内容；西南大学民族教育研究领域的学者深入民族地区进行民族教育、职业教育方面的调查研究；重庆市的学者进行了重庆市民族乡情调查和习惯法专题调查等。

湖北省以中南民族大学、三峡大学、湖北民族学院为主体的团体会员单位，虽然在2003年才加入学会，但研究队伍和力量都较强，10余年来多次组织队伍对武陵民族走廊的社会经济、城镇化问题、民族自治地方县域经济、新农村建设中的社区建设、村民自治、文化建设、医疗卫生保障、养老保障、少数民族农民工参与新农村建设、农村散杂居民族问题、省际边区的民族问题和群体性事件、散杂居民族宗教问题、散杂居民族的社会结构变化、散杂居少数民族问题的发展趋势以及“共生互补”实践理念等多个领域开展了深入的调查和研究，从理论研究和实际问题对策上都取得了显著的成绩。

湖南省以吉首大学为主体的民族研究团体会员单位近年来积极组织专题性田野调查，主要有“民族地区生态文化调查”、“民族志资料调查”和“贵州历史民族志调查”等。其中“民族地区生态文化调查”涉及湖南，贵州的黔东南、黔南、黔西南和黔西北以及广西等民族地区，调查内容有自然生态、耕作方式和生活方式等。

位于北京的中国社会科学院民族学与人类学研究所先后组织了对贵州、西藏等地苗族、藏族的调查。对藏彝走廊中史兴藏族、贵琼藏族的调查也取得重大成果。中山大学自 2005 年开始，亦多次深入贵州水族、侗族、苗族地区进行调查和研究。厦门大学的学会会员也多次深入贵州苗族和湖南畲族等民族地区进行调查和研究。

二、适时召开学术会议，积极推进学术交流

“中国西南民族研究学会，既是中国，特别是西南改革、开放和现代化建设的产物，又是在为中国，特别是西南改革、开放和现代化建设服务的进程中发展繁荣的，围绕西南各民族和西南地区的现代化建设，学会共召开过大、小学术研讨会 38 次。”中国西南民族研究学会自建会以来，十分重视学术研究成果的研讨和学术交流。学会从成立之日起，就决定原则上每两年召开一次学术年会，中间召开一次工作研讨会，同时根据实际情况还可以举行不定期、不定规模的学术会议或工作会议。学会成立 30 年来，召开的学术会议主要有：

1981 年 11 月，中国西南民族研究学会在昆明召开了成立大会暨首届学术讨论会，有来自川、滇、黔、桂、藏 5 省区及北京的民族研究学者和民族工作部门的领导，计 14 个民族 120 多名代表出

席，会议“着重就西南民族研究的方向、存在的问题、协作项目等进行了全面的讨论”。西南5省区居住有34个少数民族以及待识别的若干民族或民族支系，人口近4000万，占我国少数民族人口总数的60%以上，他们分属两大语系的藏缅、苗瑶、壮侗、孟－高棉4个语族。西南5省区是一个多民族的聚居地，各民族都有悠久历史，民族间乃至民族内部的社会经济发展极不平衡，存在着各种社会、经济形态，是人类社会发展史的活化石，有着十分丰富的民族学研究资源。

1983年的第二次和1993年第八次学术年会都是在拉萨举行。1983年为“藏族学术讨论会”，由西藏师范学院、西藏自治区民委、西藏社科院和西南民族研究学会共同发起，有来自全国20个省市区的82个不同学术团体和单位出席会议。会议的中心议题是建立和发展马克思主义的西藏学，研究和解决西藏地区和其他藏族地区四化建设中提出的理论问题和实际问题。代表们就西藏地区社会经济发展战略、西藏新型的社会主义民族关系、西藏人口问题、西藏与祖国的历史关系、藏族历史人物评价、藏族文化与宗教的关系、藏族的医学遗产等问题进行了深入的讨论。10年后的1993年，又在拉萨举行了第二次全国藏学讨论会，仍以藏学与藏区的现代化问题为主题。随着改革开放的不断深入，藏区与祖国沿海经济发达地区和周边省区的差距正在进一步拉大，存在许多亟待解决的问题，包括经济和社会等诸多方面的问题。研讨会围绕历史、宗教、语言、经济、人口、教育、艺术等方面进行了探讨。

1985年的第三次和1995年的第九次学术年会均在四川凉山彝族自治州首府西昌举行。1985年的第三次学术年会是以“彝族学术研究与彝族地区的四个现代化问题”为中心，兼及彝族的历史、文学、艺术、语言、宗教、民俗、考古等有关学科学术问题的讨论。通过深入的研讨和交流，发表了许多富有价值的见解，触及一些新课题，提出了一些具有重要理论意义和实践意义的新思想、新结论和新建议。1995 年的第九次学术年会的议题是以“彝族暨彝族地区的现代化问题”为中心，进行多学科、多角度的探讨，内容涉及彝族的社会、历史、宗教、经济、人口、教育等学科，探讨中对某些方面提出了一些新的见解，有助于彝学研究的深入和发展。

1986 年的第四次学术研讨会是中国西南民族研究学会和四川省民委受川、滇、黔、桂、藏 5 省区民委和重庆市民委的委托，在成都召开的“西南民族地区经济发展战略讨论会”。会前，由各省区广泛组织和动员学会会员深入调查研究，收集并编辑资料 60 多万字，组织了一个由各省区一名学者组成的研究小组，对西南少数民族地区的经济发展和社会发展问题进行了总体性的宏观研究，提出了一个可供会议参考的研究报告。会议有来自相关省区的代表 160 多人参加，经过充分讨论，并根据当时情况，决定向党和政府提出 4 条建议。第一，西南少数民族地区的经济发展不应受东部、中部、西部的“梯度发展战略”的制约，因为不符合区域经济自身运动发展的规律，将会推迟和延缓西南民族地区发展的时间，不利于西南民族经济近期的发展，应该把梯度发展战略与跳跃发展战略结合起来，只要条件具备，应允许西南某些民族地区的经济发展与东部同步，甚至率先发展。第二，要承认西部地区基础的客观差异，在发展速度上不能与全国一样地要求。作为战略基础，必须结合西南民族地区的实际发展经济、上项目。第三，要切实落实与《民族区域自治法》相应的经济建设自主权，扩大民族地区计划、财务、投资、信贷、税收、价格、经济技术合作、口岸建设与管理等方面的权限。同时，对西南民族地区实行有利于促进当地经济文化发展的鼓励政策。第四，在西南民族地区建立经济特区，使其既能享受经济特区的特殊政策，又能享受民族地区的有关待遇。这是一次与西南民族地区现实问题紧密结合的研究，是受政府民族主管部门委托的研讨会，也是一次很成功、很有现实意义的学术会议。

1987 年的第五次学术年会在贵阳市举行，会议定名为“苗瑶族学术研讨会”，是一次国际性的会议，由中国西南民族研究学会同贵州省民委、贵州省社科院、贵州民族学院主办，贵州省民族研究所承办。有来自云南、广西、四川、北京、湖南、广东、西藏、贵州、香港等省市区的130多名专家、学者和民族工作者到会，还有日本、加拿大、法国的学者出席。会议就苗、瑶民族地区的物质文明和精神文明建设，对包括自然资源的开发利用、经济的发展、教育科技的发展、人才技术的引进、民族干部和科技人才的培养、社会主义民族关系、社会历史、风俗习惯、伦理道德等方面的问题进行了广泛、深入的研讨和交流。会议不仅对苗族、瑶族的研究是一个推动，同时对西南五省（区）的民族研究也是一个推动。

第六次学术年会于1989年在广西南宁举行，由广西壮族自治区民委、广西壮族自治区民族研究所、广西民族学院和中国西南民族研究学会联合主办“全国首届壮侗语诸民族学术讨论会”，有云南、贵州、西藏、四川、广西、广东、海南、湖南、湖北、北京等省市区和港台15个民族的专家学者以及日本、法国的学者近百人出席会议。会议的中心议题是探讨壮侗语族8个民族的历史、文化、民族特点和改革开放中的现实问题、理论问题。会议以小组讨论和大会交流相结合，对一些带有普遍性的问题进行了热烈的讨论，并对会后的研究工作提出了许多有益的设想和建议。

1991年学会的第七次年会即是由云南省社科院、云南省民委、丽江行署、大理白族自治州政府和中国西南民族研究学会联合召开的“促进山区民族经济开发与社会进步学术会议”。会前组织了中外专家组从昆明出发，先后实地考察了攀枝花市的平地彝族乡，云南省宁蒗彝族自治县新营盘乡的毛家村、宁坪乡的长坪村、永宁乡的七家村，丽江纳西族自治县的拉市乡以及金山乡的则古村，历时7天，参加考察的有来自美国、苏联、西班牙、秘鲁、印度、尼泊尔、泰国、加拿大、法国等国的学者16人，国内有滇、黔、川、桂、藏、京、沪等地学者16人。会议在深入实地考察的基础上，探讨了我国山区民族实现现代化的理论与实际问题，主要围绕山区民族经济开发的理论问题、政策问题、模式问题、改革开放问题以及有关促进山区社会进步的妇女问题、教育问题、科技推广问题、观念更新和生活方式的改变问题进行了讨论。如此内容的会议“在全国尚属首次”，产生了积极的影响。

1997—2003 年的第十、十一、十二次学术年会，都是围绕民族地区的开发问题举行的。第十次学术年会是以“南昆铁路的建成与西南各民族的共同发展繁荣”为主题在南宁市举行，讨论了铁路大通道与繁荣西南民族经济、建立北部湾经济区、消除民族贫困等诸多问题。第十一次学术年会是在我国西部大开发战略实施之际，以“西部大开发与西南少数民族的共同发展繁荣”为主题在贵阳市召开的，讨论涉及西南民族地区资源合理开发、经济结构调整、生态环境的建设与保护、民族区域自治、民族教育、经济跨越式发展战略、传统文化保护等问题。第十二次学术年会是以“城镇化进程中的少数民族问题”为主题在重庆市举行，会议着重讨论了我国新时期随着城镇化的推进，少数民族人口在大量进入大、中、小城市自主创业后出现的诸如就业、生存、习俗、民族关系等新的民族问题，与会者从政策上、法律上、对策上提出许多建议，受到了重庆市委、市政府的高度重视，将会议的成果上报中央有关部门参考。

2006 年的第十三次学术年会以“构建中国西南民族地区和谐社会”为主题在云南红河哈尼族彝族自治州召开，有来自国内 10 省市区的代表百余名和来自越南的学者 4 名参会。会议就经济发展、传统文化与文化多样性、教育、生态保护、习惯法、妇女问题、民族法制与民族关系等多方面、多角度进行了热烈讨论，取得了丰硕的学术成果。第十四次学术年会于 2008 年在武汉中南民族大学召开，主题是“改革、和谐、发展”。2010 年的第十五次学术年会在成都市举行，主题是“交流、互动、发展：全球视野中的西南各少数民族”。会议进行了广泛的交流和讨论。

2012年的第十六次学术年会，即由贵州省民族事务委员会和中国西南民族研究学会主办，贵州省民族研究院、贵州省民族研究学会承办的“中国西南民族研究学会三十年学术研讨会”在贵阳隆重举行，会议主题为“工业化、城镇化进程中的少数民族文化保护”。有来自京、川、滇、渝、桂、藏、鄂、湘、粤、闽、青和黔12省市区百余名专家学者参加了会议。会议一是认真总结了中国西南民族研究学会30年来工作的经验和学术研究的成果以及今后的发展；二是对工业化、城镇化进程中的少数民族文化保护进行了认真、深入的研讨。

除学会的16次学术年会外，还有如下几次重要学术会议值得介绍：

一是2003年在成都举行的“‘藏彝走廊’历史文化学术讨论会”。“藏彝走廊”是费孝通先生于1980年前后提出的一个历史民族区域概念，主要指今川、滇西部及藏东横断山峡谷地区。会议围绕藏彝走廊概念、民族族源及迁徙、宗教、历史、民俗等方面进行了深入的探讨，与会者们对藏彝走廊这一领域的研究抱以极大的期望，掀起了藏彝走廊研究的新高潮。

二是2004年在昆明召开的“怒江、澜沧江、金沙江水能资源开发、生态环境保护学术研讨会”。会议还特邀我国两院院士、国家水利水电部总工程师、美国大自然保护协会等一批资深专家参会，紧密围绕“三江”水能资源开发和环境保护展开研讨，为地方政府决策提供了理论支撑和对策建议，发挥了学会资政的作用。

三是2007年在吉首大学召开的学会工作会议。会议主要讨论了3个问题：第一，请中国人类学民族学会秘书长、国际人类学与民族学联合会第十六届大会筹委会执行秘书长黄忠彩介绍有关会议的筹备情况，并就中国西南民族研究学会组织参加情况进行了动员、交流和部署；第二，决定2008年在中南民族大学召开“当代中国西南民族学与人类学研讨会：藏彝走廊、民族生态、都市族群、文化保护、构建学派”，有关方面积极做好准备；第三，认真研究如何构建“中国当代民族学西南学派”的问题，主要就学派理论、学派带头人、学派团队、成果应用、社会认同、研究方式与特征等进行讨论，李绍明就华西学派进行了系统发言。

四是2009年支持、组织参加“第十六届国际人类学与民族学世界大会”的“民族传统生态学知识论坛”（主席：何耀华）、“藏彝走廊专题论坛”（主席：李绍明）、“苗族的民族认同和苗族人类学论坛”（主席：翁家烈）、“都市族群与族群关系论坛”（主席：许宪隆）等，充分展示了西南民族研究的成果。

三、积极推动学术研究成果出版

中国西南民族研究学会自成立起就十分重视学术研究的成果的出版，并通过多方努力积极推动。30年来学会的团体会员单位和会员个人，涌现出了一大批有关西南民族的研究成果。学会每两年召开一次的学术年会，都是以当前学术界研究的热点问题，围绕中央和地方党委、政府的中心重点难点问题和战略大政问题确定会议议题，开展广泛深入研讨，尽力将论文编辑成书公开出版，定名为《西南民族研究》。这是中国西南民族研究学会主办的一个大型学术性研究丛刊，由中国西南民族研究学会与中国西南民族研究学会学术年会承办省区联合组织编辑出版。1982年，本会学术理论刊物《西南民族研究·创刊号》经过编辑审订，由四川民族出版社出版，之后陆续出版了彝族研究专集两集（1987，1996），藏族研究专集两集（1984，1994），苗瑶族研究专集（1988），《西南民族研究专辑》（1989），壮侗语诸民族研究专集（1990），《促进西南山区民族经济发展与社会进步学术论文集》（1991），《走进西部·西部大开发与西南民族研究》（2001），《三江水能开发与环境保护》（论文集）

(2004),《构建和谐与加快发展》(论文集)(2007),《交流互动发展:全球化视野中的西南各少数民族》(2012)。

在推出反映学会最新研究成果,办好《西南民族研究》的同时,还创办了《西南民族研究动态》,已编辑付印37期。这是中国西南民族研究学会工作性、通讯性、学术性、资料性的刊物,其主要任务是:及时反映本会的科学学术动态,综合报道或专题报道学术讨论或综合学术考察方面的活动;及时反映川、藏、黔、滇、桂5省区及北京各有关单位开展西南民族研究的情况,介绍科研成果和科研工作者的经验和体会;向会员提供有参考价值的学术资料(包括翻译资料),介绍有关学术座谈会及座谈的内容要点,报道西南民族研究方面和有关书稿的出版消息及内容提要;报道学会理事会的工作情况;刊登会员对本会工作的建议和批评。《动态》开设有“本会工作简讯”、“综述”、“论著译介”、“学术资料”、“研究者丛谈”、“学术简讯”、“会员来信”等专栏。

此外,学会主要负责人及总部,还利用和抓住机会,推动研究成果的出版。如在编写《中国各民族原始宗教调查研究》中,会长何耀华与吕大吉研究员合作,组织了云南、贵州等省区的团体会员单位及会员完成了其中的彝族卷、傈僳族卷、傣族卷、白族卷、纳西族卷、苗族卷、布依族卷、侗族卷、水族卷、仡佬族卷、畲族卷、高山族卷、拉祜族卷等。完成《民族知识丛书》中的《苗族》、《水族》、《仡佬族》等。

在学会的提倡和推动下,各省区市也推出了许许多多的研究成果,其中有不少为系列研究成果。在贵州有贵州省民族研究所和贵州省民族研究学会联合完成的从1983年开始至今,汇集了几代民族学者的调查研究成果《贵州民族调查》(1~28集),又将2600余万字的调查资料经过精选,编辑为《贵州“六山六水”民族调查选编》(1~10卷)公开出版,以迎接“第十六届国际人类学与民族学世界大会”和供学术界研究和参考。贵州省民族研究所以古代和当今两个视角，推出了贵州少数民族妇女研究《夜郎故地上的女性》、《贵州少数民族妇女问题研究》两项成果。贵州省社会科学院在研究利用大量调查资料的基础上，推出了民族文化研究丛书：苗族卷、布依族卷、侗族卷、水族卷、仡佬族卷5本和《中国苗学》、《苗族迁徙史》等著作。贵州民族大学推出了《水书文化研究》、《贵州少数民族面具文化》、《中国民族法学概览》等著作。在四川推出的有《藏彝走廊研究丛书》，包括《藏彝走廊民族历史文化》、《雅砻江流域民族考察报告》、《藏彝走廊中的独龙族社会历史考察》、《藏彝走廊：文化多样性、族际互动与发展》、《民族文化生态与经济协调发展——对泸沽湖周边及香格里拉的研究》、《李星星论藏彝走廊》、《扎巴藏族——21世纪人类学母系制社会田野调查》、《藏彝走廊的乐舞文化研究》、《凉山美姑九口乡社会历史调查》、《长江上游四川横断山区生态移民研究》以及马长寿遗著《凉山罗彝考察报告》的整理，等等。在云南推出的有《云南民族史》、《云南各族古代史略》、《从西双版纳看西周》、《“三江”水能开发与环境保护》。在广西推出的有以壮学研究中心为主的系列壮学研究成果，包括《壮族稻作农业史》等系列壮学研究丛书和《壮族通史》、《壮族文学史》、《广西左江岩画》、《古壮字字典》等著作。在重庆推出的有《乌江经济文化研究》，已出版2册；乌江流域社会经济文化研究中心系列丛书，已出版10册；《重庆市民族文化》，已出版4册。在西藏推出有《中国民族文化大观》的藏族卷、门巴族卷、珞巴族卷，编纂出版了《中国西藏地方历史资料选辑》、《元以来西藏地方与中央政府关系档案史料汇编》。此外，还整理出版了《格萨尔》说唱本、《中华大藏经·甘珠尔》（藏文版）、《中华大藏经·丹珠尔》（藏文版）、《西藏自治区珍藏贝叶经总目录》、《西藏自治区珍藏贝叶经影印大全》、《西藏自治区珍藏贝叶经影印大全简目》、《关于西藏自治区贝叶经保护方案与实施办法》、《西藏贝叶经保护纪实》等重大阶段性成果。在湖南推出的成果主要有《历史人类学典籍研究》丛书，已出7册，《〈黔记〉研究》丛书，已出版3册，《生态人类学研究》丛书，已出版5册，等等。在湖北推出的成果主要有《土家族研究》丛书，已出版15册；《湖北民族文化》系列丛书，已出版6册。广东中山大学推出了《水族与水族社会研究》等著作。

为迎接中国西南民族学会成立30周年，2011年6月，我会在成都召开部分会长会议，会议决定：①2012年在贵阳召开学会成立30年的工作总结和学术年会，由学会和贵州省民委主办，贵州省民族研究院、贵州省民族研究学会承办；②编辑出版《中国西南民族研究学会文库》，该文库为多卷本论文集，按学会覆盖面12省市区为单位各自编辑一册，论文选择范围为自学会成立以来本会会员的成果中最具代表性、创新性、学术性的论文，既考虑到各个时段，又照顾到年龄段，特别要注意年轻学者的成果，文库由学会统一组建编委会，统一体例，统一出版单位，出版经费由各省市区解决。

当年10月，学会部分负责人在贵阳召开工作会议，就2012年在贵阳召开中国西南民族学会成立30周年学术研讨会进行了具体研究和落实，对《中国西南民族研究学会文库》的编辑出版工作作了进一步细化、落实，再次强调了论文选择原则，决定由学会总部组织成立文库总编辑委员会，各省区市由副会长牵头组织本地的编辑委员会，并积极组织落实推进编选工作和落实出版经费。

现在，呈现在读者面前的《中国西南民族研究学会建会30周年精选学术文库》各卷，仅是中国西南民族研究学会众多丰硕成果的一部分，但都经过各省区市组织的专家组的精心挑选，我们相信是能够代表学会30年来的学术研究水平的，借此机会谨向学会的团体会员单位和会员个人道一声谢谢！是大家的共同努力才创造了今天的辉煌，我们深信学会的明天会更加团结、繁荣、美好！

目　录

壮学研究

瑶苗民族研究

侗仫佬毛南民族研究

其他世居民族研究

壮学研究

构建壮学体系刍议

张声震

1991年广西壮学学会成立以来，对壮族研究的广度与深度都取得了前所未有的发展，研究成果更加丰富，并呈现系列化趋势，一个壮学的发展新高潮正在兴起。如今，壮学已经引起越来越多的国内外学者和希望了解壮族的人们的关注。在这个热潮中，人们自然地提出种种问题：什么是壮学？壮学能否成为一门科学？壮学能否成为一个科学体系？什么是壮学体系？建立壮学和壮学体系有什么意义？以及怎样建立完备的壮学体系等等。笔者认为，这些问题都亟待开展讨论或探讨，以集思广益，共展壮学之宏图。笔者不避浅陋，谨结合近十年来致力于从事整理壮族传统文化遗产的新知和主持编撰《壮族通史》的思考，通观国内外对壮族研究的心得，撰写本文，提出自己的见解，谨就教于中外学者。

一、建立壮学体系是历史发展的必然

（一）壮族研究是历史的自然发展

壮族乃古越人后裔。在古代，越人生活在中国长江流域以南地区，是一个庞大的民族部落群体，有众多互不统属的支系，故史称百越。岭南地区的西瓯、骆越乃为其中两个支系，为壮族先民。从先秦的西瓯、骆越发展演变为壮族，大约经历一千多年。壮族之称始于宋，至今也有一千年之久了。可见，壮族是古老的、有着悠久历史的民族，此言非虚。壮族又是人口众多、分布辽阔的民族，现代壮族人口1700多万，聚居于广西、云南省东部、广东省西部，散居在湖南、贵州、四川等省，是我国人口数量第二的民族，是人口最多的少数民族。由于壮族先民在未形成自己的民族文字之前便为秦始皇统一了，所以壮族及其先民的历史多半用汉文史籍记载。我国正史中记载越人事迹最早的要算西汉时期的大史学家司马迁编纂的《史记》，它正式为“南越”、“西南夷”立传。此后，世代承传，不论是在典史、官书、地方志还是私家著述中，不但记述汉族王朝的事迹，也记载壮族先民瓯骆、俚僚、俍人的活动，其所记载的史实，对于今天正在兴起的壮族研究，无疑具有十分重要的价值。

由于种种原因，国内外研究壮族要比研究蒙古族、藏族、苗族等都滞后得多，中外学者研究壮族大约有一百多年的历史，其发展过程大致可分为三个阶段。

第一阶段：19世纪末至20世纪初中期，外国人研究壮族。

西方的学者研究壮族问题始于19世纪末叶，其时帝国主义列强竞相侵略东南亚及中国南方各省，他们出于侵略的目的，需要了解这个地区的地理、历史、民族、人文习俗，以满足帝国主义利益所需，有些殖民机构的官员、传教的牧师和一些学者，先后进入东南亚及中国南方各省作考察研究。

第二阶段：20世纪20年代至新中国成立，中国学者研究壮族。

20世纪20年代，国民党政府面对外国对我国边陲的侵略，积极加强对边疆少数民族的统治，这个时期，我国学术界一些有识之士，出于对边疆国土沦丧和对少数民族的关心，开始注意研究少数民族问题。广西永福县人刘锡藩（刘介）到少数民族地区作实地考察调查，广泛收集资料、历史文献，著有《岭表纪蛮》（1934年商务印书馆出版），该书内容丰富，论述比较全面。在上海任史地教授的徐松石可誉为研究包含壮族的岭南民族的历史文化的著名先驱。他撰写的专著有《粤江流域人民史》、《泰族僮族粤族考》、《东南亚民族的中国血统》、《日本民族的渊源》、《百越雄风岭南铜鼓》等。

第三阶段：新中国成立以来的壮族研究，壮学体系雏形逐步形成。

1949 年新中国成立，1958 年建立了广西壮族自治区，随之，壮族研究也成为我国民族研究的重要课题。

首先，对壮族社会经济、历史、语言、习俗作了全面的调查，对壮族传统文化遗产进行了收集整理。

1951 年，费孝通先生撰写了《关于广西壮族历史的初步推考》。

1957 年，广西少数民族社会历史调查组对壮区进行了广泛深入的调查，出版《广西壮族社会历史调查》第一册至第七册。

其次，壮族研究的范围日益广泛，研究的层次日益加深，研究的质量日益提高。

1957 年广西人民出版社出版了广西师范学院黄现璠教授编著的《广西壮族简史》，这是壮族学者写的第一部壮族历史书。

1958 年，民族出版社出版了黄藏苏编写的《广西壮族历史和现状》一书。

1958 年，广西少数民族社会历史调查组着手搜集资料，研究编写《壮族简史》。

自 80 年代至今，国家进入改革开放新时期，壮族研究无论从广度还是深度上，都呈现出空前兴旺繁荣的景象，发表了有关壮族历史的论文 200 多篇。

再其次国内研究壮族的学术机构、社团纷纷建立，从事壮族研究人员日益增多，壮学人才逐渐成长，壮族研究的国际交流日益开展。

1959年广西省壮族自治区博物馆建立；在1957年广西少数民族社会历史调查组的基础上，1973年建立了广西民族研究所；1980年，广西壮族自治区语委壮文研究室成立；1991年，广西社会科学院壮学研究中心成立；1991年，广西壮学会成立，学会会员总人数千余人。

壮族与东南亚各国的壮侗语诸民族有密切的关系，因而受到有关国家学者的重视，其中尤以泰国、日本学者为甚。壮族研究真正走向世界。

（二）壮族在祖国统一多民族大家庭中平等地位的确认，壮族自治区的建立，是促进壮族研究繁荣的原动力，开启了壮族研究的新时代

壮族研究的繁荣是壮族政治、经济、文化繁荣的反映，而壮族政治、经济、文化的繁荣最根本的原动力是壮族取得了民族平等地位与享受民族区域自治权利。国内许多关于壮族研究的论著，许多从事壮族研究的中青年学者以及一些民族研究机构都是在新中国成立后，特别是在广西壮族自治区成立后产生、涌现出来的。这就不能不归功于中国共产党所持的马克思列宁主义民族观和一贯奉行的民族平等、团结、共同繁荣和民族区域自治政策。尽管目前民族区域自治制度还不够完善，少数民族自治权在实践中还遇到种种问题或困难，但这些都是前进中的问题，与旧中国历代的统治者所奉行的民族压迫、民族歧视、强制同化是不同性质的问题。

（三）改革开放是推动壮学研究全面深入发展的机遇

首先是人们已摆脱了思想上的禁锢，冲破了种种研究上的禁区，解放了思想，开阔了视野，大大扩大了壮学研究的领域和范围。比如左江流域崖壁画的考察与研究、铜鼓的系统研究、《古壮字字典》的出版、壮族麽经《布洛陀经诗》的出版、壮族民歌古

籍集成首卷《嘹歌》的出版等等，都是在改革开放的大潮中出现的。宇宙间的事物常常是相辅相成的，人们渐渐认识到，所有这些优秀研究成果都为热心于壮学研究的中外学者所欢迎，为想了解壮族的中外人士所需要。有的研究成果已直接为对外开放服务做出贡献。比如对左江流域崖壁画的考察与研究，促成“花山崖壁画”成为国家重点文物保护单位，现被视为广西民族文化旅游的珍宝。而铜鼓系统研究的新成果，更为中外学者所关心和注目，使在桂林举行国际铜鼓学术研讨会顺理成章，水到渠成，众趣所归。

（四）壮学研究成果系列涌现，是建立壮学体系的必然

世界上任何一种真正的科学都是人们社会活动规律或是人们对自然界自身活动规律的探索、认识、概括与总结。壮学既然是以壮族为研究对象的一门综合性科学，其内容自然要涉及有关壮族的各个方面。建立壮学体系，就是运用科学的方法，对壮学领域中相对独立的有内在联系的各个问题进行全面系统深入的研究，以形成具有系列性和整体性的研究成果，从历史的深度与广度纵横展示壮族的社会历史文化面貌及其发展、演变轨迹与规律。

壮族研究，只从新中国成立算起，也已经历了数十年，取得了一系列的显著成果，初步形成了壮学体系的雏形。

1. 壮族史研究成果

壮族史是壮学体系的核心之一，它涉及壮族的历史渊源、流变、形成、分布、族称及其历史发展等一系列问题，是壮学研究中首先要解决的问题。

早在20世纪30年代，徐松石教授（广西容县人）先后出版了蜚声学术界的《粤江流域人民史》、《泰族僮族粤族考》、《百粤雄风岭南铜鼓》等著作，对壮族的族源辨识、族属分布和音义探源、地名考证法，以及对传世铜鼓的族属、制作、类型、纹饰、功能等都作了精详的论证，开创了壮族史研究之先河，他的许多论点和研究方法至今仍有重要的参考价值，其专著可以说是治壮族史所

必读。

新中国成立后，随着中国共产党民族平等、民族团结、民族区域自治政策的实施，民族识别工作的开展，壮族自治区的建立，国内学术界曾经对壮族的民族称谓、族源、历史等问题，进行十分热烈的讨论，发表过许多论文。经过长期的探讨，终于在壮族族源为土著的古西瓯、骆越人上取得共识。壮族为土著民族，是壮族研究的重大成果，所产生的政治影响、心理影响是不可估量的。使壮族人明了本民族的根由，从而恢复了已处朦胧状态的甚至湮灭了的民族意识，提高了民族自豪感、自信心，并赖此取得民族区域自治的权利，恢复了她在祖国大家庭中的平等地位。

新中国成立至今，壮族史方面的研究成果已出版的有黄现璠教授撰写的《广西壮族简史（初稿）》（1957年）和黄臧苏先生的《广西壮族历史和现状》（1958年）。他们认为壮族是土著民族。此基本观点，勾画了壮族历史渊源的脉络，至今仍为多数壮学者们所采纳并深化之。

进入80年代，壮族史的研究更加全面、系统和深入。广西民族研究所编撰的《壮族简史》（1980年），充分吸收了前期的研究成果和多数学者的意见，对壮族历史的发展脉络作了较为清晰的论述，观点鲜明，史料也较丰富。1982年出版的广西民族学院研究室编写的《壮族历史人物传》，以人物为主干，论述了壮族历史上的重大事件，是《壮族简史》的一个补充。翌年，又出版了黄现璠教授的《侬智高》一书，对侬智高的生平、国籍以及历史作用等问题进行了全面系统的论述。1988年，广西民族出版社出版了黄现璠、黄增庆、张一民合著的《壮族通史》（70万字），该书篇幅宏大，史料丰富，论述全面系统。李富强、朱芳武的《壮族体质人类学研究》（1993年）从体质人类学方面对壮族的起源和发展问题作了论述，是对壮族土著说的有力佐证。

由张声震主编、33位学者合著的《壮族通史》，是一部具有很大影响力的壮族史巨著。该书具有以下突出特点：（1）集壮族史研究成果及壮学精英智慧之大成。（2）对目前尚有较大争议的"壮族是否经过奴隶社会"问题，作了多次深入的讨论，直至基本取得共识后才分工撰写。（3）对壮族社会历史的分期、编写体例不是按照中国封建王朝的朝代序列来划分，而是根据壮族历史发展轨迹，分为壮族渊源，氏族部落时代，郡县划一时代——奴隶制形成与发展时期（秦至隋），羁縻制度时代——奴隶制发展时期（唐至五代，东部封建化），土司制度时代——封建领主时期（宋至清初），帝国主义列强入侵和旧、新桂系统治的半封建半殖民地社会时期，民族区域自治时代——社会主义时期。这样的历史分期法更符合壮族社会历史发展的客观实际，故而具有较强的合理性和科学性，在壮族史研究和编写上是一个重大的突破。（4）对壮族的源流、奴隶制、羁縻制和土司制度作了更加充分和深入的论述。认为壮族的主体是土著居民，是由古代的西瓯、骆越发展而来，但其发展不是直线的，而是经过演变、分化和重组后形成的，并融合了其他一些民族，论述更加客观。（5）史料丰富翔实，取之严谨，文献史料、考古资料和民族调查资料得到了最大限度的利用。（7）篇幅宏大，论述全面系统，全书达100多万字，内容涉及壮族历史、政治、经济和文化等各方面，观点明确，论之有据。可以说，《壮族通史》的出版，是壮族史研究的一个重要里程碑，同时也构成了壮学体系的基本骨架。

至于壮族史研究的论文就更多了。壮族史研究是壮学的核心，其研究成果的系列出现，使壮学体系的核心自然形成，至于壮族研究的其他领域，亦同样产生了系列的研究成果。

2. 壮族语言文字的研究成果

壮语研究的开创者是李方桂先生。他在20世纪30年代就到壮族地区调查，发表了《龙州土语》、《武鸣土语音系》、《天保土歌——附音系》等文，70年代出版了《台语比较手册》。

1952年，中国科学院语言研究所袁家骅教授率队到广西调查壮族语言，为创制拼音壮文做准备，历经数年制定了壮文方案。1957年11月，国务院总理周恩来正式批准了壮文方案，随后在壮区实行推广，受到广大壮族人民的欢迎，从而结束了壮族无统一民族文字的时代。

利用这次普查资料产生的科研成果主要有《壮语方言土语音系》、《壮汉词汇》、《武鸣壮语语法》等一批壮语学术专著。

《壮语词典》是第一部解释性的单语词典。《古壮字字典》（初稿）收集了1万余个古壮字，给予注音释义，并做了大量的字形规范工作。

壮文一经创制，即在广大壮乡进行群众扫盲教学，并推广使用。高潮期间，曾先后有40多个县近300万群众和基层干部学用壮文。后来壮文逐渐进入中小学，成为双语文教学的重要工具。为配合教学工作，科研、教育、出版部门编写了《农民课本》、《干部课本》、中小学以及大中专的系列配套教材，这些课本教材为培养壮族人才，为提高壮族人口素质发挥了一定的积极作用。

3. 壮族民俗的研究成果

有梁庭望《壮族风俗志》（1987年）、刘映华《壮族古俗初探》（1994年）和张有隽主编的《广西民俗志》。而《壮族泰族传统文化比较研究》（240万字），则更加全面系统地揭示了壮族传统习俗的历史面貌。这些研究成果，使壮族传统习俗得到了全面、系统和整体性的揭示。

4. 壮族文学的研究成果

1970年出版的《壮族文学》，对壮族民间文学的形式、内涵、特点及作家、文学作品进行了全面系统的论述和评价。欧阳若修等编著的《壮族文学史》（共三册，1987年出版），进一步对壮族民间文学进行分类、分期和全面系统深入的论述。其他成果还有农冠品和曹廷伟《壮族民间故事选》、韦其麟《壮族民间文学概观》、胡仲实《壮族文学概论》、韦苏文《壮族悲文化》、黄绍清《当代壮族文学引论》，等等。

5. 壮族文化艺术的研究成果

1958年起，刘三姐舞台剧、刘三姐电影，获得了中外各界的赞誉，引起了海内外对壮族的关注。关于壮族传统艺术的研究，有蒋廷瑜《铜鼓艺术研究》（1988年），覃圣敏等《广西左江流域崖壁画考察与研究》（1987年），王克荣等《左江岩画》（1989年），覃彩銮等著《左江崖壁画艺术寻踪》（1992年），韦苇、向凡合著的《壮剧艺术研究》（1990年），郑超雄《壮族审美意识探源》（1991年），玉时阶、蒙力亚《广西少数民族服饰文化》（1992年），蒙光朝《壮师剧概论》，等等。

6. 壮族宗教研究成果

壮族宗教信仰由原始宗教发展而来，而后又吸收了道教和佛教的内容，形成多神信仰。廖明君《壮族生殖崇拜文化》（1994年），是我国第一部关于壮族生殖崇拜文化研究的学术专著。丘振声《壮族图腾考》（1995年），对壮族图腾崇拜的起源、种类、内涵及其功能等作了系统深入的论述。潘其旭、覃乃昌主编的《壮族百科辞典》（1993年）中，对壮族信仰的神祇、寺庙、祭祀、巫术、师公及法事仪式和经书、道教、佛教等作了详细叙述。关于壮族宗教问题的研究，就个别专题研究而言，可说已经比较深入，并取得了显著成果。

7. 壮族与近邻各民族关系的研究成果

壮族与近邻民族关系的研究课题，其范畴很广阔。在国内，其研究对象为壮族与汉族、壮族与壮侗语诸民族的关系，在国外的研究对象为壮族与泰族、老族、岱族、侬族、掸族、京族等的文化比较研究。成果有陈金源《广西古代汉族文化对壮族文化的影响》（1985年），范宏贵《我国壮族与越南岱族、侬族的古今关系》（1989年），覃圣敏《秦至南朝时期岭南民族及民族关系刍议》

(1987年)，日本学者冢田诚之《广西壮族、瑶族与汉族政治及文化关系的对比研究》(1991年)，覃彩銮《历代王朝对广西少数民族的统治政策及其历史作用》(1989年)等。覃圣敏等20多人参加研究的《壮族泰族传统文化比较研究》是壮族与国外近邻民族文化比较研究的开端。此书篇幅宏大，是壮族与泰族传统文化比较研究史上的一个里程碑，是壮学体系的重要构成部分。

8. 壮医壮药的发掘整理研究成果

新中国成立后，特别是改革开放以来，壮族医药的发掘整理研究和推广使用，取得了令世人瞩目的成果：经过六年的全面普查，基本摸清了包括壮医在内的广西民族医药的历史和现状，撰编了《发掘整理中的壮医》、《广西民族医药验方汇编》、《广西民族医名录》、《壮药选编》等著作，《中国壮医》也即将出版。

诸多领域研究成果的系列出现，使建立壮学体系成为历史的必然。

（五）壮学是以壮族为研究对象的一门综合性科学

研究壮族的物质文化、精神文化、制度文化的内涵、特征、发展规律，是壮学研究的范畴，是壮学体系赖以建立的基础。建立壮学体系之所以是历史的必然，是因为壮学体系的诞生和形成，有其自己客观存在的时间、空间与条件。就总体而言，众多的人口，辽阔的聚居地域，悠久的历史，其所创造的物质文化、精神文化、制度文化，无论是其形态、内涵、风格或是发展过程都独具特色，自成体系，已成为丰富灿烂的中华民族文化的重要组成部分，这是壮学体系形成的主要客观条件。为了阐明这个道理，兹分述如下：

第一，壮族及其先民，自古就生息繁衍在我国岭南这块土地上。考古发现，早在83万年以前，百色盆地已有古人类活动，他们制造的大型手斧状石器著称于世。在壮族先民生活的地区发现有距今10万年的“马坝人”化石和距今5万年的“柳江人”化石，有距今1万年的桂林甑皮岩洞穴人类骨骼及居住生活遗址以及其他许多新石器时代遗址。经科学测定发现，新石器时代人类在体质特征上继承了“马坝人”和“柳江人”的特点，与现代壮族人相近而与其他民族有较大的区别。新石器时代文化遗址中流行独特的蹲式和屈肢葬法，与壮族至今仍保留的捡骨葬法基本相同。壮族体质人类学比较研究成果表明，这些古人类当中的一部分应是壮族的祖先。壮族的直接来源是春秋战国时代被称为“百越”族群中的西瓯、骆越部族。他们逐步发展演变成为今天的壮族。从血缘上来说，其主体是土著民族，同时融合了其他民族成分。壮族是百越族群历史和文化的继承者。因此，全面研究壮族，建立壮学体系，是深入研究百越族以及百越族对中华民族文化做过的重大贡献的基础。

第二，壮族先民是最早发明人工栽培水稻、创造稻作文明的民族之一。从事稻作农业是壮族的主要经济特征，在此基础上形成的丰富多彩的稻作文化，是壮族主要的文化特征。如妇女不缠足，是稻作的主力军，可谓一大特征。壮族在其发展过程中的许多文化现象，都可以从稻作文化找到它们的渊源。

第三，壮族有自己的语言。壮语有自己的语音系统和构词方法。壮语词汇丰富，许多词汇反映壮族文化丰富深刻的内涵，是了解和研究壮族历史和文化的宝贵材料。例如自唐代以来出现的模仿六书构字方法及汉字音、形、义构造的并在壮族民间广泛流行的方块壮字，不仅是继承壮族文化遗产、研究壮族历史文化的重要材料，也是研究壮汉文化交流史的重要材料。

第四，壮族民间文学艺术源远流长，内容丰富，有秦以前的古歌谣和神话，也有汉代以来各种民歌、长篇英雄史诗和传说故事。壮族自古能歌善唱；壮族民歌形式独特，种类繁多；壮族歌圩是一种独特的文化形态；在壮族民歌肥沃土壤中产生的壮族多声部音乐独具特色，著称于世。以反映农耕生活和崇蛙意识为主的壮族民间舞蹈丰富多彩而源远流长。被称为世界崖画奇迹之一的广西宁明花山崖壁画，反映了远古时代壮族先民宏大、热烈的舞蹈场面，其具有粗犷、浑厚、阳刚之美的蛙型舞姿和动律特征，构成了壮族传统舞蹈的主体风格。

第五，壮族具有独特的宗教文化。壮族宗教经历了由自然崇拜、动植物崇拜、图腾崇拜、祖先崇拜到多神崇拜的发展过程。晋代以后，随着佛、道教传入壮族地区，壮族先民开始形成了以本民族宗教为主，兼容了道教和佛教内容的巫教，俗称“师公”。壮族巫教具有鲜明的本民族文化特点，用方块壮字抄写的大量巫教经文保存了丰富的壮族传统文化，具有重要的研究价值。

第六，壮族具有独特的民俗。如节日文化，有蛙婆节、陇峒节、开耕节、牛魂节、尝新节、糍粑节、南瓜节、收镰节、壮年，等等，随着农耕的劳作周期和生活节奏来举行，具有典型的稻作文化特征。通过壮族节日文化，可以了解壮族以稻作为本的民族生活文化风貌。自古以来以壮锦为主要特征的服饰文化，以干栏建筑为主要特征的居住文化，以依歌择偶为主要特征的婚姻文化均富有特色，其丧葬、礼仪也别具一格，饮食文化有许多与汉族不同。

第七，壮族有以铜鼓铸造和陶瓷制造为代表的工艺文化。

第八，壮族有以本土药物和独特诊疗方法为特征的医药文化。

第九，壮族有在土酋制度基础上形成并延续了近千年的封建领主性质的土司制度文化。

第十，壮族及其先民具有保守性和进取性、包容性双重的民族品格和文化心理。这是由其是农耕民族和地缘上与中原民族广泛接触等因素决定的，其双重性品格远自西瓯、骆越时代就已形成，并承传下来。其表现的规律是：在秦汉大批中原人南迁“与越杂处”以后，随着中央王朝“封建化”的逐步推进，在汉文化占优势的地方，越人对汉文化的趋同感逐渐占主导地位，其结果是部分越人和汉族融合了，但融合后的汉人就其文化面貌而言，特别是在语言、生产、生活习俗方面，已不是原来的“中原型”汉人，而是

“岭南型”汉人。而在越人、壮族文化占优势，汉文化占劣势的地方，情况则不同，一般是越人、壮族的保守性占优势，也呈现一定程度的进取性、包容性，其结果是：越人、壮族既保持了自己固有的主要文化特征，又吸收了汉族先进的文化成分以丰富自己，求得民族的进步发展，这是壮族传统文化得以保存、传承和发展的主要原因。而少数进入壮族中心区的汉人，也被壮化了。深入、系统研究壮族及其先民的双重性民族品格及其历史发展的规律与特征，有重大的历史意义和现实意义。

第十一，壮族素有抗暴御侮的光荣传统。自秦汉至民国时期，壮族人民反对封建专制、抗击外来侵略，维护民族生存、国家利益的斗争从未停止，为中华民族的形成、为祖国的统一、为新中国的缔造做出了重大牺牲和不朽贡献。壮族史自成体系，自然也是中华民族史的组成部分。我国是一个统一的多民族国家，多元一体的中华民族文化是由56个民族共同创造的。

（六）建立壮学体系的重大意义

壮学体系的建立，标志着壮学作为一门科学已经和正在逐步完整地建立起来。它是壮族物质文明建设的反映，是精神文明建设的光辉成果。它的诞生，标志着壮族人民已跻身科学世界新时代，再也不是历史上曾长期被人污蔑为“壮‘性喜撞突，故曰撞’”之“夷蛮之邦”了。壮学的建立，应被视为壮族崛起的划时代的创举。

壮学体系的建立，将有助于壮族民族意识的复苏，提高壮族人民的民族自豪感、自信心。

壮学体系的建立，将有助于祖国各兄弟民族对壮族的了解，从而增强民族团结，特别有助于壮族人民增强民族的凝聚力。壮学体系，既包含民族传统文化研究，也包含民族现代化研究，它的形成和建立，体现了壮族科学界精英智慧力量的凝聚，体现着壮族的子孙正在为壮族的复兴与繁荣而凝聚起来，体现了以弘扬壮族文化为己任的汉族和其他兄弟民族的莘莘学者对壮族人民的深厚情谊。

壮学体系的建立，特别有助于作为壮族亲近的壮侗语族诸民族对壮族的了解，不仅有利于民族团结的增强，而且透过壮学体系将能更好地了解壮侗语各族的历史和文化，促进壮侗语各族历史和文化的研究。

壮学体系的建立，将有助于世界各民族特别是东南亚与壮族有亲缘关系的各民族对壮族的了解，从而有利于壮族与国际各民族特别是与东南亚各民族的文化、经济交流合作。与壮族同源的民族，除国内有布依、侗、傣、黎、仫佬、毛南、水等族外，国外有泰、老、掸、阿含、岱、侬等民族，人口约七八千万；越南学者认为京族也是古骆越族的后裔，加上京族，人口达1亿多。建立壮学体系，全面深入研究壮族，不仅为国内学者所重视，也早已为外国学者所重视。如上所述，早在19世纪末至20世纪初，外国学者就注意到华南民族，主要是壮族的历史和文化，对壮族进行了广泛的研究。现在，外国学者研究壮族已不局限于单独研究壮族，而是把壮族和泰、老、掸、阿含、岱、侬、京等民族一起研究，并寻找他们之间的各种内在联系。现在东南亚已逐渐形成包括中国壮侗语各族，主要是壮、泰、老、掸、阿含、岱、侬、京等民族的壮泰共同文化圈。因此，建立壮学体系不仅具有重要的学术意义，而且具有重要的国际意义。历史的发展正是这样：进入20世纪八九十年代以来，随着我国实行对外开放政策，壮学研究已逐步走向世界。世界各国学者竞相到壮族地区考察、研究壮族的传统文化，壮学学者到国外进行文化交流的人员也越来越多。壮学学者与外国学者合作研究的成果日益增多，如泰国学者撰写的《壮族：泰族古老的兄弟》、《从广西、云南到兰那》，壮学学者房英教授与泰国朱拉隆功大学巴尼博士合作撰写的《壮泰词典》。广西壮学研究中心学者李甫春、岑贤安、潘其旭撰写的《中国壮族的历史与风情》已译成泰文在泰国出版，壮学专家潘其旭撰写的论文《从语言上看壮、老、泰的历史文化关系》被译成英、泰、老文介绍到国外。壮族语文专家蒙元耀与美国世界少数民族语文研究院的白丽珠、梅恩德博士合作编纂的《壮、英、汉对照大辞典》正在进行中。澳大利亚墨尔本大学教授贺大卫已将张声震主编的《布洛陀经诗译注》译成英文出版。日本国立民族博物馆学者冢田诚之多次到壮族地区考察，撰写了一系列有关壮族历史研究的论文在日本发表。日本东洋大学教授谷口房男近年来每年到壮族地区考察土司制度问题，对广西土司制度作了深入研究，发表了一系列论文。广西民族研究所与泰国艺术大学联合进行的长达十多年的《壮族泰族传统文化比较研究》巨大项目即将完成，将分别以中文和泰文出版。1997 年 10 月在泰国曼谷召开了“壮泰传统文化国际学术讨论会”，这是壮学走向世界的里程碑。我们预期，随着壮学体系的建立与壮学研究的发展，特别是壮族与东南亚有亲缘关系诸民族的传统文化对比研究的开展，壮学体系的国际意义与地位会更加突显。

二、为建立完备的壮学体系做长期不懈的努力

建立完备的壮学体系，是长期的、艰巨的、光荣的事业。它之所以是长期性的，是基于诸客观条件所决定。第一，壮学基础资料的积集，包括历史文献资料的挖掘、整理、出版，地下考古出土文物的增加，壮族文化遗产的收集、整理出版，等等，只能逐渐积累，因而壮学学者的深度研究只能随资料积集而同步发展，不能一蹴而就。第二，壮学人才的成长与提高需要一个较长过程。一代人的培养成长要数十年，一个学者由初出茅庐到成熟，其经历的岁月就更长了。第三，如上所述，完备的壮学体系的形成绝不是人们的主观臆造，“它是壮族政治、经济、文化繁荣的反映”，而壮族现代化将是一个漫长的历史过程，因而建立完备的壮学体系，必然是长期的，艰巨的。我们应有“战略上藐视困难，战术上重视困难”

的精神和勇气。今后，壮学研究应在“雏形”的基础上前进，发展的总方向应该是把壮学体系完备起来。为此，主要应从四个方面去努力。

（一）要更加重视，用更大气力建立壮学基础资料库

在壮学基础资料的收集、整理、出版方面，要在现在的基础上实现“三化”——全面化、系统化、科学化。壮学是研究壮族社会历史与现实政治、经济、文化特征与发展规律的一门科学，任何具体课题的研究，都必须占有大量的资料，否则便是无米之炊。要强调的是：壮族在历史上长期处于受压迫的地位，没有建立过统一的民族政权，也没有形成统一、规范的民族文字，由于时代和历史的局限，前人没有系统收集积累过壮族的传统文化遗产，这方面和藏族、满族、蒙古族相比，大不相同。这就是为什么我们现在要首先强调收集整理文化遗产的原因。新中国成立以后，我们在与壮学研究有关的历史文献资料的收集、整理和出版方面，在考古出土文物资料的积累和出版方面，在民族调查资料的积累出版方面，做了巨大的努力，取得了巨大的成绩。20世纪90年代在壮族传统文化遗产的收集、整理和出版方面，已进入了有组织、有领导、有计划开展的时期，我们做了开拓性的工作，打下了良好的基础。正是因为有这个基础，才可以在新的历史发展阶段提出实现“三化”的要求。关于全面、系统化的问题，主要指在收集、整理壮族文化遗产资料方面，内容应包括下列14项：（1）古壮字，继续补充收集整理，将云南文山壮族苗族自治州近年来收集到的许多有别于广西收集整理出版的《古壮字字典》中的古壮字作为增补本出版；（2）五省区（广西、云南、广东、贵州、湖南）协作共同完成的“壮族民歌古籍集成”伟大工程（含口头流传的优秀民歌）；（3）壮族巫经；（4）壮族民间神谱；（5）壮族土官、土司石刻碑刻文物；（6）壮族族谱、家谱、土司世系；（7）壮族古代艺术（崖壁画、铜鼓、壮锦、建筑、雕刻）；（8）壮族服饰；（9）古壮

戏、师公戏唱本；（10）壮族医药（含口碑流传的秘方、偏方）；（11）壮族墓葬出土文物；（12）壮族历史人物资料；（13）壮语地名资料整理（尚有约六万多条壮语地名资料未整理）；（14）随着电脑技术的应用，壮语资料库要建立起来。科学化主要是指整理方法既要规范化，又要保持民族古籍的原貌，也就是保持固有的民族性，失掉民族性就不能被认为是成功的科学整理方法。如果能按照“三化”和14个方面去做，就能在原有基础上建立内容丰富的壮学基础资料库。民族古籍整理机构、各个民族研究机构、博物部门、文管部门应是这项事业的主要承担者。但是，如果没有政府的大力支持，没有社会各方面人士的帮助，要实现这个宏大目标，必定有所局限。因此，为了振兴壮学，我们呼吁政府和社会各界给予必要的支持和帮助。

（二）壮学研究的系列化

壮学系列包含两个部分：一是壮族传统文化系列研究；一是壮族现代化系列研究。上述已初步形成的壮学体系“雏形”，很明显是属于壮族传统文化研究系列。至于壮族现代化研究系列的形成，将要经历一个更长的过程。我们应实事求是，切忌脱离实际，急于求成。对于壮族而言，民族现代化研究的起点，从现实、整体上说，首先还是如何摆脱贫困的问题，即扶贫问题，然后才能进入真正的民族现代化研究。现代化的内涵，从狭义的范畴上说，国家早有明确定义，即工业、农业、国际、科学技术的现代化。但若从广义的范畴即包括社会现代化而言，目前国内外尚无统一的标准定义。狭义的现代化标准不是民族性而是国际性，即通常说的“国际水平”。这和民族传统文化研究系列具有强烈的民族性有本质的区别。新中国成立后，我国早已进入现代化建设阶段，汉族是我国的主体民族，工业、农业、国防、科技的许多方面已经达到甚至超过国际水平。壮族现代工业、农业、科技也有了一定发展，但目前达到或超过国际水平的还很少。如制糖业，从产量上说，广西现已跃居全国首位，崇左县的壶城牌白砂糖已获乌兰巴托国际博览会金牌奖，但能否说已夺国际制糖之冠，尚是未知数。目前，以壮学传统文化系列与壮学现代化系列对比而论，壮学传统文化系列研究已形成“雏形”，而壮学现代化系列研究实际上还处在起步阶段，两者之间有着很大差距。我们应该认识到，这绝不是人为的、不是以人们的意志为转移的现象，而是壮族的历史与现实，涵盖国家社会环境的历史与现实发展在壮学研究上的必然反映。壮族传统文化遗产已经积淀了几千甚至上万年，它是前人创造的文明的积淀。而壮族现代化的时间还很短，有待人们去长期创造。总之，我们应该认识产生这个“差距”的必然，切莫为发现这个“差距”所惊讶。当然，就壮族整体利益而言，进行这两大系列研究都是同等重要、不可偏废的。任何偏废的观念、厚此薄彼的观念都是与民族的整体利益背道而驰的。壮学传统文化系列研究的功能主要在于使壮族人民认识自身民族特征的存在，认识本民族的根由和发展，从而有助于民族意识的恢复、民族自豪感的增强；同时，也在于使兄弟民族尤其是汉族了解壮族的特性，从而有助于人们消除所谓“壮族已汉化”的观念，并在思想上确认壮族在祖国大家庭中享有民族区域自治的权利，以巩固民族团结。而壮学现代化系列研究的功能则在于概括物质文明建设的经验与规律，从而有助于引导本民族能与兄弟民族一道早日跻身于世界先进民族之林。

（三）壮学研究的深化

所谓深化，是说对某个问题，我们过去虽然有了初步的研究成果，但深度还不够，今后应向深度研究发展。例如壮族史学方面。近十年来，我们新的贡献主要是出了两部《壮族通史》。今后向深度研究发展的方向应该是各种专史。内容可以包括：（1）壮族民族源流的研究；土司制度史的研究；壮族土官谱系考证等。（2）壮族经济史研究（含壮族农业考古）。这是一个最基础、难度最大的课题，目前仍空缺。（3）壮族军事史研究。不论是古代军事史或是近现代军事史，尤其当代军事史、边疆军事史都有着丰富的内容，并且有璀璨异彩。（4）壮族文化史研究。无论是文学史（含古代文学史、近现代文学史）、艺术史，都有丰富的内容和独具一格的特色。(5）壮族教育史研究。（7）壮族历史人物研究，可以分类立传，如壮族土官列传、壮族文人列传、壮族将领列传、壮族名医列传、壮族英雄人物列传、壮族女杰传、壮族科学家列传等。（7）壮医药史研究。（8）越汉、壮汉民族交融研究。这些课题的研究对于中国特别是岭南民族关系有非常重大的历史意义和现实意义。

（四）为壮学体系的建立和发展创造条件

壮学体系的建立和发展是一项系统工程，需要依靠广大壮学研究者一代接一代不懈的努力和社会各方面的关心与支持，才能完成这个历史使命。因此，积极为壮学建立完备的体系创造条件，是建立壮学体系事业中重要的一环。笔者认为，当务之急是：第一，要办好广西壮学学会。广西壮学学会是为适应和推动壮学研究发展而成立的群众性学术团体，现有四百多人入会。这些会员多是活跃在各条战线上的热心于壮学的研究者。应因势利导，努力做好会员的扩充，健全学科机制，制定科研规划和研究课题，组织和协调各项科研活动；加强与国内外民族研究、人类文化学学术界的交流与合作。而网罗团结各方面的研究人才，把热心于壮学研究的民族精英、壮学精英吸收到学会中来，建立起一支高素质的壮学研究队伍，是最为迫切的任务。第二，建立壮学研究基金。壮学研究的发展和壮学体系的建立，是庞大的精神财富的总汇。鉴于目前国家所能提供的科研经费十分有限，远远满足不了壮学研究的需要，需要通过各种渠道为壮学研究筹集资金。除了向政府申请支持外，还要争取社会的支持和帮助，特别是争取企业界的支持和帮助。在当代中国，“借商兴研”、“借工兴研”，新兴的、生气蓬勃的社会主义经济基础，为新兴的社会主义文化形态服务已是时代的必然。第三，做好“壮学研究丛书”的规划与出版。为适应壮学研究发展需要，1992年经与广西民族出版社商定，创办“壮学研究丛书”，它是为建立壮学体系服务的一个重要阵地。我们将有效地运用壮学研究基金，统筹规划，分期分批出版《壮族研究丛书》系列，使确有真知灼见的壮学科研成果得以问世，藉以鼓励广大壮学研究者，从而推动壮学体系的建立和壮学研究的发展。

壮学研究与壮学丛书

——《壮学丛书》总序

张声震

一、壮族的历史渊源及发展

壮族有1700多万人口（2001年），是现今中国少数民族中人口最多的一个民族，主要聚居在东起广东省连山壮族瑶族自治县，西至云南省文山壮族苗族自治州，南至北部湾，北达贵州省从江县，西南至中越边境的广大区域。

壮族历史悠久，源远流长。早在两千多年前的周代，他们的祖先就以瓯、骆越、乌浒、俚、僚等名称见诸史籍。宋代始在局部地区出现“撞”、“僮”的称谓，明代又有“俍”称出现。这些名称，大都被封建统治者加上反犬旁予以侮辱和歧视。20世纪50年代以前，壮族有布僮、布依、布越、布雅依、布僚、布侬、布曼、布傣、布土、布陇、布沙等20多种自称。新中国成立后，经过调查识别，并遵照本民族的意愿，统一称为“僮族”。1965年改为“壮族”。

自古以来，壮族及其先民就在华南—珠江流域生息繁衍。珠江流域是一个自成一体的地理单元，它的西北部分布着与云贵高原连为一体的崇山峻岭，北部有五岭山脉横亘，中部的两广丘陵和众多的弧形山脉时断时续绵延其间，山岭之间河流纵横，有南盘江、北盘江、红水河、左江、右江、柳江、漓江、桂江、西江并与北江相汇聚，雨热同季，有利于动植物的滋生繁殖以及生物多样性格局的形成，从而为人类起源提供了优越的条件。根据考古发现，早在80多万年以前，百色盆地已有古人类活动，他们制造的手斧等大型石器世界著名。考古工作者在广东曲江发现的“马坝人”化石，是距今十多万年前旧石器时代中期的古人类；在广西柳江县新兴农场通天岩发现的“柳江人”化石和在来宾县麒麟山发现的“麒麟山人”化石，是距今5万年和距今2万~3万年前旧石器时代晚期的古人类；在桂林市郊甑皮岩洞穴发现距今约1万年的新石器时代早期人类骨骼和居住生活遗址，这些人类在体质特征上继承了上述三处遗址人类的特点，表明生活在这一地区的人种已经形成。1997年，中国社会科学院考古研究所对邕宁县顶蛳山遗址进行发掘，根据考古学文化命名原则，将该遗址第二、第三期为代表的，集中分布在南宁及其附近地区的以贝丘为主要特征的文化遗址命名为“顶蛳山文化”，时间为新石器时代中期，距今7000~8000年。这些遗址出土了大批石斧、石锛、石凿、石锤、石网坠等石器，及蚌刀、骨锛等蚌器、骨器和釜、罐、鼎等陶器。同时，在隆安、扶绥、南宁市郊等地也发现5000多年前的大石铲遗址。另外，还发现大批铜鼓、铜钺、铜剑等青铜器和斧、锄、刀、剑、戈、矛、镞、铲、刮等铁制工具，这些器具是2000~3000年前的文化遗物，具有鲜明的地方和民族特点。根据体质人类学研究，甑皮岩人的体质特征与生活在华南—珠江流域的现代壮侗语民族相近而与其他民族相去甚远。在甑皮岩洞穴遗址和其他许多新石器时代人类遗址中，发现大量的蹲式和屈肢葬法，与壮族至今仍沿用的捡骨葬（二次葬）基本相同，这些都说明今天的壮族与这些古人类的承袭关系。壮族是华南—珠江流域的原住居民，这些古人类（至少是其中的一部分）是他们的祖先。

壮族经历了先秦时代的自主发展，秦汉至民国时期在中央政府统一治理下与汉族和其他少数民族杂处中生存和发展，中华人民共和国成立后的民族区域自治三个阶段。

早在先秦时期乃至远古时代，壮族先民处在自主发展时期，其社会结构是原始氏族部落社会及其向阶级社会的过渡。从出土的大量文化遗物看，早在旧石器时代晚期，壮族先民打制石制工具，从事狩猎和采集活动，共同劳动，共同分配，过着母系氏族社会的群居生活。随着生产力的发展，母系氏族社会逐渐为父系氏族社会所代替。南宁市、扶绥、隆安等地出土的大石铲，桂西各地先后出土的石戈、石矛、石锄、石钺等，说明生产力有了提高，采集经济已退居次要地位，畜牧和农耕已成为生活的主要来源。与此同时，男子在生产过程中起了主要作用。作为男性崇拜象征的“石祖”、“陶祖”的出现，表明壮族先民约在5000年前的新石器时代晚期进入了父系氏族社会。

大约在2500多年前的春秋时期，壮族先民已进入铜器时代。考古工作者在灌阳、忻城、横县、平乐、恭城等地发现的青铜器物，其中具有地方色彩的铜钺、铜钟、铜剑等，显然为本地制造，说明社会生产力有了很大发展。此时，原始社会已逐步解体，阶级已经出现，有了本民族的“君”、“将”等领袖人物。在秦始皇进军岭南时，遭到“西瓯君”领导的西瓯人的顽强抵抗，使秦军“三年不解甲弛弩”，“伏尸流血数十万”，主将屠睢亦在阵前毙命。“西瓯君”牺牲后，西瓯人又“相置桀骏以为将”，继续战斗，直到公元前214年才为秦军所败。西瓯人能坚持数年，抗击数十万秦军，说明其生产力已经发展到了一定水平，并有了相关的严密的政治和军事机构这样的准国家组织。

自秦兼并岭南形成统一的多民族国家后，历代中央王朝对壮族及其先民所在地区推行不同的政治制度，壮族社会发展经历了以下历史发展阶段：秦至隋的郡县划一时代（奴隶制形成与发展时期），唐至五代的羁縻制度时代（奴隶制由发展到衰亡时期），宋至清的土司制度时代（封建领主制时期），清中叶至民国资本主义列强入侵和旧、新桂系统治的半殖民地半封建社会时期，中华人民共和国成立后的民族区域自治时代（社会主义时期）。

公元前214年，秦始皇兼并岭南，设置桂林郡、南海郡、象郡，将其纳入中央集权制的统治之下，同时迁来一批华夏族人“与越杂处”，对促进岭南地区的社会经济发展具有积极意义。秦灭亡后，秦将赵佗雄踞岭南，建立南越国，自称“南越武王”，实行尊重越俗、“和集百越”的政策，越人贵族吕嘉在南越国中掌握实权，南越国实质上是以越人为主体的汉越联盟的政权。汉武帝平南越国后，在岭南设苍梧、郁林、合浦、南海、珠崖、儋耳、交趾、九真、日南九郡，郡下设县，岭南壮族先民社会发展已纳入封建王朝统治的轨道，但中央王朝对岭南仍沿袭赵佗的“和集百越”政策，采取“以其故俗治，毋赋税”的特殊政策。东汉马援南征时，“所过辄为郡县”，“条奏越律与汉律驳者十余事”，但封建统治者仍“与越人申明旧制”，可见直至东汉时，越人的社会结构仍大体依旧。秦至隋代，是壮族地区奴隶制形成和发展时期，封建王朝对岭南壮族先民采取两套统治办法：一是在其直接控制的地区推行“采邑”制度；二是利用一些越姓大族的酋长，委以重任，使其雄长一方，占有奴隶和珍宝，对地方进行统治。但是壮族地区的奴隶制与中原汉族地区的奴隶制有所不同，属东方家庭奴隶制的性质。

唐代，岭南东部地区已逐步封建化。而西部地区由于地理、历史的原因，社会发展相对缓慢，中央王朝在这一地区设羁縻制度，实行“虽贡赋，版籍多不上吏部”的羁縻政策，仍任命当地民族首领进行统治。

宋元时代，桂西地区的奴隶制走向衰亡，进入封建领主农奴制时期，这一时期是壮族社会历史发展的转折点。宋仁宗皇祐年间派狄青率兵镇压侬智高领导的壮族人民的反抗斗争，同时在壮族地区推行土官制度，分别授予壮族首领知州、权州、监州、知峒等官职，并给“文贴朱记”，世代承袭，以统其民。土官既是政治上的统治者，又是土地的占有者，被称为“波那”[po^{6} na^{2}]或“召那”[$tcau^{3}$ na^{2}]，意为“田地之父”、“田王”，即农奴主。他们把田地分给境内的“勤那”[$lɯk^{8}$ na^{2}]，意为“田子”（即农奴）耕种，以获取劳役地租。元代，中央王朝在壮族地区正式建立土司制度，普遍设置道、路、州，使政区划一；设达鲁花赤，“普天率土皆臣妾”；同时阅籍溪峒，丈量地亩，设定赋税，实行土官世袭，功赏罪罚，使土司制度得以确立。

明代，土司制度进一步发展。为了进一步推行“以夷制夷”的政策，加强对壮族人民和其他少数民族人民的控制，还在此地区增设土千户所、土百户所和土巡检司等军事机构；另一方面，对一些大土司采取“众建寡立”、“分而治之”的办法，划成若干小土司，为其民族压迫政策服务。但随着社会的发展，土司制度已不能适应生产力发展的需要，于是从明代中叶开始实行“改土归流”，直到清代末年，壮族地区的土司基本改流完毕。

1840 年鸦片战争以后，我国沦为半殖民地半封建社会。到清朝末年，资本主义国家的工业品涌进壮族地区，使壮族地区自给自足的自然经济逐渐瓦解，一些外国传教士深入到壮族地区的城乡，设教堂，发展教徒，收集情报，为帝国主义的侵略政策服务。至此，壮族地区也不同程度地沦为半殖民地半封建社会。清朝统治者和帝国主义侵略者结合起来，共同奴役全国各族人民。伟大的革命先行者孙中山先生于 1911 年领导辛亥革命，推翻了清朝的封建统治，建立了中华民国。但革命果实却落入北洋军阀手中，壮族地区的政权也为旧桂系陆荣延所把持。从此军阀混战，各族人民陷入水深火热之中。1921 年，中国共产党成立，壮族人民和全国人民一道，进入了反帝、反封建、反官僚资本主义的新民主主义革命时期。由于统治阶级长期的民族压迫、民族歧视、民族同化政策，直至民国时期，壮族都不被承认为一个民族，只被当做“讲僮话的汉人”。

从秦兼并岭南到民国时期的两千多年时间，壮族及其先民反抗封建王朝的民族压迫和阶级压迫的斗争从未间断，影响较大的有西汉末年句町王邯反王莽的斗争，东汉乌浒人起义，唐代“西原”僚人黄乾曜起义，宋代区希范、侬智高起义，明代韦银豹起义、八寨起义，清代太平天国起义、辛亥革命前的会党运动和孙中山领导的桂南多次起义，土地革命时期参加中国共产党领导的百色、龙州起义等。壮族人民的这些反抗斗争，其基本性质是反封建，但其中也有反抗民族压迫、争取建立地方民族统一政权斗争的性质，其突出者如唐代黄乾曜等领导的“西原”僚人起义和宋代侬智高领导的广源州起义，他们旨在建立地方民族政权，依然维护国家统一，并非分裂国家。

1949年中华人民共和国成立后，实行中国共产党的民族平等政策，壮族被承认是一个民族。根据《中华人民共和国宪法》和《民族区域自治实施纲要》，1958年，在广西建立了壮族自治区，同年还建立了云南省文山壮族苗族自治州，1962年建立了广东省连山壮族瑶族自治县，使壮族人民享有了民族平等的地位。1984—1987年，又分别在广东、湖南、贵州、云南省境内的杂散居壮族地区建立了壮族乡，使散居的壮族在乡一级行政区域也能享受到平等的权利。从此，壮族进入了民族区域自治的时代。

二、壮族文化及其特点

一个民族之所以成为民族，最根本的是在于形成自身特有的文化，不同的文化特质就成为区别不同民族的主要标志。民族文化与民族同生共源。壮族是珠江流域的土著民族。壮族先民因其所处的自然环境和特定的生产方式，在长期的历史发展过程中，创造了独具特色的物质文化和精神文化，显示出民族文化的个性和地域性特征。壮族处于中原与东南亚、华南与西南各省文化交流的交汇处，其文化在保持自主特征的前提下，对外来文化以模仿力和创造力相结合，融合共通，使自身的发展充满了生命活力。当壮族先民处于氏族部落时代时，是壮族文化自主发展的时期；当壮族先民西瓯人、骆越人从氏族部落社会进入阶级社会、由蒙昧时代进入文明时代时，发生了秦瓯战争，秦始皇统一了岭南，西瓯骆越纳入了统一的祖国版图，自此至民国时期，壮族由自主发展时代转入了在统一的中央政府治理下，壮族文化与汉族和其他民族文化在碰撞整合中形成和发展，它具有以岭南越人文化为主体的多源结构。

（一）自主发展时期壮族先民的文化形态及特点

1. 形成了自成体系的“话壮”［va^6 $cuəŋ^6$］（壮族）的民族语言文化

语言既是文化的组成部分，又是民族文化的活载体，是维系民族存在的重要纽带，也是人们区分不同民族的最明显或最常用的标志之一。壮族是土著民族，壮语与壮族文化同源共生，壮族的文化特征很大程度上体现在本民族的语言文字当中。早在自主发展时期的先秦时代，壮族先民就形成了自成体系的语言文化。壮语分南北两大方言，但语音、语法结构、基本词汇大体相同。按照语言谱系树理论模式，把壮语划属汉藏语系壮侗语族壮傣语支。但近年来有学者通过对语音系统、基本词汇、词序和构词理据、认知思维方式等语言本质问题进行比较研究，认为壮语所属的壮侗语集团与汉语缺乏同一性，存在明显的差异。如壮语一般是中心成分在前，修饰成分在后。例如壮族［kai^5 pou^4］（鸡公），汉语是“公鸡”；［no^6 mou^1］（肉猪），汉语是“猪肉”；［ran^2 kou^1］（家我），汉语是

“我家”；[piali³ kon⁵]（走先），汉语是“先走”；等等。这表明壮语与汉语的词序结构逆向反差，认知思维逻辑南辕北辙，两者的关系不是发生学关系，而是接触关系。根据考古发现，在华南—珠江流域商周时代的陶器上就有不少刻画文字符号，说明在自主发展时代，壮族先民就已经试图创造本民族的文字。秦汉以后，随着汉文化的传入和影响，壮族先民转向借用汉字的形、音、义和六书构字法，造出本民族的文字即古壮字，或称“土俗字”、“方块壮字”。

2. 形成以“那”[na^2]（水田，即稻作）文化为中心的民族文化体系

壮族先民适应江南主要是珠江流域的自然地理环境和气候特点，把野生稻驯化为栽培稻，是我国最早创造稻作文化的民族之一。生产方式决定文明类型。壮族是稻作民族，他们称水田为“那”[na^2]，冠以“那”字的地名遍布珠江流域及整个东南亚地区。在文化生态学视野中的壮族文化，不仅表现为一种稻作文明类型，而且以其整体性显示出区域文化的个性特质。“那”字地名蕴藏的稻作文化和民族文化的丰富内涵，成为生息于这一地区的人们共同体的鲜明标志和历史印记，故我们称之为“那文化”。

壮族先民居住的珠江流域属亚热带，地理气候环境适宜水稻种植。这一地区自古以来就是我国典型的稻作文化区，野生稻分布广泛，是稻作农业的起源地之一。壮族先民在长期采集野生稻谷的过程中，逐渐掌握了水稻的生长规律，“从潮水上下”，垦殖“雒田”，栽培水稻。湖南省南部道县玉蟾岩遗址和广东英德市牛栏洞遗址发现约1万年前的稻谷遗存，根据历史文献记载、考古发现和体质人类学研究，这一地区的原始人类就是壮侗语民族先民，汉、瑶、苗等民族是秦汉以后才陆续进入这一地区的，证明壮族先民是这一地区稻作文明的创造者。史书记载的“雒田”，实为越语的“麓那”[$luək^8$ na^2]，即山岭谷地间的一片田的半音半义的译称。至今在广西、广东等古越人居住的珠江流域广大区域，仍保留着大

量含“麓”（雒、六、禄、渌、绿、鹿、罗）的地名。含“那”[na^2] 字（壮泰民族语，意为水田）的地名更是难计其数。此外，汉语古籍如《山海经》、《诗经》、《说文解字》中的“秜”、“秏”、“膏”、“糇”等字，是壮语称野生稻、稻、稻谷、稻米、稻米饭的汉字记音。遍布壮族各地的冠以“那”字的地名，大者有县名、乡（镇）名，小者有圩场、村庄、田峒、田块名，形成了特有的地域性地名文化景观，构成了珠江流域特有的一种文化形态。从华南到东南亚，“那”地名分布的广大地域，形成了“那文化圈”，具有深层的文化内涵。壮族及其先民在长期的历史发展过程中，形成了一个据“那”而作、近“那”而居、赖“那”而食、靠“那”而穿、依“那”而乐、以“那”为本的生产生活模式及“那文化”体系。

据“那”而作的生产性文化。主要表现为双肩石斧和大石铲文化。双肩石斧等新石器工具出现后，产生了原始农业，由野生稻驯化的栽培稻也产生了。为适应稻作农业的发展，壮族先民不断创造由简单到复杂、由低级到高级的生产工具。新石器晚期出现的大石铲文化，就是壮族先民稻作生产方式及其功利目的产物。20 世纪 50 年代以来，在邕江及其上游流域发现多处距今 5000 多年的颇具规模的大石铲遗址。大石铲通体磨光，棱角分明，曲线柔和，美观精致。特别是那种形体硕大，造型优美的石铲，成为一种艺术珍品，令人惊叹不已。大石铲是从双肩石斧演变而来的，是适应沼泽地和水田劳作的工具，随后演化为一种与稻作农业有关的祭祀神器，它注入了古老壮族先民对大石铲的无比崇敬，对丰稔的虔诚祈求，对劳动的热情美感。大石铲的产生，标志着新石器时代壮族先民生产力的巨大进步，稻作农业发展已具有一定的规模和水平，标志着他们源于稻作生活的祀神意识、审美观念和艺术创造达到了相当的高度。

近“那”而居的居住文化。主要表现为干栏文化。壮语称房屋为“栏”［ran^{2}］，把在一个底架上建的住宅称为“栏干”［ran^{2} kjan^{3}］，或称“更栏”［kɯn^{2} ran^{2}］。壮族的聚落主要分布在水源丰富的田峒周围，其干栏则沿着田峒周围的山岭依山势而建，其建筑形式是用木或竹柱做离地面相当高的底架，再在底架上建造住宅，楼上住人，楼下豢养牲畜和贮存物件。这种建筑形式为适应南方山区潮湿多雨、地势不平的环境而营造，具有防潮、防兽害、防盗、利于通风采光和节约用地的特点。《魏书·僚传》记载，干栏最初是“依树积木以居其上，名曰干栏。干栏大小随其家口数”。经过长期的历史发展，干栏从建筑过程到其整体和局部的结构及功能特征，都具有丰富的文化内涵。干栏建筑反映了壮族先民对自然环境的适应力，它是我国古代建筑遗产的重要组成部分，这种建筑形式现在在我国南方城镇和乡村中仍在应用。

赖“那”而食的饮食文化。20世纪60年代以来，考古工作者在邕宁、武鸣、横县、扶绥等县沿邕江及其上游左、右江两岸新石器时代早期贝丘遗址中出土了石杵、石磨棒、石磨盘、石锤等加工谷物的工具，在桂林甑皮岩人类洞穴遗址中出土距今9000多年的新石器时代早期的陶片。根据遗传学资料，当时这一地区加工的谷物主要是稻谷。麦、粟等是后来传入这一地区的。陶器是为适应食用谷物的需要而出现的，这表明壮族地区早在距今9000多年前的新石器时代早期便开始食用稻米，并发明了与食用稻米有关的杵、磨、锤、陶罐等加工工具和炊煮工具。约成书于春秋时期（公元前770～前476）的《诗经》中的《大雅·公刘》中有“乃积乃仓，乃为餱糧”，其中的“餱”（又写作“糇”），源于古越族语言，与北方的“粮”同义，是米饭、干粮的意思，至今壮族仍称稻、稻谷、稻米、稻米饭为“糇”［hau^{4}］或“膏”［khau^{3}］。这就说明，壮族先民在远古时代就懂得将稻米煮熟食用，而且随着稻的传播，这种食用方法也传入我国中原地区，并被记录于《诗经》之中。壮族和泰族民间都有一句俗语：“［dci^{2} nam^{4} mi^{2} pia^{1}］（水里有鱼类)，[dci² na² mi² khau³]（田里有稻米)。”这就是壮族先民“饭稻羹鱼”、“赖‘那’而食”、以“那”为中心的饮食文化的生动反映。古代，壮族先民适应自然环境，反复地筛选、培育糯稻，并广泛种植，使之成为生活中的重要食物，除以糯米为主食外，还用糯米做[hau⁴ naŋ³ dam¹]（乌色糯米饭)、[ei²]（糍粑)、[faŋ⁴]（粽子）等，形成了食用糯米的一系列民间习俗文化。

靠“那”而穿的服饰文化。壮族先民稻作农业的发展，带动了棉、麻纺织业及服饰加工业的发展。壮族地区新石器时代文化遗址中就出土有石制和陶制的纺轮，是用于麻纤维旋转加捻的工具。《汉书·地理志》记载：“粤地……处近海，多犀、象、玳瑁、珠玑、银、铜、果、布之凑。”颜师古注：“布谓诸杂细布皆是也。”我国古代时称布的主要是麻、苎、葛等植物纤维织品，《尔雅》记载：“麻（苎）葛日布。”说明壮族很早以前就能用麻类纤维织布了。广西平乐县银山岭战国墓出土的遗物中，男墓有兵器而无陶纺轮，女墓有陶纺轮而无兵器，反映了当时壮族先民男女自然分工，女子主要从事纺织的情况，并说明麻纺织业已有了较大的发展。《尚书·禹贡》说，扬州“岛夷卉服，厥篚织贝”。这里的扬州是指淮河以南至南海的广大地区。贝就是吉贝、劫贝、古贝的省称，古贝当其音译。织贝，即用棉花制成的织品。壮侗语族的壮语、布依语、临高语、傣语、黎语，以及越南的岱—侬语、老挝的老语、泰国的泰语等分别称棉、棉花为[fa:i⁵]、[bu:i³]、[va:i⁵]等，是同源词，并与吉贝、劫贝、古贝的“贝”有关，说明这些民族在迁居于各地之前，种植和使用棉花已经是他们共同经济生活的一部分。因此，可以说壮族先民是最早种植和使用棉花的民族之一。

依“那”而乐的节日文化。节日文化体现整个民族文化的全民性、认同性。壮族节日文化和稻作农耕生活密切相关，是物质文化、行为文化、观念文化混为一体的表现形态，是稻作文明类型和壮族文化群体的象征。围绕着稻作农耕，在壮族先民的观念中形成了一系列的崇拜对象，并形成了以祭祀这些崇拜对象为中心的节日活动。例如红水河一带从正月初一到十五过蚂蚜节，举行祭祀蛙神活动；新年祭祀牛栏；春节过后举行开耕仪式；插秧时举行祭祀禾苗和祭祀牛魂仪式；稻谷结实泛黄时过尝新节；十月霜降收获以后过糍粑节。每个节日都举行一定的仪式并有相应的壮歌，不少地方在插秧、收割时都会举行隆重的峒场歌会，通过这些活动满足他们对物质生活和精神生活的追求。

3. 以“咽”[$nuen^2$]（铜鼓）为代表的青铜文化

壮族地区的青铜铸造业发端于春秋时期，到战国时期有了较大的发展，铸造的器物除了早期的钺、斧、镞、镦外，还有刀、剑、矛、钟、鼓、鼎、铃、人首柱形器、叉形器等，形制和装饰的花纹图案丰富，具有明显的地方民族特色。其中最具代表性的首推铜鼓。

铜鼓，壮语称为“咽”[$nuen^2$]。[$nuen^2$]壮语原义为“可闻声”、“听”、“听见”、“听到”。由于铜鼓被打击时发出洪亮的声音，人们便以这种特有的声音来为它命名。铜鼓产生、流行于我国西南和岭南地区。铜鼓出土的分布，东到广东省的北江以西地区，西到缅甸，北到四川省大渡河上游，南到印度尼西亚苏腊巴亚岛，其范围与“那”地名分布上即“那”文化圈的范围大体相同。中国是世界上出土并收藏铜鼓最多的国家，主要分布在广西、广东、云南、贵州、四川、重庆、湖南等省、自治区、直辖市。壮族聚居的广西所出土和收藏的铜鼓特点突出。一是分布密集。广西大部分县都有铜鼓出土。二是类型齐全。包括最早期的铜鼓——万家坝型铜鼓在内的中国八大类型的铜鼓在广西都有出土。三是藏量最大。全自治区馆藏铜鼓500多面，占全国收藏总数的1/3，其中仅自治区博物馆藏铜鼓就有360多面，为国内外馆藏之最。民间收藏的铜鼓，仅登记在册的就有1600多面。被称为“世界铜鼓之王”的面径1.65米的大铜鼓也在广西出土，为两千多年前的遗物。四是工艺奇巧。铜鼓高峰期的代表类型北流型、灵山型、冷水冲型，都是壮族祖先的杰作。铜鼓用模型浇铸，鼓身鼓面镂刻船纹、鹿纹、水波纹、云雷纹、羽人纹等各种花纹，有的鼓面饰以立体蛙。唐代刘恂在《岭表录异》中赞叹铜鼓“面与身连，全用铜铸。其身遍有虫鱼花草之状，通体均匀，厚二分以外。炉铸之妙，实为奇巧”。据化验，其合金成分中，铜、锡、铝之比大体为7：2：1，与《考工记》记载的“钟鼎之剂”、“六分其金（铜）面锡居其一”基本吻合。五是人们将当时尖端的割圆术用于铸造铜鼓的鼓面和太阳纹，其制造是壮族先民从原始社会走向阶级社会、从蒙昧走向文明的重要标志。它是权力的象征，作为一种重器，它与中原的鼎具有相同的功能，随着社会的发展，它又演变为祭祀用的礼器和娱乐用的乐器。六是历代延续。在云南省文山壮族苗族自治州古籍办收集整理的《布洛陀经诗》中就有《铜源诗》，记述在氏族部落社会后期壮族先民怎样发现铜、冶炼铜并铸造铜鼓。《后汉书·马援传》说马援南征时“于交趾得铜鼓”，并称为骆越铜鼓。《隋书·地理志》说：“俚人并铸铜为大鼓……有鼓者号为都老。”“都老”［tu^2 $la{:}u^4$］是壮语记音，“都”［tu^2］含“人”义，“老”［$la{:}u^4$］为大者、最长者。“都老”是“头人”、“大首领”、“大长老”的意思。壮族及其先民使用铜鼓的情况史载不绝。直到现在，壮族民间仍在使用铜鼓，一些地方每逢节日都举行打铜鼓、跳铜鼓舞、对唱山歌等活动。七是全民崇鼓。铜鼓在壮族及其先民的观念中是神圣之物，一些地方称铜鼓为“乜铜咽法”［me^6 $t\eta^2$ $nuen^2$ fa^4］，意即“天之大铜鼓”，每年正月初一举行祭铜活动，对铜鼓顶礼膜拜。

铜鼓是源于稻作农业的一种艺术，铜鼓纹饰中太阳、雷纹、水波纹以及蛙纹等都与稻作农业有关。一些地方把铜鼓叫“蛙鼓”。著名民族学家罗香林说：“至谓铜鼓制作，并与祈雨有关，则亦有客观依据。观鼓面常铸立体蛙蛤或蟾蜍，殆即因祈雨而作。”① 壮族民间收藏铜鼓时，有用稻草绳拴其耳，或将铜鼓倒置盛满稻谷的习俗，谓之“养鼓”。这些都说明铜鼓与青蛙的关系及它们与稻作农业的密切关系。铜鼓源于稻作，铜鼓文化是“那”文化的重要表现形式。

4. 以岜莱［$\text{phia}^{1}\ \text{la:i}^{2}$］（花山崖壁画）为代表的艺术文化

先秦时期西瓯、骆越先民的绘画艺术成就主要表现为用色彩（即赫红色矿物颜料）绘制的崖壁画。在延绵两百多公里的广西左江流域，有178处造型古朴、风格粗犷的崖壁画，形成规模宏大的江畔耀达“岜莱”［$\text{phja}^{1}\ \text{la:i}^{2}$］（壮语，意为绘有花纹图像的山，译称“花山”）。其最为壮观，人像之众、物像之多、场面之大，在我国已发现的崖壁画中首屈一指，在世界范围内亦为罕见。壁画采用概括、写实、夸张乃至变形手法进行创作，把举手顿足的人物舞蹈形象描绘得生动传神，富于艺术韵味。在下无立足之处的陡峭崖壁上，把一个个高大的人物形体画得左右对称、上下均匀，笔调刚劲有力，粗犷传神，充分体现了壮族先民西瓯、骆越部族杰出的艺术创造力。一些学者认为，左江流域崖壁画所绘的是剪影式模仿立蛙动作的群体舞蹈场面，是壮族先民以祈雨为目的的蛙崇拜的再现，其源于稻作农业，是“那”文化的一种表现形式。

5. 以《布洛陀》［$\text{pau}^{51}\text{o}^{4}\text{to}^{6}$］（智慧祖神）为代表的神话文化

古代神话，是人类童年时期的产物，是原始人类用想象力将自然力人格化，用想象力去说明天地万物的起源、发展、原因和后果，用想象力去战胜自然、征服自然、支配自然，展现他们的原始世界观的产物。壮族先民在氏族部落社会阶段，就形成了独具特色的体系神话，它的起源、发展和民族语言的发展、叙事能力的提高

① 罗香林：《古代越族文化考》，见《少数民族史论文选集》（三），27页，广西民族研究所资料组编印，1964。

是同步并进的，是西瓯、骆越部族原始文化的结晶。其中，《乜渌甲》（又称《麽渌甲》）叙述了女性主神的生殖和人类的来源。“乜渌甲”，壮语的音义为：[me^6]（母）[luk^8]（孩子）[$kja:p^7$]（合并），意为“母子合体”或“母孕子”，即孕育的祖母神。她是一位伟大的生育女神，孕育创造人类，为母系氏族部落时代的主神。《布洛陀》叙述了男主神改天造地安排山川的功绩。“布洛陀”，按壮族麽教解释，其壮语的音义为 [pau^5]（祖公）[luk^8]（河谷）[to^2]（鬼魂附身、法术、施法），意为河谷中法术高强的祖公，也可称为智慧祖神。他是一个无所不晓、无所不能的创世神，为父系氏族部落时代的主神。布洛陀开始可能只是部落（鸟图腾部落）的祖神，由于其力量较强大，在部落联盟的形成中占了主导地位，因而，其所信奉的祖神也“联盟”化为民族统一的祖神了。

在布洛陀神话基础上孕育产生的长诗《布洛陀》，则是壮族篇幅宏大的创世史诗，是史前时期壮族先民社会的百科全书，它包含远古壮族祖先的生产斗争、社会生活、风俗习惯、原始宗教、原始意识乃至原始社会解体过程等丰富的内容。随着生产力的发展，社会开始分化，原始公社制逐渐瓦解，部落联盟和国家雏形逐步形成。随着社会的发展，各部落的交往日益频繁，彼此交融形成了体系神话，如《特康射太阳》、《布伯》、《岑逊王》、《莫一大王》等，就是这样的产物。布伯、候野、郎正和特康，他们的故事显示了父权时代男子的辉煌业绩，其中布伯是为求得雨水与天上的雷王作斗争的英雄，而候野、郎正、特康则是为消除干旱而与十一个烈日搏斗的英雄，他们的故事反映了当时壮族已进入农业社会，人们希望风调雨顺。而岑逊王、莫一大王则是农业发展、阶级萌芽、国家即将出现的军事民主制时代的英雄。以《布洛陀》为代表的这一自成系列的“体系神话”，又可叫做“文明的综合的神话”。其以特有的神异形式，再现了壮族先民晚期原始社会逐步阶级化、秩序化的生动图景，渗入了早期文明社会和逻辑思维的诸多因素，是民族精神文化的最初记录，在前文字时代靠人民口头传承。这些神话标志着壮族先民在自主发展阶段已是跨入文明门槛的文化民族。

6. 以“诺鸡”［dk^7kai^5］（鸡骨卜）和“麽”［mo^1］（麽教）为代表的原始宗教文化

在史前时期的氏族社会里，人们生活在万物有灵观念的支配下，各种原始宗教行为，实际上是这种古老的信仰观念的表现。占卜术，是最古老的蓍占专书《易经》在观测天象的基础上发展起来的。占星术也在殷周时期兴盛。先秦时期南越瓯骆人则盛行鸡卜，即鸡骨卜。据《史记·孝武本纪》记载：“是时既灭南越，越人通之乃言：‘越人俗信鬼，而其祠皆见鬼，数有效……’乃令越巫立越祝祠，安台无坛，亦祠天神上帝百鬼，而以鸡卜。上言之，越词鸡卜始用焉。”《资治通鉴》汉武帝元封二年条胡三省注称，史记正义曰：“鸡卜法，用鸡一，狗一，生祝愿讫，即杀鸡狗，煮熟又祭，独取鸡两眼骨，上自有孔，裂似人物形则吉，不足则凶。今岭南犹行此法。”有关鸡骨卜之术，在宋代周去非《岭外代答》中有更详的记载。在壮族民间中至今仍流传有多种《鸡卜经》抄本，壮语称为［dk^7］（骨）［kai^5］（鸡），广西壮族自治区少数民族古籍整理出版规划办公室收集保存的《鸡卜经》绘有壮语名称的鸡卜卦象达480幅。可见曾为汉武帝所推崇的骨卜自成体系，历史久远。

先秦时代的瓯骆民族在长期的发展过程中，形成了自己的原始宗教信仰。他们所崇拜的对象有火神、水神、树神、土地神、山神、石神、雷神、太阳神等，他们把某些自然物升华为与自己有亲缘关系的人格化的神，形成了独具特色的图腾崇拜，如花图腾、蛇图腾、鸟图腾、蛙图腾、犬图腾、稻谷图腾等。在以万物有灵观念为核心的自然崇拜、神话体系和鸡卜占术的基础上，由越巫发展产生了以祷祝神灵禳解的“麽”［mo^1］教形式。“麽”［mo^1］意含喃诵经诗、通神祈禳。原始巫教无主神，由巫觋施法卜测吉凶。麽教则崇奉创世神布洛陀为至上神和教祖，有一整套法事仪式和相应的一系列原为口头传承的五言押腰脚的诗体的祝词，后来用古壮字记录传抄成“司麽”［θaω^{1} mo^{1}］，即“麽教经书”，简称“麽经”，由“布麽”［pou^{4} mo^{1}］即“麽公”举仪祷请祖神，宣颂古规、禳灾降福。麽教属原生态的民族宗教文化，反映了在上古时代生产力低下的社会条件下，人们寄托并借助神力来调解人与自然、人与社会、人与人之间的关系，以祈求生存和发展。在麽教中，布洛陀由创世神变成宗教神，由自然神变成社会神。而其由多神信仰向一神信仰的转化，反映源于原始巫教的麽教，产生于壮族先民部落处于联盟与雏形的国家逐渐形成的社会阶段，这在“麽经”中多处叙及壮族先民部落对十二种动物图腾的称谓，即“十二国”［ip^{8} i^{6} kjo：k^{7}］（十二个图腾部族）中亦可印证。虽然迟至明清时期才出现书录的《麽经》抄本，从现在搜集到的30多种抄本来看，尽管其在流传过程中掺杂了一些道、儒、佛的神祇和观念，但其中的基础和主干，包括语言、内容、观念和功用，仍保持着原生的民族宗教文化的本质特征，折射着壮族先民由野蛮时代进入文明时代，由母系制进入父系制，由氏族部落社会进入阶级社会的历程，这对研究壮族氏族部落时代及其后来的社会、经济、文化、宗教信仰及道德观念等，具有重要的历史价值、文化价值和学术价值。

7. 以宇宙“三盖”［θa：m^{1} ka：i^{5}］（三界）说和万物“波乜”［po^{6} me^{6}］（公母）观为基础的朴素哲学思想

壮族先民在长期的生活和生产过程中，观察了解天地万物的产生和演变，逐渐产生了朴素的哲学思想观念。从流传下来的大量神话传说中可以看到，壮族先民不仅对天地万物和人类的起源产生了自己的看法，而且对自然万物运动变化和人与自然的关系进行了解释，形成了壮族原始哲学的基本观念。壮族神话《天地分家》认为天地万物产生于大气团，从前天地没有分家，先是旋转着一团大气，渐渐地越转越急，变成一个三黄蛋，后来爆开分为三片，一片飞到上边成为天空，一片沉到地下成为河海，中间一片成为中界大地，形成了“三盖”［θa：m^1 ka：i^5］，即“三样”自然界物体。基于这种思想，壮族先民构成了富有民族特色的宇宙结构观念，这就是著名的三界说。按照三界说，宇宙分为天上、大地、水下三界：天上是上界，住着神灵，由雷公管理；大地是中界，住着人类，由布洛陀管理；水下为水界，住着小矮人，由“图额”［tu^2 $ŋik^8$］（水神）管理。无论是在壮族神话、历史传说、民间故事，还是在壮族民间麽教经书《布洛陀》中，都以三界说来描述和解释世界。铜鼓的纹饰结构，也体现出三界的观念：鼓面表示上界，饰有太阳纹、云雷纹；鼓身表示中界，刻有羽人纹、鹿纹；鼓足表示下界，刻一两道水波纹与鼓身相分。直到现代，三界之说仍然在壮族民间广泛流传。壮族先民还认为，中界大地的动植物和人类都是男祖神布洛陀和女祖神麽渌甲创造的，人类按照布洛陀的指点生产生活，遵从布洛陀制定的准则和谐相处，才使世界成为人类的美好家园。

壮族先民在长期的生活实践中发现人分为“波乜”［po^6 me^6］（即公母）两种，动物也分为“波乜”两类，便以自身类比来观察认识自然。在壮族先民看来，世界万物都区分为“波乜”（公母）两性类别，这两性类别互相对立又相互联系，形成了万物“波乜”（公母）观。这在壮族神话、民间宗教、民俗事象及壮语蕴藏的思想文化中，都有具体的表现。例如壮语中，称“天”为［po^6 fa^4］，意即“天公”；称“地”为［me^6 $dɯn^1$］，意即“地母”；喻太阳为“父亲”，月亮为“母亲”；把一天晴或热、一天雨或冷的天气，称为［$ŋon^2$ $poŋon^2$ me^6］，意即“一天公一天母”。在壮族先民的观念中，天上至高的神灵是“波叭”［po^6 pja^3］，即“雷公”，他派到人间的使者青蛙叫“娅圭”［ja^6 kve^3］，即“蛙婆”，天地呼应而降甘霖。在蛙婆节中，将抓到的第一只青蛙称为“天女”，获蛙者被封为“蛙郎”，并与之结缘相配，成为主持祭祀活动的头领。壮族祭祀的田神，被称为“波那乜那”［po^6 na^2 me^6 na^2］，即“田公田母”。壮族民间宗教麽教崇奉的最高神灵是男祖神布洛陀和女祖神女麽渌甲，仪式中必祷请他们降临主神位，双双为民间除祸赐福。这种万物“波乜”观在其他文化领域也有种种表现。如审美领域，将高音铜鼓称为［ɘen^2 po^6］，即公铜鼓，把低音铜鼓称为［ɳuɘen^2 me^6］，即母铜鼓，在祭祀或赛铜鼓活动中必须以公母配对来敲击，认为这样才灵验和悦耳动听，如此等等，亦是壮族的“波乜”观的原哲学思维，与彝族的万物雌雄观相似，与汉族的万物阴阳观也具有相类的性质，只是后者是一种抽象的概括，前者为形象性的类比思维，具有个性特征。

8. 以“欢敢”［fωən^1 kaːm^3］（岩洞歌）和“欢娅圭”［fωən^1 ja^6 kve^3］（蛙婆歌）为代表的歌谣文化

壮族及其先民以好歌善唱而著称。春秋战国时期，瓯骆民族的歌谣就以独特的形式、韵律与风格而享有盛誉。汉代刘向《说苑·善说篇》所载的楚国令尹鄂君子晰泛舟湖中欣赏的《越人歌》，根据壮族语言学家韦庆稳翻译考证为壮族先民的歌。歌的起头句“今夕何夕兮？搴舟中流？”与北部壮族传统夜山歌中常用的起兴句［bam^6 ni^4 ham^6 ka^5 ma^2？ fei^2 a^1 tok^7 loη^2 θω^3］（今晚是什么晚上？乌鸦衔火落在社屋边）十分相似。可见壮族民歌与其先民越人歌有着深刻的渊源关系，由此亦印证清代李调元《南粤笔记》关于“粤俗好歌”，“粤歌始自榜人之女”（即为鄂君子晰唱《越人歌》的榜木是越人女子）的记述。据游国恩《楚辞的起源》考证，“这首《越人歌》出世的时候，必在楚康王五十五年中，我定他们为（公元）前五五〇（年）间的产品”，即早于屈原生活的楚顷襄王时代。越人的歌唱艺术在先秦深受赞誉并广泛流传的情景屡有记载。如《汉书·元后传》云：成才侯王商“穿长安城，引内丰水注第中大陂以行船，立羽盖，楫濯越歌”，表明欣赏越歌曾是长安贵族的一种时尚。古越人“尚越声”，作为骆越后裔的壮族，承传了这种歌唱风习。他们“自幼习歌”，“乡村唱和成风”，“皆临机自撰”，并且有定期的唱歌节日活动，歌谣文化尤为发达。这当追溯到氏族部落时代的群体祭祀形式和族外群婚制向对偶婚制过渡阶段的社交活动，从现在遗存的两种古老歌唱形式可窥见其面貌之一斑。一是“欢敢”［fωən^{1} ka:m^{3}］。“欢”即山歌，“敢”为岩洞。“欢敢”意为岩洞歌。如在右江河谷田东县的仰岩和田阳县的敢壮，自古以来每年都举行有数以万计群众参加的岩洞歌会，流传有著名的壮族传统长篇排歌《欢敢》和《欢嘹》［fωən^{1} li:u^{2}］（译为《嘹歌》，均已翻译出版）。这种歌唱活动缘于古代壮族先民“随山洞而居”（《隋书·南蛮传》），“以岩穴为居止”（宋·乐史《太平寰宇记》），遂崇拜岩洞并祭祀“敢卡”神的传统。所谓“敢卡”［ka:m^{3} ka^{1}］，原意为两腿间的岩穴，喻指女阴，译为生育女神。显然《欢敢》和《欢嘹》为源于母系氏族社会的自然崇拜和生殖崇拜活动的产物，后经历代发展而演变为以情歌为主干的传统歌式。一是“欢娅圭”［fωən^{1} ja^{6} kve^{3}］。“欢”即山歌，“娅圭”即蛙婆，俗称蚂蚜。“欢娅圭”即“蛙婆歌”，为流传于红水河一带蚂蚜节活动的勒脚歌体的仪式歌。蚂蚜节实质上是氏族部落祭祀蛙图腾以祈求风调雨顺、五谷丰登的节日。由于宗教节日举行隆重仪式，一个氏族部落或多个氏族部落的人们聚集在一起，欢歌狂舞，这就给青年男女提供了择偶的机会。一方面，他们通过传唱仪式歌获得有关民族历史、生产生活和伦理道德等的知识；一方面通过对歌比试才智、倾诉心声而交谊结缘。这种祭祀性的歌唱活动，后来便发展成为以男女会唱为主体的“圩蓬”［hω^{1} faŋ^{2}］，意为欢乐的圩场，译称“歌圩”。

9. 以“依托”［jω^{1} to^{3}］（土医、土药）为特征的医药文化

壮族及其先民在生产、生活以及同疾病斗争的实践经验中，总结形成了具有鲜明的地域性、民族性和传统性的医药体系。壮语称为“依托”［jω^{1} to^{3}］。“依”［jω^{1}］即“医药”，“托”［to^{3}］即

“本地”、“土著”之意，译为土医土药。药物取自自然界，其医疗方法尤以针疗著称。在进入新石器时代之后，随着瓯骆先民地区陶瓷文化的发展，壮族先民的陶针疗法逐渐出现，到战国时代已较为流行，并对中医“九针”的形成产生了积极影响，据对现存的壮医陶针的考证，其针形与九针之道——镵针极为相似。壮医陶针至今仍在民间使用。考古工作者在武鸣县马头乡西周古墓中出土两枚精细的青铜针，据考证为壮族先民的针刺用具，结合《内经》“故九针者，亦从南方来”的论述，说明瓯骆地区是针刺疗法、九针的发源地之一。两千多年来，壮族先民不仅具有较高的制针技术，而且从总体上看，其针刺疗法乃至医药整体水平在当时处于先进行列。壮医药在痧、瘴、蛊、毒、风、湿等病症的防治，以及使用毒药和解毒药、内病外治等方面，曾经达到较高的医学水平，并初步形成了自己的理论体系。

（二）在统一多民族国家中壮族及其先民文化的发展

秦汉以后，中原汉族南来“与越杂处”，在长达两千多年的历史过程中，经过文化碰撞与互相交融、整合，壮族及其先民文化的发展出现以下三种态势。

1. 在岭南东道

岭南东道包括今广东西部、广西东部和北部地区，这里的越人自唐代以后逐渐融合于汉族，但汉越融合后的汉人保留了许多越文化的特征，他们已不是中原的汉人，而是岭南化的汉人。

这种融合是一个渐进的过程，促进融合的因素是多方面的，其中有军事征服和政治统治的因素，如秦瓯战争、汉武帝平南越、马援南征，但从总体上说，主要因素是中央王朝（含南越国）的民族政策和汉民族先进文化的影响力。在民族政策方面，南越国实行的“赵佗变服”、“和集百越”，汉代的“以其故俗治，毋赋税”的政策，对推动汉越民族融合的作用巨大。岭南越族与中原汉族都是农耕民族，前者以稻作为主，后者以种植麦粟旱作为主，其生产生活模式虽有差别，亦有相同。汉族先进的生产技术如铁犁牛耕等随着汉人的到来而传入岭南，很快为越人所接受，对推动岭南农业经济的发展起到了重要作用；中原汉族儒家文化在岭南传播并与越人文化相结合，有力地促进了越人社会的发展和越汉民族的融合。历史证明，军事征服、强力同化，其结果是激起越人激烈抗争；而文化熏陶、自然同化、先进文化的影响，是促进民族融合的最根本因素。汉越民族没有宗教信仰上的分派对立，他们杂居共处，频繁交往，互相通婚，这种文化上的认同，是粤西、桂东、桂北汉越民族融合的基础。但是，融合后的汉人保留了许多越文化的特征，以语言为例，粤西和桂东地区广泛使用的粤语就吸收了古代汉语和古代越语两种语言的词汇和语法结构，据专家研究，百越语词在现代粤语中所占的比例约为20%，而且大多数是动词和形容词，通常作为“核心词”与其他语词组合成各种不同的结构，充当句子的主要成分而在粤语中占有重要地位。在经济生活方面，除了城镇汉族以外，就总体而言，乡村的汉人已基本承传了越人的据“那”而作、凭“那”而居、赖“那”而食、靠“那”而穿、依“那”而乐、以“那”为本的生产生活模式。由于汉族文化、生产技术水平较高，民族融合后的岭南汉人地区其生产、生活水平一般比壮族地区高。他们的生产生活习俗、节日风俗等既保留了不少中原文化因素，又吸收了大量的越文化因素。他们已不是原来中原型的汉人，而是岭南化的汉人。

2. 在岭南西道

岭南西道包括今桂西南、桂西北、桂中南及滇东、黔南、粤西地区，这里的壮族及其先民形成了主体性与开放性、包容性相结合的民族文化特征。

桂西南、桂西北、桂中南及滇东、黔南、粤西地处边陲，山多险峻，交通不便，古来经济社会发展滞后，接受汉文化的影响较之东部迟缓，民族意识强固，与中央封建王朝的矛盾时有激化，唐、宋、明、清历代，反抗中央王朝封建压迫的起义不断。这个地区的壮族对本民族传统文化的自我意识即主体观念较强，但对汉族文化不仅表现出积极的开放、包容意识，而且有善于吸收、融化和自我创造的精神，其主要表现在如下几个方面。

（1）保持民族语言本质的一致性，利用汉字及其构字方法构造表达壮语音义的民族文字。从氏族部落时代开始，壮族及其先民就不断努力创造本民族的文字。秦汉以后，中原文化的南播，壮族开始接受汉族文化，其中包括汉族的文字。从唐宋时期起，壮族中的知识分子就利用汉字的形、音、义和六书构字法构造出一种方块壮字，在民间广泛流传使用。如“田”，壮语称“那”［na^2］，写成“䎸”（注：该字由上部“那”字，下部“田”字组成），由上音下义构成；又如“年”壮语称“卑”［pi^1］，写成“𥝖”，由左音右义构成。壮族用这种文字记录民歌、故事、传说，书写经文、契约和记账等。唐永淳元年（682 年）澄州（今广西上林县）刺史韦敬办所书刻的《澄州无虞县六合坚固大宅颂》摩崖石刻中就出现了这种方块壮字；宋代范成大《桂海虞衡志》、周去非《岭外代答》等均有土俗字的记载。范称：“边远俗陋，牒诉券约专用土俗书，桂林诸邑皆然。”至明代，土俗字已成为壮族民间的书面文学用字。清初浔州（治今广西桂平市）推官吴淇的《粤风续九》中，采录有俍、壮的“扇歌”、“担歌”和“巾歌”，即壮族男女把情歌写在扇面、刻在扁担和织绣在花巾上，以此为信物。有些地方用土俗字编写的歌本祭祀歌仙刘三姐，集数以箱计。清人屈大均《广东新语》卷八《刘三妹》条称：凡作歌者，毋论齐民与瑶、壮、山子等类，歌成，必先供一本祝讫藏之，求歌者就而录焉，不得携出，渐积遂至数箧。流传于右江河谷一带的壮族传统《嘹歌》有 1.6 万余行，就是以土俗字抄本传世的。刻于道光十一年（1831 年）的广西宜州市安马乡古育村的廖士宽墓门诗碑，为用土俗字书写的五言体壮歌，共 120 行，生动地记载了墓主的身世。明清以来各地的歌馆、师公馆，都是用土俗字抄录传授歌艺和经文的唱本的，壮族麽经《布洛陀》亦以土俗字抄本传世。在壮族的社会生活中和文化发展史上，土俗字（古壮字）发挥了重要的作用。但由于历史的原因，这种方块字未能得到统一规范，只在民间有限的范围内流传使用。新中国成立以来，已收集到用这种方块壮字抄写的壮族古籍1000多部（册），1989年出版的《古壮字字典》收入古壮字1万多个，其中常用的正体字4000多个，有相当一部分仍在壮族民间使用。20世纪50年代，国家帮助壮族制定了一套以拉丁字母为基础的《壮文方案》，并于1957年国务院批准在壮族地区推广使用，取得了一定的成效。

（2）吸收汉族宗教文化因素，形成了以“筛”［θai^{1}］（师教）为代表、信仰多神的民间宗教。壮族信仰多神，由于地理、历史、文化教育和民族杂居等原因，壮族各地区接受汉文化影响的程度有所不同。就宗教信仰而言，受道教正一派的影响较为普遍，但其传入后几经变异，可称为壮传道教。此教无道观，只有道士班，称为“坛”，一坛5~12人不等。在桂西一带，自古形成并自成体系的民族宗教——麽教一直在民间流行，但同时亦出现有些神职人员既是麽公又兼道公的现象。桂中一带是壮汉民族杂居和壮汉文化交融的地区，明清时期，形成了以壮族原始宗教和民间歌舞为基础，兼蓄道教、佛教部分内容的师教，俗称“师公”，壮语叫“筛”［θai^{1}］，含聪灵、先觉之意。其有较完整的经文唱本和教义、教规，并设有师馆传教授徒，入教者必须经过拜师受戒、背诵经文（唱本），习练舞仪、巫术杂技等本领，并见习三年方可出师。入教者被称为师公，均为半职业性的男性农民。师教崇奉的神祇众多，一般称为三十六神七十二相，但杂神有逾百个。其中，有本教主神梅山教派祖师神三元（即唐道相、葛定志、周护正）、三界公、土地、社王等；道教神玉皇大帝、三清（上清、太清、玉清）、张天师、真武、太上老君等；佛教神释迦牟尼、观世音、罗汉等；本地土俗神布伯、莫一大王、甘王等。它分成两个教派，茅山派经文为汉文，做法事以唱诵经文为主，称文师；梅山派经文多为古壮字抄本，用壮语唱诵，做法事以表演武功为主，称武师。师公的宗教职能，主要是为民间画符禳灾、驱鬼酬神、打醮还愿、超度亡灵等。师公有整套的法事仪式和一系列的舞仪，佩戴神灵面具进行演唱。师公唱本内容丰富，有的宣扬祖师圣行，有的叙述民族历史、生产知识、伦理道德、生活习俗、神话传说、民间故事等，其仪式集歌舞技艺于一体，既是壮汉文化融合的产物，又是壮族传统文化发展升华的体现。到近代，在师公宗教歌舞的基础上又发展成师公戏，形成具有地方特色的师公文化体系。

（3）延续以民族部落“都老”制为核心的社会组织结构。壮族社会以一夫一妻制家庭为基本细胞，家庭之上有家族，家族之上有宗族，其村落结构由于迁徙而与家庭、宗族形成了复杂关系。在壮族地区长期存在一种“都老”［$tu^2la:u^4$］（头人、长老、大首领）或称“波板”［$po^6ba:n^3$］（意为村寨之父，即头人）的社会组织。“都老”、“波板”是壮族村寨的实际管理者，享有很高的威望和权力。壮族地区自唐代起实行羁縻统治，宋代起实行土官制，从明代起逐渐“改土归流”。土司制度是中央王朝对壮族社会的间接统治形式。

（4）发扬以民歌为主流和以歌圩为表征的文学艺术。壮族民间文学源远流长，内容丰富，题材广泛，形式多样，尤以传统民歌为著称，最具特色。从图腾歌谣、创世史诗，到神话传说和历史故事，从风俗歌谣、婚恋情歌，到生产时令和伦理道德等各种体裁、各种题材的民歌，世代传承，成为壮族传统文学的主流。民歌是劳动人民创造的，但它也创造出懂得艺术和能够欣赏艺术的大众。壮族人民承袭其先民古越人“尚越声”、“作越歌”的风气。正如清人李调元《南粤笔记·粤俗好歌》所载：“东、西粤皆尚歌，而西粤土司中尤盛。”有关壮族好歌之俗，自唐宋以来屡有记载。特定的地理环境、生产方式和民族文化心理，造就了壮人“好歌”——“自幼习歌”、“倚歌择配”的习俗，“凡有吉庆，必唱歌以为乐”①，“善唱歌者，能博得全社会一般民众的尊誉”②，形成一种社会风尚。在长期没有本民族统一文字的年代里，人们用这种易于掌握和便于记忆的歌唱形式，按一定的惯例和仪轨来进行思维和感情交流，传播民族历史文化知识，并以此达到满足自身的审美需求，从而构成了壮族特殊的民族心理素质及人生观、美学观。诚如刘锡蕃在《岭表纪蛮》中说的：壮人“无论男女，皆认为唱歌为其人生之首要问题。人之不能唱歌，在社会上即枯（孤）寂寡欢，即缺乏恋爱择偶之可能性，即不能通今博古，而为一蠢然如猪之顽民”。壮族群众正是以这种价值观念和美学观念来审视自身价值及社会文化活动的功能，从而促进了唱歌活动的社会化和思想意识的歌化，人们的生存意愿、理想追求、情感交流、生产知识、历史故事、道德规范以至婚、生、寿、丧的礼仪等，往往都以歌唱的形式来表达，可谓逢事必唱，无处不歌，遂培养了壮族发达的诗性思维。而只有发达的诗性思维，才有如此发达的诗歌文化。“诗者，歌也。”歌唱是文学性与音乐性结合的民间艺术创造，它不仅成为壮族生活中的主要组成部分，而且已成为其民族性的文化共同体的标志。而在这当中，又与一年一度的“歌圩”活动——壮族传统的歌节盛会，有着密切的因果关系。故遂有“广西是歌海，歌圩是其集中的表现”之说。

所谓“歌圩”，壮语北部方言叫“圩蓬”[$fɯ^{1}faŋ^{2}$]，意即欢乐的圩场；南部方言叫“航端”[$ha:ŋ^{6}toŋ^{6}$]，意为峒场圩市。是因其群集欢会酬唱，情如欢乐的集市而得名。歌圩的活动形式，类似《诗经》中记载的“溱洧之风”。它源于氏族部落时期群体祭祀

① （清）李调元：《南粤笔记·粤俗好歌》。

② 刘锡蕃：《岭表纪蛮·歌谣》，上海，商务印书馆，1934。

活动的“欢敢”［fωə n^{1} ka:m^{3}］，即祭岩洞唱歌之意。从“欢敢”到“圩蓬”的发展过程，是从唱歌娱神到娱人的演化。据研究，歌圩大约形成于唐代，歌仙刘三姐的产生是歌圩形成的标志。“刘三姐”是现实生活中歌才超群的歌师的化身，是因尊崇聪明才智、歌唱技艺，及为满足精神生活需求而塑造的形象，从而将歌唱神圣化，而同时，刘三姐又是壮汉两种文化撞击的产物。唐宋时期诗词歌赋兴盛，不少著名的文人学士被贬谪到广西任职，如唐代的柳宗元、李商隐、宋之问、元结，宋代的秦观、黄庭坚等，他们积极传播汉族文化，对壮族民间歌谣亦产生一定的影响。如壮族的传统民歌原以五言押腰脚韵的歌式为主体，唐宋以后出现了类似汉族律诗的七言押脚韵体的壮族民歌；一些歌师既唱壮歌又能唱汉语歌；将汉族的民间故事和历史故事移植成民族化的壮语长篇叙事诗，如《欢英台》（即《英台歌》）、《欢唐皇》（即《唐皇歌》）等，在壮族民间广为流传。更富有意味的是，时值北方汉族有文人“诗圣”，岭南有壮族民间传说的“下里巴人”“歌仙”刘三姐，她竟能以鲜活犀利的山歌挫败载着满船歌书来对歌的三个秀才。而在一些文人撰写的《刘三妹传》中，她却变成通经史、识诗书的正统才女，与秀才酬唱为“阳春”对“白雪”，被视为“非下里巴人所比也”。这鲜明地反映了两种文化观念、文化风格及不同文化阶层审美意识的差异。而传世的刘三姐山歌多为七言四句体的汉语歌式，与唐代的竹枝词有一定的关系，显然是民族文化交流融合的产物。当然，以五言押腰脚韵歌式为主体的壮族民歌至今仍保留，仍是壮族民歌的主体，如《布洛陀经诗》、《欢木岸》（欢敢）、《嘹歌》等，便是它的代表作。

民歌是中国文学的主要源流之一。一部中国文学史就是从《诗经》开讲的。数千年来，汉族历代不断有丰富绚丽的民歌产生和流传，但由于历史原因，主要是士大夫阶层垄断文坛，把民歌视为“田夫野妇”之作，不屑于为之作文字记录，致使汉族民间流传至今的民歌为数不多。而壮族民歌则以自主的文化精神而经久不衰。在特定的历史背景、生活环境和民族文化心理条件下形成的歌圩，既是一种民俗事象，又是人们进行社会交际的场所，也是各种民族文化艺术的表现形式，带有深刻的历史性、社会性，壮族的传统民歌就是通过歌圩得以世代传承，并随着时代的发展而不断丰富多彩，成为壮族文学的主流。“歌圩”既集中反映了壮族文学的特征及其共同的心理素质和审美观念，又充分体现了其作为壮族民间文学艺术的自然载体的社会功能。

（5）保持和发扬反抗封建压迫的民族精神。从秦始皇统一岭南到民国时期的两千多年间，壮族及其先民反抗统治阶级民族压迫和阶级压迫的斗争从未间断。影响较大的有西汉末年句町王邯反王莽的斗争，东汉乌浒人起义，唐代“西原”僚人黄乾曜起义，宋代区希范、侬智高起义，明代韦银豹起义、八寨农民起义，清代太平天国起义，辛亥革命前的会党运动和孙中山领导的辛亥革命。到了现代，壮族人民积极投入中国共产党领导的土地革命、抗日战争和解放战争；被毛泽东称为“读了半本马克思主义，红了半个中国”的壮族人民的优秀儿子韦拔群，早在1921年就在东兰县武篆区成立了“改造东兰同志会”，发动广大人民群众，开展了轰轰烈烈的农民运动，后在中国共产党领导下，培养了大批农民运动骨干，为1929年邓小平、张云逸领导的百色起义奠定了基础，为中国革命做出了重要贡献。所有这些都体现了壮族人民的革命精神，这种精神鼓舞着壮族人民在历史上演出一幕幕可歌可泣的悲壮斗争史，从而迫使统治阶级做出种种改良或让步，推动历史的前进。

3. 在桂西

在桂西，有少部分汉人长期与越人杂居，融入越人中，这在汉族与少数民族融合中是少有的现象。

例如地处广西西部的靖西、德保、那坡等县，从古代到近现代都有相当数量的汉人因从政、从军、经商、开垦等原因迁入，但至今这些县的壮族人口仍占总人口的97%以上，其中靖西县壮族人口占99.4%，德保县壮族人口占97%，说明这些迁入的汉人绝大部分已经融入壮族之中。

（三）壮族文化与华南、东南亚及环太平洋地区诸民族文化的渊源关系及其在人类文明中的地位

20世纪90年代，我国学者提出了“那文化”和“那文化圈”的概念，是有充分依据的。在珠江水系流经的地带，都分布着冠“那”的地名，其中又以左右江、红水河、邕江流域最为密集，在越南北部、老挝、泰国、缅甸和印度的阿萨姆邦等东南亚地区，也广泛地分布着冠“那”的地名。“那”为侗台语地名，“那文化圈”的内涵，既含稻作文化，也含民族文化。“那”地名分布的地理范围，东至我国广东省中部偏东，西至缅甸南部和印度西部的阿萨姆邦，北至云南中部、贵州南部，南至泰国南部、越南中部和我国的海南省，从而构成一个“那文化圈”。“那文化”即稻作文化，“那文化圈”即稻作文化圈。“那文化圈”是稻作起源地之一。创造“那文化”的是最早居住在这一地区的侗台语族群，包括我国的壮族、布依族、傣族、侗族、水族、仫佬族、毛南族、黎族和仡佬族，越南的岱—侬族，老挝的老族，泰国的泰族，缅甸的掸族和印度阿萨姆邦的阿含人等。这些族群具有语言同源、以“那”（稻）作为本的传统生活模式、居住干栏、使用铜鼓等共同的文化特征。壮族与这些民族是同根生的民族，他们之间的关系是同源异流的关系，珠江流域是他们的主要发源地。地处“那文化圈”东部的壮、布依、侗、水、仫佬、毛南、黎等民族，由于受汉文化的影响以及地理环境的影响，朝一个方向发展，而地处“那文化圈”西部的中国傣族和邻国泰国的泰族、缅甸的掸族、老挝的老族等，由于受到印度文化和佛教文化的影响以及地理环境的影响，朝另一个方向发展。以壮族和泰族为例作一个形象的比喻，如果说壮族是受汉文化影响较深的越人的后裔；那么，泰族就是受印度文化影响

较深的越人的后裔。

“那文化圈”的民族及其文化又与东印度群岛乃至整个环太平洋地区的民族及其文化具有同质性，根据中外学者的研究，这种同质性表现为：刀耕火种、梯田、祭献用牺牲、嚼槟榔、高顶草屋、巢居、树皮衣、种棉、织彩绒布、无边帽、戴梳、凿齿、文身、火绳、取火管、独柄风箱、贵重铜锣、竹弓箭、吹箭、少女房、重祭祀、猎头、人祭、竹祭坛、祖先崇拜、多灵魂、铜鼓、龙船、弩箭、毒矢、梭镖、长盾、涅齿、穿耳、穿鼻、鼻饮、鼻笛、贯头衣、衣著尾、坐月、父子连名、犬图腾、长杵、楼居、点腊印花布、岩葬、罐葬、石板葬等。① 我国著名的考古学家苏秉琦认为：“中国考古学文化所划分的六大区系中，广义的北方中的大西北联系着中亚和西亚，大东北联系着东亚，东南沿海和中、西南地区则与环太平洋和东南亚、印度次大陆有着广泛的联系。”② 壮族文化与华南、东南亚及环太平洋地区诸民族文化的这种渊源关系说明了壮族文化的世界性，说明她在人类文明中具有重要的地位。壮族及其先民的文化创造及其对人类文明的贡献，其突出者列举如下：

首先，壮族及其先民适应华南—珠江流域的自然地理环境和气候特点，把野生稻驯化为栽培稻，是创造了稻作文明的民族之一。水稻是世界重要的粮食作物，全世界约有一半人口以稻米为主食。水稻栽培的发明，无疑是世界文明史上的重要事件。壮族及其先民在水稻种植和食用稻米的过程中，形成了据“那”而作、凭“那”而居、赖“那”而食、靠“那”而穿、依“那”而乐、以“那”为本的生产生活模式，造就了南方稻作文化与北方旱作文化、游牧文化相并列的生计模式和文明类型。

---

① 凌纯声：《中国边疆民族与环太平洋文化》，330页，台北，联经出版事业公司，1979。

② 苏秉琦：《中国文明起源新探》，171页，北京，生活·读书·新知三联书店，1999。

其次，壮族及其先民在其他物质文化领域也为人类文明做出了贡献，其中留存至今可以观察的有石器、铜鼓、花山崖壁画、干栏建筑、陶瓷工艺、棉麻纺织、医疗技术、水利航运、水产养殖、水果栽培等。石器中的双肩石斧是独具特色的石制工具，在双肩石斧基础上发展演变而成的大石铲，更是世界独有，其体积之大，制作工艺之精美，在同时代的石器中堪称一流。陶器是人类将一种物质改变成为另一种物质的创造性活动，是人类文明史上的重要创造，是人类社会发展史上的划时代的标志。桂林庙岩、大岩、甑皮岩和南宁顶蛳山等文化遗址出土的陶器是至今世界考古发现中存在时间较早的陶器之一，距今 13000 ~ 10000 年，比我国北方裴李岗等遗址出土的距今 8000 年的陶器早 2000 ~ 5000 年。壮族是最早制造铜鼓的民族之一，广西田东县南哈坡和大岭坡出土的铜鼓，为春秋战国时期的作品，是年代最早的铜鼓之一，之后铜鼓制造和应用在壮族先民地区一直处于领先地位，无论是铸造工艺还是纹饰工艺，都达到了同一时期中原地区同类工艺的水平。恩格斯说："家畜的驯养和群畜的繁衍创造了前所未有的财富，并产生了全然新颖的社会关系。"① 根据考古发现，甑皮岩人最早饲养家猪，距今 9000 年以上。

再次，精神文化方面，壮族及其先民在长期的历史发展过程中，形成了本民族独特的语言，并利用汉字的形、音、义及构字方法，创造了本民族独具特色的方块字——古壮字。壮族先民从战国到东汉时期绘制的花山崖壁画，其程式化的图像与组合，扑朔迷离的寓意，令人惊叹不已，其精湛的绘画艺术，磅礴的气势，被誉为世界八大原始崖壁画之一。壮族及其先民还创造了独具特色的歌圩文化，创造了《布洛陀》、《莫一大王》、《传扬歌》等具有重要历

① 恩格斯：《家庭、私有制和国家的起源》，见《马克思恩格斯选集》，第四卷，48 页，北京，人民出版社，1972。

史文化价值的本民族的创世史诗、英雄史诗和哲理诗；在原始越巫的基础上吸收道教、佛教的内容，形成了具有本民族文化特色的民间宗教——麽教和师教等。

壮族经历了来自自然界和其他族群各种力量的冲击，数千年来延续民族生命的血脉，演化成今天拥有1700多万人口的民族，在全世界2000多个民族中约占第60位，是中国人口最多的少数民族，这一事实本身，值得从民族生命的繁衍以及人类与自然相适应的角度进行系统研究，以进一步了解并确立她在人类文明史上的地位。

三、壮学与《壮学丛书》

壮学产生的基础是壮族研究。严格意义上的壮族研究始于19世纪末叶，当时多是西方国家的学者为适应殖民主义侵略的需要而进行的。

第一，壮族研究机构和学术团体的建立及研究队伍的不断壮大，为壮族研究奠定了组织和人才基础。20世纪50年代，成立了少数民族社会历史调查组、广西民族学院民族研究室。60年代，在广西少数民族社会历史调查组的基础上建立了广西民族研究所。到80年代，相继成立了广西民族学院民族研究所（后改为广西民族学院民族学人类学研究所）、广西师范学院（今广西师范大学）地方民族史研究所、南宁师范学院（今广西师范学院）民族民间文学研究所（后改为民族民间文化研究所）、广西艺术研究所（后改为广西民族文化艺术研究院）、广西艺术学院民族艺术研究所、广西民族医药研究所、广西少数民族古籍整理出版规划办公室。90年代相继建立了广西大学民族研究所、广西社会科学院壮学研究中心、中共广西壮族自治区委员会党校民族研究所、右江民族师范高等专科学校民族学人类学研究所、广西师范大学壮学研究所等。这些科研机构主要从事壮族研究。全自治区专门从事壮族研究的专家学者有60多人，兼职从事壮族研究的专家学者及实际工作者大约有400人。同时在北京的中国社会科学院、中央民族大学，及云南省、广东省等地的与壮族研究有关的学术机构也建立起来，对全面推动壮族研究的发展起到了重要的作用。

第二，研究领域更加开阔，研究成果大量涌现。据统计，从20世纪50年代到世纪末，国内公开出版研究壮族的论著共107部，其中有101部是20世纪80年代以后出版的，占94%。此外还发表了研究壮族的论文800多篇。壮族研究的领域不断开拓，涉及壮族的起源、社会发展史、语言文字、古崖画、青铜器、铜鼓文化、壮语地名、壮族宗教信仰、壮族哲学思想、伦理道德、民间文学艺术、音乐舞蹈、壮族医药、壮族风俗、壮族经济史、壮族与周边民族关系等领域。

第三，对外开放带来研究视野的拓展。随着改革开放的不断深入，壮族研究领域的对外学术交流日趋活跃。特别是从1991年起，“壮族泰族传统文化比较研究”国际合作项目的实施，使从事壮族研究的学者得以扩大视野，跳出广西看壮族，跳出壮族看壮族，经历十载的壮族泰族传统文化比较研究，使壮学者与泰国学者得出了壮泰民族“同源异流”的共识。同时，对与壮族同源异流的民族群体的历史文化渊源、演变与现状，有了清晰的认识。更可喜的，由于找到了民族同源的根据，发现了“那”文化共性的客观存在，使我们有充分的理由提出“那文化”的概念。这一概念使人们能从整体上认识和把握壮族传统文化的最根本特征，从整体上认识和把握壮族与壮侗语民族及其与东南亚及环太平洋诸民族的文化关系。这是壮族研究视野上的拓展，也是壮族研究领域的重要突破。

第四，多学科的综合研究为壮学的产生奠定了方法论基础。过去对壮族的研究一般停留在民族学、历史学方法上，从20世纪80年代起，考古学、文化人类学、体质人类学、语言学、文字学、语言文化学、社会学等学科的加盟，拓展了壮族研究的视野，丰富了壮族研究的学术成果。例如随着考古学、体质人类学等学科的加入，使广大学者在历史学、民族学、语言学、地名学等研究的基础上，愈来愈清晰地认识到壮族是岭南的土著民族。而壮族的物质文化、制度文化与精神文化等诸多领域的多学科研究成果的出现，使人们越来越深刻地认识到，壮族自古就是一个以稻作为主的农业民族，壮族文化是壮族人民长期适应岭南生态环境的产物，其传统基本特征是“那文化”即具有民族性的稻作文化，是与中原汉族文化和其他地区稻作文化迥然有别的一种文化形态。秦汉以来，壮族文化与其他民族文化互相影响，互相交融，历经重组再生，发展至今，枝繁叶茂，成为多元一体的中华民族文化的重要组成部分。这些共识是广大从事壮族研究的专家学者们运用多学科的理论和方法进行研究所得的结果，它打破了岭南“汉文化一元”史观，使壮民族由于历史上长期受歧视、压迫而趋于淡漠甚至湮灭的民族意识逐渐复苏，从而为壮学的提出、壮学体系的建立提供了理论和现实基础。

1991年1月21日召开的广西壮学学会成立大会暨第一次壮学学术研讨会，是壮学产生的重要标志。1999年4月15日在广西武鸣县举行的壮学首届国际学术研讨会，则是壮学发展并走向世界的标志。

总之，新中国成立后，特别是改革开放以后，壮族研究进入了兴旺发展的新阶段。研究领域大大扩展；研究成果丰硕并呈现系列化现象；研究的人才队伍不断扩大；形成了多学科综合的研究方法。壮族研究的成就，为我们建立壮学体系奠定了坚实的基础。基于这个理念，1996年我写了一长篇论文《建立壮学体系刍议》，向壮学界提出建立壮学体系的建议，分别发表于《广西民族研究》、《云南社会科学》及中国社会科学院民族研究所的《民族研究动态》上，受到民族学界的关注，得到许多从事壮学研究的学者的支持，并围绕着“建立壮学体系”这一论题，从各个领域和在理论上进行探讨。《广西民族研究》相继刊载了一批颇有建树的论文，如潘其旭的《以“那文化”研究为基础，建立壮学体系的理论构架》（1998 年第 1 期）、覃乃昌的《那文化圈论》（1999 年第 4 期）等。为了实现这个目标，1999 年 4 月在武鸣召开的壮学首届国际学术研讨会上，我提出了编纂出版《壮学丛书》的倡议，得到与会中外学者的热烈赞同，特别是得到时任广西壮族自治区人民政府主席李兆焯的支持，为《壮学丛书》的创始和持续稳定发展创造了条件，使壮学界同仁受到极大的鼓舞。

从中外众多壮族研究者一系列研究成果，从他们对壮族的长期研究探索中，我们可以在理论上对壮学作一概括：壮学是以壮族社会群体及其文化为对象，进行历史性、现实性、整体性和规律性的系统研究的综合性学科。

壮学研究的对象是壮族社会群体。壮族既是生物学意义上的壮族，又是文化意义上的壮族，她既有自然属性，又有社会属性。壮学研究包括这个群体独立的渊源特点及其生活的自然地理环境、社会历史演变及其文化特征。壮学研究壮族的起源，古代、近代、现代的壮族群体及其存在、演变和发展的规律。壮学所研究的壮族文化是广义的文化，是壮族群体在长期发展中形成的物质文化、制度文化和精神文化，包括它的内涵、特征、功能和发展规律及与其他民族文化的相互交融、吸收关系等。总之，壮学研究的内容与范围涉及壮族社会生活的各个方面或层面，包括历史、语言、文字、宗教、哲学、经济、政治、军事、文学、艺术、教育、人口、地理、民俗、心理、社会组织、社会变迁、现实生活等。

我们将坚持马克思主义的民族观和辩证唯物主义、历史唯物主义的方法论，坚持以毛泽东思想、邓小平理论和“三个代表”重要思想去指导壮学研究。“三个代表”重要思想中“先进文化的前进方向”的含义，就是“民族的、科学的、大众的”文化，就是面向现代化、面向世界、面向未来的文化。把这两个含义结合起来，可以说是“三个代表”对毛泽东文化思想的继承和发展，也就是“先进文化的前进方向”的精神实质和精髓。《壮学丛书》编者与壮学界同仁要深刻领会、掌握这一精神实质，紧紧把握大方向，用以指导和发展壮学研究，编好《壮学丛书》。

开展壮学研究具有重要的意义。首先，通过壮学研究，使人们对壮族及其历史文化有更全面系统的认识，以增进各民族之间的相互了解和团结，发展我国的社会主义民族关系。其次，壮学研究可以增进壮族人民对本民族历史文化的了解，以增强民族自信心和自豪感，从而更加自觉地为壮族及至中华民族的伟大复兴、为维护国家的统一而奋斗。由于长期受汉文化中心主义的影响，加上壮族没有统一的文字记录本民族的历史文化，因此壮族的文化认同心理比较淡薄，历史上，“汉裔”情绪根深蒂固，近代以来，“壮族已汉化”的观念影响深远，直到今日，仍有人说：“没有特点就是壮族的特点。”我们开展壮学研究的目的，绝不是为了猎奇和“发思古之幽情”，而是为了弘扬壮族文化，使壮民族认识自我，构建壮族的文化自觉，从而增进民族团结，增强民族凝聚力。第三，加强壮学研究，对促进壮族文化与世界其他民族文化的交流和沟通，推动壮族地区的对外开放和经济发展具有重要意义。第四，壮学的终极目标在于继承和弘扬壮族优秀传统文化，使之与现代接轨，使壮族在中华民族振兴的伟大时代里，赶上国内先进民族，最终实现壮族现代化。一句话，壮学将是壮族实现现代化的精神动力之一翼。我们正是以上述壮学的理论为指针，来编纂《壮学丛书》，以实现建立壮学体系的崇高目标。

《壮学丛书》分研究资料和研究著作两大部分。

壮学研究资料是壮学研究的基础。由于过去没有统一规范的文字以及历史的原因，壮族不像国内藏族、满族、蒙古族、维吾尔族等有丰富的历史档案资料，为弥补这一重大缺陷，需要建立壮学研究的基础资料。这也是壮学体系与其他民族学的不同之处。在这方面，1985 年以来，广西少数民族特别是壮族传统文化遗产的收集整理成果是其重要的组成部分。这一系列主要搜集壮族的典籍，抢救和保存整理壮族宝贵的文化遗产，供人们阅赏和研究。其中：第一，收集壮族最重要的古传典籍，加以影印、翻译、注释或点校出版。第二，收集壮族民间流传存藏的以及出土文物中有关壮族历史文化的资料，按学科归类，依历史顺序，汇编成集出版。第三，收集壮族历代各种著名人物的著作整理出版，这些著作代表了壮族历史发展过程中各个时代的思想文化水平，将这些代表性人物的著作结集出版，是保存壮族思想文化资料的重要方面。第四，壮族民歌古籍（含口碑）的收集整理。壮族民歌古籍（含口碑）内涵丰富，过去曾将某些古籍视为文学作品，译成汉文出版，但未能保持壮族民歌文化原貌，未能真实反映它们的民族历史文化价值，《壮学丛书》将广为收集，并按照保持原貌的科学的方法整理出版。

壮学研究专著部分大致分为壮族传统文化研究与壮族现代化研究两个系列。以往的壮学研究成果，多属传统文化研究方面。壮族是新中国成立后才被确认为一个民族，从此以后，壮族才真正享有民族平等地位，随着民族政策的贯彻落实，进行民族识别，实行民族区域自治，开展民族经济建设，发展民族文化艺术等，实行民族区域自治，开展民族经济建设，发展民族文化艺术等，壮族传统文化研究才蓬勃开展起来。我们不能说壮族传统文化研究可以画句号了。正如上文所述，壮族是一个历史悠久的民族，壮族文化具有鲜明的特点和博大精深的内涵，对它进行全面、系统的研究，使之成为科学体系，是《壮学丛书》所追求的远大目标。为此，我们将继续鼓励壮学学者们致力于壮族各种专史研究，如对壮族经济史、军事史、思想史、土司史、艺术史、文化史、教育史、科技史、体育史等的研究，致力于壮族传统文化的各种专题研究，如对壮族支系、壮族服饰、壮族传统节日、壮族婚姻习俗、壮族丧葬习俗、壮族神话等的研究，同时致力于壮族历史人物的研究，如对侬智高、岑毓英、岑春煊、瓦氏夫人、陆荣廷、韦拔群、韦国清的研究等。《壮学丛书》专著部分的另一大系列是壮族现代化研究。壮族现代化必须与国家现代化的发展联系起来。在进入新世纪之际，实现社会主义现代化是国家首要的奋斗目标。中国加入世贸组织，实施西部大开发战略，是加速现代化建设特别是西部现代化的重大决策，壮族也只有实现现代化才能最终摆脱贫困落后，真正跻身于先进民族之林。从实践的意义上说，壮族现代化研究较之壮族传统文化研究更是长期艰巨的历史任务，这是由壮族自身经济发展滞后的实际所决定的。新中国成立半个世纪以来，从总体上说，壮族只是基本上解决了温饱问题，要在二十年内建设小康社会，还必须做很大的努力。作为壮族现代化研究的起步，实事求是地设想，我们认为应该首先以壮族地区的扶贫脱贫作为研究的起点，接着是研究壮族地区如何进入小康社会。建设小康社会，就是实现现代化的组成部分，研究壮族地区如何建设小康社会，就是壮族现代化问题研究。由于历史及现实的原因，壮族的现代化与汉族的现代化必然有许多共性，因此，我们应该重视考察研究借鉴汉族现代化的成就和经验。当然，壮族毕竟有自己的地域和民族特点，有其历史和人文特性，其走向现代化的社会发展规律必然有自己的特殊性。鉴于壮族现代化是所面临的现实的、新的大课题，为集思广益，《壮学丛书》编委会乃于2002年7月在南宁举行了首次“壮族现代化概念学术座谈会”，提出了壮族现代化研究的重要性、壮族现代化概念、发展进程、特点和难点、途径和目标、壮族传统文化与现代化等问题进行探讨。壮族现代化与壮族传统文化的结合，是壮学研究面临的现实重大课题。纵观全球，可以看到，任何一个先进民族的现代化，都必然和它的传统文化相承传、相结合，就如现代化较早、现代化程度较高的英格兰、法兰西、日耳曼、大和等民族都是如此。我国汉民族的现代化也是如此。当然，我们绝不能照抄他们的模式，而是应该发扬壮族传统的对外来先进文化的开放、包容、进取的品格，借鉴吸收他人的经验。进入改革开放时期，我国在保护、发掘、弘扬利用中华民族（含少数民族）优良传统文化方面开创了新兴的、日益欣欣向荣的旅游业，从而为社会主义现代化建设做出了很大的贡献，这是人所共知的。其中的学问，应被视为民族传统文化与民族现代化结合研究的学问。同时，在社会主义精神文明建设中，如何与民族传统文化相结合，应是民族现代化与民族传统文化结合研究的重要课题。我认为，本着“三个代表”重要思想“先进文化前进方向”的精神，任何现代化建设，必须根植于民族这块土壤，才能有自己的特色，才能根深蒂固、枝繁叶茂、开花结果；任何民族文化，必须面向现代化、面向世界、面向未来，才能为社会所继承和发展。基于此认识，本丛书把壮族现代化与传统文化结合研究纳入壮族现代化研究范畴。与壮族传统文化研究相比较而言，壮族现代化研究尚在起步阶段，愿有志于此项研究的学者们，把握方向，发奋努力，脚踏实地地去回应时代的呼唤。

《壮学丛书》的诞生，标志壮学研究正走向新的发展阶段，它是壮学研究的里程碑。《壮学丛书》诞生于21世纪之初，这绝非时间上的偶然，而是历史的必然，是各种积极因素凝聚所致。回顾历史，如果说20世纪是壮族长期参与反帝、反封建斗争从而重新获得民族地位，享受民族平等、民族区域自治权利的时期，那么，21世纪将是包括壮族在内的中华民族整体共同繁荣、走向伟大复兴的时期。因此，《壮学丛书》的编者及众多壮学界同仁，应自觉地响应时代的呼唤，肩负起历史的光荣使命，锲而不舍、孜孜不倦地去实现《壮学丛书》崇高而远大的目标。

（该文系《壮学丛书》总序；作者系广西壮族自治区人民政府原副主席，广西壮学学会名誉会长）

广西民族研究50年

覃乃昌

1999年是中华人民共和国成立50周年。50年来，特别是党的十一届三中全会以来，广西各项建设事业取得令人瞩目的伟大成就，与此同时，广西的民族研究事业也有了很大的发展，对推动广西各民族的团结进步、繁荣发展起到了重要作用。今天，认真总结50年来广西民族研究事业取得的成绩和经验，对于即将到来的21世纪民族研究事业的发展，具有重要的意义。

一、从中华人民共和国成立到“文化大革命”时期广西民族研究事业的曲折发展

（一）中央访问团的访问及对广西少数民族社会历史的初步调查

中华人民共和国成立，废除了民族压迫、民族剥削制度，实现了民族平等。1951年7—11月，中央人民政府派出中央访问团（中南分团）到广西少数民族地区进行访问，著名社会学家费孝通任团长，李德全、金晓任副团长，广西民政厅副厅长陈岸、著名学者黄现璠、刘介、苗延秀等也参加了这次访问工作。访问团的任务，主要是代表中央人民政府慰问少数民族，宣传党和国家的民族

平等团结政策，了解民族地区的情况，帮助民族地区进行基层政权建设。中央访问团联络组在进行慰问和宣传的同时，深入壮乡瑶寨，做了大量的社会历史调查工作，整理成20多份调查材料，在访问结束时，经广西省委统战部交由广西日报社铅印成册，供有关方面内部参考。这些调查材料有：《广西少数民族历史资料提要》，《广西大瑶山一般情况》，《大瑶山瑶族家庭经济与自然屯经济典型调查》，《大瑶山团结公约订立经过》，《广西龙胜县东区概况》，《广西龙胜县坳头苗族调查》，《广西龙胜县伟江洋湾村调查》，《广西龙胜县东区伟江乡甘甲村甘甲屯调查》，《龙胜县南区龙脊村僮族社会调查》，《广西龙胜县减租退押情况》，《龙胜县文化教育情况》，《龙胜县灾荒情况调查》，《广西三江县第八区（林溪）民族概况》，《三江县第六区民族概况》，《广西三江木材问题调查报告》，《三江县人民政府财政经济委员会关于开展兄弟民族地区贸易工作报告》，《广西三江县1951年下半年度半级制财政收支概况报告》，《防城县偏入情况》，《防城三区少数民族情况》，《东兴市情况介绍》，《防城县山人（瑶族）情况》，《防城县第三区峒中乡民族情况》，《防城县二区巫头、沥尾、山心越南族情况》，《江平越南族情况及教堂活动》，《广西东兰县第五区（中和区）民族概况》，《广西东兰县西山区民族情况》，《广西田东县民族概况》，《广西平果县民族概况》等。共约40多万字。[①] 这是广西解放后首次进行的范围广泛的少数民族社会历史调查，它忠实地记载了广西少数民族地区解放初期的实际情况，为各级党委和政府制定民族政策提供了重要的依据，也为广西民族研究奠定了重要的基础。遗憾的是这些材料除个别外，至今尚未公开出版，不知所终。在中央访问团访问后，发表了费孝通的《关于广西僮族历史的初步推考》

① 冯深：《广西解放后首次少数民族社会历史调查——中央访问团在广西》，载《广西民族研究》，1991年第1、2期合刊。

等文章。

（二）民族识别调查

由于历代反动统治阶级实行民族压迫政策，许多少数民族得不到承认，更不能享受民族平等的权利。在广西，就是当时有近千万人口的壮族，也没有被当做一个民族来看待，其他少数民族更是如此。新中国成立后，实行各民族一律平等的政策，许多在历史上被湮没了的民族获得了新生，但由于历史的原因和其他条件的限制，广西解放初期仍有不少人们共同体的民族成分未能确定。为了落实党和国家的民族政策，做好民族工作，在广西民族事务委员会的统一领导下，从1953年下半年到1954年上半年，由中南民族事务委员会和广西民族事务委员会共同派出调查人员，对广西未确定民族成分的人们共同体开展调查识别工作。

调查组共20多人，由著名的语言学家严学宭教授和历史学家张景宁教授领导，成员有广西民族史专家刘介等。各有关地区的统战部、县人民政府派干部参加调查。调查工作分两期进行，第一期从1953年9月到12月，调查了龙胜县的伶人、黎人和苗人，罗城县的�人、环江县的毛难人、南丹县的水家和隔沟人。第二期从1954年2月到5月，调查了平果县的陇人、防城县的越人（即京人）和龙津县的傣人。调查结束后，由调查组给广西民族事务委员会写了调查报告，为人民政府确定民族成分提供了依据。广西民委将这10份调查材料印成9册（南丹县水家和隔沟人调查合一册），送有关部门内部参考。这9册资料共约93万字，另有各种统计资料113份，地图16幅，房屋、衣饰图18幅。[①] 这是继1951年中央民族访问团访问之后，广西组织的第一次较为系统的民族调查。

① 冯深：《五十年代初期我区民族调查之回顾》，载《广西民族研究参考资料》，1986（6）。

（三）壮族语言调查

民族平等和语言文字平等，是我们党和人民政府历来在民族问题上的基本原则。新中国成立以后，为了贯彻党的民族政策，适应社会主义革命和建设的需要，党和人民政府在民族文字方面做了大量的工作。从 1951 年起，中国科学院先后派出工作组，到广西、贵州、云南等省，调查壮、布依、傣等民族语言，并研究这些民族的文字创制和改进问题。1952 年和 1954 年，中国科学院语言研究所先后派人赴广西，在中共广西省委和桂西壮族自治区党委统一领导下，与地方的壮族干部一起，组成壮语调查工作队，对 47 个壮族聚居县 52 个点进行壮语方言的调查。经过两年的协作，记录了丰富的语言材料，为创造拼音壮文和深入开展科学研究准备了充分的资料。经过对壮语方言材料的语音、词汇和语法等方面的全面对比研究，确定以壮语北部方言为基础方言，以壮语武鸣音为标准音点，采用拉丁字母为字母形式，制定了拼音《壮文方案》草案，并在 1956 年 12 月 11 日的《广西日报》上公布。经过在壮族部分地区试行后，国务院于 1957 年 11 月 29 日正式批准了《壮文方案》，并决定在壮族地区全面推行使用。这一时期出版了《壮语语法概述》、《武鸣壮语语法初步研究》、《壮汉词汇》（初稿）、《壮汉语言语法的几个问题》等，发表了《广西壮语方言分布概况和创制文字的途径》、《壮族文字同壮语的基础方言和标准音问题》（作者为苏联专家谢尔久琴柯）等。

（四）少数民族社会历史调查

根据党中央关于开展少数民族社会历史调查的指示，1956 年，在全国人大民族委员会的领导下，成立广东广西少数民族社会历史调查组，由岑家梧任组长，杨成志、黄现璠任广西分组组长。同年 12 月分省建组，成立了广西少数民族社会历史调查组，由梁华新、杨成志、黄现璠任领导小组成员。到 1958 年，调查组由初建时的

20多人发展到70多人，改由中国科学院民族研究所领导，并成立办公室，负责日常工作。根据全国人大民族委员会关于“首先调查各少数民族的社会生产力，社会所有制和阶级情况，然后尽可能收集历史发展资料和特殊的风俗习惯，进而对各民族历史作系统的研究”的方针，开展了大规模的少数民族社会历史调查工作。到1958年底，共完成了对自治区内30多个县、近百个人民公社（乡）及广东、云南、湖南、贵州等省有关壮、瑶、仫佬、毛南、侗、苗、仡佬、回、水、彝10个少数民族的调查；在普遍调查的基础上，对少数民族历史的若干问题，如侬智高起兵性质、土司制度、私庄经济、瑶族石牌制、民族起源问题以及少数民族歌谣、风俗习惯等做了专题调查；开展了对睦边县那坡人民公社（以壮族为主）、都安瑶族自治县三只羊人民公社（以瑶族为主）和七百弄人民公社（以瑶族为主）、宁明县夏石人民公社（以壮族为主）、龙胜各族自治县马堤人民公社（以瑶、苗、壮族为主）历史的专题调查；开展对革命老根据地东兰县东里屯解放后经济变化情况的调查。此外，还组织了对宁明县境内宁明江畔耀达“岜莱”（壮语，即花山）崖壁画的考察，新发现崖壁画40多处，绘制了分布图和局部临摹图，收集有关崖壁画的故事传说等资料10多万字。到1963年12月统计，上述调查共搜集资料2620多万字，包括广西各民族的经济、政治情况及民间传说、歌谣、碑文、出土文物、历史文献资料等。同时完成了《壮族简史》、《壮族简志》、《瑶族简史简志合编》、《仫佬族简史简志合编》、《毛南族简史简志合编》、《花山岩壁画资料集》6本书稿的编写，出版了《广西少数民族简介》、《广西壮族简史》、《广西壮族历史和现状》等。在调查的基础上，1958年和1962年，自治区有关部门还就壮、瑶民族历史若干问题召开两次学术研讨会。

1953年，在广西民族学院设立民族研究室。1963年，在广西少数民族社会历史调查组基础上成立广西民族研究所，全所共12

人，由自治区民族事务委员会副主任张景宁教授兼任所长，这是广西社会科学战线最早成立的研究所。

正如彭真所说的，确定以大力在少数民族地区进行调查研究工作，要求于4年到7年内基本弄清楚各主要少数民族的社会经济结构和阶级情况，这不仅为民族工作所必需，也可为研究各民族历史和人类原始公社以来的古代史提供丰富的史料。① 通过这次调查，系统地了解了广西11个少数民族社会基本情况及经济结构、阶级结构、风俗习惯等。对壮、瑶、仫佬、毛南四个民族在新中国成立前的社会性质，提出了探讨性的结论意见，对苗、侗、水、回、彝、仡佬6个民族在新中国成立前的社会性质也提供了大批参考性的资料。这次调查对当时正在进行的少数民族地区的农业、手工业和资本主义工商业的社会主义改造，对实施民族区域自治制度，对制定民族地区的经济文化建设方针，以及对形成以民族平等为核心的民族政策体系，都提供了重要的依据。同时也为以后进一步开展广西少数民族历史文化等方面的研究培养了一支队伍，准备了大量资料。民族研究也由此与党和国家的民族工作建立了密切的联系。

（五）民族研究的曲折发展

从1957年反右斗争扩大化开始到“文化大革命”结束的20年间，以“阶级斗争为纲”的“左”的错误指导思想，对党和国家各项事业造成了严重的危害，民族工作和民族研究事业也在“民族问题的实质是阶级问题”的错误判断下受到严重破坏。在广西，从1957年下半年到1958年，在全国形势的推动下，普遍开展了整风和反地方民族主义运动，在如何走社会主义道路的问题上，开展了“多、快、好、省”还是“少、慢、差、费”的两条道路的大辩论。辩论的结果是完全否定了对少数民族地区的循序渐进的

---

① 1956年3月31日，全国人大常委会副委员长彭真在制定《关于在少数民族地区进行各民族社会历史情况调查研究工作》会议上的讲话。

工作方针，接着是批判少数民族地区“特殊论”、“落后论”，少数民族工作“条件论”、“渐进论”，在处理民族问题方面出现了简化民族过程的唯意志论，并刮起了一股“民族融合”风，人为地抹杀民族差别。对这些违背党的民族政策的做法提出疑问或表示反对的言行，均被视为阶级斗争的反映而被加以整肃。这一时期的民族研究工作也受到这种“左”的政治空气的影响，例如在少数民族社会历史调查中片面强调经济结构、阶级关系的调查，而忽视对少数民族社会历史文化的全面了解，对少数民族传统文化习俗的调查被当做“资产阶级倾向”、“猎奇”等等，从而给以后的民族历史文化研究留下了许多缺憾。即使是这样，这些调查的科学成果也很快被尘封埋没，而且有限的研究也被强调服从政治，为阶级斗争服务，为中心工作服务，被当做应时应景之作，在学术上没有发展。随之而来的“文化大革命”，使广西民族工作与民族研究全面瘫痪。广西民族研究所也被撤销，人员下放。

二、党的十一届三中全会以来民族研究事业的繁荣

1978年召开的党的十一届三中全会，重申了实事求是、一切从实际出发的正确的思想路线，决定把全党工作重点转移到社会主义现代化建设上来。通过实践是检验真理唯一标准的讨论，纠正了“民族问题的实质是阶级问题”的错误提法，在民族工作指导思想上实行拨乱反正。从此，广西民族研究事业同其他各项事业一样，走上发展繁荣的道路。

（一）民族研究机构及学术团体的建立和发展

如前所述，“文化大革命”前，广西仅有广西民族研究所一个民族研究机构，而且在“文化大革命”中也被撤销，民族研究完全停止，许多资料散失。1977年，广西民族研究所恢复，同时广西民族学院民族研究室也恢复独立建制。80年代以后，广西民族

研究所得到发展，由恢复时的7人增加到26人，内设机构由理论、历史和资料三个组扩展为民族理论与民族政策、民族经济、民族法学、民族历史、民族文化、民族考古6个研究室，还设有资料室、办公室、《广西民族研究》编辑部。1995年经批准设立东南亚民族研究中心，实行与广西民族研究所一套人马两块牌子。1984年广西民族学院民族研究室升格为民族研究所，并于1995年改名民族学人类学研究所，内设民族学与人类学、民族历史文化、民族理论与民族政策、民族经济、东南亚等研究室。为了加强对汉民族的研究，1998年成立了广西民族学院汉民族研究中心。广西少数民族语言文字工作委员会1980年成立了研究室，专门从事少数民族语言文字的研究工作。广西大学1990年成立民族研究所。广西师范大学1984年成立了广西地方民族史研究所，1998年又成立了华南民族文化研究所。广西师范学院1985年成立了民族民间文化研究所。广西艺术学院1984年成立民族艺术研究所。广西社会科学院除了原有的少数民族文学研究所外，1991年成立了广西壮学研究中心。1998年，中共广西壮族自治区委员会党校成立了民族研究所（与原有的民族理论教研室实行两个牌子一套人马）。地处百色的右江师范高等专科学校于1997年成立了民族学人类学研究所。1985年，广西区卫生厅成立了广西民族医药研究所。除此之外，广西壮族自治区博物馆、广西艺术研究所等单位也有相当一部分科研人员从事民族研究。

除了研究机构外，进入80年代以后，有关民族研究的群众性学术团体也纷纷建立起来。首先是80年代初建立广西民族研究学会，下设民族理论、民族学、民族史、民族语文4个理事会；接着由云南、贵州、四川、广西等省区联合建立了中国西南民族研究学会；到80年代中期以后，又建立了广西少数民族经济研究会、广西民族贸易经济研究会、广西民族语文学会、广西瑶学学会、广西壮学学会、广西苗学学会。全自治区专职从事民族研究的专家学者有100人左右，而兼职从事民族研究的专家学者及实际工作者则在600人以上。

80年代中期以后，除了专门和主要发表民族研究文章的公开刊物《广西民族研究》（广西民族研究所主办）、《民族艺术》（广西艺术研究所主办）、《广西民族学院学报》（哲社版）以外，兼发民族研究文章的公开刊物有十多种，主要有：《学术论坛》（广西社会科学院主办）、《广西社会科学》（广西社会科学学会联合会主办）、《广西大学学报》（哲社版）、《广西师范大学学报》（哲社版）、《广西师范学院学报》（哲社版）、《桂海论丛》（中共广西区委党校、广西行政管理干部学院主办）、《社会科学家》（桂林市社会科学学会联合会主办）等。

（二）民族研究领域的不断扩大和创新

1978年党的十一届三中全会以后，民族研究开始的第一项工作就是继续完成60年代因“左”的干扰而未能完成的《中国少数民族问题五种丛书》广西部分的编写出版工作，经过民族研究工作者的共同努力，到1985年全部完成了这项任务，出版著作43本，共约1000万字。其中包括《壮族简史》、《瑶族简史》、《仫佬族简史》、《毛南族简史》、《京族简史》；《壮侗语族语言简志》；《广西壮族社会历史调查》（1~7辑）、《广西瑶族社会历史调查》（1~8辑）、《广西仫佬族社会历史调查》、《广西仫佬族、毛南族社会历史调查》、《广西京族社会历史调查》、《广西侗族社会历史调查》、《广西彝族仡佬族水族社会历史调查》；《广西壮族自治区概况》和巴马、金秀、都安、富川、龙胜、隆林、防城、三江、融水、罗城、环江等11个民族自治县概况；《广西少数民族地区石刻、碑文集》、《广西崖壁画资料集》等。另外还编写出版了《广西少数民族》、《广西少数民族历史与文化》（丛书，4辑）、《明实录·广西史料摘录》等，共200万字。由于历史的原因和各方面条件的限制，在50年代的民族识别工作中，广西尚有一部分人口未能正确表达自己的民族成分，后来由于“左”的干扰，民族识别工作未能继续进行。1981 年，在自治区民委的领导下，以广西民族研究所和广西民族学院的科研人员为主组成民族识别调查组，完成了广西境内 10 多万人民族成分问题的补充调查和科学鉴别工作。

党的十一届三中全会以后，在实事求是的思想路线指引下，民族研究工作者冲破“左”的思想束缚，从少数民族和民族地区实际出发，根据民族地区经济社会发展的需要，不断扩大民族研究领域，并使民族研究不断深入，学科不断创新，呈现出一派生机勃勃的景象，成为广西社会科学研究比较活跃的领域。

1. 民族学学科研究

出版了《民族学概论》，发表了《努力创建和发展中国式马克思主义民族学》、《建立和发展中国式马克思主义民族学有关问题》、《中国化民族学发展的趋势和前景》、《大力发展中国特色社会主义民族学》等。

2. 民族历史研究

在完成壮、瑶、仫佬、毛南、京 5 个民族简史研究的基础上，开展了少数民族通史、断代史和专门史的研究。通史方面，1988 年出版了黄现璠等的《壮族通史》，1996 年出版了张声震主编的《壮族通史》，两者在内容、结构上有所不同，后者是在前者基础上的发展。还出版了《瑶族史》、《中国民族史新编》。断代史方面，出版了《古南越国史》、《明清时期壮族研究》。专门史方面，主要有《广西各民族宗法制度研究》、《壮族土司制度》、《壮族土官族谱集成》、《壮族革命史》、《太平天国时期壮族农民起义》、《瑶族农民起义史》等。研究和介绍少数民族历史与文化的著作有《壮族历史与文化》、《广西回族历史与文化》、《盘村瑶族》、《白裤瑶社会》、《国际瑶族概述》、《泰国瑶族考察》、《中国白裤瑶》，*An Outline Zhuang History and Culture*（《壮族历史与文化概要》，英文著作)、《壮族》(译成泰文,在泰国出版)、《中国少数民族知识丛书》中的《壮族》、《瑶族》、《仫佬族》、《毛南族》、《京族》,《广西文化历史丛书》中的《广西少数民族》。出版了一批以研究少数民族历史为主的论文集,如:《岭外壮族汇考》、《壮族论稿》、《壮学论集》、《壮侗语民族论集》、《瑶族研究论文集》(3辑)、《壮族历代史料荟萃》等。此外,公开发表的研究少数民族历史的论文难计其数。民族关系史,其中特别是壮族与汉族、壮族与壮侗语民族中的其他民族以及壮族与东南亚国家的泰、老、掸、侬、岱等民族关系史研究有《近代壮族与周边民族的关系》、《壮族与老挝老龙族、泰族的渊源关系》、《关于壮泰诸民族渊源关系研究之方法论》、《关于壮泰民族起源问题》、《壮泰两族的形成及其文化结构之比较》等文章发表。

3. 民族问题理论研究

进行了毛泽东、周恩来、邓小平、李维汉民族问题理论研究,出版有《马克思主义民族观导论》、《民族与民族观》,发表了《试论毛泽东的民族观》、《简论毛泽东民族干部思想的特点及其意义》、《试论周恩来的民族观》、《周恩来的民族观和他对建立广西壮族自治区的贡献》、《邓小平对中国民族理论的新贡献》、《论邓小平民族发展理论的科学体系》、《邓小平民族问题思想初探》、《邓小平民族问题理论的实践性及其深远意义》、《坚持以邓小平理论指导民族工作》、《邓小平民族理论的特点及对广西民族工作的指导意义》、《李维汉对民族问题理论的主要贡献》、《李维汉同志对建立广西壮族自治区的特殊贡献》等。民族区域自治理论研究,出版有《民族自治权论》,发表有《民族区域自治实施40年的反思》、《广西民族区域自治40年的理论与实践》、《试论上级国家机关与民族自治地方的关系》、《试论民族区域自治权的归属和行使》、《略论实现民族自治地方的自治权问题》等。民族政策研究,出版了《中国民族政策史鉴》、《中国民族政策通论》,发表有《民族政策简论》、《南越国的民族政策》、《试论康熙的民族政策》、《红军长征时期党的民族政策及其借鉴意义》等。民族干部培养使用研究，发表有《民族区域自治与广西少数民族干部队伍建设》、《论民族干部创新意识的培养》、《谈谈广西瑶苗族干部的培养问题》、《广西培养选拔少数民族干部的抽样调查与分析》等。民族关系问题研究，出版有《社会主义初级阶段的广西民族问题》、《同舟论——当代广西民族关系研究》、《广西民族交往心理》，发表有《社会主义初级阶段与民族关系》、《广西多民族格局发展轨迹述论》、《关于搞好广西民族大团结的几点认识》、《社会主义市场经济条件下广西未来民族关系的走向及对策》、《论当前广西民族关系的主流与问题的主要表现》、《试论民族地区经济发展中的政治稳定》等。

4. 民族法学研究

学科研究与民族法制建设方面，发表了《民族法学简说》、《试论我国宗教法律制度》、《移民法制化：水库移民的必然趋势——从红水河开发看制定和完善移民法制的重要性》等。民族区域自治法研究，出版有《实施自治法研究》，发表有《广西壮族自治区贯彻实施自治法的调查报告》、《执行民族区域自治法，行使自治机关自主权》、《以发展民族经济为目标修改〈民族区域自治法〉》、《关于广西用好自治法和开放政策的思考》等。民族立法研究，出版有《社会主义市场经济体制建立中的地方法制建设研究》（其中包括民族自治地方立法），发表有《论民族自治地方立法》、《对制定自治条例之我见》、《论制定自治条例的困难及推进民族立法的新思路》、《民族立法特征之我见》、《我国民族经济立法刍议》等。民族习惯法研究，出版有《少数民族习惯法》，发表有《瑶族习惯法与社会主义法制》、《广西壮族习惯法刍议》、《金秀瑶族民族法文化》、《桂西壮族妇女财产权益习惯法略论》、《恭城瑶族家庭习惯法初探》、《布努瑶庙规及其演变》、《“埋岩”新说》等。

5. 民族经济研究

学科建设方面，出版有《民族发展经济学》，发表有《民族经济学学科建设管见》、《论建立民族发展经济学》等。民族地区商品经济研究，出版有《少数民族地区商品经济研究》，发表了大批研究文章。民族地区对外开放研究，出版了《挑战与机遇——民族地区对外开放的理论与实践》等著作，发表有《走向新的繁荣——广西西南与港澳台经贸关系展望》等文章。民族地区社会主义市场经济研究，发表有《市场化与现代化——民族区域经济发展论纲》、《试论民族地区市场经济的建立与培养》、《试论市场经济条件下民族地区农村指导工作的改革》、《资源市场与民族经济》等大批研究成果。中越边境贸易研究，出版有《中国边境贸易概论》(含广西部分)，发表有《边境贸易：民族地区经济起飞的新机遇》、《中越边境贸易的历史、现状、问题及对策》、《从中越边贸看中国边境贸易发展的趋势》等。民族地区资源开发研究，出版有《资源开发与民族发展》、《红水河开发与民族问题》，发表有《国家在民族地区办企业与地方利益关系问题》、《国家企业如何带动民族地区发展——红水河流域经济综合考察》等。电站库区移民研究，出版有《中国红水河库区移民研究》，发表有《浅谈红水河库区移民安置问题》、《论移民的城镇迁移与企业化管理》、《广西大中型水电站库区移民任务、途径和政策的思考》等。建设西南出海大通道研究，出版了《借路兴桂，发展通道经济》，发表有《为大西南开辟通向北部湾的广阔通道》、《与渤海比翼：北部湾的跨世纪议程》、《防城港：大西南便捷出海通道的主力前锋》、《西南——岭南出海通道的历史考察》、《南昆铁路与西南社会经济发展》、《发挥广西大通道作用，促进西南各民族的共同繁荣》、《邕宁沿海经济走廊开发区崛起的启示》等。民族地区扶贫开发研究，出版有《山区建设研究》等，发表有《论我国扶贫攻坚的宏观决策》、《九十年代广西扶贫开发的环境选择》、《贫困地区扶贫开发对策》、《论“科教扶贫”》等大批研究文章。民族经济史研究也取得了不少成果，出版有《壮族稻作农业史》、《右江流域壮族经济史稿》，发表有《越族原始农业的起源》、《宋代壮族地区陶瓷业的兴盛及其原因》、《明清时代广西商品经济的发展》、《论近代桂西地区商品经济的发展》、《略谈明王朝对少数民族的经济政策》、《壮族地区古代交通》等。

6. 民族考古研究

组织了对壮族地区古崖画的考察和研究，取得了丰硕的成果，出版了《广西左江流域崖壁画考察与研究》、《广西左江岩画》、《中国古代铜鼓科学研究》、《北流型铜鼓探秘》。另外，对左江流域崖壁画作画的目的、主题内容、使用的工具及颜料、作画的年代以及作画地区的地质地貌条件等进行了多学科的研究，发表了一系列研究成果。学科及应用研究方面，发表有《试论民族考古学的理论基础》、《从考古材料考察壮族的古史分期问题》等文章。

7. 民族语言文字研究

一是进行民族语言研究，包括语音、词汇、语法、方言等，出版有《壮侗语族语言简志》、《瑶族语言简志》、《现代瑶语研究》、《壮语概论》、《壮语方言概论》、《壮语方言土语音系》、《壮语词典》、《壮汉词汇》、《汉壮词汇》等。二是进行少数民族古文字研究。历史上，壮族民间曾大量使用以汉字的形、音、义，仿照汉字构字方法构造的古壮字，壮语称“sawndip”，主要用于抄写师公经文、契约、碑文，记录民歌和民间故事等。20 世纪 80 年代中期，将这些古壮字收集整理，出版了《古壮字字典》，发表了《壮族文字的产生、消亡与再造》、《论壮族的文字》、《古壮字浅说》等研究文章。三是开展了壮汉语、壮侗语、壮傣语及壮语与越南的岱、侬语，壮语与老挝的老语等的对比研究，出版了《壮汉语比较简论》、《壮泰语词典》，发表有《壮语与粤语的源流初探》、《壮侗语与汉语的关系》、《壮傣侗语言底层之比较》、《壮语与越南岱侬语词汇差异的成因》、《壮语与老挝语之异同》。四是进行了语言文化学研究。继壮语语言学家韦庆稳先生用壮语破译《越人歌》以后又取得突破，如壮语地名研究方面，出版了《壮语地名选集》，发表了《壮语地名初探》、《壮语地名述略》、《壮语地名的缘起、内涵及其特征剖析》、《柳州壮语地名考释》等，壮族语言文化研究方面，还发表了《略谈古汉语中的壮语》、《从语言上看壮、老、泰的历史文化关系》、《“骆越”考》、《“俚”论》、《“壮”考》、《说“壮”》、《“墟”考》、《“秏”、“粇”、“膏”、“a：i”考》、《“麻栏”、“干栏”音译考》、《“干栏”词义原始》、《瑶语“努”字解》、《〈粤风·俍歌〉音义》、《壮族与〈楚辞〉》等。

8. 少数民族古籍整理与研究

80年代中期以来，共收集少数民族古籍手抄本一千多册，其中主要是壮族古籍，包括壮族古文字、文学、艺术、历史、宗教、碑刻、文人著作等，已整理出版《古壮字字典》，《布洛陀经诗译注》，《壮族民歌古籍集成》的《嘹歌》、《欢木岸》，瑶族的《评皇券牒集编》，苗族的《融水苗族埋岩古规》，彝族的《那坡彝族开路经》，以及《薰生诗草》、《茹芝山房吟草》、《亦嚣轩诗稿》、《菜根草堂吟稿》等一批壮族文人著作。古籍研究方面，出版了《壮族文化遗产的整理与研究》等。

9. 民族文化研究

出版了《壮族文化的重组与再生》、《壮族歌圩研究》、《壮族干栏文化》、《八桂文化》、《当代壮族探微》等。在少数民族服饰、饮食、居住、交际、礼仪、娱乐以及传统节日、婚姻、葬丧等习俗研究方面，出版了《壮族古俗初探》、《壮、布依、傣、仡佬、京族文化志》、《壮族风俗志》、《毛南族风俗志》、《京族风俗志》、《中国瑶族风土志》、《瑶族民俗》、《八桂侗乡风物》、《广西少数民族服饰文化》、《广西民居文化》、《壮族仪式歌谣与民俗文化》、《广西少数民族传统体育》以及《瑶族文化论》、《瑶族文化变迁论》、《壮族女性文化》、《壮族悲文化》等著作，发表了大量研究文章。

10. 民族艺术研究

出版了《壮族审美艺术探源》、《左江崖画艺术寻踪》、《铜鼓艺术研究》、《广西工艺文化》、《壮剧艺术研究》、《壮师剧研究》、《彩调艺术研究》、《壮族舞蹈研究》、《侗族民间文艺美论》、《瑶族歌堂诗述论》、《广西少数民族乐器考》、《苗族芦笙》等，发表了《从瑶族图腾看瑶族审美意识》、《瑶族服饰审美简析》、《壮泰民族审美观之比较》等大批研究文章。

11. 民族人口研究

出版了我国第一部研究单一民族人口的著作——《壮族人口》，发表了《明清时期汉族人口向壮族地区的迁移》、《壮族人口的发展状况、特点及未来的增长趋势》、《建国后瑶族人口数量的变化》、《广西壮族人口发展战略研究》、《壮族人口和可持续发展问题试探》等研究文章。

12. 民族教育研究

出版了《中国少数民族教育史丛书》的《壮族教育史》、《毛南族教育史》等，发表了《壮族教育史略论》、《广西普及国民基础教育时期的壮族教育》、《桂西壮族教育史略》、《壮族社会教育概述》、《中国京族古代的教育活动略论》等论文。

13. 民族医药研究

发掘了数万条壮族民间验方，收集了一批有较高价值的壮族医药古籍、文物，出版了《壮族医学史》、《发掘整理中的壮医》、《广西民族验方汇编》、《广西壮药新资源》、《广西民族药标本》、《观目诊病》、《点线疗法》等，一批少数民族医药研究成果获国家奖励。

14. 民族文学研究

出版了《壮族文学史》、《仫佬族文学史》、《毛南族文学史》、

《京族文学史》、《壮族文学概论》、《广西壮族文学》、《壮族歌谣概论》、《广西民间文学散论》、《壮族民间文学概观》、《广西民间文学》、《壮族文学古籍举要》、《岭南文化与百越民风》、《南方民间文化与民族文学》等。

15. 民族宗教研究

出版了《壮族图腾考》、《壮族生殖崇拜文化》、《瑶族宗教论集》、《中国各民族原始宗教资料集成》壮族卷和瑶族卷等，发表了《壮侗语诸族梅山教人物神祇考》、《壮族自然崇拜文化研究》（系列论文）、《壮巫概论》、《壮族师公文化初探》、《关于瑶经研究的几个问题》、《仫佬族宗教信仰初探》、《试论壮族对佛教的淡薄倾向性心理》、《试论佛教在广西久传不兴的原因》等研究文章。

16. 少数民族哲学思想研究

出版了《壮族哲学思想史》，发表了《壮族古代哲学思想初探》、《论壮族哲学思想的特点及其意义》、《壮族道德哲学探论》、《论壮族伦理观》、《瑶族哲学思想探论》、《瑶族神话传说中的哲学思想试析》等。

17. 民族传统文化与现代化研究

出版了《壮族传统文化与现代化建设》、《南方山居少数民族现代化探索》等，发表了《中国的改革开放与壮民族的现代化》等。

18. 壮学研究

进入20世纪90年代以后，壮学研究取得突破性进展。学科研究方面，发表了《论壮学》、《以‘那文化’研究为基础，建立壮学体系的理论构架》、《建立壮学体系刍议》、《对壮学如何走向世界的社会学思考》等，壮学体系正在形成。从80年代中期开始，大批壮族古籍得到收集、整理、出版，为壮学研究奠定了基础。壮族体质人类学及考古学研究取得突破性进展，证明了壮族是岭南的土著民族，对人们了解壮族的历史源流及发展具有重要意义。壮族历史研究取得新的成果，继1988年出版了黄现璠、黄增庆、张一民的《壮族通史》（70万字）以后，又出版了张声震主编的《壮族通史》（105万字）。壮族传统文化研究不断深入，并取得丰硕成果。壮族经济、人口、教育、医药等方面研究都取得新的进展。1993年编纂出版了《壮族百科辞典》（200万字），它综合反映了壮学研究的成果，是研究和了解壮族的重要工具书。此外，壮学的国际学术交流也日益广泛。据统计，党的十一届三中全会以后出版的研究壮族的著作就有96部，占全部研究壮族著作的95%。

19. 瑶学研究

瑶族主要居住在广西。1984年成立广西瑶学学会后，共召开了14次瑶学研讨会，其中有8次是国际学术研讨会，出版了《瑶学研究》（4辑）、《瑶族研究论文集》（3辑）等一批成果，在瑶族历史源流、传统文化与现代化、经济、教育、语言文字、文学艺术、宗教信仰、风俗习惯等研究领域中都取得了重大进展，并逐渐形成体系。

20. 汉民族研究

80年代中期以来，广西对汉民族的研究取得了突破性的进展，并在全国产生一定的影响。1985年出版《汉民族历史和文化新探》，1992年出版《汉民族发展史》，以后又出版了《雪球——汉民族的人类学分析》、《汉族民间风俗》等，在广西召开了3次汉民族学术研讨会，并出版了汉民族研究论文集（2辑），发表了《从秦人、汉人、唐人到汉民族的形成》等文章。

21. 民族人物研究

出版了《壮族历史人物传》、《广西少数民族人物志》，前者介绍了壮族著名历史人物，后者记述了从古代到当代广西地区的少数民族著名人物。还出版了研究少数民族人物的专史、传记、论文集等，如《侬智高》、《陆荣廷》、《陆荣廷新论》、《韦拔群》、《瓦氏夫人论文集》等，发表了《瓦氏夫人与花木兰》、《黄诚沅思想初探》、《跟随孙中山先生革命的壮族将领——黄明堂》、《‘英雄不死，永志人心’——卢焘将军述评》等研究文章。

（三）人类学研究得到恢复和发展

20世纪50年代，中国人类学和社会学、民族学等一度被视作资产阶级学科，不能继续提倡和发展。党的十一届三中全会以后，经过拨乱反正，给民族学恢复了名誉，人类学研究在广西也得到了发展。从80年代中期开始，广西各科研机构开始接收和培养了一批人类学专业的科研人员，其中有些是博士和硕士。广西民族学院民族研究所于1995年改名为民族学人类学研究所并开设人类学课程，《广西民族学院学报》哲学社会科学版从1995年、《广西民族研究》从1998年开始分别设立了“民族学人类学研究”专栏，《民族艺术》（广西艺术研究所主办）等刊物也发表了有关人类学研究的成果，这些都推动了广西人类学研究的迅速发展。在学科建设方面，出版了《人类学本土化在中国》（论文集）、《考古人类学》等，发表了《关于中国民族学人类学学科地位问题》、《中国人类学的现状与未来走向》、《中国民族学如何培养跨世纪人才》、《加强对当代汉民族的研究是人类学民族学跨世纪的重要课题》、《走出低谷——战后西方人类学摆脱困境对中国人类学的启示》、《经济人类学简论》、《心理人类学发凡》、《文化人类学理论方法系要》、《中国人类学研究的点线面模式》等。在体质人类学研究方面，出版有《壮族体质人类学研究》，发表有《桂林甑皮岩新石器时代遗址的人骨》、《柳州大龙潭鲤鱼嘴新石器时代遗址的人骨》、《广西壮族居民三个组群的体质特征》、《广西壮族三个组群的ABC及MN血型的人类学研究》、《广西壮族的皮纹研究》、《简论体质人类学在文化人类学中的应用》等。文化人类学应用研究方面，出版有《雪球——汉民族的人类学分析》、《人类学视野中的壮族传统文化》、《蛮荒稻香——壮族农耕文化》、《认同与互动：防城港的族群关系》、《黑衣壮的人类学考察》、《族群岛：浪平高山汉探秘》，发表有《关注民生，体认民心——华南紫村族群生存境况与精神世界的人类学考察》、《壮族文化传递》、《壮族家庭制度简论》、《壮族家属制度》、《村政的现代化建设与壮族乡村权力结构的变迁》等。

（四）少数民族对外学术交流日益广泛

改革开放以来，随着民族研究的不断深入，丰富的学术研究成果在国内外产生了良好的影响，广西少数民族对外学术文化交流日益广泛，有更多的国外学术机构和专家学者关心广西，并直接参与广西的民族研究。

1. 日本

有一批日本学者从事壮族等民族的源流、羁縻制度和土司制度、历史上壮族地区移住民与壮族关系、明清时期壮族史、壮汉通婚及婚姻习俗等研究，出版了《汉民族华南发展史研究》，发表了《广西土司制度考察》等一批研究成果。1991 年，日本学者与广西民族研究所联合对广西东兰县兰阳壮族蚂蜗（青蛙）节进行考察，编写出版了《中国广西东兰县兰阳壮族祝祭文化调查》，日本各大报纸对其主要内容作了报道，我国《参考消息》转载了这些报道。

2. 越南

越南与我国壮族地区相毗邻，历史上关系密切，越南的岱族、侬族与壮族同源，因此，越南学者对广西民族研究也很关注。越南社会科学院民族研究所编著的《越南北方少数民族》中说：“岱族是北方地区人数最多的居民，……与越南的侬族、热侬族、高兰——子山族，与中国的壮族有亲缘和近亲关系。”“侬族，从他们保存的家谱、供册、唱本中可清楚地知道，他们（从中国）到越南只有九至十代，即只有二三百年历史”。20 世纪 50 年代和 70 年代，越南的民族识别代表团和古文字考察团先后到广西访问，与研究壮族的学者进行学术交流。进入 90 年代以后，越南社科院民族研究所、历史研究所等单位多次派团访问广西，就壮族和越南侬、岱等民族的历史文化关系等问题进行学术交流。

3. 泰国

壮族与泰国的泰族的历史渊源关系引起中泰和各国学者的注意。80年代中期，泰中友好教育委员会派代表团访问广西，了解壮族社会历史、经济文化、语言和风俗习惯。接着，泰国孔敬大学、朱拉隆功大学、艺术大学纷纷派学者代表团到广西考察并开展学术交流活动。进入90年代，这种学术交流更加频繁。1986年，广西民族学院学者代表团访问泰国，双方进行了学术交流，并签订了进一步开展学术交流与合作的协议，1989年再次访问泰国。1990年，泰国艺术大学代表团访问广西，与广西民族研究所签订了联合进行“壮族泰族传统文化比较研究”项目的协议。1991年，泰方再次派团访问广西并到壮族地区考察，回国后编写出版《壮族：泰族古老的兄弟》一书。1993年，泰国西北大学学术代表团访问广西壮族地区，回国后编写出版了《从广西、云南到兰那》一书，介绍泰族与壮族的历史文化关系，同时约请广西壮学研究中心学者撰写《壮族》一书，译成泰文出版。1994年，泰国朱拉隆功大学与广西民族学院学者联合编写了《壮泰语词典》在泰国出版。广西民族研究所与泰国艺术大学联合进行的“壮泰传统文化比较研究”项目，通过双方学者频繁互访，并分别深入到壮族和泰族农村进行考察，在南宁和曼谷举行多次学术讨论会，揭示了壮泰民族的渊源关系，旋即在泰国掀起一股“壮族热”、“广西热”，随后有多批学者来访，力图进一步了解壮族及壮泰民族历史渊源。1993年，“壮族泰族传统文化比较研究”合作项目泰方最高负责人、泰国艺术大学董事长、泰国著名企业家春蓬博士应该项目中方负责人之邀，来广西南宁、北海考察后，与南宁机械厂签订协议，联合兴建益宾摩托车生产线，计划年产值40亿元人民币，其中泰方投资3000多万美元，该项目已于1998年正式投产。

4. 其他

法国学者分别与广西民族学院、广西社会科学院等单位合作进行壮族、瑶族历史文化研究。澳大利亚有关学术机构与广西民族古籍整理办公室合作，拟将壮族古籍译成英文在海外出版。美国学者在广西、云南壮族地区调查后，编写了《发展中的壮族》一书并在美国出版。广西壮学学会、广西瑶学学会还分别召开国际学术研讨会，大批国外学者与国内学者共同对壮族、瑶族的历史文化及现代化问题进行研讨。

三、坚持以马列主义毛泽东思想邓小平理论为指导，深入调查研究，是繁荣民族研究的基本条件

20 世纪 50 年代来，特别是党的十一届三中全会以来，广西民族研究事业取得了很大的成绩。回顾 50 年来的历程，有以下体会。

（一）必须坚持以马列主义毛泽东思想邓小平理论指导民族研究

以马列主义毛泽东思想邓小平理论为指导，主要是以马列主义唯物史观和辩证法为指导，坚持马列主义民族观，坚持民族平等、民族团结的指导思想，坚持实事求是，坚持一切从实际出发的思想路线，解放思想。党的十一届三中全会以来，我们正是坚持这一条正确的思想路线，才不断地扩大民族研究的领域，无论是在民族历史文化研究方面，还是在民族理论、民族经济研究等方面，都取得了一系列成果，为民族地区经济文化发展和社会主义精神文明建设做出了贡献。

（二）坚持深入调查研究，是繁荣民族研究事业的重要条件

民族研究在民族学上称为田野工作，是一种深入实地通过观察、参与、访问、记录、描述等方法开展的科学活动。50 年代以

来，广西民族研究事业的三次兴盛，都是建立在深入调查的基础之上的。第一次是50年代中期民族研究的发展，是建立在新中国成立后几年对民族地区大量的调查研究基础之上的。80年代广西民族研究出现蓬勃发展的局面，除了改革开放形成的良好环境外，一个重要的原因就是利用了50年代到60年代初少数民族社会历史调查的大量成果。进入90年代，广西民族研究无论在深度还是广度上都有了发展，取得许多优秀的成果，其基本原因也是80年代中后期进行了大量深入的民族调查工作。例如，1985年完成的南盘江流域的民族学考察，完成了40多万字的调查报告。1986—1987年的广西电站库区移民情况调查，完成了20多万字的调查报告，不仅获得了研究库区少数民族社会历史和经济文化的大量有价值的材料，还为国家和地方各级部门解决库区移民问题的决策提供了依据。1986年进行的大规模的广西左江流域崖壁画文化考察，不仅对揭开花山崖壁画千古之谜起到了重要作用，取得了一批研究成果，同时对推动壮族历史文化研究具有重要意义。1989—1991年，广西民族研究所一批青年学者对红水河流域进行了为期3年的民族学考察，对这一著名的民族走廊的土地、人口、资源开发、民族关系、传统文化与现代化问题进行了全面的调查研究，获得大量的民族学资料，引起了学术界和有关部门的重视。1991年，为了弥补50年代少数民族社会历史调查中对民族传统文化调查不足的缺陷，全面了解和掌握壮族传统文化的情况，以广西民族研究所为主，组织有关科研单位的专家学者共同进行了壮族传统文化调查。调查组分成4个小组，分赴桂东、桂南、桂西、桂北、桂中以及云南省文山壮族苗族自治州等壮族地区，进行广泛深入的调查工作，整理了200多万字的调查材料。这些，对90年代广西民族研究的发展都起到了重要作用。

进入90年代以后，广西从事民族学人类学研究的专家学者对广西少数民族又进行了一系列田野考察，取得了大量资料，对推动广西民族研究的进一步发展具有重要意义。

四、21 世纪广西民族研究展望

在民族史研究方面，将在中华民族多元一体的格局下逐步深入。由于长期“左”的干扰，少数民族历史研究有许多禁区，加上考古学、民族学材料的挖掘、积累不足，研究也有一个过程，因此对华南少数民族历史研究未能深入。进入 80 年代末以后，这种情况有了很大改变，研究也有了进展，但仅仅是起步阶段。21 世纪广西少数民族历史研究将朝着更全面、更系统和立体化的方向发展。

在少数民族文化研究方面，少数民族传统文化研究将有新的发展，并与文化开发相结合，为经济建设服务，为社会主义精神文明建设服务。此外，少数民族和民族地区现代化的研究将进一步加强，特别是少数民族传统文化与现代化发展的关系问题，将成为研究的热点。

在民族问题理论研究方面，广西民族关系的历史、现状与发展研究，将为更多人所关注。

在民族法制研究方面，民族区域自治法制建设研究将进一步加强，特别是民族区域自治地方立法问题，将成为这一研究领域的热点。

在人类学研究方面，学术界正在进行的关于人类学如何实现本土化问题的讨论将更加深入，并将推动人类学研究的发展。应用人类学研究在广西将得到进一步加强，并将进入政府决策和走进老百姓的生活，人类学的知识也将大大普及。

（原载《广西民族研究》2000 年第 1 期；
作者系广西民族研究所所长、研究员，于 2011 年 9 月病逝）

以“那文化”研究为基础建立壮学体系的理论构架

潘其旭

一门学科的建立，一定要有自己特定的为其他学科所不能完全涵盖的研究对象和研究内容。壮学，是以壮族社会群体及其文化为对象，进行历史性和整体性的系统研究的综合性学术领域，属一门文化人类学和民族学的分支学科。建立壮学体系，是历史发展的趋势，也是时代的要求。

壮族作为我国人口最多的少数民族，自20世纪50年代相继成立广西壮族自治区、云南省文山壮族苗族自治州和广东省连山壮族瑶族自治县以后，已为世人所关注，但人们对她仍缺乏应有的认识和了解。甚至有的人认为“壮族没有特点”，“壮族除语言外与汉族差不多”。言下之意：“壮族已被汉族同化融合了。”而在国外学术界，则往往把壮族与泰国泰族混为一谈，把研究壮族纳入泰学研究的范畴之中。这除了历史造成的原因，或出于民族偏见及某种政治因素之外，与以往我们对壮族缺乏整体性的系统研究不无关系。自80年代以来，我国进入改革开放的历史新时期，在建设有中国特色社会主义宏伟目标的感召下，社会科学界的许多学者，满怀热情地投入壮学各个领域的研究并使之逐步深化，获得了显著的成果，出版了数十部论著，出现了一批充满活力的中青年学者，壮学研究呈现出一派生机勃勃的喜人景象。在这当中，由于大家力求开拓新的思路，采用新的方法，从新的角度切入，对不少领域和门类的研究取得了突破性的成就，提出了许多新观点，作了一定的理论概括，并沿着系统化的研究方向发展。这些成果在国内外学术界产生了较好的影响。

在此同时，国外学者对壮学研究亦十分关注，并表现出极大的兴趣。他们纷纷到壮族地区进行学术考察和交流，泰国、法国、日本、澳大利亚、美国、越南等国家的学者还与广西有关单位的学者开展多项课题的合作研究。其中，规模最大的国际合作项目《壮泰传统文化比较研究》，历时六载已告完成。为此于1996年10月，由泰国艺术大学主办的首届国际“壮泰文化学术研讨会”在曼谷举行。应泰国总理的邀请，以广西壮族自治区副主席陆兵为团长的壮学代表团一行18人出席了会议。泰国王姐甘拉亚妮·瓦塔娜公主出席开幕式并发表了热情洋溢的讲话。可以说，这次国际会议成为壮学走向世界的重要标志。

由此可见，在这样的形势和条件下，建立壮学体系已具备了较好的基础，成为壮学界可望且可及的事业，也是时代赋予我们的一项历史任务。缘此，张声震研究员在《建立壮学体系刍议》一文中，就有关壮族研究的历史发展，建立壮学体系的必然性和具体要求作了全面的论述（见《广西民族研究》1997年第1期），使我们深受启发。

文化人类学认为，一个民族之所以成为民族，最根本的是在于她形成自身特有的文化，不同的文化特质就成为区别民族的主要标志。从这个意义上说，所谓壮学体系，实质上就是壮族文化体系，包括对其实物文化、行为文化和观念文化的类型、结构、内容和形态，及其起源和发展的规律特征的整体性、系统性的科学阐释。壮学作为一门新学科，尚处于初创阶段，在学科的建设中，理论的建构无疑是重要的、基本的。理论来源于实践，又反过来指导实践。这就需要我们从实际出发，在对壮学各个领域、各种文化形态及其内在的关系逐步深入研究总结的过程中，上升为理论概括，形成自己较为完整的理论构架，从而使壮学体系在文化人类学和民族学带有共性的规律性和理论体系之外，建立起适应于本学科对象的个性化的理论特色。

有鉴于此，笔者试就有关建立壮学体系的理论构架及研究方法问题略加探讨，以期抛砖引玉，共同把这项事业向前推进。

一、以整体观把握壮族文化为一种稻作文明类型

从文化现象上我们不难看到，各民族因其所处的不同自然地理环境和特定的生产方式而形成了不同的地域性文化表征，显示出民族文化的独特性和个性。文化是依靠整体性而拥有个性的。故民族文化之间的比较如文化模式、文明类型等，也都是从整体上来进行。壮族文化是相对于汉族文化和其他民族文化而存在的。对壮族文化的结构形态、内涵特质的研究，必然要从整体上来观察，分析其文化活动与生态环境的相互关系，才能把握其所具的文化模式及文明类型。这就要求我们在研究中对文化人类学和文化生态学的理论方法应加以运用。

文化人类学研究对象包括整个人类的文化现象。文化生态学是着眼于文化活动与生态环境的相互关系、相互作用，强调了“生产—经济”类型对文化的影响。（美）斯图尔特（Stewara，J. H.，1902—1972）把说明不同地域特征的特殊的文化特性及文化模式起源的领域规定为文化生态学。其基本方法论乃是对生活方式的分析。不同的自然环境给人类提供了不同的生活资料和劳动对象，形成了不同的生产方式和生活方式，从而给人们带来了文化生理、思维方式和价值观念上的差异，也就对人们在社会生活中的文化选择取向起了制约作用。人们所从事的各种生业方式，大体上分为渔猎型、畜牧型、农耕型，而其中的农耕型，又可分为以种植粟类为主

的旱作型和以种植水稻类为主的稻作型。由此而形成的相应的文化群体，分别称之为渔猎文化民族、畜牧文化民族、旱作文化民族和稻作文化民族。壮族作为稻作文化民族，就是由其所处的特定的自然环境及其提供的生活资料和劳动对象的制约而生成的。

壮族及其先民是最早开发岭南的土著民族，壮族地区又是我国人工栽培稻的起源地之一。这在史学界、民族学界和农学界近年来已相继论证。其中覃乃昌先生的《壮族稻作农业史》论述尤详。岭南地处亚热带，雨量充沛，河流纵横，植物繁茂，气候适宜于农作物生长。考察壮族人民祖祖辈辈居住的地域，大多为丘陵缓坡及河谷盆地。同时，壮族地区又是人工栽培稻的祖先种——普通野生稻的故乡。据调查，普通野生稻遍布于今广西的 42 个县、市。这种特定的生态环境及地理条件，使壮族先民将普通野生稻驯化为人工栽培稻成为可能。由此奠定了他们逐步走向完善的、从事稻作农业生产的民族的历史进程，遂形成了以稻作农业为本源的生活模式、思维模式、审美认识及价值观念，构成了以稻作文化为核心文化的地域性文化群落。

神话是人类童年时代的产物，属原生层的文化形态。在壮族的创世神话《布洛陀经诗》中，就有祖母神六甲从山上采集野稻在“那”（na^2，即“水田”）里播种的说法；壮族传统歌谣《欢岸》中的“闹漏”即“赞酒歌”亦有唱道：“哥的酒是山顶野谷酿的酒”，“稻谷是祖母神（即六甲）创造”。可以说，这是壮族对自己的先民为了生存，在母系制社会时代就以创造性的劳动向大自然索取所需的生活资料，成功地将野生稻驯化为人工栽培稻过程的朦胧记忆和热情赞颂。在壮族的神话中，六甲既创造了人类，又创造了稻作农业，是集“两种生产”之源于一身的始祖母神而备受崇敬。

既然特定的自然环境使壮族先民选择了从稻作步入农耕时代，并为其提供以稻米为主食的生活资料和以“那”（稻作）为主体的劳动对象，那么，壮族先民就必然在索取欲望的驱动下，采取相应的手段来提高生产力，创造由简单到复杂、由低级到高级的劳动工具。新石器时代晚期出现的大石铲文化，就是稻作生产方式及其功利目的追求的产物。在邕江上游一带发现多处距今约6000多年的颇具规模的石铲遗址。石铲的一般形制为小柄双肩型和小柄短袖束腰型。大者长达七十余厘米，重几十斤；小者仅长数厘米，重数两。其制作规整，双肩对称，两侧束腰作弧形内收，至中部又作弧形外展，呈舌面弧刃。通体磨光，棱角分明，曲线柔和，美观精致。特别是那种形体硕大、造型优美的石铲，是广西独有的艺术珍品，令人惊叹不已。从考古类型学来看，它是从双肩石斧器型演变而来，原先也是适应于沼泽地和水田劳作的工具，但它已改变了石斧那种既掘土又砍伐林木的双重功能，而变为单纯翻土的单一功用。（按：直至现代，一部分壮族地区仍使用类似形制的木制的长柄舌面套弧形铁刃的稻作工具。）而从出土的大型石铲的体质和其数十把刃部朝天、直立圆形排列来看，大多为非实用器物，大部分学者认为是与农业生产有关的祭祀活动的遗存，属具有宗教意识的精神产品。石铲既是石器时代从打制石器到磨光石器的必然产物，又是壮族先民在特定的环境中，随着稻作生产发展的需要而对劳动工具的加工改进，并出于功利而演化出的一种神器祭品。于是，物品成了单纯祭神之物，审美因素便离开了对自然规律的追求，获得空前广阔的发展。石铲艺术注入了作为古老稻作民族的壮族先民对丰稔的虔诚祈求，对劳动的热情美感，将享受物质生活之美与追求精神生活之美融为一体。它不仅反映了新石器时代西瓯、骆越地区的稻作农业发展已具有一定的规模和水平，而且标志着他们源于稻作生活的审美观念和艺术创造达到了相当的高度。独特的石铲艺术，成为一种崇尚稻作意识的物化形态。

再从壮族古老的岜莱（即花山）文化和铜鼓文化来看，都明显地留存着稻作文化的印记。以宁明花山为代表的左江流域崖壁画，其主体形象及群体舞人，均为统一规整的蛙形变体的舞姿造型；在广西出土的北流型和灵山型铜鼓，其鼓面均铸有数对立体饰蛙。这无疑是壮族先民崇蛙意识的艺术表现，其源于对雨水的祈求。“田家无五行，水旱卜蛙声。”

种植水稻尤其仰赖于雨水浇灌。在生产力极端低下的时代，壮族先民对“青蛙叫，雨来到”的自然现象感到十分神秘，认为在这天地呼应之中，青蛙具有一种神奇的力量，于是视之为沟通天地的神灵——天上雷神派往人间专管雨水的使者。遂将铜鼓称为“雷鼓”，并敲击跳“蚂蜗舞”（青蛙舞）以娱神，此俗至今犹存。审美意识来源于人们对生活实践的体验积淀及认识的升华，总是与一定的生产方式和生活环境及功利目的紧密相连，并通过艺术创造和一定的形式加以体现。花山艺术和带饰蛙的铜鼓艺术，就是作为古老稻作民族的壮族及其先民的审美意识、价值观念及文化心态的一种具象和物化符号。

民俗文化体现着整个民族文化上的全民性、认同性。而民俗文化，是在人类文明的初级阶段，与采集、渔猎、畜牧和农耕的生活同步相生的风俗习惯系统，为物质文化、行为文化和观念文化浑然一体，又以口耳传承方式表现的活形态，成为相应的文明类型和一定文化群体的象征。壮族的许多民俗文化事象，如节日活动和祭仪礼俗，尽管各地举行的具体日期不大统一，活动方式亦有差异，但基本上是围绕着稻作生产周期来开展，都以祷祝丰稔为主旨。例如：正月有“拜春牛”、“请牛”、“祭蛙婆”、“赛铜鼓”、“打春堂”、“吃母粽”等；二月有“祭田峒”、“祭土地公”、“祭土地婆”、“开耕节”等；三月有“乌饭祭祖”、“祭祖开工”、“歌圩节”等；四月有“开耙节”、“祭田插秧”、“开秧门”、“祭牛魂”（又称“脱轭节”）等；五月有“吃牛角粽”、“祭秧魂”、“祭田魂”等；六月有“祭田公地母”、“祭林神”、“点田灯”（意在灭虫）、“牧童节”等；七月有“斗牛节”、“祭青苗”等；八月有“尝新节”、“众神诞”、“泼饭节”等；九月有“添粮增寿”（又称

"祝寿节")、"送火神"、"送雷公"等;十月有"新谷节"、"收镰节"、"糍粑节"等;十一月有"做田祭"等;十二月有"包年粽"、"浸粽测雨"、"除夕请六畜"等。这些习俗所采取的行为方式及其所反映的文化心态、审美倾向、价值观念,都具有鲜明的稻作文明的特质,并为全体民族所认同。

正因如此,过去许多地方的壮族自称为"布那"(Pu^4 na^2)或"布峒"(Pu^4 $to\eta^6$)。"布"为"人"之义,"那"即水田,"峒"即田峒。其含义即耕种水田的族群。在壮族地区广布着冠以"那"(或"纳")字的地名,构成了独特的地名文化景观,成为他们自古以来据"那"(水田)而作、依"那"(水田)而居、以"那"(稻作)为本的人们共同体的鲜明标志和历史印记。

由此可见,在文化生态学视野中的壮族文化,不仅表现为一种稻作文明类型,而且以其整体性显示出区域文化的个性的特质,故我们称之为"那文化"。

二、自我发育整合形成的复合性文化的发展规律

人是社会的主体和文化的创造者,又是社会和文化的产物。文化的历史与人类的历史同样悠久,它们是同根共源,密不可分。民族文化学是从文化的角度看民族和从民族的角度看文化。各个民族因其各自特定的自然环境、生存条件以及不同的民族历史发展过程,形成了不同的文化类型。例如汉族的华夏文化、彝族的毕摩文化、纳西族的东巴文化、白族的本主文化等,都有明显的区别。而壮族的那文化在与其他民族文化的比较中,亦显出如前所述的特性。这就要追溯到壮族文化发生的源头上,并阐释其进化中形成的民族种族的人种遗传基因和民族文化遗传基因,以及演进的历史过程。

首先是关于壮族的族源,这亦是建立壮学体系的根基问题。在

20世纪60年代以前，学术界曾有北来说、南来说、土著说、土著与外来混成说等几种观点的争鸣。随着壮族地区考古学资料的不断丰富，尤其是80年代以来，对壮族体质人类学研究的深入开展，经充分论证，“壮族是土著民族”已明朗化，这表明壮族及其文化有独自的源头，它是在特定的自然环境和生产方式的条件下自我发育萌生的。

数亿年前，岭南西部长期为海水侵蚀，后由于地壳发生变动，海底的石灰岩上升为陆地，又经造山运动，形成了奇峰异峦、岩洞遍布的山形地貌。这就为人类的远祖古猿和猿人以及原始古人类创造了天然的栖息处所。至百万年前，即地质年代的新生代第四纪更新世早期，岭南一带气候温和，雨量充沛，森林密布，土地肥沃，自然界有着丰富的食物资源，适宜于人类祖先的生息繁衍。据考古发掘，在广西柳城、大新、巴马、武鸣等地就发现有百万年前的巨猿化石，在右江河谷发掘出70多万年前的早期原始人类使用过的石器。尤其是发现距今5万年的旧石器时代晚期的较完整的“柳江人”骨骼化石，在国内外引起轰动。在距今一万多年至四五千年的新石器时代，今壮族地区的古人类活动更为广泛，发现东起广西桂林“甑皮岩人”、“荔浦人”，西至广西“隆林人”和云南“西畴人”的人类化石14处，文化遗址散布地点多达100多处。在这样有限的区域里发现如此多古人类化石和文化遗址，在我国乃至世界范围亦是罕见的。在柳州市白莲洞洞穴科学博物馆的一块石碑上，著名人类学家裴文中教授题词：“中国可以成为世界上古人类学研究的中心，而广西是中心的中心。”

那么，这些古人类与现代壮族又存在着怎样的关系呢？经考古学、民族学和医学的专家对广西史前人类骨骼和现代广西壮族活体进行多项专题调查和比较研究，取得了新的成果，如：蒋廷瑜、彭书琳《广西古人类的发现与研究》（1984），朱芳武、卢为善和雷一鸣《广西壮族颅骨的测量与研究》（1989）等论文，李富强、朱芳武的专著《壮族体质人类学研究》(1993)等。其研究结果认为:(1)在现代壮族颅骨主要特征与旧石器时代晚期的北京山顶洞人及广西柳江人的比较中,壮族与柳江人比较接近,而与山顶洞人相去甚远。(2)壮族的体质特征与新石器时代的桂林甑皮岩人最接近,意味着两者之间很可能有血统关系。(3)甑皮岩人颅骨的各种指数及突颌面型的齿槽面等特征,表现出若干赤道人种倾向,恰与柳江人接近。这表明新石器时代的甑皮岩人是旧石器时代晚期的柳江人的继承和发展。生活在广西新石器时代的居民是土生土长。(4)结论:壮族是土著民族,其体质特征形成的渊源与甑皮岩人和柳江人有继承关系。

这些研究成果表明:现代壮族的体质特征,如面部低矮、塌鼻梁、颧骨较高、下巴较突等,继承了其远祖在特定的自然环境下形成的种族遗传基因,并且在其生成发展演进的历史链环中,保持着从旧石器到新石器时代的族祖到现代民族的延续性。在跨入文明时代的数千年的历史长河中,壮族先民经历了西瓯、骆越族群时期、俚僚部族时期、僮(壮)土民族时期的整合阶段。她自秦汉大统一后,作为多元一体的中华民族构成中的“一元”,获得自身的发展。

民族文化与民族自身既同根共源,一定的民族文化的产生及文化遗传基因,同样受到一定的自然环境和生存条件的制约和影响。初民的原意识,首先是为了生存而向自然界获取所需的生活资料。马克思说:“人的依赖关系(起初完全是自然发生的),是最初的社会形态,在这种形态下,人的生产能力只是在狭窄的范围内和孤立的地点上发展着。”① 壮族先民的原初文化的内容和形式,总是以他们在所处的环境里为求生存而做出的生计选择、彼时的生产手

① 马克思:《政治经济学批判(1857—1858年草稿)》,见《马克思恩格斯全集》,第四十六卷,北京,人民出版社,1979、1980。

段、劳动分工等为前提而产生并构成的。如前所述，壮族先民在特定的生态环境和地理条件中，只能选择稻作农业的生产方式以求得生存，从而创造了“那文化”即稻作文化形态，并世代传承加以发展，同时稻作文化的遗传基因，孕育了壮族以稻作为本源的思维模式。例如：始祖六甲发明栽培稻的神话，源于妇女从原始采集时代到稻作农业的创造和分工；石铲文化是石器时代由双肩石斧发展为稻作专用工具，遂加以艺术升华的精神产品；铜鼓文化则是进入铜器时代后，将崇稻意识神圣化的造型艺术精华；大量的“那”（水田）地名，成为壮族稻作文化形态的语言符号和特殊载体；以五色糯饭祭祖和馈客，是为贵稻的礼仪习尚。缘此，产生了“内南眉巴，内那眉考”（意即“水中有鱼，田里有稻米”）的价值取向和生活追求，形成了“饭稻羹鱼”的生活模式。即使后来在历史上形成多民族杂居的地方，也还是如俗语所云的“壮人住峒头（或水头），汉人住街头，苗瑶住山头”的分布格局，从中亦反映了不同的民族文化的背景和取向的差异——稻作文化、商业文化、山地文化。这种差异对壮族和苗族、瑶族来说，是由于其原初先民在面对不同的客观现实的自然环境时，所产生的关于生存、生产活动的基本观念和实践行为而造就的不同的民族文化“原始模式”的遗存和积淀。由此可见，在特定自然环境中形成的民族生物性遗传基因，是决定民族的文化选择和文化发展趋向的前提条件。“那文化”是壮族的原生文化，它作为民族文化的“遗传基因”，在整个壮民族文化的发展进化的历程中，构成了外显性或内隐性的特质积淀且绵延至今。

语言是文化的重要组成部分，也是文化的载体。民族语言是与民族同时产生的，并成为区别民族的重要标志。壮族的语言文化，自然是与壮民族自身同根同源，独自产生且自成系统，它具有民族文化的同质性和内聚力。对壮语的音系、结构、词汇、词法、音韵格律，及其怎样发生和发展的研究，是建立壮学体系的一项基础工程。由于壮族历史上没有形成统一和普遍应用的民族文字，语言的功能尤为发达，它在一定程度上保留了壮族历史文化的本来面目，因此在研究中我们更要注重对有关语言进行文化学的分析，通过揭示语言的文化内涵，了解壮族的思维方式，把握壮族历史文化更深层的东西。同时还要切实分析和认识壮语与汉语的关系，以及壮族及其先民的语言文化在中华民族多元一体文化中的地位作用。

从文化人类学、文化生态学、发生学和语言地理类型学看，壮语与汉语不是同源关系，而是接触关系。但以往对壮语的研究，大多仅从语言谱系关系的固定视角，即按表示语言亲属关系的“谱系树”模型来观察，或以汉语言文化为中心来立论，这在很大程度上束缚和影响了对壮语的发生、发展及其与汉语历史关系的深入研究和科学阐述。例如，为了说明壮语与汉语有亲属关系、有共同来源，有人从汉文古籍中找出了一些字作为汉语与壮语的“共同词”的例证。这不仅数量极少不足为据，更重要的是，对所引的词例未作共时性和历时性的民族的语源考证，仅凭该汉字的注音释义与相应的壮语类比，凡近似者便认定其为“古汉语”了。这是不恰当的。

我们都知道，汉族和汉文化是汉代大统一前后，融合我国诸民族的成分及文化因素而形成的，其文字和语言有多元复合的成分，不要以为记载进汉文古籍的字就统统算是汉语词了。如《说文解字》中的“骹”字（音 ka），“脚”也；《方言》中的“刣”字（音 tai），“杀”也；《玉篇》中的“犩”字（拟音 xui），“牛名”，“牛”也；“飜”字（拟音 biuan），“飞”也；“沰”字（拟音ták），“落”也，等等。这些词按其所注释，均为基本的日常用语，应用当有延续性而不会轻易消失。若以壮语读之，依次称“脚”为 k‘a^{1}（骹）；“死”为 tai^{1}（刣）（按：“刣”为形声字，原注为“杀也”，系取关联词义）；“水牛”为 va:i^{2}（犩）；“飞”为 bin^{1}（飜）；“落”为 tok^{7}（沰）。又如《方言》中的“鴄”，僻吉切

(pit),《玉篇》释为“鸭”也。壮语称“鸭”为 pit^{7}。而在现代汉语的相应词语中，却根本找不到这些所谓“古汉语”的任何痕迹。显然，这并非是古人对汉文异字的解读，其实这些生僻汉字所记的词，是壮族先民古越语载入了汉文古籍。而有的记音词义，古人亦不知何解。如《后汉书·南蛮传》：“盘瓠得女，负而走入南山，止石室中……于是女解去衣裳，为濮鉴之结，著独力之衣。”“濮鉴”、“独力”何意？唐章怀太子李贤说：“濮鉴、独力，皆未详。”看来前人对此是无能为力的。而用壮语则得到解答。“鉴”古音 kan，壮语 ka:m^{3}，是岩洞、山洞的意思；“濮”即 Pu^{4}，壮语、布依语“人”的量词，也是指人名词前缀，pu^{4} ka:m^{3} 即“濮鉴”，指的是“住在山洞里的人”。“力”古音 liek，与壮文 lk^{8} 音近，“独力”即 tu^{21} k^{8}，“孩子”的意思。文中“为濮鉴之结，著独力之衣”，意思串起来就是：“把头发扎成住在岩洞里的人那样的发结，穿上孩子似的衣服。”这些词语属古越语，同现代壮语相近。这种现象不乏其例。如覃乃昌先生在《壮族稻作农业史》中，考释了《说文》收的有关稻的 8 个词，指出其中 6 个词是源于至今仍为壮族沿用的古越语的记音汉字。直到现当代，在汉文的著述或辞书中，还在不断吸收各民族的语言词汇，以至形成新的汉字。如《现代汉语词典》和新版《辞海》等收录的“岜”(山)、“峒”(平坝、田峒)、“弄”(四周环山小平地)、“岽”(同峒)等字，就是来自壮语的常用词而为现代汉语所采用。但我们总不可能据此而说这些字是汉语与壮语的“同源词”吧？即使是一些现在看来似历史上共同使用的词语亦并非都是同源的。如在粤闽江浙一带，散布着带“那”(水田)、“雷”(土山)、“濑”(水流)、“浦”或“步”(码头)等字的地名，亦是古越语地名的遗存，它丰富了汉语的地名文化。

再就是在南方汉语方言中，亦保留了源于古越语的底层词和一些语法结构。如：闽西话称“多”为“lai”；福州、厦门、潮州话称“脚”为“ka”，称“眼”为“ta”，就与今壮语的基本词相同。粤语称“青蛙”为“kop^8 na^1”，即源于壮语的“kop^7（蛙）na^2(田)”即“田蛙”，俗称“田鸡”。更有趣的是，粤语称“虾”为“ha:η^3 kuη^3”，则是汉语的“虾”（ia ha:）与壮语的“kuη^3”(虾) 的双语式复合词，互辅相通而便于交流。在上述的几种汉语方言土语中，还有“鸡公”、“鸡母”、“牛公”、“狗母”这类特殊的结构形式，亦与古越语和今壮语固有的“类名+专名”的语序相一致。在壮语中，不论名词短语、动词短语，仍用修饰语都置于被修饰语之后的顺行结构，即语序为“中心语+修饰语”。如壮语的“鸡+公”、“肉+鸡”、“肉+猪”、“花+红”之类。而北方汉语的语序，则为“修饰语+中心语”的逆向结构，如“公+鸡”、“鸡+肉”、“猪+肉”、“红+花”之类。这说明，由于民族语源的不同，形成了南方型名词性正偏结构和北方型名词性偏正结构的鲜明差异。

诚然，在先秦的汉文古籍中，亦发现有一些名词短语有“类名+专名”顺向结构的痕迹。如：甲骨文中有“帝尧”（即“尧帝”)、“祖甲”（即“甲组”)、“祖乙”（即“乙祖”)、“父甲”(即“甲父”)、“父乙”（即“乙父”)、“丘商”（商之丘，即“商丘”)、“丘雷”（即“雷丘”）等。《诗经·将仲子》：“树杞”（即“杞树”)、“树桑”（即“桑树”)、“树檀”（即“檀树”)；《礼记》：“鱼鲔”（即“鲔鱼”)；《左传》：“鸟乌”（即“乌鸟”）等。这并不奇怪，我们可以从人类语言和其他文化形态一样存在着某种普同性现象来理解。原初人们称事物的词义，往往是笼统的泛指，细分专名那是后来的事。问题是为什么自秦汉以降的汉语句法却全然是“专名+类名”的逆行结构了呢？其句型与北方的蒙古语、满语等相类，其语法形式一律都是逆行结构。历史表明，中原地带自古以来就是民族交流的重要舞台，在先秦时期的一个多世纪前后就有过无数次的大动荡。诸族并兴，强弱往复，相融互化。随着

“逐鹿中原”的结果，各语言集团必然产生大规模的相互渗透或变动重组。自秦始皇统一六国后提出“书同文”的国策，就为华夏文化的整合奠定了基础。从族源上看，华夏族形成、壮大的过程，便是中国上古的蛮、夷、戎、狄等各民族集团同化、融合的过程。这样，华夏文化也就将许多不同起源的文化要素融汇成一体了。而汉语本身亦是由来自多源的成分和多元的因素所构成。

根据这样的史实，我们不得不对认为壮侗语与汉语“是同一祖语中分化出来”的传统观点提出质疑。

如前所述，壮族为土著民族，其远祖可追溯到五万年前的柳江人及与其有继承关系的距今约一万年的甑皮岩人。从甑皮岩人已会制作陶器、饲养家猪来看，他们早已过着定居生活和从事农业生产，也早就该有自己的语言了。很难想象与其有族祖渊源关系的壮族的语言，会是从数千里外的中原黄河流域的某种“祖语”中分化而来。壮族自古为稻作民族，历史上没有出现像北方游牧民族和旱作民族那样的大流动、大迁徙。他们的先民在六千多年前创造的石铲艺术，就是稻作文化的产物。壮族有自己的语言体系，有自成系统的稻作词汇，称稻米、粮食一类为 $khau^3$（音“膏”，南部方言）或 hau^4（音“糇”，北部方言）。《山海经·海内经》中的“西南黑水之间，有都广之野……膏菽、膏稻、膏黍、膏稷……”就是壮族先民古越语“类名 + 专名”句法结构的最早记载。而郭璞注说“膏”是“言好味皆滑如膏”，显然是直接按汉字“膏”的原意去理解。著名农业史专家游修龄教授指出：“《诗经》中的《大雅·公刘》之有‘糇’（笔者按：壮语北部方言对稻、米、饭统称为 hau^4），是古越语融入黄河流域古汉语的证据，估计有 3500 年以上的历史。这是一个十分有力的水稻自南而北传播的旁证。”事实说明，壮族先民以自己创造的稻作文化参与了“逐鹿中原”，并在中华民族历史文化中占有重要的一席之地。至于壮族受汉文化的深刻影响，那是自秦汉统一岭南以后的历史趋势，也是壮民族及其先民力求自身发展的取向。

综上所述，民族文化有各自的源头，而又互为环境，民族文化相互间的接触和影响都是必然存在的。壮族文化独自产生而非单一发展。它有一个在自我发育的同时又在与汉文化的接触中，不断将之汲取融化后经整合形成复合性文化的历史过程，从纵向和横向大致有如下的层次和阶段。

（一）自我发育的原生型文化形态

这是在自然环境和特定的历史条件下形成的民族文化生态系统。如史前文化的洞穴遗址、贝丘遗址，有肩石斧、有段石锛、印纹夹砂陶、谷物加工器具等具有个性文化特征的器物。大石铲文化即是石器时代文化的代表，又是那文化（即稻作文化）的产物和象征。铜鼓虽源于云南，但亦是古百越（滇越）文化圈内的产物，它在岭南自瓯骆至俚僚时期全面发展，并出现北流型和灵山型等粤桂系统铜鼓，是为壮族铜鼓文化。原始艺术有左江流域崖壁画和云南麻栗坡大王崖画，按壮语称为岜莱文化。神话文化以创世纪经诗《布洛陀》和《博翁乜翁》为代表。歌圩文化则是壮族歌谣文化的集中表现。婚姻文化有“依歌择配”的传统形态。丧葬文化有岩洞葬式和捡骨葬式。宗教有巫文化和鸡卜。建筑有干栏文化。服饰有壮锦文化。民俗文化以蚂蜗节、牛魂节等显其特色。饮食文化以五色糯饭著称。这些形态具有文化上的同质性和内聚力的表征。同时，冠以“那”（水田）字、“板”（聚落）字、“峒”（平坝）字等“齐头式”的地名文化，亦是一种语言文化形态，更显示出壮民族大区域文化的共同传统。其形成了以那文化为核心文化，以民俗文化为表征的区域文化体系。对这些原生层文化的整体系统研究，是把握壮族文化类型，揭示壮族文化的内涵和特质的重要课题。

（二）整合形成的复合性文化的发展

这是壮族文化与其他民族文化的交流与整合的发展阶段。复合性文化又可称为再生层文化，区别于上述的受自然生态环境和基因所影响而形成的原生型文化，它是在历史的和文化生态外环境的因素在互动、撞击中形成的文化形态。

首先来看壮族文化生态的外环境。壮族的主要聚居地区（包括广西、云南文山以及广东连山），西北连云南，北接贵州，东北邻湖南，东南靠广东，南濒北部湾，西南与越南接壤，贯通其中的纵横河流——左右江、邕江、南盘江、红水河、柳江、资江、漓江、西江等，属珠江水系和长江水系。壮族文化生态的外部环境，由西南的高地文化（包括滇文化和黔文化）、中原的荆楚文化、闽粤的低地文化（或称海洋文化）所构成，并在不同的历史时期和由各自的途径进入壮族地区。这些不同类型的外来文化，给壮族的土著文化以强烈的冲击，又注入了生机与活力，在长期的交流与整合中，构成了壮族地区文化的多样性格局和壮族文化的复合性形态。而在这其中，主要是受中原汉族文化的影响最为广泛深刻。

自秦汉在岭南实行郡县制以后的历代王朝，派任或贬谪的汉官及文人学士不断进入壮族地区，汉文化的传播和影响逐渐扩大。尤其是自唐宋以降相继设立府学、州学、县学和建立各种私学书院，推行科举制度，使壮族地区的文化生态环境逐渐发生变化。在两种不同质的民族文化的交流撞击中，壮族的上层人士开始接受儒家文化教育，采纳了汉文化的要素和特质，历代出现了一批悉汉文的壮族文人。他们设馆课徒，培养后学，或赋诗撰文，促进了汉文化的传播。同时，他们还将之借取、融化并加以整合，使民族文化向更高的层次发展。如唐宋时期就仿照汉字的“六书”构字法，创造了表达壮语音义的方块壮字，并在民间应用流传；融道教文化并移植为“本地道”；将梅山教派的“三元”神与民间神组合，吸收楚文化的傩舞，在壮巫的基础上形成了师公教，并设“师馆”用方块壮字唱本授徒传教；民间歌师设“歌馆”，用方块壮字唱本传歌，并使壮族的神话传说、传统民歌、巫经鸡卜经等得以抄录传世。壮族化了的汉族民间故事如《梁山伯与祝英台》等亦广泛流传,《唐皇李旦》也流传至壮乡，演出悲欢的爱情故事。孔庙、关帝庙、神农庙等四处可见，鲁班、武婆（武则天）也成为壮族民间奉祀的神祇。在广西的汉族地方剧种桂剧、彩调、邕剧、粤剧的影响下，壮剧、师公戏在清代相继产生，并移植汉族剧目和故事。另一方面，壮族的许多文化事象也被载入了汉文古籍，如《桂海虞衡志》、《岭外代答》、《赤雅》、《粤西三载》、《粤风》等和历代的地方志，成为保存和研究壮族历史文化的珍贵资料。在教育方面，壮族地区基本上是实行双重文化和双语教育，以学校的汉文教育为主，以民间传统的家庭教育、社会教育、工匠教育和宗教教育为辅。在这样的文化环境里，壮族既具有对汉文化趋同的进取心理，又保持了对民族文化的共同观念，并表现出自主、灵活的适应性。如在多民族杂居的桂柳一带的壮族歌手，还能根据不同的场合及对象，在歌场上用壮语或汉语唱答。不仅如此，还极力将民族文化用汉语“推出”，如广泛流传的壮族歌仙刘三姐的歌式，大多为汉语歌词,《明诗综》就载有她的两首歌词。这也是民族文化交流整合的结果。刘三姐成为岭南各民族尊崇的歌仙，两广到处有纪念她传歌的遗址。又如在壮族婚姻文化方面，虽逐渐接受汉族婚制，但也没有完全封建化。既有“父母之命、媒妁之言”的婚配，又保持“依歌择配”的结缘；既实行“欧派”（即“娶媳”）的父系婚制，又存留“欧凯”（即“娶婿”）的母系婚制。在这种双重性的婚姻文化的背景下，壮族的择偶条件不存在民族的界限，不少壮族和汉族的家庭血缘也就这样相融而合一，民族关系历来友善和睦。这与民族文化之间的密切交流、互化整合有密切关系。

总之，在一定的文化生态环境里，民族文化的交流与整合总是双向互动的，亦是历史的必然。历来众多的民族文化，从整体上来说，不可能是原生形态的、同质的单一文化，而是一种复合性的文化。壮族文化的发展也体现着同样的规律特征，尤其自唐宋以来，它从保守性的原生文化圈中大步跨越转而具有开放性的文化品格，并使之呈现出不断进取的活力和态势以求得自身的发展。邵志忠在《壮族文化的重组与再生》一书中，提出了“柔圆”说，是有一定见地的。

（三）壮族文化的复兴与新生

壮族是个具有悠久历史文化的民族。但在 20 世纪 50 年代以前，由于历代统治阶级对少数民族的歧视压迫，世人对壮族感到陌生，对壮族的历史文化面貌更不了解。在三四十年代出版的刘锡藩《岭表纪蛮》，徐松石的《粤江流域人民史》、《泰族僮族粤族考》、《东南亚民族的中国血统》等，是一批研究壮族的早期著作，在学术上颇有建树，但鉴于时代的局限，在观点上或是壮汉不分，或是站在大汉族主义的立场看待壮族。这样，壮族及其先民创造的民族文化在中华民族文化史上的地位作用，也就没有得到应有的肯定而被淡化了。

新中国成立后，各民族人民在政治生活、文化生活和社会生活中有了平等的地位，并享有地方区域自治的权利。这样就使壮族民族意识获得复苏，壮族文化也跨进了复兴和新生的历史阶段。主要表现在如下几个方面（鉴于其中有关各项的具体内容和论著，张声震研究员在《建立壮学体系刍议》一文中已详细论及，这里仅提要点）。

第一，对壮族社会历史进行全面调查，补充了籍载中的史料缺环。

第二，壮族的民间文学、音乐、舞蹈、戏剧集成出版，展现了丰富多彩的壮族文艺风貌。

第三，整理出版了一批壮族古籍，让世人对壮族的深层次历史文化有了初步的了解。

第四，创制拼音壮文，并出版了一批壮文书籍，壮语研究取得多项成果。

第五，壮学各个领域的研究取得了丰硕成果，为建立壮学体系奠定了基础。

第六，加强国际学术交流，壮学开始走向世界。

壮族文化的复兴与新生，壮学研究的兴起，是适应弘扬优秀民族文化、建设有中国特色社会主义的时代要求的。同时，亦是为增进各民族间的相互了解，维系中华民族的多元一体的格局，实现各民族的团结进步和共同繁荣的现实需要。从世界范围来说，东西方文化、诸民族文化交流日益频繁，不同质、不同形态的文化互相撞击，各民族文化必然要以自己的特色与其他民族文化共争舞台，这必然导致在比较和撞击中去芜存菁，推陈出新，进行民族文化重组。在这当中，只有保持和增强本民族文化的特色，才能在世界文化舞台上占有自己的位置。例如：根据壮族民间故事进行再创作的长诗《百鸟衣》和歌舞剧《刘三姐》之所以被视为经典之作而在国内外享有盛誉，就是民族文化的特性赋予其艺术生命力。《百鸟衣》和《刘三姐》文化现象，给壮学研究提出了新的课题。

三、以“那文化”研究为基础，以民族文化心理、文化精神为主导的壮学体系基本理论研究方法

壮学体系的理论建构，就是要把握住壮族文化体系的总体模式。这既有赖于以各个领域文化作为实证基础，更要以整体观为前提，从“那文化”这一全民族共同创造、遵守的文化体系的产生、构成、本质、特征出发，勾勒出壮族文化的全貌，揭示其运动的规律。然而从上述的论述可以看到，壮族的传统文化从本质上来说，属尚未完全脱离原始文化诸特征的民俗文化，各种民俗活动成为整个民族社会的联系纽带和文化载体。当代民俗学认为，民俗具有文化心态与生活方式相交融的二重结构。它以外化的习俗行为反映共

同文化心理相互作用、相互依存的特征。有鉴于此，我们必须综观壮族民俗文化现象，研究其内在的和外在的行为模式，从中抓住整体中的核心要素，即思维模式、信仰观念、价值取向、审美意识、哲学思想及民族文化心理、民族文化精神等的性质特征，并作一定的理论概括。

那么，壮族文化中的这些核心要素的性质特征又具体表现为何种类型和模式呢？根据目前各学科的研究成果与个人的思考，拟出如下几个主要论点。

（一）类比的思维模式

东方民族倾向于悟性思维，中国先秦哲学讲道论仁；西方民族倾向于智性思维，古希腊哲学讲本体论、讲逻辑、讲物质、讲形式等概念。而这种思维模式的差异在很大程度上与东西方的语言模式的差异相关联。因为每个民族都是通过他们所操的语言的“棱镜”来折射、观察和解释世界的。正如萨丕尔所说：“语言，作为一种结构来看，它的内面是思维的模式。”① 列维-布留尔也指出：“社会集团的思维的本质特征应当在它的成员们所操的语言中得到某种程度的反映。……结构上不同的语言也应当符合不同的思维类型。”② 有的民族擅长于逻辑思维，有的民族习惯于形象思维，都可以在民族语言结构上找到各自对应的特点。

壮族习惯于形象性的类比思维。如北部壮语称“天”为 bn^1，其系由“bin^1”即“飞”的音转类称。神话中传说天地原相距很近，是神祖布洛陀使它升高的。此为“飞升”说。南部壮语方言称“天”为 fa^4，原意“盖子”。壮族神话中又说宇宙的构成像个大锅盖。可谓“天盖”说。称太阳为 ta^1（灯）on^2（天），意即“天灯”；tha^1（眼）van^2（日天），意即“天的眼睛”。还称太阳

① 萨丕尔：《语言学》，14 页，北京，商务印书馆，1964 年。

② 列维-布留尔：《原始思维》，17 页，北京，商务印书馆，1985 年。

为kja：1 on^{2}，意即“天的中心”，可谓是“太阳中心”说。称月亮为pa^{3}（云）po^{1}（竹箩），意即“云里的竹箩”；或lo^{6}ma^{3}，意即“圆缺无常的东西”；或e^{2}ha:i^{1}，意即圆扁不定的东西。称星星为da:u^{1} dei^{5}，意即“遥远细小的亮点”。其对天体的观察，都是通过对某物象的类比来认识把握的。对方位亦没有抽象的概念。有的以太阳为中心，以其位置的变换来引指方位：“东”称为pa:i^{6} tha^{1} van^{2} khn^{3}，意即“太阳升起的那边”；“西”称为pa:i^{6} tha^{1} van^{2} tok^{7}，意即“太阳落下的那边”；“南”为pa:i^{6} tha^{1} van^{2} tsa:i^{4}，意即“太阳斜倾的那一边”；“北”为pa:i^{6} tha^{1} van^{2} khva:^{1}，意即“太阳横倾的那边”。或根据所处的地理环境属云贵高原横断山脉的余脉，其呈现西北高、东南低的地势来定方位，称“北”为n^{1}或kn^{2}，即“上边”、“上方”，“南”为ti^{3}或ta^{3}，意即“下边”、“下方”。

在有关表达人的心理、情绪和神态的词汇中，主要是按人的面部（na^{3}）、脖子（ho^{2}）和腹部肚子（tu^{4}或t^{4}、mok^{7}）三个部位的形态、感受来描述，并引申以表示特定的意义。例如：“高兴”为na^{3}（脸）ban^{2}（盛开），原意即“像花朵盛开一样的脸”；“不高兴”为na^{3}（脸）ou^{3}（皱），原意即“满皱巴的脸”。“生气”为ho^{2}（脖子、喉）hn^{3}或kn^{3}（涌起），原意即“气从脖子涌起”；“消气”为ho^{2}（脖子、喉）lo^{2}或o^{2}（落下），原意即“气从脖子消落”；“大方”为ho^{2}（脖子）l:o^{6}（摊开、平敞），原意即“脖子平敞”；“聪明”为mok^{3}（腹）kh^{1}（姜，喻暗地生发，有肚才），意即“肚才精灵”；“笨愚”为mok^{3}（腹）khei^{3}（粪便），意即“满腹废物”。同类词语还有：mok^{7}thi:n^{3}（肚子浅）即浅陋、浅学；mok^{7}dak^{7}（肚子深）即博学、渊深；mok^{7} se:p^{7}（肚子辛辣）即辛酸、烦恼；mok^{7} o:n^{6}（肚子柔软）即放心、安心；等等。

从语法结构上，亦反映了壮族与汉族思维模式的差异。壮语的句法词序为“中心词+修饰词”，汉语的句法词序为“修饰词+中心词”，形成了顺行结构和逆行结构两种思维模式。举例如下：

壮语：	mou^{1} me^{6}	（猪 + 母）	汉语：	母 + 猪
	no^{6} va:i^{2}	（肉 + 牛）		牛 + 肉
	ma:k^{7} ta:u^{2}	（果 + 桃）		桃 + 果
	va^{1} diη^{1}	（花 + 红）		红 + 花
	po^{6} kou^{1}	（爸 + 我）		我 + 爸
	pja:i^{3} ko:n^{5}	（走 + 先）		先 + 走

这种思维方式反映了在观察识别事物时，壮族从大类性质或行为主体着眼，再分别道明其具体性状；而汉语则从具体性状着眼，再道明其所属大类性质。从语言发生发展规律来看，大类（即通名）的词语应为早先产生，而细分小类的专名和描述性的修饰词当稍后才出现。如上所述，古汉文中亦有“类名 + 专名”、“中心词 + 修饰词”的顺行结构形式的痕迹，大都是先秦的古籍。这或许能表明，中原的汉族语言是在汉代前后经整合形成了逆行结构形式。要知道，词义愈泛指，表明其历史愈久远。如：“稻、米、饭”，在壮语中统称为“糇”（hau^{4}）或“膏”（khau^{3}）。凡此说明，壮族的语言结构及思维模式是承袭了先秦时期南方越人西瓯、骆越部族的古老语言延续发展而来的。由此可见，在对印欧语言亲属关系的研究中形成的谱系树模型，于我国的多源的民族语言文化中失去了其普适性的意义。

（二）多神的宗教信仰

壮族地区由于环境及历史的诸原因，社会经济文化发展滞后。又因其为稻作民族，滋长了守土观念，并对自然条件有很大的依赖性，原始自然崇拜观念根深蒂固。在历史上没有形成跨越地域的大的部落联盟，未形成统摄各支系的民族地方政权或国家，处于支系繁杂的民族社会结构状态。这样，便使原始时代众多部族的各种图腾崇拜得以延续残存，没有产生民族的统一宗教。即使是在道教、楚傩影响下，产生了壮族师公教，但仍与原始巫文化混融一体。民间有师公班组织，亦在明清之际成立师馆，但其司职人员还处于半农半“师”的状态，其法事活动主要是赶鬼驱邪祈禳和丧葬超度一类，各地的师公没有统一的教义和经文唱本，属一种巫傩一类的准宗教形式。而其信奉的神祇号称“三十六神七十二相”之谱，为壮族多神信仰的缩影。

作为壮族供奉较一致的神祇，主要是创世始祖神布洛陀和六甲、英雄神莫一大王，自然神有天神雷王、蛙婆，土地神有土地公土地婆、田公地母，水神有都额（蛟龙），生育神有娅花（即花婆）。这种信仰体系及各种祭仪，表现出浓郁的民俗文化的性质特征，甚至有的沿袭原始自然崇拜的思维模式来活动。但其主旨大都出于祷祝农作丰稔和人口繁衍的功利目的。例如：对蛙神的举祭，原是初民因蛙冬眠春苏的生命力和旺盛的繁殖能力，以及其与雷雨呼应的神秘感而将其奉为图腾崇拜对象，到了农耕时代，由于对雨水的祈求而视之为“天女”，大年初一盼她“嫁”到壮乡“降吉祥”，还雕制有蛙婆石像虔诚供奉。在师公唱本中，蛙又变为一位英勇无比的将士而被招为驸马当上了皇帝。犬是人类最早驯养的家畜和狩猎的伙伴，到了农耕时代，它又变成了在洪荒年代给人类带来谷种的神犬。在民间传说中，狗原有九条尾巴，只因到仙界为人类盗谷种，被天兵追赶砍掉了八条尾巴。为了感其恩，在尝新节的第一碗新米饭，一定要让狗先享用，然后家人才能进餐。这就构成了“那文化”与图腾文化的互渗混融，使原始信仰在壮族的思维模式中得到了延续和残存。

（三）波乜（公母）的原哲学思维

随着人类的进化发展，人们一方面认识着自己，一方面也探索着世界万物的奥秘。他们在长期生活实践中发现人分为波乜（po^6

me^{6}，即公母、雌雄）两种，动物也分为波乜两类，便以自身类比来观察认识自然。在壮族先民看来，世界万物都区分为波乜（公母）两性类别，相互对立而又相互联系，万物的发展变化都是依照着波乜（公母）相配的规律来进行，形成了万物波乜（公母）观。这在壮族的神话、民俗事象及壮语蕴藏的思想文化世界中，都有具体的表现。视波乜（公母）为自然存在的二元性客体，把波乜（公母）二元性作为认识世界、描述世界的一对基本范畴，这已不是原来的生物学中的两性的关系和意义了。壮族的波乜的原哲学思维模式，有其形成的历史渊源和深层内涵。

万物波乜（公母）观是壮族的原生层的思维体系。它产生于人类童年时代对世界和人类起源的解释。在壮语中，称“天”为“po^{6} fa^{4}”，意即“天公”；称“地”为“me^{6} dn^{2}”，意即“地母”。又把一天晴或热、一天雨或冷的天气称为“van^{2}po^{6} van^{2} me^{6}”，意即“一天公一天母”。这是将性别用于自然万物的类比。它源于壮族神话《布洛陀》等故事中有关人类起源和天地生成的原初世界观。

传说很古很古的时候，天地还未形成，有一团“大气”旋转成一个像鸡蛋的圆东西，炸开后分成三片即成为天、地、海洋。天地形成后，男性始祖神布洛陀朝女性始祖神六甲肚脐喷一口水使之受孕后，六甲口吐“黄泥浆”，两人一起将泥浆捏成一个个人形，经180天变成了活人，他们结成夫妻生活在天、地、云之间而分成三界。初时天矮云低，人们互相干扰，后来布洛陀叫上界的人把天升高，要下界的人把地加厚，于是各自安生而繁衍。

故事对天地由“大气”生成的解释，蕴含着朴素的唯物的自然观，同时道明波乜两性如何共同创造了人类世界，波乜（公母）构成世界万物的二元性关系。在这当中，人并不是由男女交合生殖繁衍，而是由含有“波乜”（雌雄）二元素的黄泥浆捏变成活的，“土”给人以生命。这种解释人的生命来源的原始思维，折射传递了人与“土”的关系的信息：“土”是长养作物的本体，人类是靠

“土”而获得生存。其内核也就是人与自然关系的命题。神话故事中还提到开田造地造耕牛，六甲从山上采集野稻在“那”（田）里种植的事。这种思维模式，就是稻作生产方式的产物。对“土”和六甲的崇颂，即是农耕民族的“后土”观念的反映。后土是自初民社会所祭的地母神演变而来，因为地母能生五谷，五谷是由野生培植为人工生产，是由妇女创造的。在女性中心社会时代，即称地母为后土。壮族及其先民自古从事稻作，历来有祭祀“波那那”（即“田公田母”）的传统习俗。初民之所以把土地神灵以“波乜”（公母）配对，即包含了土崇拜和生殖崇拜。土能繁衍人丁，就因为有“波那那”的缘故。而种田人自称为“勒那”（lk^7 na^2），意即“田仔”，以示为“波那那”所生养。用类比的思维模式表明了人与田地的关系。

不仅如此，初民还把与农耕有关的天象物象以波乜（公母）配对。天上的至高神灵“波叭”（po^6 pja^3）即雷公，他派到人间的使者青蛙叫“娅圭”即蛙婆，天地呼应而降甘雨。在蛙婆节中，将抓到的第一只青蛙称为“天女”，获蛙者被封为“蛙郎”，并与之结缘相配，成为主持祭蛙活动的头领。如此配对，成为促进农业生产和繁衍人丁的功利追求。这是外显层的意义。其内隐层就包含着人与生态环境的关系。蛙既唤雨又除虫害，在红水河一带，过去人们视青蛙为神圣，不能随便捕抓，否则会被雷公劈死。民间还有护蛙歌。如小孩抓了青蛙，就会有人唱歌劝告，立即要把青蛙放回原处。人与蛙结缘似乎是荒唐事，揭示深层思维模式，就会领悟到：人要与自然界保持亲善关系，维护生态环境，就会获得丰足的生活资料。生态环境是人类生存的基本条件，只不过是古人以另一种思维模式和行为模式来诠释和反映。

这种万物波乜观是将两性认识哲学化，还推广到其他文化领域，反映在民族的审美观念中。例如铜鼓也分为公鼓母鼓。在祭庆或赛铜鼓活动中所用的铜鼓必须“波乜”配对，否则不灵验亦不好听。在红水河流域，人们能从铜鼓声中辨别出“波乜”来。这不能不使外地人称奇。实际上是选高低音的铜鼓来相配演奏，人们将高音铜鼓称为“en^3 po^6”即“公鼓”，把低音铜鼓称为“en^3 me^6”即“母鼓”，一般是四鼓一组同时敲击，悦耳动听。可见其所谓的“波乜”内涵，实质是一种在器乐音响上的高低对比、平衡配置、和声协奏的对立统一的美学原则，否则就要失衡、不协调，含有辩证的因素。由此联系到壮族二声部的民歌特别丰富，独具特色，这与“波乜”的思维模式形成的审美观念也是有内在关系的。

另一方面，在这种原哲学思维中，乜（母）是孕育世界万物的本体。在神话中，又有力大无穷、安排山川的男始祖神是六甲所生之说，后又与六甲结为夫妻而共繁衍人类。还说六甲的阴门有岩洞那么大。布洛陀把阳具变成一支神鞭，把山石、草木、野兽等赶得飞跑。六甲于是蹲在山坳上，把阴道化成一个大山洞，让那些飞跑的东西钻进躲藏，过后又将他们一一生出来。在壮族民间有“敬岩节”，以求生育繁衍。透过外显层表现的女性崇拜和生殖崇拜，其中的内核就有由一体变多体的认识意识。与老子的“一生二，二生三，三生万物”颇为相似，只不过是以形象思维来演绎。壮族的类比思维模式以乜即母为本体的观念，其不仅从人的自身的体验中察觉，亦从种植作物的播种、插秧、扬花、抽穗、收获的生产过程中的实践中认识。妇女是农业生产的创造者，尤其是在稻作农业生产中，历来妇女就为主要的劳动者。壮族妇女在家庭和社会中占有重要的地位，称之为“栏”，即一家之母。就是因其集“两种生产”于一身。她们有持家的责任感并为此而自豪。在右江一带的妇女就有“养不到丈夫，枉做一世女人”的观念。这与北方汉族妇女的“嫁汉嫁汉，穿衣食饭”的观念正好相反，反映了两种完全不同的生活态度和文化心理。形成这种差异就是不同的文化类型和生产方式导致的结果。再就是壮族信奉的生育神是“娅花”

即“花婆”。在传说中，人是由花而生，每个人都是花婆种植管理的花园里的一朵花，女是白花，男是红花，由花婆赐花而生育。孩子病了求花婆浇水除虫而得以成长。人死了又回到花婆的花园中。揭开“花图腾崇拜”和“女性崇拜”的外显层，就可窥见这样的生命链环：种花—生命之花—归花园。若花婆不植花不浇花就没有生命产生或生命将无法生存，其折射着人的生存与物质生产的关系。世界是物质的。人离不开自然，离不开生活资源。在人尚依赖于自然和土地的时代，作为原哲学思维的“波乜”思维模式，将天地、田地及花一类作为生命之源的本体，可视为一种神话哲学的生命物质观，其来自自然而回归自然。由此看来，壮族的女性文化特别发达，既是将生殖认识哲学化的体现，又是“那文化”遗传基因影响的结果。对这些文化现象，我们不能仅仅在“母系社会意识”或“生殖崇拜”的套路上浅尝辄止。

诚然，类比是人类认识世界的重要途径，万物波乜观并非壮族及其先民所独有。如彝族亦保留着万物雌雄观的思维体系，而原始阴阳亦是性别于自然万物的类比。它们各有特点，亦具相近的思维模式。在探索自然、认识世界的过程中，都把波乜、雌雄关系类推为象征自然的二元性及解释万物的原则，将世界万物分成彼此对立又相互联系、并统一于同类物质中的一对范畴，尽管其表现为混融性的，是直观的、形象的、具体的，尚未上升到像产生于商周、成熟于春秋战国的阴阳学说那样的抽象概括和理论高度，但确是他们在认识物质世界和宇宙规律中的古朴、原始的唯物辩证的类比思维模式，值得深入研究。

（四）歌化的审美倾向

“歌化”即歌唱化，“以歌代言”。壮族人民历来以好歌善唱而著称。早在汉代刘向《说苑·善说》中，就记载有壮族先民越人唱给楚国王子鄂君子皙《越人歌》。据研究，《越人歌》与壮语有语源关系。南朝梁时吴运编纂的《安城志》（今广西宾阳）就有

“乡落唱合成风”的记载。北宋乐史《太平寰宇记》记有昭州（今广西平乐、昭平）壮人“男女盛服，聚会作歌”的风俗。南宋周去非《岭外代答》记述了静江（今桂林）、钦（今钦州）民间“迭歌相和”、“皆临机自撰”的习尚。明代邝露《赤雅》记有“浪花歌”（即早期歌圩）的活动；张祥河《粤西偶记》记述了壮族的“勒脚歌”的结构及韵律特点。清初吴淇《粤风》录有三十多首僮歌、俍歌。可谓籍载不断，源远流长。

民歌是劳动人民创造的，但它也创造出懂得艺术和能够欣赏艺术的大众。歌唱活动的社会化和思想意识的歌化，构成壮族共同的文化心理和审美倾向，具有同质性和内聚力的表征。而群众性的唱歌活动之所以盛行并世代传承，是与壮族所处的自然环境、社会条件、生产方式和生活方式有密切的关系。

壮族是稻作民族，多居住于河谷盆地或丘陵地带，长年固定在有限的区域里劳作而难得相互交往，生产季节支配着人们的生活节奏。这样，只有利用农作的间隙、传统的节日、喜庆聚会等时机来开展广泛的社交活动。同时，壮人“好歌”——自幼习歌，依歌择配，凡有吉庆，必唱歌以为乐，善唱歌者，能博得全社会一般民众的尊誉，形成了一种社会风尚。在长期没有本民族文字的年代里，人们只能通过这种易于掌握和便于记忆的歌唱形式，按一定的惯例和仪轨来进行思想感情交流，传播民族文化知识，并以此满足自身的审美需求。从而，构成了一种特殊的民族心理素质及人生观、美学观。诚如刘锡蕃在《岭表纪蛮·蛮人好歌的原因》所谈到的：“无论男女，皆认为唱歌为其人生上之切要问题。人而不能唱歌，在社会上即枯（孤）寂寡欢，即缺乏恋爱求偶之可能性，即不能通今博古，而为一蠢然如豕之顽民。”壮族群众正是以这种价值观念和美学观念，来审视自身的价值及社会文化活动的功能的，如此，就促进了歌唱活动的社会化和思想意识的歌化。前者指歌唱的群众性和社会性，后者即我们常说的“以歌代言”。在壮族的社会生活的各个领域里，都有相应的歌式。人们的生活意愿、理想追求、情感交流、生产知识、历史故事、道德规范，以至婚、生、寿、丧的礼仪等，都往往以歌唱的形式来表达。真可谓逢事必唱，无处不歌。故广西壮乡素有“歌海”之称，“歌圩”又是集中的表现。

一年一度的歌圩活动，不仅是男女青年“依歌择配”的一种形式，而且成为壮族群众都乐于参加的艺术创作活动和审美活动。正如清代龙州壮族的诗人黄敬椿所云：“木棉飞絮是圩期，柳暗花明任所之。男女行歌同入市，听谁慧舌制新诗。”① 在歌圩场上，创作与歌唱相结合，文学性与音乐性融为一体，人们通过赛歌、唱歌来展示才智，披露心声，交流感情，会朋结友，以此满足自身求知、教育、审美等精神生活需求，从中获得艺术的美感享受。在此同时，他们还把唱歌神圣化，创造了“歌仙”刘三姐的艺术形象加以崇奉。歌圩不仅集中反映了壮族的文化特征，及其共同的文化心理和审美倾向，而且具有壮族文化载体的社会功能。

壮族的唱歌活动，具有普遍性、群体性、承传性的特点。作为审美形式，表现为音乐性与文学性相结合、创作与歌唱相结合、竞唱与传授相结合的性质。在一定意义上说，歌唱活动特别是歌圩活动，是壮族传统的社会教育和文学艺术教育的特殊形式，壮族的传统文化也是通过歌唱活动而世代传承。

建立壮学体系的理论构架，是一项全新的课题，以上仅就个人的理解提出初步的设想，力图从整体观、系统观和内视角、外视角相结合上来把握壮族文化的稻作文明类型，分析壮族文化自我发育经整合形成复合性文化的发展规律，并通过与其他民族文化的比较，根据壮族文化自身的内涵特质和个性表征，归纳出类比的思维模式、多神的宗教信仰、波乜原哲学思维、歌化的审美倾向等几个

① （清）黄晶椿：《龙州风土诗》，载民国《龙州县志》。

主要的基本观点。还有求实的价值观、宽容的民族心理、进取的文化精神等，待另文阐述。以上所论及的亦仍十分浅陋，仅供壮学界的同行参考，并祈赐教。

（原载《广西民族研究》1998 年第 1 期；
作者系广西社会科学院壮学研究中心研究员）

论壮学

李富强

随着1991年广西壮学学会的成立，壮学作为一门新兴的学科，走进了世纪之交的学术殿堂。然而正如所有新兴的学科一样，年轻的壮学一直面临着一系列的质疑：它是一门严格意义的学科吗？它的学科属性是什么？它有自己的理论和方法吗？它的使命是什么？等等。对一门刚开始构建的新兴学科而言，就这些问题展开讨论似乎是不可避免的，也是必要的、大有裨益的，因为它关系到壮学的定位。当然，我们不企望匆匆定论，事实上，不可能有什么定论，讨论的意义绝不在于此，而在于以此讨论激发人们进行壮族研究的热情、灵感和创造性，开拓视野，使壮族研究的前景越来越广阔，壮学的体系越来越完善。从这个角度来说，这一讨论的意义就在讨论本身。因此，尽管已有学者就壮学的有关问题作了阐述，笔者仍在此不揣浅陋，提出自己的一些看法。

一、"后轴心时代"的呼唤：壮学产生的社会背景

二次世界大战后的"雅尔塔"（冷战）格局瓦解后，历史的脚步穿过现代世界历史的"轴心时代"，跨入了"后轴心时代"。在这个新的时代里，由于西方殖民体系的瓦解，世界舞台形成了政治、经济多元化的局面，许多取得了独立或复兴的民族怀抱着自身

的民族情怀，以强烈的民族主义倾向，向西方一元霸权体系发起了全面的挑战和冲击。在文化观念上，反对西方中心主义，保持和弘扬本民族文化，主张多元文化，逐渐成为时代的潮流。与此同时，由于科技的发展，交通和信息交流的发达，计算机、信息高速公路、internet 网络等，正以前所未有的速度改变着整个世界，国家、种族、民族、宗教之间的接触、交流越来越频繁和密切。人类之间的距离大大拉近，“小小寰球”上的万事万物，人们都可在瞬息之间一览无遗。与世隔绝的文化已不复存在。原来各自分立的人文世界正逐渐走向“世界一体”（one World）。“地球村”的形成不再是诗人的乌托邦或文学家的天方夜谭，而已是近在咫尺、可以亲身感受的现实。这就是人类学家和社会学家所说的“全球化”（Globalization）或“全球同合”（Global ecumene）——迥异于“全盘西化”或“美国化”的，跨民族、国家的各种文化之间的多向的、多层次的文化互动、吸纳和混合。于是，一切边缘的、神秘的、鲜为人知的“非主流历史”被卷入了“主流”，每一种文化都同时处在一种多边、多向的对话过程中，既是观察的主体，又是被观察的对象。

在这一背景下，中国文化发生了明显的变化。作为世界古典文明之一，中国古代文化一直存在着一个以中原汉文化为核心，向四周不断扩散、交融的倾向。这一倾向历汉、唐两个高潮，其间及后来虽经三国鼎立、“五胡乱华”、南北朝分治、佛教东来、满人入主，中原汉文化的中心不断被打破，胡服成了汉服，释迦牟尼成了地道的中国神，与太上老君一样地受到供祭、朝拜，满人的旗袍成了汉服，进而上升为国服。但中原汉族不胜而胜，始终以强者的姿态向周边各族显示出其文化的巨大优势和旺盛的生命力。这便滋生和哺育了“汉文化中心主义”。流露于史家笔端，见诸于“普天之下，莫非王土，率土之滨，莫非王臣”；“九州攸同，四奥既居，九山刊旅，九川涤原，九泽既陂，四海会同。六府甚修，众土交正，致慎财赋，咸则三壤成赋。中国赐土姓：‘祇台德先，不距朕行’。令天子之国以外五百里甸服：百里赋纳总，二百里纳铚，三百里纳秸服，四百里粟，五百里米。甸服外五百里侯服：百里采，二百里任国，三百里诸侯。侯服外五百里绥服：三百里揆文教，二百里奋武卫。绥服外五百里要服：三百里夷，二百里蔡。要服外五百里荒服：三百里蛮，二百里流”；“九夷在东，八狄在北，七戎在西，六蛮在南，次四荒者”。[①] 表现为以华夏为天下中心的历史成见，及以我为主、我即文明、其余皆荒、唯我独尊的傲慢与偏见。从根本上说，它反映了与中原农耕方式相联系的祖先血亲崇拜及其所产生的自信心和排他性。因为汉文化最初发源和成长于黄河中游地区，这是一个内陆地带，其内四周地貌相似。由此地区向外拓展，东面沧海浩渺，西面白雪皑皑，南面峰峦叠嶂，北面草原无垠，人烟稀少。在相对稳定、发达的中原农耕文化看来，自然是“四方皆荒”了。

“汉文化中心”的观念自晚清西学东渐后，越来越强烈地受到冲击。面对陌生但强势的西方文化，人们开始了对中国文化的反思。但由于与西学东渐伴随的是西方列强的坚船利炮对中国领土主权的侵犯宰割，中国人对西学的态度常常陷入理性与感情的对立之中。因而“西化”与“孔化”之争贯穿了中国的整个近现代史。不论是主张“中体西用”，还是主张“全盘西化”，都以中原汉文化、以儒道互补为主流的单一模式代表源远流长、复杂多样的中国文化，而匆匆地进行笼统的“中外比较”，对其周边各地、各族的多彩文化视而不见。即便到民国早期，国父孙中山先生也仅提汉、满、蒙、回、藏“五族共和”。而到南京国民政府时期，则根本否认中国多民族的存在，把汉族以外的少数民族均称为“宗族”，宣称中国各民族是“同一血统的大小宗支”，“我们的各宗族，实为

① 《尔雅》。

同一民族”。[①] 蒋介石的民族观，是彻头彻尾的大汉族主义。在名义上，他简直将蒙、回、藏、苗等称为边民，而不承认其为民族。在行动上，也实行民族的歧视和压迫。[②]

1949年新中国成立后，党和政府实行了民族团结、平等、共同繁荣的政策，各少数民族取得了民族大家庭中的平等地位。但由于其经济的发展长期滞后，发展的模式受到严格限制，至70年代末80年代初，各少数民族的平等更多的还只是局限于政治上。虽然对各少数民族历史、文化的研究取得了相当大的成就，各少数民族有了一定的文化自觉，但由于冷战的政治格局，西方世界对我国的封锁，中国文化在与西方文化的应对或接触中，更主要的是强调其统一的整体性，未能充分考虑其内部的各种构成。而要理解作为整体的中国文化，要认识其由产生到成熟、从凝聚到播化的过程，就得从中原汉文化的传统空间观念及其在历史进程中的具体体现着手，回顾和分析中原汉文化向周边延伸和传播的过程。

随着改革开放政策的实行，中国的大门再次敞开，举目四顾，中华民族面临的已是一个多极化的世界。国际间、地区间的多边、多向的频繁的对话和交流，已使“汉文化中心”面临越来越多的挑战，难以自圆其说。如何在一个统一完整的中国文化范围内，深入研究并准确把握其内部不同的多种构成，关系到中国文化能否在新的形势下，全面、正确地认识自我，从容应对外来文化的挑战，自然也就成了新一轮文化研究热潮的重要课题。于是，“中华民族多元一体格局”的思想被明确地提了出来。[③] 这是中国文化研究从表面走向深入、从感性走向理性、从幼稚走向成熟的标志，体现了新一轮文化反思的平静、理性、从容和主动性。正是由于中国学术

---

① 蒋介石：《中国之命运》，南京，正中书局，1943。

② 周恩来：《论中国的法西斯主义——新专制主义》，见《周恩来选集》（上卷），147页，北京，人民出版社，1980。

③ 费孝通等：《中华民族多元一体格局》，北京，中央民族学院出版社，1989。

界在新的文化研究热潮中，对儒家正统文化之外的各种文化现象予以积极的关注，中国文化的区域性、族别性研究，蓬勃地开展了起来。

壮族古称“西瓯”、“骆越”、“乌浒”、“俚”、“僚”、“俍”、“僮”等，在以汉文化为中心的古代，一贯被视为蛮夷，所代表的不仅是一个远离中原的“未开化”的群体，其文化也是一种不可与中原汉族文化同日而语的异类文化。《汉书叙传》曰：“西南外夷，别种殊域。”《汉书》卷六十四云：“骆越之人，父子同川而浴，相习以鼻饮，与禽兽无异，本不足郡县置也。”《桂海虞衡志》则说：“南方曰蛮，亦曰西南番。今郡县之外，羁縻州洞，故皆蛮地。”尽管这一族群很早就被网罗于中央王朝之下，《史记·五帝本纪》有：舜问禹“定九州，各以其职来贡，不失厥宜。方五千里，至于荒服，南抚交趾”。还说：“（舜）践帝三十九年，南巡狩，崩于苍梧之野。葬于江南九疑，是为零陵。”商周时期，“王命占虎，式辟四方，……于疆于理，至于南海”①，“伊尹朝献商书，汤问伊曰：‘诸侯来献或无马牛之所生而献远方之物，事实相反不利。今吾欲因其地势所有献之，必易得而不贵，其为四方献令’。伊尹受命，于是为四方令曰：‘臣请正东符娄、仇州、伊虑、沤深、九夷、十蛮、越沤、剪发文身。请会以鱼皮之鞞，鲗之酱、鲛盾、利剑为献；正南瓯、邓、桂国、损子、产里、百濮、九菌，请令以珠玑、玳瑁、象齿、文犀、翠羽、菌鹤、短狗为献……’”②。但由于中央王朝以中原为“天子之国”的唯我独尊的心态，对壮族先民及其他周边族群的态度都是无所用心的。作为稻作民族的壮族，安土重迁，不像北方游牧民族那样周期性地侵扰中原，迫使中央王朝时常戒备，中央王朝对之更是漫不经心，心不在焉。《岭外

① 《诗经·大雅》。

② 《逸周书·王会解》。

代答》卷十云："蛮夷人物强悍，风俗荒怪，中国姑羁縻之而已。"《桂海虞衡志·志蛮》亦云：（邕州左右江）"其人物犷悍，风俗荒怪，不可尽以中国教法绳治，姑羁縻之而已"。唐末五代，中原混战，岭南较为安定，壮族先民的经济有了长足的发展。宋代，侬智高统一了左右江流域诸洞，在累向宋朝"求一官以统诸部"① 的要求遭拒绝，在外受交趾侵犯的情况下，揭竿起义，反宋抗交趾，先在傥犹州建"大历国"，后据广源州建"南天国"，破邕州建"大南国"。起义虽然最后归于失败，但反映了壮民族有建立统一的民族地方政权的意志，这使得后来的王朝统治者对壮族先民重视了起来。侬智高起义之后，宋王朝依其种落，"大者为州，小者为县，又小者为洞"，推雄长者为首领，给知州、知县、知洞等官，加强王朝同左右江壮族各首领政治上的隶属关系。明清时代的"改土归流"意味着中央王朝着手结束其对壮族人民的"以夷治夷"和"以其故俗治"的间接统治，逐步实行新的统治模式。鸦片战争后，由于战争带来的冲击和影响，壮族地区的社会矛盾呈现前所未有的复杂和尖锐局面。原有的农民和地主豪绅之间、人民大众和清政府之间、土著与客民之间的矛盾尚未缓解与消除，各族人民同外国资本主义侵略者之间的矛盾又炽热起来，法帝国主义以越南为跳板，对我国发动了侵略战争，历史赋予了壮族人民保家卫国的神圣使命。一场波澜壮阔的太平天国运动，抗击法帝国主义侵略，保卫祖国边疆的气壮山河，使壮族的地位和作用显露出来。而旧、新桂系的兴衰，共产党左右江革命根据地的建立，抗战时期桂林文化城的存在，都使传统的壮族"蛮夷"观显得陈旧、落伍、过时甚至反动。

新中国成立后，随着壮族在中华民族大家庭中平等的政治地位的确立，如何认识壮族社会历史文化，以更好地开展土地改革和进

① 司马光：《涑水纪闻》，卷13。

行社会主义改造，成为当务之急。于是，一种新型的壮族研究应运而生。但由于起步较晚，历史偏见深，马克思主义理论术语、观点的生搬硬套和中原汉文化中心的思维模式的影响与禁锢，致使壮族的文化特色及其深刻的社会历史意义未能通过具有说服力的理论阐释而弘扬。70年代末80年代初开始的改革开放，为壮族研究界提供了调整既有知识模式的机会，而80年代末90年代初，建设西南出海通道的经济发展战略的提出与实践，广西“背靠大西南，面向东南亚”的经济区位的确立，又呼唤壮族研究有所创新，有所突破。已摒去汉文化中心主义，观念与方法正逐步更新的壮族研究既面临着挑战，又孕育着新的机遇。壮学正是在这样的历史条件下粉墨登场的。

二、壮族研究的系列化与综合化：壮学产生的学术背景

科学发展是一个对立统一的过程：一方面，由于现实被分成了一些不同的知识群，系统化研究要求研究者掌握专门的技能，并借助于这些技能去集中应对多样、各自独立的现实领域，所以，学科的分支越来越多、越来越细；另一方面，由于自然现象、社会现象及人类自身都是复杂的、各部分或各领域之间相互联系的统一体，对其研究必须采取多学科的、综合的、比较的方法，才能形成一个完整的认识，因此，又要求打破学科之间的界线，进行综合性研究。自从科学战胜（思辨）哲学，在知识领域赢得崇高的社会声誉以来，直至第二次世界大战，科学的发展取向主要是专业化，强调将现实分割成不同的部类进行分析，致使各门学科在认识问题上歧见甚深，“学科构成了话语生产的一个控制体系，它通过同一性的作用来设置其边界，而在这种同一性中，规则被永久性地恢复了

活动”①。但自第二次世界大战后，随着各学科学者集中于一个单一的结构共同探讨某一领域的“多学科”研究兴起，科学家交叉地侵入邻近的学科领域，并且在此过程中完全忽略具体科学门类，为使本专业成为保留领域而提出种种合法化依据。于是“跨学科”的新兴学科在原有的相邻学科之间应运而生。壮学正是在这一科学发展趋势下产生的学科之一。

壮学产生所依赖的学术基础是壮族研究。严格意义上的壮族研究始于19世纪末叶。正如人类学是“殖民主义的产儿”（the child of colonsim）一样，壮族研究是伴随着中国半殖民地半封建化的脚步而到来的。当时，帝国主义列强沿印度洋和太平洋自西向东扩张。在瓦解了印度、瓜分了东南亚之后，把目光盯向了中国大陆。为了巩固他们在南亚和东南亚的统治，打通一条由东南亚直入中国腹地的通道，他们开始研究我国南方各省的历史、地理、民族、语言、习俗等问题，以作为军事侵略的先导。这些研究当中就包括了对壮族的研究。

50—90年代，国内研究壮族的学术机构、社团纷纷建立，从事壮族研究的人员日益增多，对壮族社会的历史、语言、经济、社会、习俗等作了全面的调查，对壮族传统文化遗产进行了收集整理，壮族研究的范围日益广泛，层次日益加深，质量日益提高。特别是自80年代以来，壮族研究空前兴旺繁荣。论文、论著成批发表、出版，不仅加深了研究的层次，新的领域也不断开拓。在壮族渊源、社会发展史、古崖壁画研究、青铜器与铜鼓研究、语言与文字的整理研究、壮语地名的整理与研究、民间文学的整理与研究、音乐舞蹈的研究、壮族与周边民族的对比研究、壮医的挖掘与研

① Michel Foucault, *The Archaeoiogy of Knowledge and the Discourse on Language*, New York: Pantheon, 1972, P. 244. 转见于华勒斯坦著，刘锋译：《开放社会科学》，35页，北京，生活·读书·新知三联书店，1997。

究、壮族风俗的研究、宗教信仰、哲学观念、伦理道德等各个方面，几乎无一没有系列的成果。在研究方法上，更注重多学科的综合研究。考古学、体质人类学等学科的加入，使广大学者在语言学、历史学、民族学研究的基础上，愈来愈清晰地认识到，壮族是岭南的土著民族。壮族物质文化、制度文化与精神文化诸多领域研究成果的系列出现，使人们越来越深刻地认识到，壮族自古即是一个农业民族，壮族文化作为壮族人民长期适应岭南生态环境的产物，其基本性质是稻作文化，与中原汉文化及其他少数民族文化迥然有别，千百年来，壮族文化与其他民族文化相互影响、相互交融，历经重组再生，发展至今，枝繁叶茂，成为中华民族文化的重要组成部分。这些共识是人们打破“汉文化中心”史观进行壮族研究的科学结晶，使壮民族由于长期受歧视、压迫而已趋于淡漠甚至于湮灭的民族意识逐渐复苏，从而为壮学的提出、壮学体系的建立提供了理论前提和理论基础。

因此，壮学在90年代初提出，不是空穴来风，亦不是某位研究者心血来潮，它既是顺应时代召唤的产物，也是壮族研究的必然发展。

三、综合性与发散性：壮学的学科特点

壮学作为一门以壮族为研究对象的学科，其首要的特点是综合性。壮族研究的历史证明，在壮族渊源和历史的研究上，仅靠翻阅历史文献肯定会流于片面，只有语言学调查和研究必然会坐井观天，光靠民族文化的调查与研究亦可能只见树木不见森林，无法得出科学的结论。如果没有考古学、体质人类学的参与，我们或许至今仍陷在“壮族从山东白马街糯米巷来”的误区中不可自拔，或依然在诸如“壮族是三皇五帝的第几代子孙，是直系还是旁系”的问题上纠缠不休；如果没有多学科的通力合作，没有多角度的审

视，我们或许会别出心裁地提出“左江崖壁画反映的是婴齐入朝复归”等天方夜谭式的见解。在壮族婚姻制度的研究上，如果没有考古学、民族学材料，仅依靠古文人的“猎奇式”的记录，我们或许会轻率地认为“壮族长期处于群婚阶段”。对壮族整个社会、文化的研究，倘若不是综合多方面的材料，我们甚至很容易走上与封建文人相同的立场：对壮族光辉灿烂的传统文化视而不见，而视之为不可理喻的“未开化”的异类文化。综合性是壮族研究发展的趋势，也是壮学的生命与灵魂。

壮学的综合性是由壮学的研究对象——壮族所决定的。壮族既是生物学意义上的壮族，又是文化意义上的壮族，既有自然属性，又有社会属性，即不仅有独立的种的渊源和特点，而且创造了独特的物质文化（水稻栽培、青铜冶铸、纺织、医药、衣、食、住、行等）、社会制度文化（婚姻制度、家庭制度、亲属制度、都老制度等）及精神文化（哲学观念、宗教信仰、伦理道德、审美意识、壮语、壮文等）。为此，必须有体质人类学、考古学、民族学、语言学等学科共同研究，才可能对壮族有一个全方位的全面的认识。

壮学研究的综合性决定了其人类学属性。因为人类学研究的人是从整体的观点进行，即同时从其生物性与文化性双方面而出发的。由于同时着重人类的生物性与文化性，人类学遂衍有4门主要的分支：体质人类学（Physical anthropology）、考古学（Archaeology）、民族学或文化人类学（Ethnology or cultural anthropology）、语言学（Linguistic）。体质人类学研究是人类的生物性，如人类的起源与进化过程、种族的形成与特征等。考古学、民族学（或文化人类学）与语言学共同研究的人类的社会性，即人类的文化现象。考古学侧重于研究人类文化的起源和发展过程，民族学主要研究现代人类文化，而语言学则专注于人类文化中的语言现象。显然，壮学就是研究壮族的人类学。如果仿照国外研究汉族的人类学称为汉学人类学的范例，壮学或许可称为壮学人类学。

壮学的人类学属性并没有将其他学科拒于壮族研究的大门之外，因为人类学作为一门横跨了生物科学、社会科学与人文科学三种不同学科领域的边缘学科，不止是一门学问，同时是一种观点、一种理念。这种理论就是整体观（holistic view），即将人类视为“人”本身及其所创造的文化，并将人类社会及其文化看作一个复杂的、有组织的网络系统，一个有功能结构的整体。这个系统、这个整体是人类群体几千年、几万年调适环境的产物，任何文化现象只有将之置于其所在的系统中，联系起来，才能真正理解其内在的意义；因为有不同的环境、不同的调适，世界上产生了不同的文化，他们自己都有特别的式样、特别的模式、特别的特性或特殊的外在表现。由于这种表现代表了这个文化长期调适环境的结果，因而，这一模式的特性必须从这一文化的立场来了解。全世界的文化，不管文明、原始，不论过去、现在，都是一种相等的可作比较的单位，我们不能用一种文化的观点来批评另一种文化，只能通过不同文化的比较，理出人类行为的规则。这就是人类学对人类与其文化的基本看法。这种理念使人类学与生俱来就具有覆盖面广、辐射性强的特点，即具有强烈的发散性。它不仅要触及生产、交换、消费、权力分配、社会秩序、阶级冲突、语言要素、语法结构等各个具体的研究领域，因而要借助于其他学科的理论、方法，而且要做所有相互关系的总体性方面的研究，即不仅了解其某一方面的表现形式，还要研究它与其他相关部分的关系，这就为学科之间的勾连起到良好的作用。可以说，人类学是“边界不设防”的开放性学科，它可以用其对人类及其文化的观点作为黏合剂，与研究各个具体领域的学科相结合，而产生政治人类学、经济人类学、教育人类学、哲学人类学、文学人类学、美学人类学、医药人类学等新学科。壮学的人类学属性可使经济学、政治学、哲学、文学、美学、医学等任何一门具体学科，以人类学的视角在壮学的天地里各显神通，自由翱翔，在促进壮族研究的同时，不断地完善本学科的概念、理论和方法。开放性、发散性是壮学的又一特点。

四、促进文化自觉，沟通世界人类：壮学的神圣使命

1997 年，著名人类学家费孝通先生在第二届社会文化人类学高级研讨班上，回顾了他一生对社会人类学的探讨，指出人类学向来借助泛文化的对照，达成对人生存本质的理解，促使文化中的人对其文化形成充分的“自觉”（Consciousness），而文化的自觉表现为多维度的认同（identity），在相当长的历史过程中，人们一直以创设文化的自主体系为己任，尤其是在现代民族—国家（nation—state）时期中，与“主权”、“公民权”、“认同”意识的形成同时，民族性及具有边界意义的文化认同成为时代的特色。到 21 世纪，人类正在迈向一个文化边界逐步模糊的时代，因而未来的文化自觉将是一种全球性、泛文化的人文一致性的认识。社会文化人类学者应置身于“文化自觉”的建构之中，积极为人文世界多元性和一致性之间辩证关系的探讨做出新贡献。

费孝通教授由“文化自觉”概念和理论的阐述而提出的中国人类学的使命，同样适用于壮学。我们开展壮学研究的目的，不是为了寻求猎奇的刺激，也不是为了满足思古之幽情，而首先是要弘扬壮族文化，使壮民族认识自我，即文化自觉，从而增进民族团结，提高民族凝聚力。这方面，壮学的任务尤为艰巨。因为壮族是一个历史悠久、支系繁多的民族，文化内涵丰富多彩，博大精深。要对壮族文化有一个系统、全面、清晰的认识，绝非一朝一夕所能见效；再者，由于汉文化中心主义的长期影响，以及壮族没有统一的文字记录自己的历史文化等原因，壮族的文化认同心理尤其淡薄，历史上，“汉裔”情结根深蒂固，近现代，“壮族已汉化”的观念影响深远。因而，构建壮民族的文化自觉，壮学任重而道远。

构建壮民族的文化自觉不是要固步自封于壮文化，而是为了更

好地与其他民族交流、沟通，从而达成本民族对全球性、泛文化的人文一致性的认识，使壮文化在现代化过程中，与世界性的“高层文化”（Universal highculture）良好结合，更具民族性和世界性。随着我国改革开放的不断深入，中华民族逐步融入全球一体化格局，加强壮学研究，构建壮族文化自觉，促进其与其他民族的交流、沟通，既是壮学的目的和现实意义，也是壮学的神圣使命。在这当中，我们首先应该看到，广西“背靠大西南，面向东南亚”，壮族所处的地理环境和历史条件的特殊性，决定了它与我国西南民族及东南亚各国许多民族的历史文化有不同程度的关系。这个自19世纪以来就为学者们发现并关注的问题，一直引起国内外学者的浓厚兴趣，至20世纪八九十年代，由于广西与东南亚的交往日益频繁，又复为各国学者和广大民众所重视。因而，如何以壮族研究为桥梁，加深壮族与东南亚各族的相互了解，推进广西的对外开放，壮学学者肩负着尤其重大的责任。在这方面，学者们已作了初步尝试。“壮泰传统文化比较研究”等项目的开展，代表了中国学者让世界认识壮族，让壮族走向世界的努力。摆在我们年轻一代学者面前的首要任务就是要继续这种努力，因为只有比较，才能有真正的自我认识，只有清晰的自我认识，才能与他人沟通。

（原载《广西民族研究》1999年第2期；
作者系广西民族大学民族研究中心研究员）

论壮族文化的自然生态环境

覃彩銮

壮族是中国南方一个有着悠久历史的土著民族。在漫长的历史时期里，壮族及其先民为了生存和发展，与大自然进行了艰苦卓绝的斗争，不断加深对自然的认识和利用，并在生产和生活实践中，因地制宜，成功地摸索出一套与当地的自然生态相适应的生业方式——稻作农业，创造了具有鲜明地方特色和富有成就的以“那文化”（即稻作文化）为核心的文化体系，包括与那文化相适应的大石铲文化、干栏文化、铜鼓文化、花山文化、师公文化以及以蚂蜗节为代表的节日文化，等等。其文化一开始就被打上了自然生态的印记，并规约着壮族传统文化的模式与发展走向，对壮族文化的发展产生着深刻的影响。本文拟对自然生态环境与壮族及其先民的生业方式、文化形态以及壮族的自然生态观进行探讨。

一、岭南的自然生态环境与壮族稻作农业的产生

一个民族的生业方式，是由其生活的自然生态环境决定的，是人们不断摸索、不断加深对大自然的认识和开发利用的结果。岭南是壮族及其先民主要聚居地，这一地区的自然生态环境有其自身的特点。岭南地属丘陵山区，喀斯特地貌发育，到处群山起伏，丘陵绵延，层峦叠嶂，岩洞众多，江河纵横，田峒密布。这样的地形地

貌是经历了多次地壳运动和沧海桑田的变迁逐步形成的。特别是在距今约150万年的侏罗纪末至白垩纪的“燕山运动”以后，形成了遍布各地的高山峻岭和峡谷盆地。因西北面的地壳上升较快，所以岭南的地势呈西北高东南低的形势，江河也自北向南奔流，最后在珠江口汇合，注入南海。岭南地处低纬度，北倚云贵高原，南临热带海洋。因受太阳强烈辐射和冬夏季风环流的影响，故具有明显的亚热带季风气候特征。气温高，热量足，夏长冬暖，雨水充沛，夏湿冬干，是岭南气候的显著特征。由于气候炎热，光照充足，雨量充沛，水源丰富，土地肥沃湿润，适合各种亚热带植物的生长，植被繁茂。丰富的水利、土地、植物、动物等资源以及温暖的气候和充足的阳光，为古人类生活和发展农业生产创造了有利的条件。从目前的考古发现来看，珠江流域是古人类活动的重要地区之一。右江河谷发现有70多万年以前古人类制作和使用的大批打制石器；广东北部的曲江县马坝发现有距今约10万年的“马坝人”化石；广西中部的柳江县和来宾县发现了距今5万至2万年的“柳江人”和“麒麟山人”化石；在柳江、柳州、荔浦、桂林、都安、灵山、忻城、田东、靖西、隆林等地，先后发现了一批古人类化石和100多处打制石器地点。这些众多的发现表明，早在数十万年至几万年以前的旧石器时代，岭南地区已有人类居住，特别是壮族聚居的广西地区，古人类活动的足迹几乎遍及桂江、柳江、红水河、郁江及左右江流域。由于当时生产力还很低下，岭南地区的古人类同其他地方的古人类一样，以天然山洞作为栖身之所，以制作简单的打制石器或木器为工具，依靠群体的共同劳动，以采集自然界的植物果实、根块和捕捉山林里的禽兽及水中的鱼螺类为生。到了距今1万至4000年的新石器时代，岭南地区的社会有了进一步的发展，生产力有了新的提高，出现了磨制石器，原始居民的活动范围不断扩大，在各大江河流域都发现有其活动的遗迹，而且分布密集，文化内涵丰富，仅广西地区就发现有400多处新石器时代遗址或地点，其范围已从江河两畔扩大到远离江河的丘陵地带。先民们在长期的采集劳动过程中，通过对采集的可食果实和根块植物的不断接触和观察，对其生长周期及特性的认识不断加深。于是，先民们开始对之进行人工栽培和种植。后来，随着种植经验的不断积累和收获的不断增多，人们对这类作物的种植便成为一项经常性的生产活动，种植的数量和面积亦不断增多，在人们的经济生活中所占的比重也逐步增大，标志着原始农业的产生。

从岭南地区的自然生态环境和早期农业发展的一般规律以及民族学资料观察，壮族先民最早种植的作物应是芋薯类根块作物。因为岭南的气候条件和自然环境适合各种根块类植物的生长，无性繁殖的芋薯类根块植物具有生殖和适应能力强、对土壤和水分的要求不高、易于种植、产量高和食用方便等特点，无须复杂的种植及管理技术，也无须砍伐大片森林开荒种植，利用林间或住地附近的空地挖穴即可栽种。

另一方面，在岭南地区的自然界里，生长着许多野生稻。据调查，仅壮族聚居的广西就有 42 个县（市）发现有普通野生稻，其中以桂中和桂南地区发现的地点和数量最多，分布也最密集，其次为桂西南地区。壮族先民在长期的采集劳动过程中，通过对野生稻谷的不断接触和观察，逐步加深了对野生稻的生长周期及特性的认识，在对芋薯类作物进行栽种的基础上，开始了稻谷的种植，标志着稻作农业的产生。随着种植经验的不断积累和种植面积的不断扩大，稻作农业在人们的经济生活中所占的比重也越来越大，进而发展成为壮族先民的主要生业方式，这是壮族先民认识自然、顺应自然规律和开发利用自然资源的结果。稻作农业的产生和发展，引起了壮族古代社会和文化的重大变化，人们开始过上了定居生活，傍水依田而居，发明了与稻作生产相适应的新型生产工具——大石铲，制陶业和家畜饲养业也开始出现，同时还创造了与稻作农业相关的语言、文学艺术等。从此开创了具有鲜明地方民族特色的以

“那文化”为核心的壮族传统文化的先河。

二、岭南的自然环境造就了壮族内涵丰富、各具地方特色的“那文化”

各民族的文化都是在特定的时空条件下生成发展的。越是早期的文化形态，与自然环境的关系越紧密，受自然生态环境的制约越大。各民族创造的文化是适应特定生存条件的产物，故而具有鲜明的地方特征。文化作为人与自然关系的纽带，协调着人对自然的开发利用，使人与自然环境、生态条件及物质生产方式形成互动关系，保持人与自然生态的协调发展。

岭南地区气候温热，光照充足，年平均气温为17℃～23℃。热量是作物的能量源泉，它控制着作物的生长发育和生长季节，还限制着作物的布局、品种的采用及耕作制度的变更。壮族聚居的岭南地区不仅光照充足，而且雨量充沛，年平均降雨量达1500毫升，比我国年平均降雨量629毫升、世界年平均降雨量730毫升均高出一倍多，而且多集中在6—9月份。雨水多以地表径流或地下渗流的方式汇入江河，因而，岭南地区江河密布，溪流交织。仅在广西境内，流域面积在50平方千米以上的河流就有937条，流域面积在50平方千米以下的溪河更是不可尽数。在江河两畔和山岭之间，分布着一片片面积不等的平峒、弄场或三角洲。其土层深厚，肥沃湿润，加上雨水充沛，光照充足，有利于开辟为耕地，适合各地亚热带作物尤其是水稻的种植，具有发展稻作农业的有利条件和巨大潜力。正是这样的自然生态环境，造就了壮族以稻作农业为主的生业方式，形成了与其生存环境和生业方式相适应的文化模式和文化特质，规约着壮族文化发展的走向。

物质生活资料的生产，是人类生存的基础，其他的社会活动总是围绕着这一核心来进行。特定的自然生态环境，必然会形成与之相适应的物质生活资料的生产方式，形成与之相适应的文化模式。壮族的稻作农业和那文化就是在特定的自然环境和历史条件下产生和发展起来的。大约在新石器时代早期或中期，壮族先民在劳动实践中发明了稻谷种植。随着稻作农业的不断发展，其在人们的经济生活中所占的比重日趋增大，并成为壮族生产活动的核心，其他社会活动都围绕着这一核心来进行。因此，稻作农业的产生和发展过程，就是壮族具有鲜明地方特征的那文化的形成和发展的过程。稻作作为壮族那文化的载体与表征，其内涵包括稻种、生产工具、加工工具、灌溉设施、肥料等物质性文化；稻种的选择或培育、播种、耕种、灌溉、施肥、管理、收割、储藏、加工等行为性文化；生产习俗、禁忌、祝祀及对天象、土地、雷雨、江河诸自然物的崇拜及安土重迁、重农轻商等观念性文化，同时还外延及与之相适应的居住形式、饮食习惯、岁时节日、语言词汇等方面。

由于稻作农业对自然有着很大的依赖性，包括对地形、土地、雨水及阳光的依赖，故而壮族的那文化从一开始就深深打上了自然生态的印记。首先是对水稻的载体和劳动对象——土地的认识、选择和开垦耕种。壮族先民在长期的生产实践中，通过不断的观察与经验，逐步加深了对土地性状的认识，首先选择位于江河两畔的土地进行开发和耕种。因为江河两畔的土地是经过洪水挟带的泥沙不断冲积形成的，具有壤土层深厚、土质细腻、富含各种有机物、肥沃湿润、结构松软、临近水源、易于开垦、便于灌溉和光照充足等特点，是种植水稻的优良之地。正因为如此，壮族地区的稻作农业首先在江河一带产生和发展起来。这从考古学资料也得到了印证。在郁江两畔的新石器时代贝丘遗址里，除了发现各种形制的石斧、石锛外，还发现有与稻作农业有关的石杵、石磨盘、蚌刀等谷物加工或收割工具。桂南地区以出土体形硕大、造型美观独特的大石铲为特征的新石器时代晚期文化遗址，也密布于左右江及邕江上游一带的沿岸附近，说明江河两畔及其附近的冲积台地是早期水稻的发源地。后来，随着社会的发展、生产力的提高和人口的增长，耕作区也不断扩大，从江河两畔逐步向附近的丘陵平峒乃至山区一带扩展。在各地山岭之间的平峒之中，不仅地势较为平旷，土地湿润肥沃，而且溪河纵横，水源丰富，非常适合开垦种植水稻。从文化人类学的观点来看，人类既依赖大自然，同时又具有适应、改造自然的能动作用。当其生活的区域里的自然资源和环境容量已不能满足人们的生活需要，与人口的增长不相适应时，人们就会自行调节，一部分居民会向别处迁移，开辟新的生产与生活空间。壮族及其先民也是如此。当原聚落四周的土地及其他自然资源已不能满足他们的耕作和生活需要时，其居民就会向外地迁移，开辟新的生产与生活空间。例如，历史上，红水河中游的东兰、南丹以及庆远一带是壮族的主要聚居地之一。唐宋和元明时期，这一带的居民不断向南面的柳州地区和东南的桂林地区迁移，不断开辟新的聚落区和耕作区。柳江一带的壮族民间多有其祖先从南丹和东兰等地迁来的传说。龙胜县龙脊一带的廖氏族谱记载：廖姓祖先是明朝万历年间从庆远府（今宜州庆远一带）几经辗转迁居龙脊。此后，又有潘、陈、侯、韦、蒙等姓人家从南丹一带迁居龙脊，相继在高坡上建立村寨，并在龙脊山坡上修造梯田，种植水稻。随着人口的不断增多，梯田也越造越多，从山下一直延伸到山上，鳞次栉比，山泉从山上奔流而下，人们架笕引入田间，形成了现在的龙脊十三寨和恢宏壮观的龙脊梯田风光。有的迁移则由官府调度，并带有政治和军事意义，如宋朝时，许多南丹、东兰一带的壮族被强迁到邕州一带垦荒实边。正是这种不断的滚动式迁移，使各地的自然资源得到开发和利用，同时使壮族的分布范围不断扩大。年长日久，有的分支已远离其原居住地，如滇西、越南、老挝、缅甸、泰国以及印度南部等地操壮侗语的族群，有相当一部分是汉代以后从岭南地区逐步迁移出去的。

壮族分布的岭南及西南乃至东南亚地区，其气候和自然生态环境相近，因而，人们一直保持着以稻作农业为主的传统生业方式，形成了一个内涵丰富、质态相同、地域广阔的稻作文化即那文化圈。与此同时，由于各地的自然生态、地理环境和文化生态（即社会环境）的不尽相同，其稻作农业的生产方式及那文化的内涵也不尽相同，各具特点，并深深地烙有当地自然生态的印记。从壮族聚居地和耕作区的地理环境而言，有平峒（或称平坝区）、坡地和山地三种类型。平峒地区因地势平旷，田畴连片，水源丰富，土地肥沃，热量充足，所以是壮族主要的稻作区，聚落和人口的分布较为密集。在这样的耕作区里，一年可种植春秋二造，稻谷产量普遍较高，稻田的灌溉主要是在溪河中筑堤修渠引水灌田；干旱时人们就使用水车或戽斗提水灌溉。丘陵坡地因地势高低不平，人们依形就势，开辟田块，层层错落，稻田的灌溉主要是修渠引山溪之水，或在山溪边用一个大圆轮式的水筒车，将低处的水提到高台上的稻田里。在这类耕作区里，水田相对较少，聚落的分布较稀疏，居民人口也相对较少，稻作农业在人们的经济生活中只占一半左右，另外还种植较多的旱地作物，人们的饮食习惯和食物结构也与平峒一带的居民有所差异。山地地区因高山绵延，丘陵起伏，坡陡沟深，少有平地，其海拔较高，气温比较低，因而，居民们只能在山坡上修筑小块梯田种植水稻，修渠设笕引山泉水灌溉，故形成了独具地方特色的梯田稻作农业。因其气温相对较低，田块较小，所以一年只能种植一造，生产工具和耕作方式也与平峒或丘陵坡地地区不尽相同。可见，自然生态环境对稻作方式具有极大的制约，对那文化有深刻的影响。

壮族以稻作农业为主的生业方式和以那文化为核心的传统文化体系，决定了与之相适应的居住方式和居住文化模式。由于水稻依赖土地耕种，人们要终年管理守候种植在田里的稻谷。而田地又具有可反复耕种的特性，一旦开垦出来，就可以年复一年地耕种，而且收获较为稳定，人们的生活来源有保障，加上自然环境优越，没有像北方草原游牧民族的高寒、风雪、沙漠、干旱等恶劣环境的威胁之忧，可以安居乐业，无须频繁游动迁徙。为了适应稻作农业的需要，人们必须在田地附近立村建寨，建造长久性的居住建筑，从而形成具有鲜明稻作文化特征和地方民族特色的居住文化。

以干栏建筑为载体的壮族居住文化，是其民族传统文化体系中最具地方民族特色和最富有成就的一种文化类型，它既具鲜明的那文化的色彩，又被深深地打上了自然生态环境的印记，是壮族及其先民为适应稻作农业和当地自然环境的需要而创造的结果。自从壮族地区的稻作农业产生以后，壮族先民就逐步过上了定居生活。人们选择田峒边依山傍水的坡地作为聚落点定居。近田居住有利于下田劳动，便于看管田间稻禾；傍水则方便生活用水；依山既使居民的心理有一种依托感，使之作为天然屏障，挡住背面来风，又方便居民上山砍柴割草作为炊煮之薪。居所建在山坡上，还有视野开阔、空气流通、光照充足和地基稳定的特性。选择这样的地形地貌为聚落地，是壮族及其先民在长期的生产和居住生活中认识和利用自然的结果。

历史上，壮族及其先民生活的岭南地区，气候炎热，多雨潮湿，瘴气弥漫，猛兽横行，对人们的生命安全和健康带来极大的危害。为了避免潮湿瘴气对人的侵蚀和猛兽的伤害，壮族先民发明了“依树积木，以居其上，牛羊犬豕畜其下”的干栏建筑形式。这种干栏式房屋的特点是用木料构成房屋骨架，有上下两层，下层架空，用以围养牲畜，既便于管理，又能积累肥料，施肥于稻田；上层用木板铺成楼面，同时用木板分隔成小间，架设楼梯供人上下，是一家人起居饮食、聚会或祭祀的地方。因人们居住在楼上，故壮语称此类建筑为“干栏”，意为栈台上的房屋。由于干栏房屋具有避开潮湿地面和干燥、通风、凉爽且安全等特性，适合岭南炎热潮湿和猛兽横行的自然环境，所以，它成为壮族地区最为流行、最具地方特色的一种居住建筑形式。直到现在，许多山区的壮族仍保留着居住干栏之俗。可见，干栏建筑的产生和发展，是壮族为了适应当地的自然环境而发明创造的一种具有地方特色的居住建筑；以干栏式建筑为表征的干栏文化（包括聚落地的选择、干栏建筑的营造方法、建筑结构、建筑材料、居住习俗等），是壮族为适应当地的气候条件和自然环境，发挥人的主观能动作用而创造出来的，它是壮族认识、顺应、利用和改造自然的成果的体现。

三、壮族的自然生态观

自古以来，壮族及其先民依赖自然而生存。在长期的生活中，他们对周围的山水树木、土地禽兽以及各种自然现象，有着深切的感受。大自然既给人们带来诸多的生活之利，也时常给人们造成莫大的灾害。这种利与害的共存，喜悦与恐惧的交织，令人困惑。如何才能避害趋吉，促使人们去思考、去探索。随着这种思考与探索的不断深化，人们对于大自然的认识不断加深，逐步形成了本民族的宇宙观和自然生态观，对人们的社会生活产生深刻的影响。壮族是由岭南地区的古人类逐步发展而形成。在其童年时代，随着社会生产力和抽象思想能力的逐步提高，先民们便对天地万物的起源进行思考，并从当时的认知程度作了臆测性的解说，他们以天地人相生相成为主题，展开了一系列的哲学命题。通过大量的神话可以看到，壮族原始哲学思想中存在着明显的先产生宇宙天地、后生成人类的认识秩序。如神话《布洛陀》说：在天地万物形成之前，整个宇宙一片混沌，只有一团大气在旋转运动。气团在运动过程中形成一个圆蛋。圆蛋爆裂后分为三片，一片向上飞成天，一片下落变成海洋，还有一片留在中间变成大地。《姆六甲》又说：姆六甲是由 90 朵鲜花聚合变成的。那时宇宙一片混沌，她吹口气变成了天。天小地大盖不住，她用手把大地抓起来，把天边和地角缝缀起来。

结果天地盖好了，地却起了皱褶，凸起的成了山岭，凹下的成了江河湖海。她见大地寂寞无生气，想造人类，就赤身裸体爬到山顶上，让风一吹便怀孕了，孩子从腋下生出来。她又用尿和泥土拌和捏成各种动物。从此，大地上就有了人类万物，彼此相生相成，充满生机。这种先产生宇宙天地、后生成人类的认识顺序，闪耀着朴素的辩证思维光芒。这种质朴的自然观导致了壮族原始文化中形成了强烈的归顺自然、顺应自然、适度师法自然的观念。这一观念的主流发展，便形成了壮族以天为公、地为母、人为本的宇宙观和天地人相亲和相互依存的生态观。

壮族的大地万物各有其道、相生相亲和相互依存的生态观念，具有以原始宇宙观为基础，以自然崇拜、图腾崇释为内涵和以禁忌及习惯法规为约束机制的特征，并且与其民族的耕作方式相适应，其主旨在于追求人与自然的平衡和和谐关系，主张人类要珍惜自然资源，利用和开发要适度，保持自然生态的平衡。如果过度开发，就是违背天理，必将受到惩罚，招致天灾人祸的恶果。为了达到这一目的，壮族往往通过神灵系统为中介，以禁忌和习惯法规来约束人们的行为。因而，在壮族与自然的关系中，包括土地的开垦、水源的利用、树林的砍伐、石山的开采等方面，无不游离着神灵的影子，人们借神灵之威来约束其行为。

如前所述的壮族聚落的分布和人口的数量，一直保持着与地理环境和资源环境的容量相适应，保持着对自然资源的适度开发和利用。一旦人口超出环境的容量，就让一部分人迁移至别处，开创新的聚落，开辟新的耕作区，避免了因聚落和人口过于密集而导致对自然资源的过度开发，造成对自然生态的破坏。对自然资源取之有度、合理开发，一直是壮族对待自然的准则。在一个聚落居民的活动范围内，既有聚落区和耕作区，还有放牧区和燃料采伐区。聚落区除了修建住宅和巷道之外，还留有宽敞的空地，以供人们从事聚会、娱乐、祭祀等活动，给人以疏密适度、宽敞轻松的感受。在耕作区的四周，同样保留有未开垦的荒地，并非寸土必耕，这同样有保持生态平衡的因素，以免给人以地穷耕尽的压抑感。对于山中柴薪的砍伐，壮族亦自有其法，并非砍光割尽，而是采用轮伐的方法，舍近取远，让自然植被得以恢复。聚落背后及两侧的山岭植被则禁止砍伐，并且以村规民约的形式加以约束，同时为弥补因开辟聚落基地而对植被造成的破坏，人们就在村落四周密植竹树，以营造一个充满生机和绿荫的小环境，防止因水土流失而造成对聚落基地的破坏，使人安居乐业。水是生命之源，人类生活离不开水，壮族的稻作生产更离不开水。因而，壮族人对水源更是情有独钟。在壮族人的观念里，江河溪流里奔流不息的水皆由水神所掌管，人们必须取之有度，用之得法，不可滥用，否则就会受到水神的惩罚，造成水旱灾害，故民间有“近水不得枉用水”之说。因而，民间有崇拜水神和爱护水源之俗。如若久旱不雨，泉源枯竭，壮族人便用三牲到泉源或深潭边祭拜水神，有的地方则把一只猫投进泉眼中，祈望泉水涌出。与此同时，壮族人还认识到树林与水的关系，不仅注意保护聚落附近的林丛植被，还积极植树造林。在壮族地区，无论是平峒中的村落，还是山坡上的村落，都在聚落背后或山上种植风水林（或称水源林）。对于涵养水源的风水林，视之为神灵（树神）寄居之地，不得擅自闯入，更不得随意砍伐，各村寨都订有相应的规约，违者按村规民约处罚。在各个村寨中，多有一至数株枝繁叶茂的大树，壮族人奉之为神树，是一个村落兴旺的象征，人人自觉爱护，禁止砍伐破坏，即使是掉落的枯枝也不能拿回家使用，否则会招致祸灾。所有这些，都是壮族质朴的自然生态观的具体反映。遵循自然法则，适度开发自然，合理利用自然资源，与自然相亲相依存，保持人与自然的和谐，维持生态平衡，是壮族在长期的社会生活中不断探索、不断经验、不断认知的结果，也是壮族对自然的基本态度和行为准则。因而，壮族地区（特别是20世纪50年代以前）的自然生态一直保持着良好的平衡状态。当然，这种平衡状态在一定程度上是建立在相对封闭、低生产力水平上的生态平衡，其开发能力尚不足以构成对自然的极大损害，也不足以摧毁自然界特有的自我恢复与调节能力。但比起工业革命和科学革命带来的高度发达的生产力带来的对自然环境、资源与生态的掠夺性开发所造成的生态失衡、环境恶化、灾害频繁的后果，显得是那样的理智与可贵。壮族神话《布伯》中所张扬的人与天斗、人定胜天的精神固然可贵，但结果则导致了洪水漫天、人类几近灭绝的恶果。无数事实说明，人类如果违背自然法则，破坏了自然秩序，将会受到自然的惩罚。

参考文献

[1] 黄泽．试论民族文化的生态环境．广西民族研究，1998（2）．

[2] 周作明．中国古代游牧文化与农耕文化之比较．广西民族研究，1998（2）．

[3] 廖文新，赵思林．广西自然地理知识．南宁：广西人民出版社，1978.

（原载《学术论坛》1999年第6期；
作者系广西民族问题研究中心研究员）

布洛陀文化体系述论

覃乃昌

布洛陀在壮族神话传说中是一位无所不知、无所不能的智慧老人，是壮族的智慧祖神。自古以来，布洛陀在壮族及其先民的心目中是一座丰碑，他超越时空，顶天立地屹立在他们的心灵深处。在壮族神话传说、民间故事、宗教祭祀、歌谣谚语、风俗礼仪中，都有颂扬布洛陀神威和功绩的专题和形式。布洛陀形象浸透于壮族生活的许多领域，形成了独特的布洛陀文化现象。布洛陀文化，就是壮族及其先民崇奉布洛陀为创世神、始祖神、宗教神和道德神，并遵从其旨意调解人与自然、人与社会、人与人之间的关系，以求得自身的生存和发展的观念性体系。布洛陀文化是一个体系，它包括布洛陀神话文化、布洛陀史诗文化、布洛陀宗教文化、布洛陀始祖文化、布洛陀歌谣文化等，其内涵丰富，具有重要的历史价值、文化和学术价值。

“布洛陀”为壮语的译音，壮族民间手抄本《麽经布洛陀》中常写成“公＋甫碌途”、“布渌托”、“公＋甫洛图”，20 世纪 80 年代初收集整理并公开出版的资料中，开始用“布洛陀”，以后在出版物上也普遍采用“布洛陀”三字。

布洛陀［$pau^5lo^4\ to^2$］按壮语有几种解法。一是通晓法术并善于施法的祖神。其中“布”［pau^5］是指地位崇高的祖公，［lo^4］即通晓、会做，［to^2］意为法术、施法。二是指知道事理多的祖公。神话传说称其为无所不晓、无所不能的创世神，这里“布”即祖公，“洛”即通晓，“陀”即全部、足够的意思。三是身为孤儿的祖公。这里“布”即祖公，洛音［lwk^8］，即孩子，“陀”音［tok^8］，即单独、独自，“洛陀”音［lwk^8 tok^8］，即孤儿。神话传说中布洛陀没有父母，是从石蛋里爆出来的，为世界上的第一个孤儿。我们最近到田阳县百育镇敢壮山及其周边地区以及玉凤镇进行布洛陀文化考察，进一步了解民间善于“布洛陀”称谓的读音及其含义，发现“洛”有两种读法和两种含义：一是读“笼”［$luong^2$］，其意为山间弄（原字为崃）场，二是读“洛”［ok^8］，即有溪河的山间谷地。两者之区别在于：前者多指石山地区，后者多指土山坡岭地区；前者多为干旱地区，后者有溪河水源的地方；前者多为旱地作物地区，后者多为水稻地区。因此，我们认为，“布洛陀”的解释应是居住在峁场的通晓并会施法术的祖公或居住在岭坡谷地中的通晓并会施法术的祖公。根据考古学资料，壮族地区的古人类最早是“以岩穴为居址”，以后才逐步到山间平地定居。至今壮族地区仍分布有大量带“六”、“碌”、“渌”、“洛”、“雒”、“骆”、“鹿”、“陆”、“罗”（均用汉语柳州方言读音）的地名，这些地名都是壮族称有溪河的谷地的汉字记音，都是耕作稻田的地方。这些地的稻田，就是史书上记载的“骆田”，而耕种这些“骆”田的越人，就是“骆越”。因此，神话传说中的布洛陀可以解释为早期居住在山间峁场，后来居住在岭坡谷地间的，无所不晓、无所不能的会施法术的骆越人的祖公。

《布洛陀》最初是作为民间故事传说整理发表的。1958 年，《壮族文学史》编写组收集到民间故事《陆陀公公》。1964 年，由覃建真收集整理的《通天晓的故事》在《民间文学》上发表。1977 年，覃承勤等收集整理了《布洛陀史诗》（油印本），1986 年，由广西人民出版社出版的欧阳若修等编著的《壮族文学史》中对其作了详细的介绍和评价。1982 年，广西人民出版社出版的农冠品、曹廷伟编的《壮族民间故事选》（第一集）收入了20世纪60年代初由覃建才收集的神话《保洛陀》。同年，广西民间文学研究会编印的《广西民间文学丛刊》（第五集）刊登了20世纪80年代搜集到的《布碌陀》神话，云南省文山壮族苗族自治州编的《文山壮族苗族自治州民间故事集》（第一集）也刊登了当地流传的神话传说《布洛陀的传说》。

对《壮族麽经布洛陀》的整理和研究是从1986年开始的。1978年，广西民间文艺家协会在采风中收集到招谷魂、招牛魂唱本，1980年又收集到两个内容较完整的唱本。1986年广西少数民族古籍出版规划领导小组办公室成立，确定《布洛陀经诗》为广西民族古籍整理重要项目并上报列入全国少数民族古籍整理重要项目。经过广泛的收集，得到《布洛陀经诗》手抄本22本，译出8万多行，经过壮族古文字、民族历史、宗教、民间文学、壮文等方面的专家学者4年的努力，整理出版了120万字的《布洛陀经诗译注》，初步展示了布洛陀文化的风貌。

2000年，经广西壮族自治区人民政府批准，实施《壮学丛书》编纂项目。为了让世人更全面地了解布洛陀文化，并为壮学研究提供丰富而扎实的基础资料，丛书编委会将《壮族麽经布洛陀影印译注》列入项目计划并作为重点课题组织多学科的专家学者共同攻关，目前该书稿已经完成并将于年内出版。全书共8卷500多万字，收入不同地区29个版本的手抄本《麽经布洛陀》，通过影印直译供人们欣赏和研究。该书的出版，将会在国内外产生重要的影响。

近年来，随着国家对民族民间传统文化保护工作的重视，对布洛陀文化的整理、研究工作得以深入开展，布洛陀这一与壮族乃至壮侗语民族的历史文化关系十分密切的神话人物引起了人们的关注。2002年6月，一批学者到右江河谷考察，在田阳县百育镇六联村的敢壮山发现被称为祖公庙的祭祀布洛陀的遗址，当地和周边各县的壮族群众每年都在这里举行祭祀布洛陀的歌圩活动，规模达五六万人。这一消息通过报纸等传媒公布以后，在社会上产生了较大的反响。首先是一批从事民族历史和文化研究的专家学者先后到田阳考察，并就田阳敢壮山与布洛陀神话及其与壮族文化渊源关系等问题举行学术研讨会。为了推进布洛陀文化的研究和开发，2003年2月，广西壮学学会与田阳县布洛陀文化研究会联合组织了一批从事民族学、人类学、考古学、语言文化学研究和古籍整理的专家学者就敢壮山的自然地理环境及周边的考古学文化、敢壮山祭祀布洛陀活动的历史成因、敢壮山歌圩的源流及其影响、敢壮山布洛陀神话传说的文化内涵、布洛陀神格的演化、《麽经布洛陀》的历史文化价值等问题，运用民族学田野调查的方法，深入田阳的乡村、农户，进行调查研究。通过调查并结合神话学、考古学和历史文献资料分析认为，布洛陀可能是远古时代壮族先民氏族部落的首领，由于他在文化创造上的贡献而被人们崇敬并加以神化，变成了一位具有创世性、始祖性的神话人物，成为壮族的人文始祖。壮族与同属壮侗语民族的布依、侗、水、仫佬、毛南等民族是珠江流域的原住居民，他们是同源异流的民族，根据这些民族的文化英雄神话，布洛陀神话在这些民族中各有共同性、创世性、始祖性等特征，因而布洛陀可能是珠江流域原住民族的人文始祖。田阳敢壮山历史上可能曾经是祭祀布洛陀的区域性中心，所以布洛陀在这一地区的人民群众中留下了更加深刻的记忆，敢壮山自然就成为布洛陀文化的圣地。作为这项调查成果的《广西田阳县敢壮山布洛陀文化考察与研究》一书也将于年内出版。在广西田阳县敢壮山，正在建设以纪念布洛陀和展示壮族原生态文化的大型旅游景区，布洛陀文化的保护、开放和利用工作正逐步展开。

一

根据目前掌握的资料，布洛陀神话主要流传于珠江中上游流域，其中主要在红水河及其上游南、北盘江流域，左江流域，右江及其上游驮娘江、西洋江流域，红河上游盘龙江和普梅河流域。以行政区域考察，则主要分布在今广西百色市、河池市、崇左市、南宁市，云南省文山壮族苗族自治州，贵州省黔西南布依族苗族自治州、黔南布依族苗族自治州；在国外，据初步了解，越南北部地区、老挝和泰国也有类似的布洛陀神话传说。

布洛陀神话的主要内容是：古时候天地分成三界，天上面叫上界，地面上叫做中界，地下面叫做下界。上界由雷王管理，中界由布洛陀管理，下界由龙王管理。中界的布洛陀很聪明，他无所不知，无所不晓，人人都敬佩他、归服他，称他为“通天晓”，推举他为头人。他一生做了许多事情。（1）定万物。天地间花鸟虫鱼、人畜鸟兽无名无姓，也不知如何传宗接代，布洛陀就给大家安名定姓，制定动植物生长规矩，谁也不能违背。（2）取火。大榕树被劈起火，布洛陀取回火种，还筑灶保火，从此人们便能取暖熟食。（3）开红水河。水淹大地，为开河引水入海，布洛陀制一条赶山鞭赶山，又用神牛拉神犁，犁出了红水河。（4）造谷物。洪水淹没了谷种，案州这地方还有谷种，布洛陀派斑鸠、山鸡飞天去取，派老鼠游海去取，它们到案州吃光了谷种却再也不返回。布洛陀亲自骑蛟龙到案州令斑鸠、山鸡和老鼠吐出谷种，他取回七八颗培育，颗颗像柚子般大，就把谷种敲碎撒播各地。（5）造牛。布洛陀用黄泥捏黄牛身，用黑泥捏水牛身，用枫木做牛脚，奶果做牛乳房，弯木做牛头，蕉叶杆做肠，风化石做肝，红泥做肉，葵叶做耳朵，千层树皮做牛角，苏木泡水做血。安装好了，用嫩草来喂，泥牛成了活牛，帮人犁耙。（6）教养家禽。布洛陀叫大家从水里捉来野鸭，从树上捉来野鸡，关起来养，鸡鸭生蛋，蛋孵小鸡小鸭，开弓射鹞鹰保鸡鸭。（7）造屋。古人住在岩洞里，到平坝种田要走很远的路，布洛陀用木头在树椏间支撑架横条，上盖树叶茅草，成了房屋，请大家去住。

除此以外，各地区还有大量不同内容的布洛陀神话传说，如云南省文山壮族苗族自治州有布洛陀制伏太阳、制伏豹子、制伏天兵的神话传说。广西西林县有布洛陀造铜鼓的传说。[①] 在以田阳县敢壮山为中心的右江红河谷地区，民间布洛陀神话传说则更加丰富。

神话是反映古代人们对世界起源、自然现象及社会生活的原始理解的故事和传说。它并非现实生活的科学反映，而是由于古代生产力水平很低，人们不能科学地解释世界起源、自然现象和社会的矛盾、变化，借助想象和幻想把自然力拟人化的产物。神话往往表现了古代人民对自然斗争和对理想的追求。布洛陀神话反映的就是以布洛陀为代表的远古时代壮族人民对自然力的斗争和对理想的追求，是原始社会时期壮族先民处理人与自然、人与社会、人与人之间关系的生动写照。同其他神话一样，布洛陀神话的创造“在自己的基础上乃是现实主义的”。可以推测：布洛陀是处于父系氏族社会时代壮族先民部落或部落联盟首领，他不仅是行政首领、军事首领，而且按照氏族部落社会的习俗，他兼有祭司的职能，是本氏族的宗教领袖，具有至高无上的权威，受到人们的尊崇，后来人们便把本氏族部落的兴衰过程，本氏族部落所创造的业绩，例如钻木取火、疏通河渠、建造房屋、发明渔猎、发明稻作农耕等，都集中到他的身上，使他成为本氏族部落的始祖神、创世神和宗教神，并成为维系本氏族部落或更大的人们共同体的团结的精神力量。这就是布洛陀由人变神的演化轨迹，或者说是布洛陀神格的形成过程。

① 岑隆业、杨荣杰、金稼民收集整理，见农冠品、曹廷伟：《壮族民间故事选》，第1集，南宁，广西人民出版社，1982。

二

史诗是指古代叙事诗中的长篇作品，它反映具有重大意义的历史事件，或以古代传说为内容塑造著名英雄形象。史诗结构宏大，充满着幻想和神话色彩，是一种古老的、宏伟的文学体裁，在人类文化史上具有划时代的意义。史诗包括口头作品和后来的书面作品。世界上许多民族常常把人们歌颂英雄丰功伟绩的传说通过史诗的形式一代一代地传承下去。

布洛陀创世史诗主要流传于红水河流域的巴马、东兰、凤山、天峨、南丹、河池、宜州、都安、马山，右江流域的百色、田阳、田东、平果等地。除口头传唱外，许多地方还有古壮字手抄本。《布洛陀》史诗长达近万行，全诗分四个部分共十九章。第一部分，开头歌，分为礼歌、问答歌、石蛋歌；第二部分，创造歌，分为初造天地、造人、造太阳、造火、造谷米、造牛；第三部分，治理歌，分再造天地、分姓；第四部分，嘱咐歌。整部史诗结构宏伟，格调庄重，艺术想象丰富，浪漫色彩浓厚，运用了大量的比拟、夸张、复叠等表现手法，语言朴实生动、流畅自然。

《布洛陀》是壮族的一部古老而又宏伟的创世史诗，它以诗歌的语言和形式，生动地叙述了天地日月的形成、人类的起源、农作物的栽培、牲畜的饲养，以及远古人们的社会生活等，热情地赞颂了布洛陀这个被称为壮民族始祖的神化人物和他创世的伟大业绩。《布洛陀》创世史诗和其他神话一样，在原始氏族公社社会里就已经产生。正如马克思所说的："就某些艺术形式，例如史诗来说，甚至谁都承认：当艺术生产一旦作为艺术生产出现，它们就再不能以那种在世界史上划时代的、古典的形式创造出来；在艺术本身的领域内，某些有重大意义的艺术形式只有在艺术发展的不发达阶段上才是可能的。”[①] 这就是说，史诗这种划时代的古典的艺术形式，只有在人类童年时代才会产生。《布洛陀》史诗也一样，大约基本形成于原始氏族社会的中期或后期，当时农业耕种在壮族地区已经相当普遍。壮族是最早种植水稻的民族之一，农业生产劳动在当时人们的经济生活中已经占据着主导地位，人们的思想和行动都很自然地受它制约。因此，史诗中大量反映农业方面，特别是稻作农业方面的创造。诗中的布洛陀与天地同生，精通百事，能解百难，专为人类造福。他从人类的需要出发，既造了人类本身，又造就了宇宙万物；在创造任何物种的过程中，无论遇到什么疑难问题，他都能够解决，人们只要照着他的指点去做，就没有不能完成的事。在诗中，他是一个神，具有超凡的本领；但他更是一个人，有着人的喜怒哀乐的情感，还有着人的高尚美德。从布洛陀的表现和人们对他的态度，我们可以看到壮族原始氏族社会氏族酋长制度的影子。当时的每个氏族部落，都是由氏族酋长管理其事务的。布洛陀就类似这样的酋长，人们发生什么事情或纠纷，都请他处理或公断；他处理公断，并不依靠强制手段，而只是凭着他的渊博知识和无比的威望，他是人人信服、个个拥戴的当然领袖。壮族先民按照自己对自然界和社会的理解和认识，创造出《布洛陀》这部史诗，塑造出布洛陀这位顶天立地的始祖形象，把自己的一切智慧、知识和气魄都集中在他的身上，让他为人类造福，为人类的事业献身。布洛陀的形象，充分体现了人类童年时期壮族先民对征服自然、改造自然的大胆幻想，以及在斗争中的巨大力量。

关于《布洛陀》史诗与布洛陀神话的关系，从《布洛陀》史诗的内容以及史诗这种艺术形式的产生和发展的规律来看，可以推断它是在散文体的布洛陀神话产生以后产生的。它从布洛陀神话中

① 马克思：《政治经济学批判·导言》，见《马克思恩格斯选集》，第二卷，113页，北京，人民出版社，1972。

吸取了大量素材，又从盘古神话和其他神话中攫取了养料，可以说，它是在早期的各种优美的神话中发育起来的。

《布洛陀》史诗是我国少数民族中不可多见的几部重要的史诗之一，它不但保存着壮民族对世界的幼稚的认识，保存着他们与自然界斗争的历史，而且凝聚着壮民族千百年来在生产、生活等各方面积累下来的智慧和经验，对研究壮族及南方特别是华南—珠江流域各民族的历史文化具有重要的参考价值。“譬如被誉为我国少数民族三大史诗，堪与希腊史诗媲美的《格萨尔王传》、蒙古族的《江格尔》、柯尔克孜族的《玛纳斯》，以及其他民族如壮族的《布洛陀》、彝族的《娥勒特依》、维吾尔族的《阿古斯传》等，现在已成为人类文化的共同遗产，受到世界人民的珍视。”①

三

这里说的布洛陀民间宗教文化，是指以布洛陀为主神的壮族麽教文化。

人类学资料表明，除世界三大宗教外，各民族都有自己独具特色的宗教体系，只是由于各民族所处的自然地理环境以及历史文化传统的不同，因而各民族宗教表现的形式也就不同。历史上各种不同的宗教体系，“事实上表现了信仰它们的不同民族和不同集团为了解决人的存在问题和命运问题而采取的不同方式。在神的神性里集中了信仰者的人性要求；在宗教观念、信条和崇拜行为中，倾述着各民族信仰者对自己命运的焦虑和对自身利益的关注，也包含了他对周围世界的理解。”② 壮族麽教虽然不是现代意义的宗教，也没有成为全民族统一的宗教，但是它同样表现了壮族及其先民

① 吴重阳：《瑶族创世史诗——密洛陀·序》，南宁，广西民族出版社，1998。
② 吕大吉：《比较宗教学史·译序》，上海，上海人民出版社，1988。

“为了解决人的存在问题和命运问题而采取的不同方式”，包含了壮族对周围世界的理解，它是一种由多神教向一神教演变过程中具备了一神教雏形的宗教形态。

首先，麽教已具有半宗教职业者布麽，并开始形成最高神祇。麽就是因为宗教职业者称布麽而得名。无论居住何地，属何教派，均尊奉布洛陀为开山祖师。布洛陀也就被尊为麽教的教主或主神，而布麽则是布洛陀的代言人和化身。在壮族民间麽教中，布洛陀被赋予了非凡的才能，他能洞察宇宙万物，对他来说，没有任何办不到的事，没有解决不了的难题。“可以想见，如果其相适应的社会历史条件不发生变故，报陆陀（布洛陀）发展的结果必然是一位至上神。”①

其次，麽教有较系统的经典——《麽经》。《麽经》是壮族麽教经文，是麽教神职人员布麽在做法事时念诵的经书。在壮语中，麽经叫“司麽”[θw mo]，“司”即书、经书，麽经是沟通神灵的符号，喃诵麽经成为布麽沟通神灵的手段。这样，麽教经文客观上就成为人神交感的桥梁，使从教者具有了修炼成麽的手段、镇妖驱邪的工具。麽教法事中大凡消灾解难赐福和超度亡灵时，布麽都要请出布洛陀、麽渌甲来指点、引路，愿望才能实现。因此，这一类麽经都属于布洛陀麽经，按壮语习惯就叫“麽经布洛陀”。《麽经布洛陀》全部都用古壮字抄写，以壮族民歌中最常见的五言排歌为基本形式，偶尔插有七言或九言句式，上、下句互押脚韵或头脚韵。由于上古时期壮族没有自己的民族文字加以记录，历代汉族典籍也没有任何记载，再加上壮族麽教过早衰落等原因，唯有历代壮族布麽传承保存下来的麽经手抄本，还可以作为麽教存在的历史证明和后人进行研究的文献资料。但是，20世纪50年代以来，由于“左”的思想影响，对民族民间文化遗产的价值缺乏正确的认识，

① 周国茂：《摩教与摩教文化》，第22页，贵阳，贵州人民出版社，1995。

致使本来只残存在偏僻地区壮族民间的麽经手抄本也一概被视为“四旧”而屡遭搜缴焚烧，在“左”的思想禁锢下，民族民间宗教研究一直被视为禁区，所以长期以来学术界对历史上曾经存在过的壮族民间麽教始终未给予正视。20世纪80年代之后，对《麽经布洛陀》的搜集、整理、出版和对壮族民间麽教的研究工作才得以进行。

原始宗教一般没有经典，即使有也是零星不成系统的。壮族麽教不仅有较为系统的经书，而且各地壮族麽经内容大体相同，功能基本一致，数量也十分丰富。所有经书都是用古壮字记录，抄录于民间制的细砂纸上，以浸泡过桐油的砂纸或麻布做土封面封底，手工线装成册，由布麽一代一代地珍藏、保存、传承。布麽喃诵经文时，不能翻看经书，只能背诵，每喃诵某一内容的经文应从头到尾念完，不能中途停止。做大型法事时，还要求“三顺三逆”，即顺着念三遍，然后倒着念三遍。这就要求布麽对每一部经文倒背如流，烂熟于心，还要经常温习。正因为这样，布麽把麽教经书视为传家宝物，有些老布麽去世时还要将经文放进棺材陪葬。

第三，麽教已形成固定和规范的宗教仪式：古麽［kumo］. 麽教仪式可分为“麽哄”［mo^1 pe:ong^1］、“麽呷”［mo^1 $kjap^7$］、“麽叭”［mo^1 pja:it］三大类。“麽哄”是驱除生活中不吉利的事象和不祥之兆。“麽呷”是驱赶清除东南西北中各路冤鬼殃怪。“麽叭”是灾难发生后举行的驱赶剥离砍断的仪式。

从以上可以看出，壮族麽教已具备了一神教的雏形，是一种向人为宗教过渡的民间宗教形态。与人为宗教相比，它有以下特点：一是原始多神崇拜还十分明显，主要表现在布洛陀虽有被尊为至上神的倾向，但众多的神祇仍处于游离和分散状态，没有被纳入一个严密的神灵体系之中。二是没有较正式的宗教活动场所和严密的宗教组织。三是世俗性，主要表现为宗教活动的民间性和信仰的实用性，没有官方的倡导和参与，完全是民间自发、分散地进行；宗教活动主要解决人的生老病死及与人的生活相关的问题。

各民族宗教都是在各民族传统文化的土壤中生长起来的。它的观念、仪式、戒律以及有关的神话传说，特别是宗教圣典，都充分利用了各民族的文化材料，积淀了丰富的民族历史文化信息。各种宗教活动还创造出丰富多彩的宗教文化艺术。我们不应该把宗教仅仅看做是一种世界观，而且应该把它看成是民族文化的重要组成部分，认真加以研究。

四

始祖是指最初得姓的祖先。[①]《仪礼·丧服》说："诸侯及其大祖、天子及其始祖之所自出。"以后称一个世系的人的最早的祖先为始祖。就一个宗族来说，世系可考的最早的祖先就是始祖。这里一般是指血缘上的始祖，是历史上实实在在的一个人，而不是神话或传说中的人物，是一群有血缘关系的人们的共同祖先。

而人文始祖，是指人们在观念上认同的最早的祖先，他有几个特点。一是他可以是有世系可考的，也可以是无世系可考的。二是认同他的人可以有血缘上的联系，也可以没有血缘上的联系，一般是一个民族，或者是一个族群。三是人文始祖一般是神话人物，或者是一个传说人物，在历史上为认同他的民族群体做出过重大贡献，特别是在文明和文化创造上的贡献。因此，人文始祖实际上是人们在文化上认同的祖先。《易·贲》说："文明以上，人文也。观乎天文，以察时变；观乎人文，以化成天下"。这里的人文，是指人类社会的各种文化现象。民族是以文化划分的，一个民族或族群认同的最早的祖先，即人文始祖。

---

① 《辞海》，1101页，上海，上海辞书出版社，1979。

人文始祖一般是神话人物，越是大的人们共同体的人文始祖越是这样。人们把本民族或族群文化创造的重大业绩，本民族或族群在历史发展过程中所发生的重大事件都加在他的身上，将他神化，并形成大量的人文始祖神话传说。

我们考察壮族的文化英雄神话，在所有的神话人物中，布洛陀最具有人文始祖特征。

首先是创世性。自然界对初民虽然是严酷的，但原始人类在艰难的生存环境中，不仅逃脱了毁灭，而且在生存竞争中逐渐积累着文化创造，在与自然的抗争中逐渐取得了主动权。那些在这场斗争中做出了突出贡献的英雄人物，从此步入了过去自然神一统天下的万神殿，成为神话舞台上生气勃勃的主人公。布洛陀就是这样一位做出了突出贡献的具有创世性文化创造功绩的英雄，他是初民集体力量的集中体现，是人类原始文化成果的集中代表。布洛陀神话叙说的是布洛陀如何创造天地、造人、造火、造干栏、造稻谷、造牛等，集中反映了壮族先民的物质文化创造。在史诗《布洛陀》中，叙述了种植的粮食作物包括粳米、灿米、糯米、旱谷、黑糯谷、小米、高粱等，还叙述开田造地、犁田、耙田、播种、移秧、灌溉、耘田、施肥、收割等一整套耕作方法。在《麽经布洛陀》中，特别叙述了布洛陀教人们到山上找野生稻种，加工山石做犁、制作木耙来耕作等，反映了原始时代人类把野生稻驯化为栽培稻，创造了稻作农业以及人类最早使用石犁这些重大的发明创造。在精神文化方面，布洛陀神话叙述布洛陀创造了氏族部落社会的制度和习俗、伦理道德观念、原始宗教观念等，其中有议事、风俗习惯、爱情和如何处理好父子、婆媳、兄弟关系等生动的描写。所有这些，都表现出浓郁的创世性的特征。

其次是始祖性。在布洛陀神话中，是布洛陀与姆六甲一起造出人类，所以人们尊他为人类的始祖。在壮语中，“布洛陀”的“布”读“保”或“报”，是受人尊敬的地位很高的老祖公的意思，也可以引申为“始祖公”。从历史上看，人们自觉认同布洛陀是自己的始祖和始祖神。从现实看，布洛陀神话仍在红水河及其上游南北盘江流域、左江流域、右江及其上游驮娘江、西洋江流域、柳江上游龙江流域、红河上游普梅河流域流传，民间仍把布洛陀当作始祖神加以崇拜，每年农历三月各地仍举行祭祀布洛陀的活动，其中尤其是传说为布洛陀居住过的田阳县敢壮山，每年农历三月初七到初九日，仍有周边各县的数万群众汇集这里举行祭祀布洛陀的仪式和歌圩盛会。在人们的观念中，布洛陀是自己的始祖，是一位始祖神。这就是布洛陀文化的始祖性。

第三是宗教性。如前所述，壮族的民间宗教——麽教是一种由多神教向一神教演变过程中具备了一神教雏形的宗教形态，它是一种准人为宗教。这个“一神”就是布洛陀。麽教的司职人员布麽均尊奉布洛陀为开山祖师。布麽从事祈福消灾超度亡灵等法事活动，都必须先祷请布洛陀和女祖神姆六甲降临以获得神助，经文中必有“去问布洛陀，去问麽渌甲，布洛陀就答，姆六甲就说”的训导。在布麽的观念中，只要遵从布洛陀和姆六甲的旨意去做，所遇的灾难即可化解，人们就可以脱离厄运，达其所愿。《麽经布洛陀》是壮族民间麽教的经典。而麽经中布洛陀的形象，布洛陀宗教神的身份和地位，又是由他的创世神、祖先神身份演变而来的。这说明布洛陀的创世神、始祖神、宗教神三种身份是统一的。

根据民族学、考古学、体质人类学研究，壮族和与其同源的布依、侗、水、仫佬、毛南族是华南—珠江流域的原住居民，这些民族中除侗族外，都有布洛陀及相关的传说。其中壮族、布依族、水族都把布洛陀当作本民族的创世神、始祖神和宗教神。因此，布洛陀可能是珠江流域原住民族的人文始祖。关于这个问题，笔者另有专文论述。

布洛陀作为壮民族神话传说中的文化英雄、人文始祖，历经数千年，至今仍在民间流传并有较大影响，说明了民族文化的强大生命力。在世界一体化的趋势不断加快，民族文化的多样性日益受到人们关注的今天，随着国家对民族民间传统文化保护政策的深入贯彻执行，布洛陀这一民族文化遗产还将继续传承下去，其精华部分将会继续得到弘扬，并为社会主义精神文明建设做出贡献。

应该指出的是，布洛陀文化是民间文化，布洛陀作为创世神、始祖神、宗教神，都是民间的神，是原生态的民族历史文化的遗存。我们说布洛陀神话文化影响的广泛性、延续性，都是指在民间影响的广泛性和延续性，不带有政治色彩和官方意义。

五

在壮族及其先民心目中，布洛陀是民族文化的创始者，是创世神同时又是始祖神，具有崇高的地位。千百年来人们采用各种方式歌颂他、祭拜他、纪念他，在活动中形成丰富多彩的歌谣文化。

布洛陀创世古歌：

布洛陀创世古歌是以布洛陀开天辟地、创造人类万物、造歌造爱情为主要内容的古事民歌。每年参加田阳敢壮山歌圩的壮族群众，不论男女老少，都要先登山到祖公庙和姆娘岩祭拜祖公布洛陀和祖母麽渌甲，然后才下山对唱山歌。对歌时，开篇一般都要先唱布洛陀造人类万物、造山歌等内容的古歌，然后才开唱其他内容的山歌。布洛陀创世古歌有完整的套路，歌唱的形式有独唱的叙事排歌，有男女对唱的问答歌；歌唱的内容有开头歌，岩洞歌，造天地、造万物歌，造火、造水、造稻谷歌，造牛、造猪、造鸡、造狗歌，收尾歌等。

祭祀歌：

祭祀歌是布洛陀古歌的组成部分，包括巫调、经调和唐皇调，是祭祀布洛陀时由布麽和各村长老演唱的歌。

麽经唱本：

《麽经布洛陀》为手抄本，全部用古壮字抄写，为壮族五言体民歌，押腰脚韵。在内容上，融壮族神话、宗教、伦理、民俗为一体。在形式上由于千百来的传唱加工，语言精美工整，有韵律，朗朗上口。

布洛陀歌圩的山歌：

在右江河谷有一种歌圩叫“欢敢”，汉意为岩洞歌圩或岩洞山歌，其中最典型的是田阳县敢壮山歌圩所唱的歌。敢壮山周边的壮族群众都把每年农历三月初七到初九参加敢壮山歌圩叫“很敢”，即上岩洞。传说敢壮山上的岩洞是始祖神布洛陀和麽渌甲居住的地方，所以歌圩期间，凡是赶歌圩的无论男女老少都要先上到山上的岩洞烧香祭供布洛陀和麽渌甲，然后才能参加歌圩对歌。敢壮山歌圩是右江流域几十个歌圩中规模是最大的，参加人数达五六万，2003年更达到10万人以上。田阳敢壮山歌圩除了唱本县的排歌、古美山歌、巴别山歌等地方歌种外，还唱周边各县的山歌，如凌云排歌、田东嘹歌、德保山歌等。对歌时，开篇要先唱布洛陀造人类万物等内容的古歌，然后唱其他内容的歌，其中主要是对唱情歌。敢壮山布洛陀歌圩的情歌内容十分丰富，其中包括：（1）赞歌（探路、赞村、赞公婆、赞巷、赞屋、谢凳歌、赞酒、赞菜、谢席歌）；（2）邀对歌（问名、邀对）；（3）猜谜歌；（4）相逢歌；（5）孤儿歌；（6）花歌（育花歌、红花白花歌）；（7）求巾歌；（8）连情歌；（9）钟情歌；（10）槟榔歌；（11）离弃歌；（12）轻重彩礼歌；（13）嫁娶歌；（14）贼歌；（15）逃婚歌；（16）离别歌；（17）孝义歌；（18）上殿歌。

布洛陀神话同其他神话一样，是人类祖先所特有的一种社会意识形态，是“人们幻想中经过不自觉的艺术方式所加工过的自然界和社会形态"[①]。布洛陀神话是整个布洛陀文化体系的基础。布洛陀创世史诗是在布洛陀神话的基础上产生的。而宗教神布洛陀的形象又是从创世神布洛陀那里发展而来的，两者相辅相成。布洛陀作为祖先神和人文始祖是在他的创世性的基础上形成的。这就是布洛陀文化体系的内在联系和逻辑结构，并成为一定的文化共同体的集体表征。

我们提出布洛陀文化体系的概念，不仅因为它是一种客观存在，还因为这个概念有利于我们整体认识和把握布洛陀文化，并通过这个概念，进而深入认识和了解华南—珠江流域和壮族及壮侗语民族的文化。我们研究布洛陀文化，是因为布洛陀文化是中华民族多元一体文化的重要组成部分，它丰富了中华民族的传统文化；布洛陀文化所体现的创造、和谐、开放的精神，对当前的改革开放和现代化建设具有借鉴意义；布洛陀文化遗产的发掘和整理，对研究珠江流域文明起源及历史发展也具有重要意义。

（原载《广西民族研究》2003 年第 3 期；
作者系广西民族研究所长、研究员；于 2011 年 9 月病逝）

① 马克思：《〈政治经济学批判〉导言》，见《马克思恩格斯选集》，第 2 卷，113 页，北京，人民出版社，1972。

广西来宾市盘古文化的考察与研究

覃乃昌（执笔）　潘其旭　覃彩銮　郑超雄　蓝阳春

自从盘古开天地，三皇五帝到如今。

——民谣

应中共来宾市委、市人民政府的邀请，广西壮学学会专家组于2003年9月13日到28日对该市进行文化考察，主要目的是了解该市民族文化的整体面貌及特征，为该市的文化建设和民族文化资源开发提供参考。在考察过程中，我们惊喜地发现这里还保留有十分丰富的盘古文化，其中包括盘古庙、盘古神话传说、盘古歌谣以及以盘古命名的村庄、山岭、岩洞等，形成了历史悠久、独具特色的盘古文化体系。特别是最早为1500多年前南朝梁任《述异记》记载的“桂林（当时治所在今象州县境）有盘古祠”，而在来宾市所辖的今武宣县、兴宾区境内至今仍有盘古庙，象州县城直到20世纪80年代也还有盘古庙。根据壮族民间宗教经文、神话传说中有关开天辟地、盘古兄妹再造人类的内容，以及汉文古籍中较晚才有盘古神话记载的情况，我们认为，来宾市是盘古文化的重要发祥地。现将我们的考察和研究情况报告如下。

一、来宾市有丰富的盘古文化

（一）盘古庙

9月17日下午，我们来到兴宾区（原来宾县）良塘乡甘东村，在村民的带领下，我们登上该村后面盘古山，走进建在半山腰的盘古庙。该庙设在面积约200多平方米的自然形成的盘古洞中，在依山垒起的两层平台建有两道庙门。外层庙门两边有对联："盘帝德高深永奠山河强各族，古皇恩浩荡宏开天地造人伦"。山脚下是一片山岭环绕的宽阔田峒。据管理该庙的何师武（74岁）老人介绍，新中国成立前这座庙设施比较完善，并有相当的规模，庙内有盘古兄妹的木雕像，挂有一口民国八年（1919年）铸造的有"盘古大庙"铭文的大钟（新中国成立后该庙因多次人为破坏，该钟流落民间，目前在良塘街一位居民家中，我们在县文管所见到了该钟的照片），每年举行庙会和大年初一、十五时，都敲打此钟以祈福纳祥。每年盘古庙的祭祀活动大致有三次，一是农历六月十七日盘古生日举行祭祀活动，同时举行庙会。二是八月八日举行诵经活动，由壮族师公（称为"老筛"）主持喃诵，经文有的用壮话喃诵，有的用柳州话喃诵。三是每年除夕和大年初一，民众各家各户自己带祭品来祭拜盘古，供品有糯米饭、粽子、猪肉、全鸡等。祭祀者有本地的，还有来自柳州、来宾县城、合山、凤凰等地的。另外是遇着天大旱时举行祭盘古求雨活动，那一天大家抬着盘古兄妹雕像游田峒，游到对面山盘古的外婆家岜姆岭时停留，由壮族"老筛"诵经一夜，第二天游回庙里，再诵一天经。现在每年农历六月十七日盘古的生日人们仍举行祭祀盘古的仪式和庙会活动。

9月19日下午，我们来到武宣县桐岭镇大祥，在村边的山脚有一座盘古庙，庙的神台上有一排神像，中间一座即为盘古公，像高约40厘米，为木雕像，其他为三界神、花婆神等。村民苏建祥

(71岁)、苏建军(61岁)等介绍说，大年三十和大年初二当地群众各家各户都来盘古庙祭盘古。

9月23日下午，我们在象州县人民政府会议室召开文化调查座谈会，当地文化界知名人士发言说，该县县城桥头公园一带原来有一座盘古庙，面积约400平方米，新中国成立前有庙祝一人，每年都举行祭祀和庙会活动，1986年建大桥时该庙被拆掉。

9月19日上午在武宣县桐岭镇盘龙村调查时93岁村民黄兰芳介绍，该村旁边原来有一座盘古庙（毁后新建，今称秀才庙），每年农历六月初六杀牛举行祭拜盘古和庙会活动，三月三、四月八等节日也在盘古庙举行活动，遇着天大旱则在盘古庙举行祭祀盘古求雨活动。

9月26日上午在柳州与来宾市老文化工作者蒙光朝、覃桂清座谈时，覃桂清说，他老家武宣县大林乡大林村有一座盘古庙。

另据本调查组覃彩銮研究员介绍，其家乡柳江县与来宾市兴宾区相邻的成团乡盘古村有一座盘古庙。

（二）盘古地名

据初步了解，来宾市还有不少盘古地名，包括村庄名、山岭名、岩洞名。据民国《武宣县志》记载，境内的盘古村有5个，其中庙王区1个（新中国成立后分县时划归象州县，现为象州县妙皇乡盘古村），桐岭区2个，禄新区2个。目前已知的地名还有，武宣县桐岭乡大祥村有盘古岭1个，盘古洞1个；大林乡大林村有盘古岭一座。

9月25日下午我们到象州县妙皇乡盘古村，该村190多户，1100多人口，全部是壮族，以覃、罗、廖、韦、周姓为主。据一位韦姓村民介绍，该村原有盘姓居民，我们迁来时，由于他们人口少，覃姓人口多，他们就改姓覃。根据覃、韦等姓群众所操的壮语方言，他们是来自桂西的河池地区，而据他们的族谱介绍，他们的祖先是清咸丰年间来到此地的，我们认为其来此是为屯兵驻守。

（三）盘古神话传说

兴宾区良塘乡甘东村何师武老人叙述了当地流传的盘古兄妹的故事，梗概是：

古时候有一个叫做卜伯的人，聪明又勇敢，本领非常高强，人们一致推选他做中界的头人。有一年，天大旱，河水断流，花草树木枯萎，人畜渴死不少。人们设坛祈天下雨，但管水的雷王怪人间不供他，把天上的水封闭起来，蓄意要渴死中界的生灵。卜伯祈天不灵，就上天去找雷王算账，把雷王抓起来，限它三天内一定降雨，否则要杀死它。雷王敌不过卜伯，只得假意答应，等到卜伯走后，雷王又不依期下雨，反而起了坏心，准备劈死卜伯。卜伯预先知道，就把湿滑滑的水苔厚厚地铺满屋顶，同时还设计捉雷王。雷王真的来了，他一踏上屋顶便被水苔滑倒，骨碌碌地滚到晒棚上，然后乖乖地让卜伯用鸡罩罩住，关在木笼里。卜伯关好雷王后，便出去买缸买盐，准备把雷王杀掉腌起来，并请远近一带的人都来吃雷王肉。他出去时吩咐盘古兄妹，要好好看管，不要给雷王喝水或把斧头借给他。雷王很奸猾，趁卜伯不在家，便诱惑两个孩子给他喝一碗水。雷王喝了水，力气渐渐恢复，就冲破木笼逃走。雷王逃走时，拔下一颗牙齿，送给兄妹作报偿，叫他们快拿去种，马上能种出一个大葫芦来，并告诉兄妹俩即刻就要下起大雨，洪水就要淹没大地，兄妹俩要躲进葫芦里才可以避难。雷王一到天上就打开天池里的水，立刻把中界大地淹没，人们坐上竹排纷纷向高处逃难。雷王的兄弟龙王差锯鱼来锯断了所有的竹排，这样人们都掉进水里淹死了。卜伯坐在木碓上，和雷王、龙王展开了你死我活的战斗，雷王被卜伯砍断了一只脚，但因众寡悬殊，卜伯终于被龙王的锯鱼锯断了木碓。卜伯淹死在水里，只剩下盘古兄妹坐在葫芦里，因为葫芦的底是圆的，锯鱼来锯时就团团转动，不能锯破。后来洪水退了，世间只留下盘古兄妹两人，眼看着人类就要灭绝了，仙人就来劝他们俩结婚，重新创造世界。他们结婚后生下一怪胎，没有鼻子和眼睛，像一块四四方方的磨刀石，他们认为不吉祥，就把怪胎砍成碎块，拿去野外四处抛撒。过了几天肉块变成了千千万万的人，从此人类才又繁衍起来。

有关盘古神话传说在已经出版的来宾县、武宣县、象州县的《民间文学作品精选》中均有录载。

（四）盘古山歌

9月25日下午，我们到象州县马坪乡龙岩村调查，该村全为壮族，壮族歌手为我们即兴对唱了传统的盘古歌。9月26日下午我们到忻城县，当地提供的壮族师公唱本中也有唱盘古的内容。此外，还演唱了盘古的师公戏。

二、盘古神话源于华南—珠江流域，秦汉以后才渐渐北传

（一）先秦秦汉时期汉文古籍中没有盘古神话的记载

请问：关于远古的开头，谁个能够传授？

那时天地未分，能根据什么来考究？那时是浑浑沌沌，谁个能够弄清？有什么在回旋浮动，如何可以分明？无底的黑暗生出光明，这样为的何故？阴阳二气，渗合而生，它们的来历又从何处？穹窿的天盖共有九层，是谁动手经营？

这样一个工程，何等伟大，谁个是最初的工人？

——郭沫若：《屈原赋今译·天问》

从郭沫若译屈原《天问》中的诗句看，早在2000多年前的战国时期，伟大诗人屈原就在他著名的诗篇《天问》里，提出了一连串关于天地怎样开辟、宇宙怎样形成和谁是天地的开辟者这类问

题，但没有答案，

其原因是当时中原地区还没有盘古神话。据考证，三国以前的汉文古籍中，是没有关于盘古神话的记载的。正如茅盾先生所说："两汉以前的古籍中没有一些关于天地创造的神话。女娲补天的神话，显然是天地创造以后的事；有许多民族的神话都说到天地创造以后复有一度的破坏，然后由神再行修补，重整乾坤，既有再造宇宙的神话，应该也有开天辟地的神话。然而先秦之书如《山海经》和《楚辞》，西汉的书如《淮南子》，都没有开天辟地的神话的影踪。《天问》起首言'遂古之初，谁传道之？上下未形，何由考之？冥昭瞢暗，谁能极之？圆则九重，孰营度之？惟兹何功，孰初作之'？并无一言说到天地的创造。"

（二）三国以后汉文古籍中才有盘古神话

直到3世纪的三国时代，盘古神话才出现在徐整的《五运历年纪》中：

> 首生盘古，垂死化身，气成风云，声为雷霆。左眼为日，右眼为月，四肢五体为四极五岳，血液为江河，筋脉为地理，肌肉为田土，发髭为星辰，皮毛为草木，齿骨为金玉，精髓为珠石，汗流为雨泽；身之诸虫，因风所感，化为黎芒。

又据宋《太平御览》卷二引徐整的《三五历纪》：

> 天地浑沌如鸡子，盘古生其中；万八千岁，天地开辟，阳为天，阴浊为地；盘古在其中，一日九变，神于天，圣于地。天日高一丈，地日厚一丈，盘古日长一丈。如此万八千岁，天数极高，地数极深，盘古极长，后乃有三皇。数起于一，立于三，成于五，盛于七，处于九，故天去地九万里。

南朝梁任《述异记》记载：

昔，盘古之死也，头为四岳，目为日月，脂膏为江海，毛发为草木。秦汉间俗说：盘古头为东岳，腹为中岳，左臂为南岳，右臂为北岳，足为西岳。先儒说：盘古泣为江河，气为风，声音为雷，目瞳为电。古说：盘古氏夫妻，阴阳之始也。今南海有盘古氏墓，亘三百里，俗云后人追葬盘古之魂也。桂林有盘古祠，今人祝祀，南海中有盘国，今人皆以盘为姓。日方按：盘古氏，天地万物之祖也，然则生物始于盘古。

明代周游《开辟衍通俗志传》第一回描述盘古：

将身一伸，天即渐高，地便坠下。而天地更有相连者，左手执凿，右手执斧，或用斧劈，或以凿开。自是神力，久而天地乃分。二气升降，清者上为天，浊者下为地，自是而混茫开矣。

明代董斯张《广博物志》卷九引《五运历年纪》：

盘古之君，龙首蛇身，嘘为风雨，吹为雷电，开目为昼，闭目为夜。死后骨节为山林，体为江海，血为淮渎，毛发为草木。

（三）盘古神话源于华南珠江流域，秦汉以后才渐渐北传

如上所述，最早记述盘古神话的是三国时的吴人徐整。茅盾先生认为："徐整是吴人，大概这盘古开天辟地的神话当时就流行在南方（假定是两粤），到三国时始传播到东南的吴。如果这是北部和中部本有的神话，则秦汉之书不应毫无说及；又假定是南方两粤

地方的神话，则汉文以后始通南粤，到三国时有神话流传到吴越，似乎也在情理之中（汉时与南方交通大开，征伐苗，次数最多；因战争而有交通，因此南方的神话传说也流传过来了）。”“我们现有的神话是北中南三部民族的混合物，所以我们的片段的开辟神话也是混合品。始创天地的盘古神话，本发生于南方，经过了中部文人的采用修改而成为中华民族的神话；现存可信的材料为徐整《三五历纪》的记载。”茅盾先生认为，后来一些著作中提到的其他地方有盘古地名、祭祀盘古的庙宇及活动等，“也帮助我们想象盘古的神话本产生于南方而后渐渐北行的”。①

盘古神话较晚才传到北方，是因南方少数民族没有自己的文字，加上交通不便的原因，还有就是在文化上对邻近小民族的鄙视。茅盾先生说：“和南方的交通，盛于汉代，那时中国本来的（汉族的）文化已经到了相当的高度，鄙视邻近的小民族，南方的神话当然亦不为重视，虽然民间也许流传，但随即混入土著的原始信仰中，渐渐改变了外形，终于化为莫名其妙的迷信习俗，完全失却了神话的意义了。”茅盾关于盘古开天辟地神话属于南方民族的神话，产生于南方少数民族而后渐渐北行的见解在我国神话研究史上具有重要的意义。“经过半个世纪以来我国民族学者、历史学者和神话学者对这个问题的研究和考证，证明茅盾的见解是有学术价值的。”②

茅盾先生把盘古神话的发源地推断为两粤，这是正确的。两粤即今岭南的广东、广西地区。上述南朝梁任《述异记》记载的“南海有盘古氏墓”中的南海，指的就是这个地区。《述异记》记载“桂林有盘古祠”中的桂林不是现在的桂林市，而是南北朝时

① 茅盾：《中国神话 ABC》，见《茅盾说神话》，上海，上海古籍出版社，1999。

② 马昌仪：《试论茅盾的神话观》，见《茅盾说神话》，上海，上海古籍出版社，1999。

期的桂林，即桂林县或桂林郡，其中心在今广西象州一带。我国当代著名神话学家袁珂先生《古神话选释》一书注任《述异记》中“桂林有盘古氏庙，今人祝祀”说：“桂林，秦置郡名。约有今广西壮族自治区的全部地方。其后三国吴也设桂林郡，治所在现在广西壮族自治区象州。其后南齐所置桂林郡，治所也在这里。此处所说的桂林，即指广西壮族自治区象州。”① 广西民俗学会会长、著名民族文化学家过伟教授在他的《中国女神》一书中说：“笔者曾在象州工作15年。象州县城西隅，原城墙脚下有盘古庙，1936年前尚存，无祭礼日，今废。象州县城东南约15公里为妙皇乡，该乡妙皇圩东南约7公里有盘古村，有上、中、下三盘古屯，三屯有171户，均壮族。”②

三、盘古神话为壮族及其先民所始创

茅盾先生所说的两粤地区开天辟地创造世界的远古神话，就是珠江流域原住民族——壮族及其同源民族的远古神话。

根据民族学、考古学、体质人类学研究，壮族及其同源民族是珠江流域的原始居民，其他民族是秦汉以后才进入这一区域的。珠江流域即珠江水系所流经的地域。这是一个自成一体的地理单元，它的西北部遍布着与云贵高原连为一体的崇山峻岭，北部有五岭山脉横亘，中部的两广丘陵和众多的弧形山脉时断时续绵延其间，山岭之间河流纵横，有南、北盘江，红水河，左、右江，柳江，漓江，桂江，西江，并与北江相汇聚，形成珠江水系。珠江流域属亚热带气候，夏季炎热，春季多雨，雨热同季，有利于动植物的滋生繁殖以及生物多样性格局的形成，从而为人类起源提供了优越的条

① 袁珂：《古神话选释》，北京，人民文学出版社，1982。

② 过伟：《中国女神》，南宁，广西教育出版社，2000。

件。珠江流域是我国出土古人类化石最多的地区，也是我国古文明的发祥地之一。据初步统计，我国华南已经发现古人类旧石器遗址和地点80多处，其中三分之一是在西江水系流域，所以西江是人类早期最主要的发源地之一。[①] 著名古人类学家裴文中教授指出：我们如果在全国范围内发展古人类学的研究，广西将成为研究人类化石的中心，这是一件具有世界科学意义的事情。20世纪50年代以来，考古工作者在广西发现了多处人类或与人类接近的猿类的各种遗骨化石。而旧石器时期的古人类化石和活动遗存已遍布广西。已发现距今最早的是1973年以来在田阳县百峰乡百峰村的赖奎屯、百色市四塘镇那炼村小梅屯、那柴乡大湾村百谷屯等地的距今80.3万年的古人类遗址，所出土的手斧等大型石器世界著名。到目前为止，广西发现并确认为旧石器时代晚期的古人类遗址有13处。1958年在柳江县新兴农场通天岩发现的“柳江人”化石，1956年在今来宾市兴宾区麒麟山发现的“麒麟山人”化石，是距今5万年和距今3万~2万年前旧石器时代晚期的古人类。1960年在邕江外缘发现“灵山人”，1961年在漓江发现“荔浦人”，1972年在柳州市郊发现“都乐人”，其后又在附近发现“九头山人”、“白莲洞人”、“甘前人”，1979年在右江发现“定模洞人”，1977年在都安瑶族自治县发现“九楞山人”，1979年在桂林发现“宝积岩人”等。这些原始人类都显示出蒙古人种特征。特别是柳江人的发现，是我国南方古人类的重大发现，为迄今我国乃至整个东南亚发现的最早的新人的代表，它作为珠江流域旧石器时代人类的代表引起了很大轰动。

在珠江流域的广东省境内，也发现了许多旧石器时代的人类遗址，其中最有代表性的是“马坝人”遗址。在北江马坝狮子岩发现的人类头骨化石，年代距今12万年。

---

① 司徒尚纪：《珠江传》，保定，河北大学出版社，2001。

距今1万年前后，珠江流域同其他大江大河流域一样，进入了新石器时代。这一时期的文化遗存像天上繁星，遍布珠江流域，据统计，在云南有300多处，广西有900多处，广东有500多处，贵州境内也有不少，全流域大约有2000多处。这些遗址出土的磨制石器，包括有肩石斧、有段石锛等，独具特色，并基本形成了系统，构成了珠江流域风格独特的史前文化。

根据历史资料、考古发现和民族学、人类学研究，现在生活在珠江流域的壮侗语民族包括壮、侗、布依、水、仫佬、毛南等是这一流域的原始居民，而现在生活在这一流域的汉族是在秦汉时期、彝族大约是在两晋时期、瑶族大约是在隋唐时期、苗族和回族大约是在宋代因不同的原因、从不同的方向迁入的。

壮族及与之同源的民族有丰富的关于开天辟地、人类起源的神话传说。

壮族神话《姆洛甲》中开天辟地的故事：

从前天地没有分家的时候，先是在宇宙中旋转着一团大气，渐渐地越转越急，越转越快，最后变成一个蛋的样子。但这个蛋和鸡蛋不一样，它内中有三个蛋黄。

这个蛋在宇宙中由一个拱屎虫推动它旋转。另外，有一个螟蛉子每天都爬到上面钻洞，钻呀钻呀钻。有一天终于钻出一个洞来，这个蛋就爆开来，分为三片。一片飞到上边成为天空，一片下到地底成水，留在中间的一片，就成为我们中界的大地。

神话《布洛陀》中造天地的故事：

远古的时候，天和地紧紧叠在一起，结在一块，不能分开。后来，突然一声霹雳，裂成两大片。上面一片往上升，就成了住雷公的天，下面一片往下落，就成了住人的地。从此，天上就有了风云，地上就有了万物。那时候的天很低，爬到山顶上，伸手可以摘下星星，扯下云彩。天地靠得近，人们日子很难过，太阳一照，热得烫死人；雷公轻轻打鼾，就使人们不能入睡，要是雷公大吼大叫，就好像天崩地裂一样，使人听了又惊又烦。

为了使天地分开，布洛陀带领人们爬了九百九十九座山，找到一棵又粗又高的老铁木，布洛陀挥斧把它砍倒，大家把它抬到山顶，把天顶高……

在用古壮字抄写的壮族民间宗教经书《麽经布洛陀》中，有大量开天辟地的传说。几乎每一章的开头都有“三界三王置，四盖四王造”的句子。壮族神话谓宇宙有三界，天上为上界，住着神灵；地为中界，住人类；地下另有一层空间，为下界，住着小矮人。管理三界的有三个王，管理上界的王为雷神，管理中界的王为布洛陀，管理下界的王为图额（水神）。四盖即四界，上、中、下三界加上森林界，森林王为老虎。其中有多处描述开天辟地、天地形成的状况：

古时候哪个角落都不知有年，不知道有月，不知黑不知夜，不知高不知低，不知横不知竖。天和地相盖，粘成一块石头。有两只螺蜂，有两只拱屎虫。螺蜂会噬咬叽叽，拱屎虫会噬咬喳喳。它们的嘴巴利似刀，它们的牙齿利如锯，它们把石头咬得吱喳响，粉屑落纷纷。咬三个月吱吱，咬七个月吱吱，石头就裂巴叉，石头就张开巴叉。石头劈成两片，一片升上去，变成天装雷，变成云相连；变成天和地，成星星颗颗，成山峰座座。一片沉下去，就变成下界装图额。……

前代未造天，天和地相罩。相罩像磐石，像磐石高大，像磐石巍然。石头从前会翻，人从前会变。石头就变成两块，石头就分成两边。一片升去上方，造成天装雷；一片降下方，成大地装人。大地不给诅咒，上天不给骂。从前天很低，从前雷（王）住的地方很低。婆婆舂米木杵碰着天，公公劈柴斧头碰着云。人们摘下星星放篮子里，小孩每天抓云彩玩耍。地上的人怨天，天上的人怨命。去问布洛陀，去问麽渌甲。布洛陀就讲，麽渌甲就说：三人拿三边，六人扶六面。把天撬升高，要柱子来顶。一片升往上，雷（王）就升往上；一片降往下，图额就降往下。一片升往上，造成十堆云；一片降往下，造成九头龙。造天造在后，造地造在先；天罩地不全，天遮地不完。缩地做山坡，垒地做山坳，天罩地才全，天遮地才完。……造成山坳深深，造成田峒宽宽，造成洲广广。

在《麽经布洛陀》中，造天地的神话更多的还与洪水淹天下、葫芦姑侄或葫芦兄妹结婚再造人类的神话连在一起。

洪水突然泛滥天下，雨滴像坛子一样大，下九天九夜不停，下七天七夜不退。雨滴像米箩，水柱像杯子，……洪水席卷大地淹没天，所有人类都淹完。……就剩下躲在葫芦里的姑侄。给你们做水之母，给你们做天下之母，给你们做一家住，给你们互相婚配。根是年轻人的根，我是人之母，我是女人，是生命的种子。人踩人的肩膀生下，人拉人的毛发生出，为什么我们做一家住？为什么我们互相婚配？我们怎么活到老？去水里我们怕图额，去森林里我们怕老虎，去山坡上我们怕雷劈。……越不同坐越教导，越不同睡越说服，入夜怎么睡，鸡叫怎样互相关照。……相婚配一月又一月，婚后第九月，周期已到要分娩。憋撑力气想生出，咬紧牙关却难生产。去问布洛陀，去问麽渌甲。布洛陀就说，麽渌甲就讲，用鸭重新祭祀，杀鹅做祷告。……我咬牙憋气生出儿，生出的儿子像山石，生出的儿子像磨刀石。儿为何没有嘴巴？儿为何牙齿不露？去问布洛陀，去问麽渌甲，布洛陀就说，麽渌甲就讲：好啦侄孙好啦，我要刀去切，我要斧去砍，砍它做六截。丢一截到河里变成鱼，丢一截到田里变成稻谷。丢去这里两颗，砍去这里两截。一截丢去下方，变成六花马鹿；一截丢去高处，变成六种青蛙。丢去这里四颗，砍去这里四截，一截丢去那边，变成像花一样的大野兽；丢一截到山林中间，变成猿猴吃果子。丢去这里六颗，砍去那处六截，人类才繁衍起来。做母亲的人越来越多，我们人类才兴旺起来，才造寅时卯时，造卯时黎明，造时辰天亮。……①

与壮族同源的布依族中，有《混沌王》和《盘果王》开辟天地的神话，其梗概如下：

在很古很古的年代，宇宙间一片迷蒙。混沌王哈气成雾，扇气成风，宇宙仍然混混沌沌，天地不分，东西南北不辨。这时盘果王出现了，他用鞭子一挥，把宇宙劈成两半，上浮者为天，下沉者为地，上有日月星辰，下有河流山川，天地从此就开拓出来了。②

布依族还有与开天辟地有关的神话《力戛撑天》，其梗概是：

太初年代，力戛率领众人撑开了天地，为了不再使天再靠拢，他拔牙当钉把天钉牢，牙齿变成了满天星斗。他又挖出自

---

① 《布依族文学史》编写组：《布依族文学史》，贵阳，贵州民族出版社，1992。
② 《布依族文学史》编写组：《布依族文学史》，贵阳，贵州民族出版社，1992。

己的眼睛，右眼化为太阳，左眼化为月亮。力戛在天上劳累了九九八十一天，精疲力竭而死去。①

与壮族同源的水族也有开天辟地神话，如《开天地造人烟》、《开天辟地》、《牙巫造天地》等。其中《开天地造人烟》的梗概是：

初造人，上下黑糊，初造人，盖上盖下。初造人，黑咕隆咚，天连地，不分昼夜，地靠天，连成一片。……哪个来，把天掰开？哪个来，撑天才得？牙巫来，把天掰开，牙巫来，把天撑住。她一拉，分成两半，左成天，右边成地。牙巫用尽全身力气掰开天地时，还朝中间猛吹一口气。于是天地在一声巨响中裂开，左边的一半成天，右边的一半成地。开天造地之后，天还在倾斜着，容易倒塌，牙巫就急忙制造高柱来撑天。

关于盘古开辟天地神话的族属问题，农学冠先生经过研究认为："除个别民族（如白、彝）之外，基本上都是百越民族的后裔，即壮、傣、水、布依、仫佬、毛南等族。故茅盾所推测的盘古神话最早产地为南方少数民族是可以成立的。"② 中国社会科学院民族文学研究所刘亚虎研究员等在《中国南方民族文学关系史·上·先秦秦汉魏晋南北朝卷》中也认为："汉代文献与画像中的神话源于越地盘古神话"。

公元前217年，秦始皇统一六国后，派50万大军进攻岭南，在统一岭南后，设置了桂林、南海和象郡，委派官吏进行直接统

① 农学冠：《岭南神话解读》，南宁，广西民族出版社，2000。

② 刘亚虎等：《中国南方民族文学关系史·上·先秦秦汉魏晋南北朝卷》，北京，民族出版社，2002。

治，除派重兵驻守外，还向岭南移民，“与越杂处”，加强了汉越人民的文化交流。公元前206年，秦王朝覆灭，南海郡守将赵陀兼并桂林、象郡，建立以越人为主体的南越国地方割据政权。汉武帝元鼎六年（前111年），汉武帝平南越南国，岭南重归统一。随之岭南民族文化也相继传入中原，特别是宗教文化。汉初，汉高帝平定天下，就下令将各地的巫师们集中长安，“置祠祝官，女巫”，让他们各自祭祀自己的神灵。有学者著文认为，壮族的盘古神话是在汉武帝时期，通过岭南越人巫师传到长安的。据《史记·孝武本纪》记载：“是时既灭南越，越人通之乃言：‘越人俗信鬼，而其祠皆见鬼，数有效’，乃令越巫立越祝祠，安台无坛，亦祠天神上帝百鬼，而以鸡卜。上信之，越祠鸡卜始用焉。”从历史上看，北方普遍信奉的是“甲骨卜”，而“鸡卜”则是壮族民间所普遍信奉的一种古老的占卜术，民间至今仍有古壮字手抄本《鸡卜经》；壮族民间巫婆喃唱的巫词中仍有“兄妹进葫芦再造人类”的内容。因此，盘古神话在秦汉时期传到中原汉族地区，应该是在情理之中了。

四、磨刀石、葫芦：壮语对“盘古”的原始解释及其文化内涵

壮族麽经《麽荷泰》中反映的是氏族部落社会血缘群婚制残余——姑侄婚，它是比兄妹婚更为早期的婚姻形态。从经文看，这部《麽荷泰》出现的时间比较早，稍为晚期的麽经版本凡有洪水淹天下再造人类神话的，都是兄妹结婚。而且，所有再造人类的神话，兄妹（或姑侄婚）所生出来的都是似磨刀石的肉团，把它砍碎后才变成人类。

> 那时天下全淹完，只剩兄妹俩。他们兄妹做夫妻，他们兄妹做公婆。同住三年半，同住四年满。她就怀孕似圆形，她怀孕九个月。太阳升起像竹竿高，她的脸色白像纸，儿王生下来。怎么生仔不像仔？生仔像石条，生仔得磨刀石。拿去森林里丢，拿去竹篱脚放。任由我出去外面求天，出去外面求仙人。于是妹妹说了话：请听妹妹说一句，你别忙去外面求天，你别忙去外面求仙人，我们是兄妹做夫妻，兄妹做公婆。我们就杀牛敬父母，杀牛祭祖宗。于是妹妹转回村子看，回老地方去瞧。只见（婴儿）头连颈长起来，手上长有肉。立即变成百人千人，各人有姓氏，各人有名字……

在壮族地区的盘古庙里，所敬的盘古神有的是男神，有的是兄妹两个神，并且有葫芦兄妹结婚再造人类的神话传说，实际上就是盘古兄妹结婚再造人类。这就说明，随着历史和社会的发展，人们对于开天辟地的神话已经不那么关注了，注重的是人类自身的繁衍问题。盘古作为开天辟地神的同时，又是一位生育神。与《麽经布洛陀》里说的一样，盘古兄妹生下的是磨刀石，砍碎抛撒以后变成人类。2003 年 9 月 17 日，我们在来宾市兴宾区良塘乡甘东村的盘古山考察盘古庙时，管理该庙的 74 岁的何师武老人叙述盘古兄妹躲进葫芦逃过洪水劫难后，结婚再造人类的故事，老人用汉语柳州方言叙述，当说到葫芦兄妹生出磨刀石怪胎时，他强调是壮人说的“因盘末伦”［hin^1 pan^2 mo^2 lon^4］。这里“因”［hin^1］是石头，“盘”［pan^2］是磨砺，“末伦”［mo^2 lon^4］通称“因末伦”［hin^1 mo^2 lon^4］，即鹅卵石，合起来就是用鹅卵石做的磨刀石。这里最重要的是磨刀石“盘”［pan^2］。而葫芦（作水瓢用的大肚葫芦）壮语叫“勾”［kau^3］，合起来就是“盘勾”［pan^2 kau^3］，由于壮族历史上没有文字，汉人用汉字记音便写作“盘古”。葫芦是壮族地区普遍种植的植物。葫芦瓜嫩时可作菜肴，老时晒干可做容器盛物，特别是盛装液态物质，这对远古时代人类的生活具有十分重要的意义，是远古时期未能制造陶器之前人类重要的生活用具。根据民族学和考古人类学研究，其最早使用的年代可追溯到陶器产生以前的旧石器时代，即距今一万年以上。葫芦易生，繁殖能力强，多籽，其形状恰似孕妇那圆润的躯体，是原始时代恶劣自然条件下人类所追求的生命力和繁殖力的象征。葫芦承载了太多人们对远古时代生活的回忆。壮族有信仰和崇拜葫芦的传统习俗，在桂中地区，盘古庙里都贴着或挂着各种形状的剪纸葫芦，在其他庙宇中也挂着用红纸剪成的葫芦，在各种建筑的柱、梁上还雕刻有葫芦，所有这些，都源于对葫芦兄妹再造人类神话和盘古文化的延续与传承。

兄妹结婚生下像磨刀石的肉团而后繁衍人类的传说，反映了壮族对磨刀石的崇拜意识。从石器时代起，砺石（磨刀石）就是壮族地区重要的生产工具和生活用具，尤其是在石器时代，人们要磨制各种各样的工具，都离不开砺石（磨刀石）。2002 年在百色市发掘的革新桥新石器时代遗址，是一处规模巨大的新石器加工场，出土各种石器成品、半成品 2 万多件。该遗址已被评为 2002 年中国十大考古发现之一。在该遗址中就出土了大量的砺石（磨刀石），其大者有 200～300 公斤。在距今 6000 多年的象州南沙湾新石器时代贝丘遗址和兴宾区、武宣县的新石器时代遗址出土的器物中都有砺石（磨刀石）；在平乐银山岭战国墓葬出土的随葬品中，也有不少砺石（磨刀石），与铜、铁制的生产生活用具和兵器为共存物。过去壮族家庭都置有专用磨刀石，将祖传的磨刀石视为神圣之物。壮族家庭大年初一祭祀时也要给磨刀石烧纸上香；搬家时要搬上磨刀石；兄弟分家时要在父辈的主持下分磨刀石，一般是全家共用的祖传磨刀石分给长子管理；兄弟相争财产时也会争磨刀石。壮族麽经《解兄弟冤》中就有兄弟争磨刀石的记载：

> 三兄弟像猴子争果子，三兄弟像水獭争鱼；三兄弟像老鹰争鸡，三兄弟像土官争天下。争箱底的钱，争擅长捕鼠的猫，争出金银的泉水，相争磨刀石，相争马连鞍，相争干栏的木柱子……①

广西东兰县大同乡《覃氏族源歌》中，就说到覃家12兄弟共用一块大磨刀石，由长子管理，12兄弟各自使用一处磨面，从磨面的宽深度可观察到各人“利其器”的情况，评价各人的勤劳程度。磨刀石在人们生产生活中的重要性及它所承载的人们对远古时代的深刻记忆，使它成为壮族的崇拜物。

磨刀石、葫芦—“盘勾”［pan^2 kau^3］—盘古，这就是壮语对“盘古”的最原始意义的解释。首先，它反映了盘古神话源于人类对最原始的生产生活用具——磨刀石、葫芦的信仰和崇拜。其次，它喻意着人类对物质和人自身两种生产的追求。磨刀石、葫芦不仅是生产生活的工具和用具，是物质生产的象征，而且磨刀石隐喻着男根，葫芦则隐喻着女性的形体，是人类所追求的种的繁衍的象征。在壮族地区一些新石器时代遗址中就出土有石祖，反映了远古时代壮族先民的石祖崇拜意识。主要在壮族地区出土的大石铲，其中一部分是稻作农业生产的工具，还有相当一部分通体磨光，美观精致，大小不一，而且不具有实用价值，出土时多是直立，刃部朝天，其形状与男性生殖器的剖面相似，是人类男根崇拜的象征，或者说石铲正是石祖的衍变物；在壮族乡间许多小庙中的神台上，都立有一块锐形石头作为神祇的象征，其文化基础是壮族先民对生殖力的崇拜。因此，“盘古”——磨刀石、葫芦，是壮族两种生产价值观的最原初的形象体现。第三，“盘古”反映了壮族先民以万物“波乜”［po^6 me^6］（即公母）为基础的原哲学思维。在壮族先民

① 李富强、朱芳武：《壮族体质人类学研究》，南宁，广西人民出版社，1993。

的观念中，人分为“波乜”[po^6 me^6]（即公母）两种，动物也分为“波乜”[po^6 me^6]（公母）两种，世界万物都区分为“波乜”[po^6 me^6]（公母）两性类别，互相对立又互相联系，万物的变化都是依照“波乜”[po^6 me^6]（公母）相配的规律来进行，形成了万物“波乜”[po^6 me^6]（公母）观。这在壮族神话、民间宗教、民俗事象及壮语蕴藏的思想文化世界中都有体现。“盘古”及盘古神话就是这种万物“波乜”[po^6 me^6]（公母）观的最原初的体现，具有丰富的文化内涵。盘古神话是在传播过程中经汉族文人加以记录整合而逐渐哲学化的。

综上所述可以看出，珠江流域的壮族先民的以盘古神话、盘古崇拜为主要内容的盘古文化基本上是一种原生态的文化。而河南等地的盘古神话，从其内容所涉及的寺院、石狮子、用馍馍喂石狮子、人钻到石狮肚子里躲过洪水，玉皇大帝、太白金星、石磨、滚磨成亲、如意球以及八卦、两人分别坐在两座山头修炼等元素来看，是一种次生态的神话，其中含有明显的道教观念的因素。正如茅盾先生所说的，后来一些著作中提到的其他地方有盘古地名、祭祀盘古的庙宇及活动等，也帮助我们想象盘古的神话本产生于南方而后渐渐北行的，是盘古神话由南往北传播过程中的变异和发展。据有关史料记载，河南泌阳等地是在唐代才开始祭祀盘古的，距今只有1300余年的历史。

五、来宾市：盘古文化的重要发祥地

盘古文化，是指以盘古神话、盘古信仰为核心所产生的包括神话传说、民间故事、歌谣、麽教和师公唱本、庙宇、祭祀活动及地名等文化现象，构成了原生态的文化体系。我们说来宾市是盘古文化的重要发祥地，是基于以下理由。

（一）从地理学和考古学来看

来宾市位于广西正中部，珠江水系的主干流之一红水河与柳江在境内汇合成黔江流入浔江。这里是珠江水系的中心，也是珠江流域的腹心地区；是云贵高原文化通过红水河与华南低地文化沟通的结合部和汇集点。在这个区域及整个桂中地区有属于旧石器时代晚期的距今5万年的柳江人遗址，距今3万~2万年的麒麟山人遗址和距今1万多年牛岩人遗址、都乐人遗址、九头山人遗址、甘前人遗址，有跨越旧石器和新石器时代的距今1万多年到几千年的白莲洞人遗址等，说明这里从旧石器时代起人类活动就很频繁。这里新石器时代人类遗址就更多。而且在这些旧石器时代遗址周围分布了较为密集和发达的新石器时代文化遗址，显示其互相衔接和前后相因的继承性，说明这里远古时代的人类没有灭绝，没有发生过整体性的迁移，而是世代相传繁衍下来，成为华南—珠江流域的原始居民。体质人类学者在对柳江人等古人类骨骼及现代壮族活体测量获得大量数据的基础上进行分析比较后指出：现代壮族在其体质形成过程中，与岭南地区和东南亚地区某些新石器时代人类有一定的继承关系，而其根源可以追溯到旧石器时代晚期的柳江人。说明壮族及壮侗语民族是这里的原始居民，也说明这里从旧石器时代以来，其文化发展一脉相承，层次清楚，脉络清晰，这种情况在我国其他地方是很少有的。反映在神话上，也是层次清楚，脉络清晰，可以从开天辟地、人类起源讲起，这种情况在我国其他地方也是少有的。所以，盘古开天辟地和再造人类的神话在包括来宾市和桂中地区在内的珠江流域最早出现，是符合规律的现象。

文化与人类密不可分，不存在没有文化的人类，也不存在脱离了特定人类群体的文化。从民族学和人类学的角度来说，一定的文化总是由一定的民族创造的。某一种文化只能属于某一个或某一些民族，没有民族作为载体的文化和没有文化特征的民族同样是不存在的。盘古神话作为一种文化，其创造者是华南—珠江流域的原始居民，亦即壮侗语民族的先民，地处珠江流域腹地的来宾市，就是其重要的发祥地。

(二) 从历史文献记载看

古籍记载桂林有盘古庙，今来宾市仍有盘古庙。汉元鼎六年(前111年)，在今来宾市辖的象州县内设桂林县，此后，三国吴、西晋、东晋、南朝、宋、齐都在今象州设置桂林县。隋开皇十二年(592年)，在象州复置桂林县，唐武德四年（621年）仍置桂林县，唐乾封元年（666年），撤桂林县并入武仙县（今武宣县）。三国吴和南朝宋、齐设的桂林郡，郡治都在象州境的武安、武熙县。历史上在象州设桂林县的时间长达687年。

南朝梁任《述异记》记载：古说：盘古氏夫妻，阴阳之始也。今南海有盘古氏墓，亘三百里，俗云后人追葬盘古之魂也。桂林有盘古祠，今人祝祀，南海中有盘国，今人皆以盘为姓。

这里说的桂林，就是治所在今象州境内的桂林郡和桂林县。桂林有盘古祠，就是指当年在今来宾市境内有盘古祠。这里的南海不是一个具体的地名，而是一个泛指词，按史书上的习惯用法，是指岭南珠江流域广大地区。是南朝及其以前有关盘古庙的唯一明确记载，可见今来宾市境内当年纪念和崇拜盘古的风气之盛。今天来宾市境内仍有盘古庙，而且人们仍在祭祀盘古。盘古庙所承载的是人们对盘古的信仰，而盘古信仰是盘古文化的核心。由此可以说明，来宾市是盘古文化的重要发祥地。

(三) 从语言学来看

德国著名的语言学家格里姆（J. L. K. Grimm）说过：关于各民族的情况，有一种比之骨头、工具和墓葬更为生动的证据，这就是他们的语言。[①] 语言对一个民族来说，具有稳定的对应性。一种语

① 格里姆：《日尔曼译法》，载《民族问题丛译》，1957（12）。

言总是一个以它为母语的民族的专用品，通过保留下来的古老的民族语言，可以了解这个民族历史上经济、社会生活的情况。从这个意义上说，语言是了解各民族历史发展的“活化石”。根据语言发生学原理，事物的名称是随着这一事物的出现而出现的。上文所述的盘古源于壮语的“盘古”［pan^{2} kau^{3}］，即磨刀石—葫芦，其中磨刀石“因盘”［hin^{1} pan^{2}］是壮族地区普遍的叫法，而葫芦全称有的叫“勒报”［lフk^{8} bau^{3}］，有的叫“勒勾”［lフk^{8} kau3］。其中“勒”［lフk^{8}］是词头，习称为“报”［bau^{3}］或“勾”［kau^{3}］。桂中来宾市一带就称葫芦为“勾”［kau^{3}］。似说明盘古［pan^{2} kau^{3}］文化在这一地区具有悠久历史。

（四）从地名文化看

地名是人们在社会生活中，为地理实体、居民聚落和地域区划所取的名称，是特定的一种语言符号和人类活动的历史印记。它具有鲜明的地域性和民族性，又具有顽强的延续性和稳定性。盘古地名就是一种特定的语言符号，它记载的是历史上人们对盘古的信仰和崇拜，是盘古文化的历史印记。来宾市的盘古地名，是当地具有深厚的盘古文化的历史印记，是盘古文化发祥地的历史见证。

（五）从神话等民族民间文学看

来宾市民间流传的盘古神话传说、盘古歌等，与壮族民间大量存在的开天辟地神话、盘古兄妹再造人类神话更说明了来宾盘古文化之来源历史悠久，来宾市是盘古文化的重要发祥地。

六、来宾市盘古文化发现的意义

来宾市盘古文化的发现，对于人们了解中华民族悠久的历史具有重要的意义。每个民族总是要追溯自己的历史，追溯宇宙万物的形成和人类的起源。每一个民族的神话，赫然写在第一页上的都是关于宇宙万物从何而来的创世故事，以及开天辟地创造世界的神话人物。关于宇宙的发生、人类的来源，是具有寻根本能的人类的一个不朽的话题。

中华民族开天辟地的神话人物是谁？是盘古。“自从盘古开天地，三皇五帝到如今。”这是在中国乃至全世界华人中妇孺皆知的一句民谣，体现了各民族的文化认同。盘古神话成为中华民族历史文化伟大开端的一个不朽的象征。盘古文化的发现，对人们了解中华民族悠久的历史文化具有重要的意义。

来宾市盘古文化的发现，对人们了解盘古文化的源头以及中华民族多元一体文化具有重要的意义。过去很长一段时间，对中国有无创造世界的神话众说纷纭，而一些学者特别是西方学者则以我国中原地区没有创世神话的历史文献记载为由，干脆不承认中国存在过创世神话，其中以美国学者波德（Derk Bodde）的说法最具代表性：“特别应该强调的是（如果把盘古神话除外），中国可能是主要的古代文化上唯一没有真正的创世神话的国家。中国的哲学也有类似情况。中国历来对人类的发展及对周围环境的适应特别关注，对于宇宙的起源却兴趣不大。”① 还有一些学者则把盘古神话说成是外国（例如印度）传进来的。开发来宾盘古文化，可以向世人证明：第一，中国有自己的创造世界的神话，而且内涵十分丰富，源头十分清楚，脉络十分清晰。第二，中华民族文化是多元一体的文化，它是由以汉族为主体的56个民族的文化组成的，而不是单一民族的文化。如果从大河流域来说，它包含了黄河流域、长江流域、珠江流域、辽河流域的文化。盘古文化源于珠江流域，它是中华民族多元一体文化的重要组成部分。

来宾市盘古文化的发现，对增进人们对壮族文化在中华民族文

① 杰克·波德：《中国的古代神话》，载《民间文艺集刊（第二集）》，上海，上海文艺出版社，1982。

化乃至世界文化发展史中的地位和作用的认识和了解，对于弘扬和培育民族精神，增强中华民族的凝聚力，加强民族团结，具有重要的意义。

（原载《广西民族研究》2004 年第 1 期；作者在广西民族研究所、广西博物馆、广西社会科学院、广西日报任职）

农村劳动力流动对壮族乡村文化的影响

——以广西板隆村为例

黄润柏

长期以来，在交通不便、信息闭塞、安土重迁等主观和客观因素的共同制约下，壮族社会一直是人口流动率极低的社会。在20世纪90年代初期，“民工潮”波及壮族地区，并在90年代中后期逐渐形成规模。农民大规模流动给流出地壮族乡村的文化传统带来了广泛而深刻的影响。他们在城乡之间的流动打破了流出地社会的封闭性，加速了流出地社会文化的变迁，也引发了一些新的社会问题。2008年7—8月期间，笔者对红水河畔壮族聚居社区展开田野调查，本文即以此次实地调查资料为依据，通过对一个壮族聚居的村落——板隆村的剖析，探讨壮族农村劳动力流动对流出地乡村文化带来的一系列影响。

一、调查点概况

板隆村位于广西西北部云贵高原南缘，是广西东兰县长江乡的一个行政村，其所在的东兰县是广西28个国家级贫困县之一。2007年东兰县农民人均纯收入为2097元，板隆村为1800元，低于全县平均水平。全村45个自然屯，村民均为壮族，2007年末有902户3403人，全村总面积29.76平方公里，人口密度114.35

人/平方公里。全村共有耕地1201亩，人均0.35亩。板隆村种植结构比较单一，粮食作物主要有水稻、玉米、红薯等，经济作物主要是桑、油茶、油桐和板栗。由于人地关系高度紧张，板隆村农业生产长期处于低水平发展状态，加上村内乃至乡域范围内第二、三产业的薄弱，以及长期以来的体制束缚，在20世纪80年代以前，当地自产粮食不能自给，农民隐性失业现象严重。全村劳动力1877人，劳动力人均耕地仅0.64亩，每年累计耕作时间不足2个月，除农忙季节全天劳作外，其他季节多是半日劳作半日休息，特别是冬季，劳动力基本处于无业状态。20世纪90年代初期开始，在全国大规模农村人口流动潮流的影响下，一些村民开始外出，以寻找增加收入的机会。此后随着最先外出者衣锦还乡的示范效应，到1995年左右外出务工人数比例不断增大，2000年以后，全村的青壮年劳力几乎全部外出打工，甚至一些文盲的妇女，也跟随丈夫或本村人到外地打工。劳动力流动的去向大多在广西区内各大中城市以及邻近的广东省，所从事的一般是一些体力活儿或对技术要求不高的工作，如进工厂当工人、到建筑工地打工、受雇种菜、护理芭蕉园、做木材加工、当搬运工、当饭店服务员等。现在绝大多数青壮年都有打工的经历，村里几乎家家都有人外出打工。据统计，2007年末全村劳务输出人数为630人，占劳动力总数的33.56%，其中出县外以上人数441人，占劳务输出总人数的70%。

大量青壮年劳动力的外出，形成了一种缓慢而持久的力量，逐渐地影响着板隆村的乡村文化。而这种影响也正以积极或消极的方式表现出来，成为乡村文化的一部分。

二、农村劳动力流动改善和提升了乡村生活质量

板隆村壮族劳动力流动主要基于两个因素，一是“找钱”，二是“长见识”。对于绝大多数外出的农民工来说，挣钱结婚、盖房

子以及为儿女以后的花费做准备是他们的主要目的。为了“长见识”而外出的仅限于少数刚离开学校、家里没有负担的年轻人。事实上，大多数村民外出挣钱的目标基本得以实现。据统计，2007年板隆村劳务输出人数为630人，劳务收入283万元，人均近4500元，远高于留守务农的村民。

随着收入的增多，壮族农民生活质量有了明显改善和提升，其积极作用是显而易见的。这种改善和提升最直观地体现在“住、衣、食、用”四个方面。

住。板隆村传统住宅为干栏式，分两层，上层住人，下层圈养牲畜，过去为茅草盖顶，篱笆围边，圆木铺楼，后来发展为瓦顶、砖墙或泥墙、木板楼。干栏式住房普遍在向阳一边设有晒台，有门与屋内相通以作晒谷、晒物、乘凉之用。自20世纪80年代以来大多数农户都基本上先后建了新房，有的农户还几次建新房。房屋的结构也随着时间的推移而出现变化，20世纪80年代新建的房子大部分仍沿用干栏式，小部分改为平房。20世纪90年代中期以后，村里外出打工的人家几乎都翻盖了新房。新建的住房不再沿用传统的干栏结构，而是建造砖混结构或钢筋水泥结构的二层甚至三四层汉式小楼，稍富裕的人家讲究楼房的内外装修，外墙用瓷砖装饰，楼内设有贴瓷砖的厨房、卫生间，干净整洁。牲畜另外圈养，实现了人畜分开，居住条件明显改善。新建楼房造价在五六万至十几万元不等，主要是打工所得。

衣。无论是数量、质量还是款式都有了明显的变化。传统壮族衣着以土布为主，男子穿对襟布扣唐装，妇女穿着右衽无领滚边上衣，戴蓝色或灰白相间的花格子头巾。服装的主要色调为黑、深蓝、浅蓝等颜色，年轻女子穿蓝色，色彩较单一，即使到了改革开放初期，穿花衣裳的女子还不多，即使有，也不敢用鲜艳的颜色和大胆的图案。20世纪90年代以后，随着农村劳动力流动的兴起，壮族农民服装的款式越来越多，颜色也越来越鲜艳。成衣摊点进入农村贸易市场，农民购买成衣既便宜又方便，因而不再请人缝制衣服，而是到服装市场上购买成衣。男子服装中，除了少数老年男子还穿着传统的对襟装外，其他男子服装基本趋同于汉族，普遍穿上了西装、夹克、牛仔装和休闲装。女子服装中，较好地保存了民族特色的是妇女头巾，至今仍有很好的工艺流传，老年妇女均戴头巾，穿着传统的右衽上衣，而中青年妇女则不戴头巾，也不再穿着传统样式的服装。各种色样的花衬衣、毛衣、夹克外套、大衣、西裤等四季时装已经是壮族青年妇女的日常衣着。穿着上的这一变化，也是和“民工潮”的兴起密切相关的。

食。板隆村人多地少，大集体时期水稻生产仍然沿用祖辈传下来的品种，水稻亩产只有300斤左右。由于粮食产量低，自产稻米不能自给，传统板隆人主食除了大米之外，还辅以玉米、小麦、木薯等，一般人家一日三餐，早、中餐吃稀饭，晚餐才吃干饭，有时也把大米与玉米掺和煮玉米粥吃。平时以自家种植的蔬菜佐餐，很少肉食。过年有杀年猪做腊肉的习惯，腊肉平时很少吃，只有来了客人或农忙时才吃，新鲜猪肉、鸡肉、鸭肉等只有逢年过节、婚丧嫁娶等节庆才能吃上。20世纪90年代以后，水稻普遍改种杂优品种，亩产最高达到1300斤左右，基本实现了粮食自给，同时外出务工增加了农户的收入，从而导致农户的日常食品消费和饮食结构发生了相应的变化。现在，板隆人的主食都是大米，玉米、红薯等杂粮只作零食或做猪饲料，肉食品的消费也大量增加，相当多的村民去集市上买猪油和新鲜猪肉来请客和供日常消费，过去难得吃上的鱼、新鲜猪肉等成了家常菜。2007年，板隆村人均消费鱼肉禽蛋达到39公斤。现在板隆人消费的副食品也不再全部自给，而是隔三差五地到集市上购买。

用。过去板隆人的生活用品非常简单，棉被、蚊帐、床单、板凳、柜子等大多自制，除了生活必需品外，很少有多余的物品。20世纪90年代中期以后，传统的自制家庭生活用具渐次退出，比重下降，商品性、时尚化家庭生活用具比重上升，逐渐占据了主导地位，电饭煲、电话、彩电、影碟机、摩托车等家用电器、耐用消费品逐渐进入消费领域。日常生活的燃料也从烧柴火改为用沼气。到2007年末，全村902户有沼气池的323户，占总户数的35.8%；有固定电话的82户，占总户数的9.09%；有移动电话的120户，占13.3%；有电视机的430户，占47.7%。

随着住房条件的改善和耐用消费品的广泛购置，外出务工家庭无论是在物质生活上还是在精神生活上都向前迈出了一大步。

三、农村劳动力流动冲击着乡村的文化传统

大量青壮年劳动力外出务工，对传统壮族乡村社会文化造成了强烈冲击，而且这种冲击效果的显现是持久而长远的。

第一，老人传统地位下降，经济因素对个人的家庭地位起重要作用。板隆村传统社会中，老年男子在家庭中地位很高，掌管着家庭的经济权和决策权。20世纪90年代农民工流动兴起后，决定家庭成员权威地位的因素不再是辈分和年龄，而是家庭成员为家庭经济收入所做贡献的大小。在很多家庭，外出打工者增加的收入占家庭新增收入的一半以上，家庭成员在外务工收入的多寡在很大程度上决定了家庭经济的好坏，这导致中青年在家庭中决策与权威地位的普遍上升。因此，在多数家庭中，60岁以上的老人实际上都不再居于家庭决策的核心位置，而核心家庭的普遍化更是加速了这一权威类型的转化过程，使传统的以祖父或父亲为中心的家庭权威结构向以儿子为中心的家庭权威结构转化。如今在板隆村，失去劳动能力的老人依靠儿子的赡养而生活，身体健康还能劳动的老人，则以儿子们为轴心安排自己的生活，为外出务工的儿子照顾家庭、照料孙辈与看管土地成为他们为家庭发挥余热的重要方式。

第二，女性地位上升。传统板隆人有浓重的男尊女卑观念，他

们严格遵从“妻从夫纲”的古训，女性在家庭中的地位很低，妻子是从事生产劳动、操持家务、生儿育女的机器，在家庭经济和其他事务的管理上均没有发言权。家庭一切事务的决策权归公婆或丈夫，丈夫去世后，家长的权力传给儿子。只有儿子尚未长大成人，而公公婆婆也已经不在世时，妻子才暂时拥有家长的权力。改革开放后，由于男性劳动力外出务工，女性不仅成为农副业生产的主力，同时还要做家务、照顾老人和孩子，负责农副产品的生产和销售，以及家庭中的日常生活开销。妻子拥有了与丈夫共同管理家政的权力，在大部分家庭中，妻子掌握一定数量的家庭经济收入，虽然家庭收入的大部分仍由丈夫掌管。在重要事情的决策上，丈夫一般也与妻子商量，夫妻关系由过去的主从关系渐趋平等。

女性地位提升的另一个表现是她们的受教育机会逐渐与男子均等。由于重男轻女思想和经济条件的限制，传统板隆壮族女性受教育的机会很少。据调查，1982 年，板隆村的板隆屯 20 岁以上（含 20 岁）的男子 52 人，受过教育的 32 人，占 62%，而 20 岁以上（含 20 岁）的妇女 61 人，只有 4 人受过教育，仅占 6. 6%，但在 20 岁以下的 59 名妇女中，就有 36 人受过教育，占 59. 3%，比起 20 岁以下男子受教育的比例 71% 来，差距较小。到了 2007 年，板隆屯 20 岁及以上男子有 92 人，受过教育的 84 人，占 91. 3%；20 岁及以上妇女有 108 人，受过教育的 83 人，占 76. 85%，女性受教育的程度大为提高。现在的板隆人在送孩子读书方面基本上没有了重男轻女的思想，只要孩子肯读书，无论男孩女孩，一般都会尽力供其读到考不上为止。

第三，传统文化活动迅速衰减，文化传承面临危机。农村劳动力流动兴起之前的漫长岁月中，板隆村每年的传统文化活动丰富多彩，打铜鼓比赛、蚂蚜节、对唱山歌、跳春榔舞等文化娱乐活动热闹非凡，人们以此来度过漫长而美好的闲暇时光，据说板隆村还是壮族春榔舞的发源地。1995 年以后大量村民外出，使得乡村传统被迅速破坏和丢弃，传统文化活动大量减少，即使能够组织起来，规模也比以前小很多，参与者大多是中老年人，年轻人因常年在外流动而失去了参与的机会，即使有机会，大多数人对这类活动也缺乏热情。过去每年进行的打铜鼓比赛，最近几年已经不再举行。至于对唱山歌，也仅限在中老年人之间进行，年轻人读书毕业后即外出打工，基本没有学唱山歌的机会。老人们说，现在 30 岁以下的年轻人一般都不会唱山歌了，甚至都听不懂。在板隆村调查期间，笔者请一位 91 岁的老奶奶唱山歌，奶奶 21 岁的孙子在一旁却颇有微词，说奶奶在这么多人面前唱情歌实在让人难为情，足见年轻人对于传统文化的观念与他们的前辈已经明显不同。

第四，村民互助范围缩小，频次降低。传统壮族社会在生产、生活中素有互助之风，凡耕田种地、建房、砍柴乃至婚丧嫁娶等，全村人都互相帮忙，出钱、出物、出人力。这种帮助没有报酬，也不分贫富，不讲究劳动力强弱或男女工对等，也没有硬性规定要按帮工的日数还工，称为“换工”。长期以来，壮族按照这一生活方式世代传承、和睦相处。在 1995 年农村劳动力流动兴起后，换工这一世代延续的习俗受到了冲击。由于大部分青壮年常年在外打工，留守的妇女、老人能力有限，因此一些大型的生产、生活活动如耕田、收割、建房等，不再换工。劳动力少或无力耕种的人家，大多花钱请人耕种、收割，每人每天支付 30 ~ 50 元的工资。至于建房，过去住的是干栏房，材料都是自备，建房时的挖地基、舂墙、上梁、盖瓦等，都由全村青壮年男子帮忙。现在改建钢筋水泥或砖混楼房，一般不再自建，而是全部承包给建筑商，建房换工的习俗也逐渐淡出。一些留守的“空巢老人”或孤寡老人，平常遇到类似扛米、挑谷之类的重体力活，都要找村邻帮忙，如果来帮忙的不是自家近亲，通常也会给些报酬。只有婚丧嫁娶等礼俗活动中的互助仍然在延续。可以预见，在不久的将来，村民之间的交往将被以契约、竞争、平等、自由等为准则的市场经济理性所支配。

第五，传统养老模式面临挑战。壮族几千年延续下来的“养儿防老”——儿子和父母一起生活，三代同堂、四代同堂，儿子照料父母晚年生活、为父母养老送终的传统，如今正随着农民工的流动被打破。大量农村青壮年外出后，老人的日常生活照料水平随之下降，“空巢老人”增多，他们的生活困难相对比一般老人要多，比如家务、看病，尤其是与日俱增的孤独感，使他们的心理和生理承受着巨大的压力。很多本该安享晚年的老年人，甚至还要帮助儿子耕田种地，照顾孙辈，老人的晚景不容乐观。特别是当前青壮年夫妻双双外出谋生增多，加剧了农村家庭的“空巢”化与老人的养老难。这些外出者把小孩接去一同生活后，留守老人不但日常生活受影响，连精神慰藉也没有了。

第六，乡村生活群体弱势化。壮族劳力外出在缓解人口对土地的压力、解决剩余劳动力出路问题的同时，也使得农村生活群体呈现出弱势化趋势。村庄人口呈老龄化、妇女化和低龄化已是不争的事实。由于青壮年劳动力的不断外出，使得村庄生活仅仅成了村民生活的一部分，村民们对村庄未来生活的预期降低，板隆村越来越呈现出一种空心化态势，虽然村中农民户籍人数没有变化，实际生活在村子里的人数却在减少，甚至只剩下一些老弱妇幼病残人员，使村庄生活群体呈现弱势化趋势。此外，农村大量青壮年劳动力的流动，伴随的是农村知识人才外流，加剧了农业劳动力老龄化、妇女化的发展趋势，削弱了农业生产后劲。近几年，板隆村实际处在农业生产一线的大多是文盲的妇女和50岁以上的男性村民群体，无论是身体素质还是科技文化积累，这一群体也明显处在一个较弱势的地位。

四、结　语

农村劳动力流动打破了壮族乡村的封闭性，增加了农民收入，改善和提升了乡村的生活质量，从非农化的角度来说，大量农村人口外出务工有利于缩小城乡差距，加快农民的非农化进程，但我们不能因此而忽视劳动力外流给乡村文化带来的新问题。毫无疑问，在现代化进程中，会有越来越多的农村人口离开乡村，也会有越来越多的村庄面临大量青壮年劳动力离开后的空巢化难题。在民族地区，农民外出打工是在经济理性和生存理性共同支配下的一种行为选择，他们外出的初衷是为了赚钱改变自己的生活条件。当这些流动人口将外出赚到的钱带回家乡时，也会将城市的思维理念和生活方式带回家乡，这些新的思维理念和生活方式对传统的民族乡村文化造成了巨大冲击。在外出流动的农民中，能够赚到钱在城市里站稳脚跟的并不多，他们最终还是要回到村里。经历过城市全新规则乃至非规则形塑的流动农民往返于城乡之间，传统的乡土规则就会因此而改变，并进而冲击着乡村的文化传统和稳定的乡土秩序。这正是一些地方的乡村宁静生活受到破坏的重要原因。过去，壮族农民一直被束缚在土地上，他们的要求和欲望总是在土地许可的范围之内，因此他们能够遵循几千年来的乡土规则，复制着熟悉的乡土秩序，诸如“换工”互助、对歌娱乐、养儿防老等。然而，当他们离开家乡到一个完全陌生的环境时，对传统的习惯、风俗、道德准则逐渐减少了接触和运用的机会，原有民族传统文化的认同感被削弱。而当城市生活方式和思维理念跟随外出人口的回乡而进入乡村时，传统的乡土文化、乡土规则就遭到排挤而失去市场，受到人们的冷落。最显著的表现是：年轻一代对本民族传统文化失去了兴趣，依靠口耳相传的民族传统文化传承面临危机。

显然，在可预见的将来，会有越来越多农民按照自己的生存理性义无反顾地踏上外出的征程，这必将会对乡村社会文化产生深刻而又久远的影响。这种影响有积极的作用，也有负面的因素，并且从乡村传统文化传承的角度来看，负面的作用要大于积极因素，但不能因此否定农民外出的成就。农村劳动力外流打破了壮族社会的封闭性，农业和非农业的联系带来了乡村与城市价值观的交流，使新的思想从城市进入壮族乡村并在村民之间蔓延，提高了壮族农民对变迁社会的适应能力和谋生能力，增加了他们对新事物的接纳性，帮助他们建立起超越地缘和血缘限制的各种新型社会关系。流动与城市体验是一个农民完成从传统到现代转变的不可缺少的两个方面。随着外出劳动力就业层次和收入的提高，影响力将逐步加大。它促进了乡村社会的正向变迁，是壮族乡村经济发展的动力和基础。农村劳动力流动促进了传统壮族乡村社会的同质性减弱、异质性增强，标志着壮族农民与农村社会正在向现代化迈进。壮族乡村劳动力流动的负面影响是民族社会转型过程中难以回避的社会现象，是民族乡村现代化进程中不可或缺的阶段和不可避免的阵痛。对于这种影响，我们要做的是理性面对并积极寻求解决的办法。

（原载《广西民族研究》2008年第4期；
作者系广西民族问题研究中心研究员）

壮族传统水文化与当代生态文明建设

付广华

一、引　言

水是万物之源，是生命之母，是人类社会生存、延续、发展的必需物质。无论一个民族是居住在热带雨林地区，还是居住在寒冷的北极圈内，甚或是居住在炎热的大沙漠内，都不可避免地要与水发生密切的关系。中国南方自古多雨水，常常阴雨连绵，淫雨霏霏，一些地方会有水分过多的烦恼；加拿大的因纽特人主要利用雪来融化成水，亦不用担心水资源的短缺；非洲撒哈拉沙漠的昆人则处在水资源匮乏的地区，只能充分利用各种植物来获取充足的水分。因此，任何民族都有一套与水发生关系的独特方式，其中蕴含着独特的生态智慧。

从文化人类学的视角来看，水文化是围绕水而产生的、与水有关的一切文化事象，它包括水技术和工具、水规约和习俗、水崇拜与水神信仰等。在人类学发展史上，不少学者也曾就水文化事象展开探讨。早在1904年，美国人类学家就依据考古材料对墨西哥人的水象征进行了初步探讨。[①] 30多年后，理查德森和汉克斯根据他们在黑脚印第安人中的田野资料深入地研究了这一族群的水事训练和水事想象。[②] 此后，英美人类学界的水文化研究进一步深化，探讨水的象征的论文有《阿拉佩什水象征的思考》[③]、《生活之水：卡瓦仪式和献祭逻辑》[④]、《水与交换：作为社区的和竞争性遭遇的雅库交换仪式》[⑤]；从水资源管理的角度展开探讨的文章有《秘鲁中部高地的灌溉和社区》[⑥]、《肯尼亚泰塔山区水控制的社会组织》[⑦]、《巴厘水庙与灌溉管理》[⑧] 等。上述论文皆刊载于《美国人类学家》、《美国民族学家》等人类学的权威杂志上，在学界的影响比较大。

受国际学界的影响，近年来中国也有一些民族学家、人类学家涉足水文化研究。郑晓云研究员曾经作为当时唯一代表中国内地的学者，凭借《傣族的水文化传统与可持续发展》一文参加了2001年举办的第二届国际水历史学大会[⑨]；后来他还根据田野资料写成

---

① J. Walter Fewkes, *Ancient Pueblo and Mexican Water Symbol. American Anthropologist*, 1904 6 (4): 535 -538.

② Jane Richardson and L. M. Hanks, Jr., *Water Discipline and Water Imagery among the Blackfoot. American Anthropologist*, 1942 44 (2): 331 -333.

③ Donald F. Tuzin, *Reflections of Being in Arapesh Water Symbolism*, *Ethos*, 1977 5 (2): 195 -223.

④ James W. Turner, *The Water of Life*: *Kava Ritual and the Logic of Sacrifice*, *Ethonology*, 1986 25 (3): 203 -214.

⑤ Lynn Sykkink, *Water and Exchange*: *The Ritual of yaku cambio as Communal and Competitive Encounter*, *American Ethonologist*, 1997 24 (1): 170 -189.

⑥ William P. Mitchel, *Irrigation and Community in the Central Peruvian Highlands*, *American Anthropologist*, 1976 78 (1): 25 -44.

⑦ Patrick Fleurit, *The Social Organization of Water Control in the Taita Hills*, *Kenya*, *American Ethonologist*, 1985 12 (1): 103 -118.

⑧ J. Stephen Lansing, *Balinese "Water Temples" and the Management of Irrigation*, *American Anthropologist*, 1987 89 (2): 326 -341.

⑨ 郑晓云：《傣族的水文化与可持续发展》，载《思想战线》，2005（6）。

《红河流域少数民族的水文化与农业文明》①，提交给2003年年底在埃及召开的第三届国际水历史学会大会。麻国庆教授着眼于“水与文化多样性”的研究，以自身在内蒙古不同地区的调查案例为基础，在“公”与“私”的框架下，考察了蒙古族社会对水的利用的传统及其与地域社会的关系。② 郭家骥研究员撰写的《西双版纳傣族的水文化：传统与变迁》，系根据他在西双版纳傣族自治州景洪市曼远村的三次田野调查资料写成，就傣族民众对水的认识和信仰、水利技术、水资源管理制度进行了深入的研究。③ 无独有偶，艾菊红还以《傣族水文化研究》为题撰写博士论文，成为这一领域内最为厚重的著述。上述研究注意结合文献和田野资料，运用人类学的视角来分析问题，为后来学者的深化研究提供了坚实的基础。

与云南的傣族一样，壮族也是一个亲水的民族。他们主要居住在中国南方的广西壮族自治区和云南省，传统上以“饭稻羹鱼”为基本的取食方式。不论是种植水稻，还是养殖淡水鱼，都离不开水。由于取食方式的这种特点，在壮族传统文化中，有着诸多与水有关的文化事象，广泛分布于壮族的物质文化、制度文化与精神文化之中，形成了博大精深的壮族传统水文化。不过，由于学者们研究领域的限制，至今尚少全面、深入地研究壮族水文化的成果。只有邱振声研究员进行了开拓性的探讨，他从水为生命之源、水为圣物、水中有神三个方面探讨了壮族民众对水的认识，但由于所采用

---

① 郑晓云：《红河流域少数民族的水文化与农业文明》，载《云南社会科学》，2004（6）。

② 麻国庆：《“公”的水与“私”的水：游牧与传统农耕蒙古族“水”的利用与地域社会》，载《开放时代》，2005（1）。

③ 郭家骥：《西双版纳傣族的水文化：传统与变迁》，载《民族研究》，2006（2）；郭家骥：《西双版纳傣族水文化的变迁与可持续发展》，见尹绍亭、秋道智弥主编：《人类学生态环境史研究》，1～37页，北京，中国社会科学出版社，2006。

的方法是传统文学研究的进路，关注的仅为壮族传统水文化的认识与信仰方面，未能从文化人类学的视角对壮族传统水文化进行较为全面的研究。[①] 此外，廖明君研究员曾从自然崇拜的角度研讨了壮族的传统水崇拜文化，对布洛陀“喷水”、挑新水、婚俗中的水、水神祭祀等进行了文化意义上的阐释，使水文化有了更深层次的内涵。[②]

本文吸收了前辈学者的研究方法和经验，以文化人类学为研究进路，试图通过对壮族物质层面的、制度层面的以及精神层面的传统水文化的剖析，为寻求建设人水和谐的生态文明提供智力支持和精神源泉。在资料来源上，力图实现历史文献和田野调查资料的结合：文献资料来自古今中外，涵盖文集、地方志、工具书、民间碑刻等多种形式；田野调查资料则来自于笔者2006年3月至2008年10月先后5次在广西龙胜龙脊村所做的田野调查。在田野调查过程中，笔者还参与了诸如修筑水渠、梯田除草以及参加村民代表会议等活动，深刻地理解了水文化在龙脊壮族民众生产生活中的重要地位。

二、技术和工具：壮族传统水文化的物化表现

从文化人类学的视角来看，水文化是一个涵盖面非常广的符号体系，它在民族传统文化的方方面面都有所体现。作为百越族群的后裔，壮族的传统经济生活是围绕水来展开的，进而影响到整个民族的社会组织和精神文化，形成了壮族博大精深的传统水文化。其中用水技术和工具在其中占有重要地位，它们是壮族传统水文化在物质方面的主要表现。人与自然的关系衍生出技术文化，就其本身

---

① 邱振声：《壮族水文化发微》，载《民族艺术》，1998（4）。

② 廖明君：《壮族水崇拜与生殖崇拜》，载《民族文学研究》，2001（2）。

来说也是丰富多彩的，这里主要关注壮族民众传统的取水、用水的技术和工具。

壮族聚居地区光照充足、雨量充沛，年均降雨量达1500毫米，比我国年平均降雨量629毫米、世界年平均降雨量730毫米均高出一倍多。在江河两畔和山岭之间，分布着一片片面积不等的平峒、弄场或三角洲，具有发展稻作农业的有利条件和巨大潜力。正是这样的自然生态环境，造就了壮族以稻作农业为主的生业方式，形成了与其生存环境和生业方式相适应的文化模式和文化特质。[①] 但由于壮族分布地域范围广，所处地区的地质地貌也各不相同，因此获取水的技术和工具也较为复杂。不过，大部分壮族居住在地势较为平坦的河溪旁边，通过水轮车、脚踏水车、戽斗提水等灌溉工具，再建造四通八达的灌溉渠，使得平峒壮族聚居区成为广西最重要的粮仓。如在壮族聚居的扶绥县，至迟在清光绪年间（1875—1908年），新宁州（今属扶绥县）的高屯江、杨晏江、渌旺江、汪庄江、咘尧江五江，沿流使用江水灌田；那咘水、那模水、渌广水三水，也一样沿流灌田；汪庄河、岜河两河，俱驾车灌田；此外，城南五里安定村民还在那密沟上建筑堤堰灌田。土忠州（今属扶绥县）之口剥咘水，沿溪有引水渠，可以灌溉水口、渌幸、郝章、郝佐等村田亩。[②] 永康州（今属扶绥县）甕江上游，筑有旧县溪坝、渌甕江坝、丰溪坝、咘练溪坝，罗维河上有罗围溪坝，渌井河上有天巡溪坝、新县江坝、光村坝等引水灌溉设施，因此靠近水坝的村子，都能够得到有效灌溉。罗阳土县（今属扶绥县）沿瓮江中下游，也筑有水坝引水灌田，每年浇灌田禾百亩。可见当时壮族民众不仅依靠地理位置建造引水渠坝，而且还流行“驾车灌田”，

① 覃彩銮：《试论壮族文化的自然生态环境》，载《学术论坛》，1999（6）。

② （清）苏宗经辑，羊复礼、夏敬颐增辑：《广西通志辑要》，台北，台湾成文出版社，1967。

使得引水灌溉遍及当时的三州一县，为稻作农业生产做出了突出贡献。关于壮族民众使用水轮车灌溉的记载，后人曾有总结：

在桂西和桂西南一带壮族地区，普遍使用一种水轮车提水灌田。水轮车每架直径六七米，高十米左右，悬于河边，利用流水冲力使水车自动循环，把河水提上岸灌溉。每架水轮车灌几亩、几十亩，大的可灌一两百亩。有的一村用一架，也有数村共用一架水轮车的。用水轮车的地方，冬季全村男女青壮年上山采藤、砍竹，突击修造。①

虽然水坝和水轮车的灌溉效益比较好，但仅仅适合水资源较为丰富的平峒地区。由于地理环境的影响，山岭地区居住的壮族则主要利用山泉水，饮用、灌溉皆仰赖山泉，自古以来就形成了适合山地生态环境特征的稻作农业灌溉方式。比如龙脊壮族聚居区山岭众多，岭上泉水终年不息，有的顺着峡谷奔流而下，有的被民众引导到水田之中，然而由于山地崎岖不平，少有平地，所以并没有发展出大型的水利灌溉工程，而仅是结合山地特点发展了独特的灌溉系统。当地壮族在山腰适当地方开凿渠身很狭窄的灌溉沟，在无法挖沟的地方则用水槽将两段灌溉沟或田地连接起来，水槽取材于当地生产的毛竹，只需将毛竹一剖为二，使之中空，然后打通其中竹节，首尾重叠相连，从远处引水，即可流至田中。对这种灌溉方法，清人闵叙曾记述道：

竹筒分泉，最是佳事，土人往往能此。而南丹锡厂统用此法。以竹空其中，百十相接，蓦溪越涧。虽三四十里，皆可引

① 广西壮族自治区地方志编纂委员会：《广西通志·民俗志》，南宁，广西人民出版社，1992。

流。杜子美《修水筒》诗："云端水筒坼，林表山石碎。触热藉子修，通流与厨会。往来四十里，荒险崖谷大。"盖竹筒延蔓，自山而下，缠接之处，少有线隙，则泄而无力。又其势既长，必有楮阁，或架以竿，或蛰以石。此六句，可谓曲状其妙矣。又《赠何殷》云："竹竿袅袅细泉分。"远而望之，众筒纷交，有如乱绳，然不目睹，难悉其事之巧也。[①]

闵氏所谓"土人"即是指世居广西的壮族民众。即使时至今日，笔者数次到龙脊村进行田野考察时还能见到不少这种水利设施，正如闵氏所言"然不目睹，难悉其事之巧也"，也足见其有效性之一斑。

此外，为了充分利用水资源，壮族先民还形成了一些较有特色的用水技术。如唐代《岭表录异》有记载道："新泷等州山田，拣荒平处锄为町畦。伺春雨丘中聚水，即先买鲩鱼子，散于田内。一二年后，鱼儿长大，食草根并尽。既为熟田，又收鱼利；及种稻，且无稗草。乃养民之上术。"[②] 鲩鱼，草鱼的别称。此处虽然说的是壮族先民开垦稻田的方法，但涉及的却是充分利用水资源的技术，他们能够事先建造"町畦"，主要目的在于充分利用即将到来的雨水。在有些壮族地区，当地民众传统上还充分利用稻田之水，适时往田里放养鲫鱼、鲤鱼、禾花鱼等鱼苗，一方面鱼苗可以帮助稻谷消灭一些害虫，另一方面鱼苗的粪便也肥了田。到秋天收割稻谷时，鱼都长到了一定的长度，可以趁机捕鱼，获得另一种丰收。

事实上，壮族传统文化中还有很多文化事象与水文化有着密切的关系。如舟楫文化乃是一种水上航行的技术文化；酒文化在技术

---

① （清）闵叙：《粤述》，见《丛书集成新编》，第94册，台北，台湾新文丰有限责任公司，1985。

② （唐）刘恂：《岭表录异》，见《丛书集成新编》，第94册，台北，台湾新文丰有限责任公司，1985。

层面上即是把稻谷和水酿造成酒的一种文化；鱼文化跟水文化有着甚为密切的关系，不仅是因为“鱼儿离不开水”，更重要的是“饭稻羹鱼”已经成为包括壮族在内的整个百越族系的共同饮食文化特征。

三、规约和习俗：壮族传统水文化的制度呈现

水规约和习俗，系壮族传统水文化在制度层面的呈现，所涉及的是各种取水、用水以及保水的社会组织和制度，目的在于维系区域社会的水文化和谐。具体而言，又包括调节用水的规章制度、日常规范、节日礼仪等。壮族民众只有借助这些制度方面的水文化，才能构成社会生活，延续复杂的人类社会。

为了保证稻作农业生产的受益最优化，壮族民众很久以来就形成了一整套较为完备的灌溉用水方法。比如在龙脊壮族聚居区，当地习惯法规定：如果一条灌溉渠流经的地方有很多要灌溉的稻田，则必须首先满足先开的稻田的用水；如果一条主渠流经的地方有许多支渠，则必须首先满足先开凿的支渠所灌溉的稻田的用水；尽管后开辟的稻田或支渠在较接近主渠的水源地方，也不能导水灌溉。还有一种办法是：如果有许多处地方使用一条主渠或支渠，便在分水地方安下一块平整的木块或石块，上面凿下一个有两个或三个缺口作“凹”等形状的“水平”，缺口的多少和大小按需灌溉田地的多少而定。[①] 在今大新县，过去也曾经存在过类似的分水办法，据太平土州《以顺水道碑》记载：“凡有田者，必有磄口。若无磄口之田，而其田近于水沟，且卑于水沟，如妄造取水者，即将其人拉到堂案报，照章治罪，以田充公。凡磄界俱定章程，各有额数，总

① 樊登等：《龙胜各族自治县龙脊乡壮族社会历史调查》，见广西壮族自治区编辑组：《广西壮族社会历史调查（第一册）》，南宁，广西民族出版社，1984。

入多寡。各宜守旧制，毋得借私娄取数外。凡磴界之下，沟口相连，不得以此沟多下之地，而凿开取水沟之水。”正是因为有这样一个较好的分水方法，很好地保证了灌溉的先后秩序，所以很少发生不必要的用水争执。

民间社会组织也在水文化传承与维系中发挥了强大的功能，它们或出台规章制度，或组建相关机构，来协调本区域的生产生活用水。如在广东连山壮族地区，组织农户每户一人入会为会员，主要商议和动员兴修水利，通常是按各家田亩多少出资出力，从而形成了一种名为“水利会”的民间公益组织。该组织的存在，使受雨水破坏的水利设施能够得到及时的维修，有效地维护了正常的生产生活秩序。再如在广西龙脊壮族聚居区，为维护正常的农业生产秩序，村寨、联村寨和十三寨寨老组织制定了不少用水规约条款。同治十一年（1872 年）颁布的经过官府认可的《龙胜南团永禁章程》规定：“遇旱年，各田水渠照依旧例取水，不得私行改换取新，强夺取水，隐瞒私行，滋事生端，且听头甲理论，如不遵者，头甲禀明，呈官究治。”光绪四年（1878 年）的《龙胜柒团禁约简记》中也对此作了类似的规定：“禁天干年旱，山奋山田照古取水，不敢灭旧开新，如不顺从者，头甲带告，送官究治。”[①] 这一条款已明确了用水争端的处理程序，把初步处理权交给地方精英，这就使纠纷得到及时有效的处理，保证了正常的稻作农业生产秩序，有利于维护壮族稻作文化的承继与发展。

当然，丰富多彩的用水习俗也是壮族传统水文化极为重要的组成部分，它们是传统用水习惯法的历史积淀。比如主要流传于桂西一带的汲新水，又称挑伶俐水、挑新水、挑乖水。大年初一凌晨，各家各户的新媳妇或大姑娘，担起水桶，手持三炷香火，唱着歌，

---

① 广西壮族自治区编辑组：《广西少数民族地区碑文契约资料集》，北京，民族出版社，2009。

到河边或泉边，将香插上，把用红纸包好的钱币作利市往水里投放，挑回新年的头一担新水。刘锡蕃《岭表纪蛮·节令》载："元旦，提瓮汲新水，沿路唱'牛羊鸡豕、六畜魂来'一语。"传说大年初一的水最清、最吉利，喝了它，人既聪明伶俐，嗓子也清甜。有的地方传说聪明的守河姑娘逢大年初一在河水里投放智慧，谁要是先得新水，谁就会变得越发聪明伶俐。再比如壮族具有新娘过门的第一天就要挑一担水的婚俗，这担水十分讲究，要到最远的泉头去挑，并往泉中丢一铜板或硬币，表示新人拜祭水神。这担水挑回之后，由婆婆分送寨内三亲，让族人分享新媳妇的第一把力气。意思是新媳妇愿意从今以后为族人效力，并望得到关照。此外，广西钦州市一带壮族还有"沐新水"的婚俗。其过程是：新娘至婆家的头一天，行完婚礼后，即由婆家一年纪稍长且多子的妇女，将新人带至所饮之水源，焚香祝告，并向水中撒米及钱币若干，随后由陪伴的妇女以手掬水，轻抹于新娘额头，意谓新娘嫁临此地，将依赖此方水土，望神灵认可并予保护。沐毕，新娘向水源行礼叩谢而去。①

不论是各个不同地区的用水规约，还是丰富多彩的用水习俗，都是壮族传统水文化在制度上的呈现。作为千百年来形成的共同的制度文化遗产，它们如今仍然在壮族社会中发挥着重要作用。

四、崇拜和信仰：壮族传统水文化的深层表达

水崇拜和水神信仰，即精神（表达）层面的水文化，用来应对人们在取水、用水和保水过程中出现的感情、心理、认知上的种种困难与挫折、忧虑与不安，从而形成了与水有关的宗教信仰等文化特质。这些文化特质广泛分布在各个不同的壮族聚居区，是壮族

① 潘其旭、覃乃昌：《壮族百科辞典》，南宁，广西人民出版社，1993。

自然崇拜的有机组成部分。

壮族地区江河纵横，井泉众多，水源丰富。由于壮族及其先民生活在水乡之中，在壮族民众看来，自然界的变幻莫测都是神灵作用的结果，因此他们认为每一条河流、每一处山泉、每一片池塘都有水神栖息其中。在壮族人民的心目中，存在着河流水神、山泉水神和池塘水神三种水神。靖西县的壮族把水神称为“召淰”，把司管河流的水神为“召大”，司管泉水的水神为“召布”。龙胜壮族群众认为饮用之井水、泉水皆为水神所赐，若水神不赐，则人被渴死，庄稼无收。故而每到农历除夕、大年初一清晨，都要用香穿几张纸钱插于井旁泉边，向井神致谢，乞求常年涓流不息。八字缺水的人还拜祭水神为“契爷”，大年小节都去祭祀，将祭祀之米饭或米粑拿回来给拜契人吃。东兰县壮族有很多水神传说：有的说水神是水的灵魂化成，人触怒了水，或是火命的与水相交，会受到水神惩罚；有的说死于水里的人、兽灵魂变成水神，人们在其死难的地方下水，常被拖去替代其受苦难；还有的说水神就是犀牛，壮语叫“图额”，它是水中最大的怪物，会造水淹没人间，会阻塞源流干裂田地。总之，水神可怕，人若尊敬它，就可避免灾祸，否则就会灾祸临头。

据研究分析，壮族民众围绕水崇拜和水神信仰所举行的宗教活动，可分为三类：

第一类是年节、节令的定期性祭祀活动，这类祭祀活动与其他类型的宗教活动无重大差别，只是演化成民俗性的祭祀，即遇节而祭祀的活动。比如田林县壮族群众几乎每个月都要祭祀河神。凡过节，必须祭祀河神，尤其以正月初一和七月初七这两次特别隆重。祭河神多以家庭为单位，且多是妇女的事情，男子很少参与。妇女们清晨来到河边，在平时常挑水洗衣的地方祭拜，意思是求河神保佑，希望河神赐给禽畜的魂灵，赐给人们神灵的水。再比如云南富宁、广南、西畴等县的壮族人民在农历三月属龙日这天，太阳出山时，由寨中有威望的老人带头，青年男女抬着煮熟的整鸡、整鸭、腊肉、五色糯米饭、水酒等随后，在寨旁的水边祭祀。祭祀时，众人面水而立，由老人点香。主持的人均为男性。主持祭祀的老人在活动中，一般是向水祈祷，感谢水神庇护村民，没有发怒，触发滔天大水淹没庄稼或房屋，希望水神在新的一年里继续给予庇护。祭祀的参加者多为老人和年轻人。带着小孩的妇女不能参加，害怕小孩在祭祀当中哭泣，不吉利。参加的人不准交头接耳，要保持肃穆。一炷香完，祭祀活动即告结束，人们开始在水边用餐。有些地方溪流较小，人们食用后要在水源头清理河道，祈求消除洪灾和终年清水不断。

第二类是灵活性的祭祀，多系功利性很明显的祭祀活动，比如：为求雨而祭水神，为久雨成涝而祈祷水神收雨，还有的是为病人求魂，用衣物及祭品向水神讨回病人之魂的祭祀活动。东兰县壮族民众认为池塘水神司管山塘水池起落，所以一到枯水时节，村民需奉献米酒、小猪、香火等祭品，由村老、麽公深夜到池塘边敬祭水神，求它“堵漏水”、“捉水獭”，保护人畜饮水不缺。山洪暴发时，则请它“拦洪护堤”、“排水封鱼”。德保县大旺乡峒内村后山脚周围有泉数眼，而以后山泉出水最大，因此当地村民立庙设水神牌位来祭祀，祈保泉水常流，五谷丰登。① 水神有时又被称为龙神，或叫龙王。龙州县一些地方遇到天旱时，就请魁公向龙王求雨。举行求雨仪式时，魁公们要念经两天两夜，烧大量的纸钱，然后用一片大树叶盛上清水，拿到山坡上立杆挂起，由魁公用小尖棍将树叶戳穿，使清水淋下，象征下雨。都安县高岭一带的壮族则举行集体拜庙盛典，杀狗杀猫取其血，涂在鲤鱼身上，然后将其丢入水潭，意思是让它到龙王那里察报，龙王就会降雨。环江县城管乡壮族“打龙潭”习俗与之相似。天峨县白定乡的壮族认为降暴雨

① 覃彩銮：《壮族自然崇拜简论》，载《广西民族研究》，1990（4）。

是龙王翻身，要敲鼓打锣，并且把春节杀猪留下的骨头烧成灰向着天空撒去，认为这样大风雨就会停止。①

第三类是专门为水神固定日期举行的祭祀活动，这类活动往往会成为一年之中最重要的宗教活动之一。靖西县鹅泉每年三月三举行的“喊布”（壮语译音，即对水神的祷祭）活动较为典型。这一活动由屯中的四大姓氏各推举一名年高德望者作为祭师，组成祭祀的核心小组，召集各户捐出资金、米粮、柴薪等供祭祀使用。在祭祀当日，把约二百斤的米煮熟后装入箩筐内。正式祭祀活动开始时，先是由安屯中的杨姓长老出来对泉水宣读祷祭文，接着由祭师们抬上煮好的米饭放入竹筏，划到泉眼处，这时，锣鼓震天敲响，人声喧哗沸腾，祭师们口中默念咒语，手中不断地将竹筏上的米饭撒入泉水中。由于鹅泉每年都要举行这样的祷祭活动，因此这天也成为泉中鱼儿的节日，它们纷纷跃出水面，争相抢夺人们撒下的祭品。是日，人们禁止使用水族动物，就是在平时，当地人也不能在泉眼一带捕鱼。祷祭水神的活动在固定下来后，其征兆被用来占卜年岁的吉凶，民间因此流传有“鹅泉水清百姓宁”的谚语。②

此外，形形色色的“龙王”信仰、“求雨”仪式以及“竜林”、“竜山”崇拜等也跟水崇拜和水神信仰之间有着密切的联系。即使是享誉中外的壮族铜鼓文化，也与水文化有着密切的关系。限于篇幅，这里就不赘述了。

五、壮族传统水文化对生态文明建设的独特价值

生态文明建设是一个系统工程，它在物质生产、机制和制度乃

① 覃彩銮：《壮族自然崇拜简论》，载《广西民族研究》，1990（4）。

② 吕大吉、何耀华：《中国各民族原始宗教资料集成：土家族卷、瑶族卷、壮族卷、黎族卷》，北京，中国社会科学出版社，1998。

至思想意识层面都具有较为深刻的内涵，其核心理念在于可持续，即工农业生产要可持续发展，民众生活要采纳可持续的生活方式。水是生命之源，人的生命可持续是需要水来维系的，因此水的重要性凸现出来。正是在这种意义上，我们可以说，构建人水和谐机制是生态文明建设的重要任务之一，也是生态文明建设必不可少的组成部分。壮族是一个历史悠久的民族，它的传统水文化中蕴含着丰富的生态文明因素，这些因素对当前壮族地区的生态文明建设和环境保护具有独特的价值。

第一，壮族传统水文化包含了有效的用水技术和工具，有利于从物质上建设人水和谐的生态文明。

水资源短缺不仅是当代世界面临的巨大挑战，也是制约人类社会可持续发展的严重问题。由于水资源在时间、空间上的分布不平衡，国际间的水资源分配越来越成为一个尖锐问题。目前已经产生了许多国际性水事矛盾，如以色列与阿拉伯邻国之间的约旦河水之争、美国和加拿大的哥伦比亚河争端、印度与巴基斯坦间的印度河水争端，以及跨越欧洲八国的多瑙河自由航道网争端等。中国国内水资源短缺也甚为严重，供需矛盾比较尖锐。据统计，在全国所有城市中，缺水城市达300多个，其中严重缺水的城市114个，每年因缺水造成的直接经济损失达2000亿元，全国每年因缺水减产粮食700亿至800亿千克。[①] 与此同时，中国南方长江、珠江水系经常遭受洪涝灾害的侵袭，许多宝贵的淡水资源白白流失，但到了枯水季节和年份，长江、珠江部分支流却又出现断流，生产生活受到严重影响。

壮族民众传统上从事稻作农业，所种植的稻谷品种众多，不仅有名目繁多的籼稻，还有很多种类的糯稻品种。如在龙脊壮族聚居区，当地种植的传统糯谷品种有：同禾、香糯、侗糯、蓝糯、青

① 沈国明：《21世纪生态文明：环境保护》，上海，上海人民出版社，2005。

糯、绒糯、黑须糯、白莲糯、白头糯、长颈糯，此外还有几种没有对应汉语名称的品种。这些传统品种的一个特点是秆高、耐淹，不仅能够用于养鱼，而且能够储存下大量的淡水资源。如今大量推广的杂优水稻，具有秆矮、高产的特点，但却不耐涝，因此无法像传统品种那样在稻田中储存大量的淡水资源。罗康隆、杨庭硕认为，中国的珠江流域，目前实际的稻田耕作面积约6000万亩。这6000万亩稻田若种植传统糯稻，其暴雨季节的储洪能力将高达200亿立方米。其有效储洪能力，接近于另修一个长江三峡水库。枯水季节，这些稻田还留有20亿立方米的水资源储备，可以持续补给珠江下游的淡水资源。①

无论是结合平峒地区生态特征而成的灌溉体系，还是结合山地特征形成的梯田灌溉系统，都充分适应了当地独特的地理环境特征，形成了一些具有民族特色的用水技术。其中，最为有效的即为前述龙脊壮族的"竹筒分水"技术。迄今为止，这种技术仍然在广西少数民族地区发挥着一定程度的功能。不论是传统的稻作农业种植，还是独具民族特色的灌溉系统，都在物质和技术上给壮族地区人水和谐机制的构建提供了一定的技术支持和物质保障。

第二，壮族传统水文化包括保护水环境的规约和习俗，有利于从制度上建设人水和谐的生态文明。

水资源短缺是一个世界性难题，壮族地区也不例外。虽然壮族地区降雨量丰富，地表淡水资源相对较为丰富，但存在着地域不平衡的倾向。在左右江流域，由于有河流蓄水，因此整个流域并不缺水，所面临的问题主要是洪水过度泛滥。而在桂西北等壮族居住的山区，水资源则极为珍贵。无论是洪水过度泛滥，还是淡水资源短缺，都会给壮族民众的生产生活带来巨大的困扰。比如东兰县每年

① 罗康隆、杨庭硕：《传统稻作农业在稳定中国南方淡水资源的价值》，载《农业考古》，2008（1）。

都有不同程度的干旱发生，其中弄占乡、四合乡、五联乡、三弄乡以及金谷乡、坡峨乡的部分村缺水特别严重，人畜饮水全靠水柜解决，农业生产经常遭受旱灾。① 就在2010年的西南大旱中，桂西北的东兰、南丹、灵山等县的壮族聚居区不同程度地存在缺水现象，甚至严重影响到当地民众的生活用水。

虽然壮族地区的自然生态环境是既定的，水资源分布不均的状况也极难得到根本改善，但是勤劳智慧的壮族人民努力适应这种生态状况，以获取生计活动的成功。为此，他们在长期的历史实践中，形成了很多卓有成效的保护水环境的习惯法和乡约制度。除前述龙脊壮族的典型案例外，很多壮族地区都形成过类似的规约，如清代大新县境道光十六年（1836年）的乡规民约规定："一、偷布衣服、开水坝，并菜果一切，轻重俱系族长公议。"再比如大新县榄圩乡康合村三合屯新时期的村规民约规定："饮水的水源，不准任何人洗澡、洗涤其他污物，也不准放养鸡、鸭河在附近拴绑牛马。""凡瘟疫、食物中毒死亡的家畜家禽，和带有毒性的物品，必须深埋，不准丢入池塘、水沟，以免毒害人畜。违者处罚。"② 这些规约作为区域性的制度规范，具有人所皆知、易于发挥效用等特点，因此社会经济效益明显。

生态文明建设的主要任务之一就是建设适合区域社会的生态制度规范，给区域社会的生态环境保护与社会经济发展提供一种制度性约束。壮族地区传统水文化中蕴含的保护水环境的习惯法和乡规民约，有利于壮族地区利用传统制度遗产，建立经济发展与环境保护共存的制度规约。

第三，壮族传统水文化蕴含着人与自然和谐的思想，有利于从精神上建设人水和谐的生态文明。

---

① 东兰县志编纂委员会：《东兰县志》，南宁，广西人民出版社，1994。

② 童健飞：《大新县志》，上海，上海古籍出版社，1989。

人类生活离不开水，作为稻作民族的壮族更是如此，因此他们对水形成了自身独特的观念。在壮族人的观念里，没有水，就没有稻作农业，就不可能形成以那文化为核心的稻作文化体系。扶绥县壮族有农谚云："水是苗的娘，无水苗不长。""有收无收在于水，收多收少在于肥。"① 这两句谚语很形象地说明了水、肥与稻作之间的关系。为了祈求丰收，壮族民众自古以来形成了丰富多样的水崇拜和水神信仰。他们认为江河溪流里奔流不息的水皆由水神所掌管，人们必须取之有度，用之得法，不可滥用，否则就会受到水神的惩罚，造成水旱灾害，故民间有"近水不得枉用水"之说。

壮族民众较早认识到树林与水的关系，不仅注意保护村寨附近的林丛植被，还积极植树造林。在壮族地区，无论是平峒中的村落，还是山坡上的村落，都在聚落背后或山上种植风水林（或称水源林）。对于涵养水源的风水林，被视为神灵（树神）寄居之地，不得擅自闯入，更不得随意砍伐。在各个村寨中，多有一至数株枝繁叶茂的大树，壮族人奉之为神树，是一个村落兴旺的象征，人人自觉爱护，禁止砍伐破坏，即使是掉落的枯枝也不能拿回家使用，否则会招致祸灾。这些保护风水林的思想，实质上也是保护水环境的思想，其中体现了人与自然的和谐统一。

生态文明建设的终极目标是人与自然的和谐共生，从而使人类社会真正可持续发展。在这一目标之下，必须要加强能源资源的节约，完善相关的法律法规制度，开发和推广节约、替代、循环利用和治理污染的先进适用技术，发展清洁能源和可再生能源，保护土地和水资源。壮族传统水文化中蕴含的人与自然和谐的思想，不仅对壮族地区建设人水和谐的水环境具有积极作用，而且对于民族地区生态文明建设具有一定的启示意义。

---

① 扶绥县志编纂委员会：《扶绥县志》，南宁，广西人民出版社，1989。

六、余论：传统生态知识的当代价值

壮族传统水文化，无论是技术层面的，还是制度层面的，抑或是信仰层面的，都包含着丰富的传统生态知识。但在学术界，由于受启蒙思潮的影响，很多学者都倾向于认为传统对现代化有较强的阻碍作用，而对其有效作用却认识不够。对此，著名学者吉登斯持怀疑态度，他认为："即使在最现代化的社会里，传统也并未在后传统秩序中完全消失；在某些方面，在某些情境中，传统甚至还很兴旺。"[①] 这说明在现代化的过程中，传统也可能发挥重要作用。甚至可以说，现代社会中的某些元素实际上就是传统因素的变形，其中蕴含着传统文化的深刻哲理和精神实质。

自20世纪60年代以来，现代化的严重的负面影响逐渐显现，因此传统文化的重要作用重新得到重视。受这股思潮的影响，传统生态知识的研究逐渐成为生态人类学界探讨的热点问题，代表性成果有费克瑞特·波克斯的《神圣的生态学：传统生态知识与资源管理》[②]、罗伊·艾伦等编撰的《本土环境知识及其转型》[③] 等。这些研究使我们深刻理解了传统文化生成的理念，理解了地方社会的认知和实践。通过政策制定者和发展工作者的努力，传统生态知识的当代价值已经在一定范围内得到了承认。虽然科学基于西方现代知识和技术实践，自认为是"基于科学的"、已经"证实的"、

---

① ［德］乌尔里希·贝克、［英］安东尼·吉登斯、［英］斯科特·拉什著，赵文书译：《自反性现代化——现代社会秩序中的政治、传统与美学》，北京，商务印书馆，2001。

② Fikret Berkes，*Sacred Ecology*：*Traditional Ecological Knowledge and Resource Management. Taylor & Francis*，1999.

③ Roy Ellen，Peter Parkes，Alan Bicker. *Indigenous Environmental Knowledge and its Transformations.* Hardwood Academic Publishers，2000.

是高于传统的[1]，但是传统生态知识也有其自身独特的价值，它来自于生产经验、世代传承、经过实践的长期检验，是适应区域生态环境和社会文化特点的产物，具有适应性、区域性、本土性、有效性、族群性等特点。笔者曾经多次实地调查的龙脊壮族聚居区，就是凭借其独具特色的传统水资源知识营建了有效的区域性灌溉体系，保证了传统稻作文化在山岭地区的延续与发展。即使外部世界也给这一社区输入了所谓的科学灌溉体系，但这些传统知识并没有退出历史舞台，至今仍然维系着当地社会的稻作农业生产，发挥着不可替代的作用。

当然，我们也不是一味要提倡传统生态知识的扩大化应用，毕竟传统生态知识本身自有其局限性。正如 H. 穆勒、波克斯等人提出的那样，两种知识体系各有长短：传统方法可能并不精确，但它基于长期的观察，有时几个简单的规则建议可以产生良好的管理效果；科学可以提供精确量化，但并不总是值得信赖，因为其并非建立在熟知本土环境的基础之上。[2] 因此在壮族地区的生态文明建设过程中，一定要结合运用科学知识与传统生态知识，充分发挥两种知识体系各自的长处，如此不仅能够实现生态环境问题的有效解决，还可以为建设人与自然高度和谐的环境伦理提供智力支持。

（原载《广西民族研究》2010 年第 3 期；
作者系广西民族问题研究中心副研究员、博士）

---

① Henry T. Lewis. *Ecological and Technological Knoelefge of Fire*: *Aborigines Versus Park Rangers in Northern Australia. American Anthropologist*, 1989, 91 (4): 957.

② H. Moller, F. Berkes, P. O. Lyver, and M. Kislalioglu. *Combining science and traditional ecological knowledge*: *monitoring populations for co – management. Ecology and Society*, 2004, 9 (3): 2.

瑶苗民族研究

瑶族传统节日文化

黄　钰　俸代瑜

瑶族人口约200万。主要分布在我国南方广西、湖南、广东、云南、贵州、江西6省（区）140多个县的山区和部分丘陵地区，其中尤以两广为突出，故有“南岭无山不有瑶”之谚。

广西是瑶族的主要聚居区，其人口约占瑶族总人口的61%。1989年，广西共有瑶族124万人，仅次于汉族、壮族，居第三位。在全区的87个县市中，有69个县市有瑶族分布，在区辖范围内，有都安、巴马、大化、金秀、富川、恭城6个瑶族自治县。

瑶族历史悠久。其先民称作“长沙武陵蛮”。汉时，他们已经活动在湖南的湘、资、沅江流域和洞庭湖畔。南北朝时期，瑶族从蛮族集团中分离出来，称作“莫瑶”，活动在湖南的大部分地区。后来，由于不堪历代统治阶级的压迫、剥削和征讨，不断向南、西南迁徙流动，大约在明末清初，他们迁徙到了以湘、桂、粤之省（区）交界地带为中心的广大山区，逐步形成了今天遍及六省（区）的大分散、小聚居的分布局面。

瑶族是我国典型的山地农耕民族，在长期“过了一山又一山”的游耕生活中，他们创造了具有鲜明民族特色的灿烂文化。丰富多彩的瑶族节日，正是这种文化的重要组成部分。

民族节日是一个综合文化现象，它产生于各民族特定的自然环境和社会环境之中，记录着该民族不同历史时期政治、经济、文化、艺术、宗教信仰等方面的特点。

瑶族节日种类繁多，内容丰富。既有自然崇拜的拜山节、分龙节、防风节、雷王节、梅山节，又有图腾崇拜的除夕节、瓜藤节；既有祖先崇拜的盘王节、达努节、清明节、目连节，又有英雄崇拜的“五月廿二”（纪念起义英雄黎小保）；既有过鸟节、保苗节、牛王节，又有社节、洗澡节、春节。这些节日，有的反映历史上瑶族人民对诸多神灵的虔诚崇拜，有的表现瑶族人民对自己祖先和民族英雄的深切怀念，有的展示出瑶族人民庆祝丰收的喜悦心情，还有的则是瑶族人民对美好生活的憧憬和追求。通过这些节日，我们可以依稀窥见这个民族发展的历史轨迹，感受到瑶族人民朴实善良、刚毅不屈且热情好客的民族性格，领略到别具情趣的民族风俗。

一、盘王节

盘王节又称跳盘王、调盘王、祭盘王、耍歌堂、祖公节、盘古节，是瑶族纪念祖先的节日，也是瑶族民间流行最广、最隆重的传统节日。

盘王是瑶族崇奉的民族始祖。关于盘王节的起源，在瑶族历史文献《过山榜》及民间传说中有几种不同的说法。

一说是：盘王本名盘护（亦作槃瓠），乃古时评皇宠爱的一只“龙犬”，其“身长三尺，毛色斑黄”。评皇因与高皇（亦有作“紫皇”）交恶，欲取高皇首级，以重金和“配之以公主”悬赏全国。日去月来，没个揭榜者，一日盘护竟噬着高皇的首级回来了。评皇大喜，果以三公主嫁之，并用鼓乐送其夫妻入会稽山安居。数年后，夫妻生有六男六女。评皇闻知，乃封盘护为始祖盘王，分赐六男六女为盘、沈、黄、李、邓、周、赵、胡、雷、冯、蒋、郑十二姓。这就是盘瑶宗支之源。一日，盘护出猎，在追捕中不幸被一只羚羊抵死，尸挂于悬崖一樟木树上。子女悲戚，飞告评皇。评皇想盘护“生时有灵性”，死后必“有神仙之德”，故许其子孙女“描其人貌之容，画其神鬼之像”，广加祭祀。自此以后，“一二年小庆，五年大庆”，杀牲宰禽敬奉。祭“盘王”之节即因此而来。广西都安、大化、巴马、凤山等地布努瑶的传说与此大同小异，只是其始祖之名不是盘护而是“蓝公”。蓝公助评皇击败高皇，评皇妻以公主，传下蓝、罗、蒙、韦、潘五姓瑶人。后来，蓝公出猎，被羚羊抵下山崖而死，其子为报父仇，追杀羚羊，十二年乃得，所以其子孙定十二年祭祖一次。

一说是：远古时候，十二姓瑶人乘十二只船举族漂洋过海搬迁。船行海中，倏尔风大浪高，七日七夜无法登岸，沈姓一船覆没（故今无沈姓瑶人）。慌乱间，瑶人于舟中“许歌薄书良愿”，求盘王保佑。盘王“遣五旗兵马”相助，十一姓瑶人始得安全靠岸。据众瑶人登岸之日（即旧历十月十六日），巧是盘王诞辰。于是瑶人于此日兑现船上诺言，举行仪式“还盘王愿”。此后便相沿成习。

再一说是：古时盘古王有一男一女。一年，水淹天门，人烟灭绝，唯兄妹二人藏身于一大葫芦中得以幸存。为传后人，藉天意作合，兄妹结为夫妻。其后，妹生一肉球，兄气不打一处来，立将肉球剁成三百六十五块，扔进流水，妹则把剩下的五块甩往山上。不想翌日，肉块全化而为人，投于河中流向平原者变为今汉、壮等族祖先，山上五块则变为盘、李、邓、赵、蒋五姓瑶人。于是兄乃上山设祭，将此事告诉始祖盘古王。此后，瑶人子孙每逢秋收完毕，即群“跳盘王”，以追念始祖盘古王。此说将盘古与盘王归一，当属误解。盘古乃中华各民族共同崇祀之始祖神，盘王则瑶族之祖先神，二者本非一体。

由于盘王节起源传说不一，各地的瑶族祭盘王的时间也多不相同。持前两种起源说的瑶胞一般是择秋后（狩猎季节）或固定于农历十月十六日举行，其他的瑶胞，或三月三，或五月十四、十五两日，或六月六，或七月初七，视地区而异。祭祀周期，有一年一祭的，有一或两年一小祭，逢五逢十一大祭的，有以十二年一祭的，甚至几十年才一祭的，等等。

关于盘王节，晋干宝《搜神记》中已有瑶族先民每岁“用糁杂鱼肉，叩槽而号，以祭盘瓠”的记载；唐代诗人刘禹锡《蛮子歌》的“时节祀盘瓠”，说的也是瑶人过盘王节；宋元以后，有关瑶族盘王节的记载日见增多。

从记载上看，历史上各地瑶族祭盘王的时间，在“岁首”（也称“元夕”），或“七月望日”，或“十月旦”，或“十月朔旦”，很不一致。与今日各地瑶胞过盘王节的时间大致吻合。

瑶族祭盘王的时间因地而异，显然是历史上瑶族不断迁徙、聚少散多的结果。为了增强凝聚力，诸地同欢，1984 年 8 月，来自广西、广东、湖南、云南、贵州、北京及武汉的瑶族干部、学者在南宁举行商定瑶族节日座谈会，遵照有利于民族团结与统一，有利于民族发展繁荣和求同存异的原则，一致倡议盘王节为举族同庆的节日，并将时间定在每年农历十月十六日。这个拟议得到各地瑶族人民的赞同。

盘王节是瑶族祭祖还愿的节日。由《评皇券牒》“描（盘护）人貌之容，画神体之像……摇动长鼓，吹唱笙歌、鼓乐，务使人欢鬼乐，物阜财兴”；汉文记籍的“杂糅鱼肉酒饭于木槽，扣槽群号为礼”，“举峒祭都贝大王于其庙前，男女之无夫家者，男女各群，连袂而舞”，“七月十五日祀其祖曰狗头王者，以小男女著花衣、歌舞为侑”，以及祭盘王时，设九坛，行七献，“其乐五合，其旗五方，其衣五彩”等记载看，古代瑶族祭祖的整个过程是庄严、肃穆的，致祭地点，所用的祭品、礼乐、衣着及礼仪程序等均有讲究，不可乱来。

自晋及今，盘王节经千余年发展，仪礼多有变化，然祭祖宗旨却是千年一贯，没有变异。每逢节日将至，各户打扫房前屋后，清洗家具，酿甜酒、磨豆腐、做糍粑，杀鸡宰鸭（集体举行者还要杀一两头猪以会餐）等，有各种节日祭祀、待客食品（有的亦在节日期间办置）。节日那天，男女老幼换上新装，汇集于村寨附近或寨内一平旷处，参加祭盘王仪式。其祭祀多由师公（道公亦可）主持。祭时摆一香案，上设供品，然后焚香烧纸，由师公口中念念有词祈请盘王临场享用。因传说中盘王身属“龙犬”，祭品除忌用狗肉外，别无他限；主供品是鸡、鸭、鱼、肉之类。集体祭祀供品或轮户出，或集体凑份子。节日期间，各家亲朋好友及邻近村人多来助兴。不管相识与否入屋为客，主家都是酒肉相见，热情款待；如来者是岳父岳母，更加恭敬，在他们返家时还得割上一块猪肉给他们带回去。

跳长鼓舞、唱盘王歌是祭盘王的主要娱神仪式。所谓长鼓舞，乃是因胸挂长鼓边敲边舞而得名。长鼓古称“锐鼓”，唐代已见记载，南宋人范成大《桂海虞衡志》作过描述：“锐鼓，瑶人乐。状如腰鼓，腔长倍之；上锐下侈，亦以皮鞔，植于地，坐拊之。”最初乃置地拍击者，后发展成腰细端粗的形状，并有大、小数种类型，被广泛用于祭盘玉盛典。清初《天下郡国利病书》说瑶族“赛盘王之日，以木为鼓。圆径一斗余，中空，两头大，四尺长，谓之长鼓；二尺长者谓之短鼓……有一巫人，以长鼓绕身而舞，又二人复以短鼓相向而舞”。今之长鼓，种类及舞法更为多样，流传于广西富川、钟山等地瑶族地区的大长鼓，长达两丈，多支于架上，由二人各击一端而舞。流传于广东连南及桂东部分瑶族地区的中长鼓，鼓长约三尺，多由演奏者挂于胸前，两手拍击两端，边舞边击，但祭盘王时，最常见的要数流行于广大盘瑶（亦称“过山瑶”）地区的小长鼓舞，小长鼓长约二尺五，多以樟木做鼓身（据传，此乃因樟木挂死盘王，以樟木为鼓，寓泄恨之意），尤为轻便，舞时手握鼓腰，以右手拍击。此外，在金秀坳瑶地区，还有一种黄泥鼓舞，黄泥鼓亦属长鼓类。关于此类鼓南宋周去非《岭外代答》已有“鼓不鸣响，以泥水涂而复响”的记述。今坳瑶传承此法，以黄泥涂于鼓两端内壁，以扩鼓音。黄泥鼓有公、母之分，公鼓较母鼓稍长，约三尺有余，母鼓长三尺。黄泥鼓舞多由五男（一老四青）合舞，老者腰挂母鼓，一手扶鼓身，一手拍击鼓面，屈腰蹲腿，悠然腾跃，神韵横生。四青年手拍公鼓翩翩起舞，动作矫健有力，热情奔放，将母鼓围在中央，有如众星拱月。黄泥鼓舞，坳瑶亦常用于“祭盘王”典礼。

长鼓舞有起坛、召龙等十几个场次，据传有七十二套路，三十六种打法，历时一至三天。舞蹈开始，放三响铁铳炮（鞭炮亦可），在一阵密锣紧鼓声中，二男或四男执鼓起舞，女子（一般为四人，一老三少）在旁唱“盘王歌”。随着场次推进，鼓点节奏变换，舞者时而翻腾，时而旋转，时而跳跃，或横拍，或斜击。通过各种动作，把瑶族生产中伐木、开荒、狩猎、造屋等动作表演得惟妙惟肖，使人恍如看到了瑶族历史上跋山涉水、刀耕火种的生活与生产情景。

或许是由于长鼓舞舞姿刚健、动作优美、套路齐全之故，其用以祭祖之仪对汉族亦有一定影响。据《九嶷山志》记载，明代，每逢朝廷官吏赴九嶷祭祀舜陵，常调用当地瑶族男女踏歌击长鼓作祭奠礼乐。新中国成立后收集于九嶷山盘瑶民间的歌谣唱本《九嶷山殿歌》中亦有唱：“八月大官来祭奠（殿），正是瑶官在殿前。瑶官祭殿出天子，九嶷四水出金花。接官到，接官来到看官厅。众官来到官厅里，脚步整齐像金花。阳光进厅照厅里，长坪站的是瑶人。有名高官来祭殿，瑶男瑶女护王身。细声问，舜殿门前百样齐。”由是可见长鼓舞影响之广。

盘王歌是祭盘王时必须喃唱的唱本。据考证，其产生于唐朝中叶，是瑶族进入封建社会时期的产物，距今已有1700多年的历史。盘王歌乃瑶族正称，见于民间的他称还有盘王大歌、还愿歌、大歌书，学术界还称之为乐神曲。完整的盘王歌由二十四路、三十六段主歌和副歌及杂歌、杂曲组成。主歌七千五百余行，副歌千余行，杂歌杂曲千余行，总计近万行，内容从人类的起源传说、万物起源神话和瑶族历史、生产、生活到自然变幻纪实、教育、婚姻形态、崇祀神灵等，几乎无所不包，是一部集瑶族历史、经济、文化、艺术、宗教信仰等内容于一身的歌谣总集。

各地流行的盘王歌唱本内容比较统一，二十四路，三十六段，插曲词及副歌、杂歌各有其名，如二十四路歌歌名有起声唱、付灵圣、龙围宅、见怪、歌春、歌酒等。一般用汉字记音或记意，用瑶语诵唱，但由于瑶族居地分散，受其他民族语言及文化影响，各地盘王歌的唱腔差异较大。如把全部内容唱完，需几天几夜。

祭盘王除跳长鼓舞唱盘王歌，青年男女常趁此机会，互对山歌；未婚者并藉歌舞试才传情。双方情投意合则互赠信物，以定终身。自古所谓“意相得，则男咿呜跃之女群，负所爱去，遂为夫妇，不由父母”的遗风，隐约可见。老人则趁机聚会，谈古说今，畅叙心怀，交流经验与信息。由于瑶族聚居分散，各地方祭盘王的活动有所不同，有的地方还有一些特别内容，如桂东北的部分瑶族，过盘主节还举行“游神”活动。每当节日开始，即由师公、庙老、先生公率领众人，到庙里抬出盘王神像，领头者高擎竹幡，后面跟着长鼓队、铜鼓队、牛角队、妇女歌队、老人队、儿童队等周游山寨大街小巷。他们边歌边舞，寨里的人在主要路口摆着米、酒、印花糍粑、饼果等食品，供游神众人食用。村寨多的，仅是这一项活动就要进行一天，还有的地方则利用盘王节打花棍、放花炮，请戏班子唱戏。

盘王节多由集体统一举行，或以村为单位，或联村，或聚族，或联户，鲜有独户举行者，一则是因为盘王节所祭之盘王系共同的民族始祖，二则节日期间，六亲众戚往来庆贺，互以酒肉相待，花费颇大，单家独户难以承担。节日有持续一天的，有持续几昼夜的，人数由百十至万人不等。一般是间隔周期越长，规模越大，活动持续时间越长。

在我国的56个民族中，有瑶、苗、畲、黎四个民族历史上曾以“犬”作为本民族的图腾崇拜对象，其中瑶族崇拜最为普遍和持久。历史上瑶族曾因此受到封建统治阶级的歧视和侮辱。但这一图腾崇拜还是被一代代流传下来，并成为瑶人认同民族归属的一个重要方面，不言而喻，作为瑶族民间规模最大、最隆重的以祭祀民族始祖龙犬盘瓠为主旨的盘王节，自然就成了延续、凝聚瑶族这一人们共同体不断发展、壮大的一个重要因素，而瑶族居住分散，平日不易聚，又使盘王节成为瑶族人民聚会、联络感情、传递信息和巩固民族内部团结的一个重要场合。

最后还要指出的是，经过一千多年的发展，推陈出新，特别是新中国成立后经过党和政府有关部门的正确引导，迄于今日，盘王节的内容、形式已有了很大变化，其产生之初的一些具有浓厚迷信色彩并阻碍社会发展的内容、仪式逐步被剔除，节日期间普遍的铺张浪费现象已有所减少，最初较单纯的娱神成分日益被娱人成分渗透。盘王节现已成为各地瑶族纪念祖先、欢庆丰收以及加强民族团结的隆重节日。

二、祝著节

祝著节又称瑶年、达努节、盘古王节、完九节、补粮节、祖娘节、二九节等；主要流行于都安、巴马、大化、凤山、马山、南丹、东兰等县的布努瑶中。“达努”是布努瑶语“东努”的谐音，含“人”而兼有“儿”之意，达努节可引申理解为“子孙们的节日”。布努瑶民间较为一致地认为：达努节系纪念密洛陀诞辰的节日，“密洛陀”，瑶语叫“杂密”，“密”即“母”，“洛陀”是名，全意即一个叫洛陀的母亲（人类始祖母），也有人解释说洛陀的意思是神，“密洛陀”即母神。关于密洛陀及达努节时来源，布努瑶民间有着多种传说。

最为流行的一种传说是：远古时候，始祖娘密洛陀派她的三个女儿到凡间独立生活。第二天早晨，长女最先起床，她扛了犁耙下地翻犁，后来人口繁衍，发展成为今天的汉族；次女第二个起床，她挑了一担书去上学，其后代成了聪明的壮族；三女因日上三竿才起床，眼见家里别无长物可带，便哭了起来，于是密洛陀给了她一斗谷种，嘱她到山上开荒播种。三女儿把谷种播下了，但当谷种发芽时，有野猪来拱；禾苗分蘖时，有马鹿来啃；谷穗成熟时，有山雀来叮。第一年没有收成。三女儿没有办法，回家向密洛陀哭诉，密洛陀便给她一面铜鼓，第二年谷种发芽，野猪来拱时，她把铜鼓敲响，野猪吓跑了；禾苗分蘖，马鹿来啃时，她把铜鼓敲响，马鹿吓跑了；谷穗成熟，山雀来叮时，她把铜鼓敲响，山雀吓飞了。粮食获得丰收。于是三女儿就在山里安居乐业，生丁育口，她的后代就成了现在住在山上的布努瑶。为感谢始祖密洛陀的恩德，布努瑶便把她的生日——农历五月二十九定为达努节。

第二种传说流行于都安的布努瑶中，他们说密洛陀原是一只母猴，生了四个儿子，老大叫蓝得马，老二叫罗得元，老三叫蒙得众，老四叫韦得雄。他们即今蓝、罗、蒙、韦四姓瑶人的祖先。其后代子孙怀念密洛陀的恩德，就定在她的生日即五月二十九日纪念她。

第三种传说以布努瑶民间保存的《密洛陀》唱本为代表。该唱本（手抄本）分《创世歌》和《创业歌》两部分共17章，长达4000多行。其中对密洛陀的功劳及补粮节的来历作了详细的说明。在其《开头歌》中唱道：“嘿嘞啃——青悠悠的天她，是密洛陀用手撑开的；宽连连的地她，是密洛陀用脚踩成的；天下的人她，是密洛陀用血气育成的；大地上的万物，是密洛陀造出来的；天的母亲是哪个她，天的母亲是密洛陀；地的母亲是哪个她，地的母亲是密洛陀；人类的母亲是哪一个她，人类的母亲是密洛陀，万物的母亲是密洛陀。”唱本不仅把密洛陀看做是世间万物及人类的祖先，甚至还把她看做是天、地的创造者。关于达努节，在其第十章《补粮》中这样记述：“嘿嘞唷——大榕树枝叶败落了，小鸟远飞去了，密洛陀越来越老了，快要与世长辞了。她叫孩子们到面前，把心里话说了又说：五月廿九是我生日，你们不要忘这天，大家都来补我粮（即做生日），我就像罗立山长寿在人间。”此后，五月二十九日就成为纪念密洛陀生日的达努节。

还有一种传说，认为达努节是纪念始祖娘娘密罗纱诞辰的节日。密罗纱是创造万物的天神，又是保护瑶族人民生产、生活的祖母娘娘。她每年五月二十五日前后五天要从天上下来巡视瑶族的六畜和禾稼的生长情况（一说是巡视瑶族的猪栏，查看猪的生长情况）。因此瑶族就把五月二十九日（传说也是她的生日）定为敬奉她的节日，求她保佑五谷丰登，人畜平安。

上述诸说，尽管具体情节、内容各不一样，但有一个共同点，都认为人类最先有一个“始祖母”，五月二十九日是她的生日，是始祖母养育（或创造、或帮助）了人类（或瑶族）祖先，使人类得以繁衍。这显然是母系氏族社会女性崇拜的遗迹，我们可以将它们归为一类，即纪念始祖母类。

在布努瑶中，关于祝著节的来源，还有两种传说。一说过祝著节是为了纪念射太阳的瑶王蓝陆。相传远古时候，天上有十二个太阳轮番照射，把大地晒得直冒青烟，五谷不生，六畜难活，人们犹如在火海中煎熬。为了解除人们的痛苦，有一个叫蓝陆的瑶主砍“密精树作弓”，“伐金竹作箭”，去追射太阳。他渡过了九十九个大海，翻过了九十九座火山，飞越了九十九层乌云，终于射落了十一个太阳。还剩下一个逃到了天外。此后大地因没有太阳照耀，一片漆黑，冷风四起，人们又陷入寒冷的苦海。蓝陆受众人之托，又去天外请太阳回来。太阳说，要我回去可以，但有一个条件，你杀了我那么多亲人，你也必须杀你的亲人向我赔罪，而且杀的人的血必须能装满十二个池堆。蓝陆想出了一个妙计让各家各户杀牲宰禽，将血注入池塘中代替人血。太阳不知道，以为是人血，便在农历五月二十九日返回了天空，人们由此重见光明，重享温热。此后，人们为纪念蓝陆的功劳，每逢五月二十九日，人们便杀牲宰禽，相沿成俗，因而成节。

另一说认为，祝著节是纪念英雄卡亨的节日。相传卡亨是布努瑶的首领（《密洛陀》唱本中则传说卡亨是密洛陀手下的山神）。很久以前，瑶民只种一种作物——小米，他们想引进其他物种，但遭到山外霸主的封锁。卡亨率领瑶民打败了山外霸主，迫使他同意让瑶山引进谷种。在卡亨下山取回谷种时，山外霸主假献殷勤，设宴招待，下毒于酒中。卡亨将谷种背回山后，农历五月二十九日毒发死了。临终时，他嘱咐人们：我死后，你们要种好旱谷，往后此日，大家要敲击铜鼓，欢歌起舞，并祭我一碗旱谷饭。瑶民后代遵他所嘱，每逢农历五月二十九日即敲击铜鼓，煮旱谷饭祭卡亨。世代沿袭，这一天便成了布努瑶的传统节日。

以上两种传说，具体情节、内容不尽一致，但有一个共同点，即认为祝著节起源于对一个布努瑶男性英雄的纪念。因此我们可以将它们归结为另一类，即纪念民族英雄类。

上述两类传说，在布努瑶民间都有流传，但以前一类比较普遍，后一类的流传面不广，而且，与它的两种传说相类似的内容在前一类的《密洛陀》唱本中也有，因此它们可能是布努瑶在其社会由母权制过渡到父权制后男性为确立自己的支配地位而更改的。也就是说，前一类传说是原初的，后一类传说则是因时代变异的。

布努瑶祝著节举节时间都是同一天，但在节日的间隔周期上却颇见差异。一般是根据当地传统风俗或作物收成和人畜健康等情况灵活决定，有的一两年过一次，有的三五年甚至十来年才过一次，节日持续的时间也有三天或五天不等。

密洛陀崇拜是布努瑶最普遍、最重要的崇拜，过去布努瑶民间有民谚说：“不怕天，不怕地，就怕密洛陀；不怕皇帝，不怕官府，就怕密洛陀。”因此他们对达努节极为重视。每逢节日到来，屋里屋外都要打扫干净（传说节日期间密罗纱下凡巡视猪栏的地区，故特别要注意打扫牲畜栏圈），准备各种节日用品，或杀鸡，或宰猪（但忌杀母猪。传说密罗纱曾警告养猪人家切不可轻易杀母猪，若杀母猪则只能用来敬奉她自己）。有的地方在节日到来前，还必须准备好甜酒，以便节日供祭“始祖母”，他们说这是密洛陀的意思（传说第一次给密洛陀补粮时，“汉族献肥猪，壮族给阉羊，苗族送大鸡”，唯独瑶族最穷，拿不出好东西，密洛陀就笑着说：“兄弟和睦喝水也是甜，你们种有黄小米，酿酒给大家尝一尝”。此后酿甜酒过达努节之俗就传了下来），节日时，人们盛装打扮，齐集于村前寨后或村里一空旷地上举行集体祭祀活动（也有的在圩场进行）。祭密洛陀仪式由触陀主持，“触陀”是瑶语，意即巫师，多由女性充当。

祝著节的主要活动是打铜鼓、跳铜鼓舞娱神。布努瑶铜鼓，其形制、大小与壮族铜鼓相似，关于铜鼓的来源，有的传说是密洛陀制造传给瑶人的，《密洛陀》唱本中则说是密洛陀出世睡在一面大铜鼓里，“睡了九千九百年”才醒来，之后才创造了美好的人间，后来密洛陀还用鼓声召来了自己失散的九个孩子。传说虽多，但都认为铜鼓与密洛陀有着密切的关系。过祝著节打铜鼓、跳铜鼓舞最能表达对密洛陀的纪念之情，布努瑶铜鼓有公、母之分，公鼓声音小而远锐，母鼓声音大而浑厚。过祝著节打铜鼓是一件严肃的事，很有讲究。一般在节前数天或半个月，有鼓的人家便择吉日举行开鼓仪式。其法是：将一对公、母鼓置于厅堂椅子上，家长上香酹酒，喃神请祖，击鼓三下以示开声。然后，将鼓悬于厅堂。此后，本寨及邻近村寨的男女青年，可结队走村串寨去敲打各家的铜鼓，五月二十九日前后形成打鼓高潮。节后数天或半月，鼓主再择吉日举行喃神封鼓仪式。封鼓后，即将鼓置于楼上或埋入地下，或藏进岩洞，平时禁忌敲打，否则认为会招来祸患。各地布努瑶在铜鼓的打法上大同小异。人数比较灵活，有三人一组的、四人一组的、五人一组的，也有十多人一组的，且各有分工，有铜鼓手、皮鼓手、扇手等。铜鼓手一至两人，多由男性充当，专司敲击铜鼓；皮鼓手一人，亦由男性充当，多戴面具，专司伴奏；扇手一至两人，由女性充当，手执竹帽或纸扇，为皮鼓手扇风；人多和器具全的时候，还有一个唢呐手、一个锣手和若干名伴舞。表演时，鼓手双手从不同的角度，用不同的节奏和动作敲击铜鼓，双脚腾挪跳跃，边击边舞，扇手则持“扇”紧跟，为鼓手扇风，并随着鼓点做出各种生动、滑稽的舞蹈动作，引人发笑。近年来，都安等地的布努瑶常于祝著节期间举行盛大的打铜鼓舞表演及竞赛活动。届时瑶胞云集，人多可达数万。数十面上百面铜鼓齐鸣，鼓声震耳，笑语喧天，热闹非凡，各路鼓手竞技，以鼓点多样准确、舞姿矫健优美、配合默契协调者为优胜，获胜者荣获“鼓王”的美称及其他物质奖励。

聚会宴饮是祝著节的又一重要内容。节日期间，家家杀鸡宰羊，酿制美酒；亲朋好友走门串户，欢聚一堂。宴饮时，先由长者诵念《密洛陀》长歌，以示瑶族子孙后代思宗念祖之意。诵罢，众人即用长桌畅饮。一列长凳，往往坐上十几甚至几十人。桌上菜肴丰盛，任人饱餐。“笑酒”则是祝著节宴饮的一个别开生面的内容。每当酒至半酣时，对饮的酒友二人便轮流以各种幽默、诙谐、逗趣的言词讽刺、挖苦对方，以逗引大家欢笑，在笑声中，每人痛饮一大杯酒。如此一轮笑，一轮酒，将宴席的欢乐推上高潮，直至大家一醉方休。

除打铜鼓、宴饮外，节日期间，有的地方还有比赛点冲天炮、赛画眉、赛拳术等活动。青年男女还利用节日的聚会，对唱山歌，谈情说爱，寻找自己的意中人。打铜鼓、跳铜鼓舞的水平，对歌、讲话的风趣程度和敏捷度，待人接物的能力等，都是择偶的标准。

总之，经过千百年的发展、祝著节已由最初的纪念民族始祖母，祈求人畜平安、五谷丰登的娱神活动发展成为瑶家的欢庆丰收、祝祷平安的传统年节。

三、拜山节

拜山节又叫砍山节、开山节、砍地开工日，是瑶族拜祭山神、林神的一个重要节日；主要流行于从事山地农耕的瑶族地区。节日多定在每年旧历立春后的第一个“开日”，有的地区也会根据当年季节、气候情况适时选择黄道吉日。

开山节的起源，可以追溯到瑶族原始社会崇信万物有灵的时代。在原始社会，由于社会生产力水平低下，人们对于自然界各种现象的产生、组合、变化，感到神秘莫测和无能为力，于是就产生了一种幻觉，认为所有的自然物、自然现象的产生和消失都是由冥冥之中的神灵主宰的。世间万物各有其主，山有山神，水有水神，雷有雷神，这些神灵的主宰力是人力无法抵抗的，人们只有顺从它们、敬奉它们，才能得到它们的体谅、恩赐或保护。他们认为，人们耕种的山林土地都是属神灵所有，人们在从事农耕生产时之所以会遇到各种鸟兽、旱涝灾害，是人们在耕种“神灵的土地”时得罪了神灵而受到惩罚。种地要想获得丰收，在开耕山地前必须先祭祀山神、林神，祈求它们的体谅，征得它们的同意，获得它们的保护；而收成之后，还要适时祭祀酬谢。拜山节正是由这种最初的生产上的自然崇拜活动发展而来的。

拜山节定于立春后的第一个“开日”举行，可能是取其“开张大吉”之意，象征开山大吉，更可能是冬封之后，“开日”才能动土开耕。临时择黄道吉日者除期望生产丰收外，还表达了人们对山神、土地神尊敬的心情。

节日那天，一个或若干个村寨的老户人家即派一人，携带刀、斧等工具以及米、酒、鸡、肉、纸钱、香烛等祭品，在村老（或族长）、师公的带领下，集体上山祭祀山神、林神。祭祀前，需先选择祭神地点。祭神地点一般选在将要开耕的土地的边上。因此，选祭神点的过程实际上即是选开耕地的过程。选择哪一个地段开耕，多由村老（或族长）综合众人特别是生产经验丰富者的意见后决定。开耕地择定后，大家即在将耕地内砍倒一两棵树，象征性地表示已经开始耕种工作。然后在其旁选择一块比较开阔平坦的地方，摆香设供，祭祀山神、林神。祭神活动一般由师公（或由懂得祭神仪礼的村老、族长）主持。祭时，师公身穿道服，先向诸神叩拜，然后摇着铜铃，手舞足蹈，口中念念有词。其词大意是：我们已选中这块土地开垦了，请这块土地的山神、林神同意，并予帮助，保风调雨顺，劳动安全，虫兽无害，作物丰收。金秀的茶山瑶，拜山祭神活动要由三个道公主持，道公在诵经念咒之后，憋着气一连砍断三根生木，表示敢于驱魔赶邪，杀虫灭兽，保护庄稼。祭拜结束，众人就在选定的开耕地周围插上茅草，名为“号也”，即表示该地已经得到了山神和林神的同意和保护，可以开土动工，或表示地已有主，谁也不得再行侵占。当晚回家后，各户自带酒肉，聚集到族长（或头人、村长）家里，开怀畅次，以示庆贺。

祭山神、土地神是一件严肃的事，参加者多为中老年男性家长。入山途中，禁讲刀砍斧伤、跌跤、死亡之类不吉利的话；禁带小孩前往，以免祭神时吵闹哭笑冲撞神灵，招来灾祸。

拜山节产生于瑶族原始社会的万物有灵观念，最初的目的纯为祈拜山林神灵，但进入阶级社会后，它被赋予了新的内容，即又成为开春时节各家各户分配耕地的节日。历史上，在民族压迫之下，瑶族是一个循山迁徙和社会经济发展极不平衡的民族。在我国社会发展到封建制高度发达的明朝以后，瑶族游移地区的大部分山场土地已为其他民族或本族不同支系的人群所占有，后来的“过山瑶”就只能向他们租种山场。来者是群体，租山方得批租，否则单家独户力量单薄，将无法与山主的贪婪抗衡。所以他们最初采取一种集体租山、集体祭神、集体耕种、集体分配劳动果实的形式，后随着社会的发展，集体劳作、平均分配劳动果实逐渐被单个家庭劳动和多劳多得所取代。于是每年以村或以宗族为单位向山主批租山场以后，村（或族）中成员户派一人在开春后的第一个“开日”集体上山祭祀山神、林神。祭祀完毕，即由村长或族老主持按人头进行分配。分完之后，各家即在自己的份地内砍倒几棵树或插上草标以作标志。这种情况，在一些本身为山场主的瑶族支系的山场由集体公有转化为家庭私有的过程中或在分配集体公有土地给各户耕种的过程也普遍存在。

随着拜山节内容的增加，其功能也随之丰富，在原始社会阶段，人们通过这种拜山娱神活动，能获得一种心理上的平衡，提高了劳动热情。后来在集体祭神后，把土地分配给各户耕种，一方面可以协调大家的行动，增进民族内部的团结；另一方面，能组织引导大家有计划地开发、耕种山场，这对于减少历史上瑶族传统刀耕火种生产对自然资源的破坏，维护生态环境，具有十分重要的意义。

新中国成立后，随着生产资料公有制的社会主义生产关系的确立，以及各种迷信、落后思想观念的日益消除，拜山节借以存在的外部条件日趋消失，拜山节客观上所起的一些积极功能也已被科学的、有计划的措施所取代。因此，在大部分瑶族地区，拜山节已经消失或正在走向消失。

四、梅山节

梅山节又叫猎神节、猎食节，是瑶族出猎前祭祀猎神梅山张五郎的节日。举行时间往农历十二月第一个“破日”。

关于梅山节的来源，瑶族民间传说不详，其可能与瑶族历史居地梅山有关。梅山，为今湖南省新化、安化二县之地。据《宋史·梅山峒蛮传》记载，宋代时这里是瑶族的主要聚居地之一。宋神宗熙宁五年（1072 年），宋王朝曾派章惇等人大规模开发梅山，推广了一些先进的农业生产技术和经验，贷给瑶民耕牛、种子并“教之耕犁”，从而使当地的农业生产得到了较快发展。《续资治通签》卷 69 记载：梅山其区 14800 多户瑶、汉各族人民，垦种农田达 26 万 430 亩，成为北宋一代农业发展最突出的地区之一。

梅山在瑶人的心目中是一块圣地，它地处沅江流域，是瑶族先民“五溪蛮”的主要根据地之一。据说山中有一岩洞，其大如屋，中有瑶族始祖盘瓠的石像和行迹。瑶族民间的一些师公唱本，如《梅山歌》、《游梅山书》等则广泛流传，梅山有十洞（有的则说有十殿三十六洞），主宰人间兴衰祸福的各种神灵即寓居各洞（殿）之中。他们认为，人死之后，灵魂要回到梅山与列祖团聚，方得安宁。至新中国成立前，恭城、富川以及邻近的湖南江永等地的部分平地瑶人在死后，其家人须请法师诵唱《梅山歌》，导引死者的灵魂返祖居地梅山安息，师公去世，其仪式尤为隆重。

梅山张五郎，部分瑶族地区又称之为张天师，传说他是梅山始祖，不仅有丰富的狩猎经验，还创造和发明了各种猎具。流传于贺县等地的《梅山皇歌》云：“梅山北府李令公，北府原来骑大虫。海山龙府作白马，青草蛇儿作马鞭。日里虎狼背上坐，夜里虎狼背上眠。五公见我身有道，在郎脚下作童前。”其意虽不可全解，然五公给驭兽有道的李令公作童前的大意却显见，五公或许即张五郎，因其从驭兽有道之师而得道，故瑶人将其祀为猎神。由于梅山张五郎是主司狩猎的神灵，而狩猎又是瑶族传统生活中的主要谋食方式之一，因而其备受重视。

秋收完毕即为冬闲，瑶人选十二月第一个“破日”祭猎神，一则十二月人们闲暇；二则冬日里百兽行动迟缓，便于捕获；三则“破”有击破、攻破、破敌、破伤之意，“破日”祭猎神出猎预示着必有所获。“岁云暮矣多北风，潇湘洞庭白雪中。渔父天寒网罟冻，莫徭射雁鸣桑弓。”此是唐代大诗人杜甫描写的生活于湘江洞庭湖一带居民（包括瑶族先民莫徭）的生活情景。唐代另一诗人刘禹锡有诗题名《连州腊月观莫徭猎西山》，看来瑶族冬日行猎之俗由来已久。

梅山节主要保存于尚事狩猎的山居瑶族，如桂北、桂东北部分地区的瑶族。节前，单一村寨或数村的猎手（多为中青年男子）即约定一个祭神的地点。狩猎是男人的事，女人不能参加；约定的祭神地点，也不让女人知道（如被发现即需要改它处，否则会出师不利）。节日那天一早，猎手们由师公领头带着猎狗，背上猎枪、砍刀及酒、鸡、猪肉和锅、碗等炊具，会集约定的祭神地点。在那里，大家架锅起火，杀鸡，弄熟食物，便开始供祭猎神。祭祀由师公主持。他先恭敬地摆上鸡、肉、豆腐、酒等供品，然后烧香焚纸，低声喃诵，祈请梅山神前来受用，保护出猎成功。祭神的鸡有个讲究，一须是雄鸡，二须是“偷”来的。一般是在头晚组织几个伶俐的青年猎手到村上有名的“泼妇”家去“偷”。目的是引得她发现自家鸡被“偷”后骂街。猎手们认为，“偷”鸡之后，被咒骂得越凶越狠，出猎越吉利；而如她能口口声声骂着“枪杀的”、“刀砍的”之类，则是吉之又吉了。因为人因鸡受咒，神享了鸡，必会报答猎人，猎人将满载而归。祭祀完毕，猎手们就地聚餐，畅谈各自的狩猎经历和见闻，相互交流经验。酒足饭饱之后，各人试枪法，比高低，枪法准者常会受到众人的称赞和敬重。

祭仪结束，狩猎开始。猎获的第一只野兽，必须拿来祭神，以报猎神保佑之恩。祭毕，大家以之会餐（因野兽太大吃不完的，也可以分带回家）。此后所获野兽，无须再行祭祀，由猎者自己分配。猎手们分配猎物，不忘“失鸡户”的功劳，酌其损失给其一份，由人悄悄放到该家易被看到的地方，但此举不能被发现，否则会给以后的出猎带来不利的影响。

狩猎结束，在猎物的分配上，瑶族地区过去盛行一种“见者有份”的分配方法，按照这样的方法，凡是参加狩猎的人，看见打猎的人以及看见猎获野兽的人，不管是本村的还是外村的，都可以分得一份猎物，但打中野兽的猎手往往可以多得一份（有的地方则规定多得猎物的四分之一）。显然，这是一种原始平均主义的残余。

狩猎是过去山居瑶族获取生活资料的重要手段之一，是落后的山居农耕生产的必要补充。由于狩猎多在冬日缺粮之时为接济生活而行，故出猎必期有获。然百兽行止无常，能否猎获，殊难料定，为此只有求助于冥冥之中猎神，猎神因而备受重视。换言之，祈神保佑和恩赐是梅山节最初产生的主观目的。然而，在后来漫长的发展中，梅山节又派生了新的功能。狩猎是一件具有一定危险性的活动，单家独户，人少力薄，难于进行，必须依靠集体的力量，相互配合，进行追踪、围猎，才能有效地猎获野兽。在粮食短缺需以猎物接济之时，更应如此。因此，出猎前祭祀猎神，实际上还具有集中力量、协调行动的作用。

新中国成立后，瑶族的社会生产力已有了长足的发展，人民群众的温饱问题已基本解决，已不再需要以猎取野兽接济全年生活，因而在大部分地区，为祈猎有所获而进行的祭猎神活动已逐渐消失；部分僻远山区虽有遗存，但其性质、内容亦有所变化，已不再是单纯的祈神赛神活动，其中已注入了娱人、保护生产、体育竞技等新的内容。

五、过鸟节

过鸟节又名忌鸟节、忌鸟仔、赶鸟节，是瑶族较重要的生产祭祀节日。节日时间为农历二月初一。

关于过鸟节的来源，瑶族民间有两种不同的传说。

一说在很久以前，瑶山鸟多，往往将播下的种子吃尽，生产无收，迫使人们四处逃荒。此事让皇帝知道后，下诏发令："谁能把鸟赶走，瑶山就归谁管，永远免除租税。"瑶妹孙姑是个远近闻名的歌手，她的歌声清脆悦耳，音长韵美，招来千鸟万鸟。皇帝颁旨这年二月初一，孙姑带着一伙青年，到野外放声歌唱。鸟儿听见歌声，千百成群地飞出深山老林，陶醉在美妙的歌声里。孙姑唱啊唱啊，鸟儿全如痴如梦，忘了吃食。待它们醒来时，播下的谷物已经翠绿成片，想吃也来不及了，当年粮食获得丰收。这时有个山主眼红了，想趁机霸占瑶山，立马提着一只画眉上京叩见皇帝，说百鸟忘了啄吃播下的种子是他的画眉的功劳。瑶人不服，打着一长鼓进京告状。皇帝一时也无法判断。第二年开春，他派人叫山主去赶鸟。山主逗着他的画眉鸣叫，以期引来百鸟，但百鸟无动于衷，将播下的谷种又啄光了。皇帝大怒，下令处死山主，将瑶山归还瑶家管理。于是，此后每年的二月初一就成了固定的赶鸟节。

一说从前有个青年叫亚旺，二月初一那天，他扛着猎枪上山放牛，在山上睡着了，突然从林中窜出一群狼，虎虎地扑向牛群。就在这时，从四面八方飞来了一大群乌鸦和麻雀。它们扰乱狼群，不让它们伤害牲畜，同时把亚旺啄醒。亚旺醒来开枪把狼群赶跑了。后来，瑶人为报答山鸟恩德，就把二月初一定为供祭山鸟的节日。

瑶族过忌鸟节，一般都要做鸟仔粑给鸟仔吃。对此瑶民有两种解释：一种说，鸟儿吃了鸟仔粑，嘴巴被粘住，就吃不了庄稼了；另一种则说，给鸟吃鸟仔粑，是为酬谢鸟的恩德。鸟仔粑一般用糯米做成，捏成圆形的或鸟形的，用树枝插上放到田边、地头、天井等鸟儿常落脚觅食的地方。现在广西恭城县的部分瑶族，把鸟仔粑安插在特意从山上采回来的杜鹃树枝条上，然后将这些杜鹃树枝插在房门西侧、窗台和屋内的谷堆上，名为给鸟吃，实际上鸟仔不会也不敢来吃。数天后，鸟仔粑干了，孩子们便不时去取一两枝来煨吃，直至取完，并以此为乐。这是古俗流传的一种变异。

除做鸟仔粑外，有的地方在节日前后几天，还互约上山打鸟，给鸟以训诫，煞鸟威风。全州、灌阳等地的瑶族则认为：二月初一忌鸟日，初二是忌蚕日，初三是忌鸡日，初四是忌羊日，初五是忌猪日，初六是忌马日，这六天忌日都不能下地劳动。否则种出的庄稼就会遭此六种禽畜吃掉。因此他们常利用这几天上山砍柴或打鸟。

过鸟节具体始于何时，今已无从稽考。但从其内容推断，此节显然已有悠久的发展历史。为保护庄稼而做鸟粑喂鸟，并期以糯米粑粘住鸟嘴，这是生产力水平极其低下的一种直觉幻象。瑶族作为山居民族，在山上刀耕火种，鸟灾始终是其生产中的两大自然灾害之一（另一灾为兽灾），但瑶族独择二月初一“忌鸟”，显然是因为认识到了二月“处处闻啼鸟”，鸟在此季节最多，它们啄食播下的作物种子或幼苗，危害最大，农历二月是“粘鸟嘴”的最佳时节。这样的认识过程，不历经几百上千年，不可能完成。至于后来部分瑶族地区在节日期间上山打鸟这一与“做鸟仔粑给鸟吃”的初衷相矛盾之举，则是后来生产发展和人们认识水平提高的结果。

今天，过鸟节在大多数瑶族中正日渐走向消失，有的则被赋予新内涵而继续流传。

六、社王节

社王节，这是在我国包括汉族在内的许多民族中曾经流行的节日，早在春秋时期的汉文史籍《孝经》中就说：“社者，土地之主。土地广博，不可偏敬，故封土以为社而祀之，报功也。”社王节之所以在众多民族中流传，可能正是汉族影响的结果。

瑶族祭社王，历史悠久，宋人沈辽在其《踏盘曲》诗作中就记载瑶人的社王节说：“湘水东西踏盘去，青烟白雾将军树。社中饮酒不要钱，乐神打起长腰鼓。女儿带环着缦布，欢笑提郎神作主；明年二月近社时，载酒牵牛看父母。”这说明，宋朝时期，社王节已成为瑶族民间的一个隆重节日。

瑶族社王节具有浓厚的民族特色。瑶族民间普遍传说社王原姓李，因而又称“李社”，相传社王刚出娘胎就会笑，父母认为他是怪物，就把他扔了，后被白牛吞食。有一次白牛到瑶山吃粟禾，被瑶人射死，当人们剖牛分牛肉时，发现牛肚内有一个像人的石头，且会说话。正当人们惊奇间，忽然吹来一阵大风，把这块石头吹到了天上，玉帝见了，就封他为社王，管理人间五谷生产，接受人间祭祀。瑶族认为社王是司农神（有的则认为社王即神农氏），这与汉族以社王为“土地之主”，并以为另有“稷”神司五谷的认识显然不同。另外，汉、壮等民族信奉社王，一般每个村寨都建有一座社王庙（多为一矮小茅棚）。瑶族则没有固定的与社王相关的建筑物，往往是在村前寨后的一棵大树下或崖壁底垒三块大石头即将其作社王偶像崇拜。这极可能是受上述社王原属石身传说的影响（也有人认为这是适应瑶族游耕经济生活的产物）。但瑶族师公在其“社王坐席唱”中却这样解释：“当初欲把纸来画，又怕春天雨来淋；当初欲把木来凿，实怕虫蚁会通心。从此阳间须立石，立石年年春过春”，说他们之所以择石作社王，是因为石头不怕雨淋虫蛀。

瑶族的社庙，有的一村有一个，有时一村人多，则聚姓或聚族分供几个小社。一般每个社都有自己的名称，如金秀坤林村二十五户盘瑶立有三个社，分别名平安社、新安社、全州平安宁静社。有的社庙还有专门负责的社老（社老由卜卦产生）在每月初一、十五两天定期上香，供奉神祇。

瑶族祭社王，一般分春社节和秋社节两次进行，时间分别是阴历二、八两月的社日（历书上载明）。但也有定三月初三、六月初六、九月初九（一说八月初二），分三次祭社王的。节日当天，村寨各家各户，备齐酒、肉、香烛、纸帛等物，聚集到社王庙前，然后请师公一人，主祭社王。祭祀结束，同社各户，集体会餐，尽情娱乐。

广西金秀部分瑶族的社王节尤为隆重，他们把同村或共社各户分成几组，组内轮流做主养猪供肉。每到社节的前一天，就把猪杀掉。杀猪时，同组的人都来帮忙，杀社猪的人，杀猪前三天忌和女人同房，否则会遭社王责怪而生病。该社猪肉，必须拿一定数量（各组有规定，一般为几十斤）出来供同组各户食用（供肉的小部分在杀猪时供同组各户聚饮一餐，大部分则待祭时挑到社庙前均分，供同组各户在社前聚餐），余归供猪户所有。所余的猪肉，按例须用以请房族亲戚来家聚会欢饮，否则会受社会舆论指责。社日当天，除祭社和聚餐外，还要由社老给共社群众“料话”和“吃四社”。“料话”即宣布当时在生产中应共同遵守的公约。公约内容结合当时生产情况而定。二月社、八月社各有不同。二月社公约包括浸泡谷种、做秧田、扯田茎草的选定日，割青、放田水、牵牛犁田时经过的路径，清明后禁把禽畜放到外面，禁止乱拿非己之物等内容。八月社公约则包括要关好鸡、猪、牛，以防下田糟蹋谷物以及装鸟盆、打鸟、砍鸟胶木时的注意事项，禁止乱入老山，乱摘他人瓜果等内容。一般由社老结合本村社的具体情况决定，各村社不尽相同，但所有的村社公约，一经在社日宣布，大家就必须严格遵守。为了强调公约的必要性，社老的料话中往往都有这样一段话：枪声就是号令，听见枪声才准行动，谁先走，谁犯法。民众犯，罚银一两四钱；甲头犯，罚银二两四钱；我社老犯，罚银三两六钱。由于公约的内容详细而具体，犯约的现象极少。社老料话完毕，即准备“吃四社”。所谓“吃四社”，就是当各组杀完社猪后，社老选其中最大的一只，照俗例给银二毛，买肉一斤（通常是付款低于肉价的不等价交换），在料话结束后，回家煮吃。吃罢，就出来“喊村”，说：“我已经‘吃四社’罢了，大家可以煮社猪肉了。”这样杀猪的人家才得煮肉，供社人同食共饮，是谓“吃社”。

整个社日期间，同社男女老幼，穿红戴绿，来往奔忙，喧闹逗趣，热闹非凡。但有的地方，农历二月吃社完毕即可回家准备农事，八月吃社完毕则还要到指定路线去修路或整修桥梁，当天干不完次日继续。

瑶族最初祭祀社王的目的，一为祈社王保佑庄稼丰收，二为求社王保佑村寨、人畜平安，这可以从诸如师公主祭时“贼人入村来问我（即社王），两手钗（叉）腮作不闻；火星入村来问我，手儿指下落深塘；虎狼入村来问我，踏到下唇扯上唇；社丁有事来问我，一时病患脱离身；你杀鸡来我也吃，你杀猪来我也食；你若有心敬奉我，保你稻禾熟十分；闻说今朝有状请，本村社王领风情”之类的唱词中得到反映，金秀、恭城等地瑶族利用社节的聚会宣讲有关生产、生活的约定和禁律，协调群体行动，这是他们根据自己山居生产分散、聚会不易等特点而给社节注入的新内容，这是瑶族的独创。它对瑶族人民互助互爱、路不拾遗以及遵纪守法的优良传统的传承起到了促进作用。

（原载《广西民族研究》1994年第4期；
作者均为广西民族问题研究中心研究员）

南岭走廊与瑶族研究

——人类学学者访谈录

秦红增/问　玉时阶/答

秦红增（以下简称秦）：玉教授，2010 年适逢费孝通、林耀华两位大师 100 周年诞辰，中央民族大学、云南大学等研究机构分别在北京、云南等地进行了隆重的学术纪念会，我们学报分别在 2010 年第二期和第五期发表了相关内容。为了进一步继承大师们的学术传统，第六期邀请您主持了“南岭瑶族”专题，现在请您谈谈费孝通先生的南岭民族走廊理论对瑶族的研究有哪些指导意义？

玉时阶（以下简称玉）：所谓“南岭”，又称“五岭”，即大庾岭、骑田岭、都庞岭、萌渚岭、越城岭的总称。长期以来，南岭山脉及其周边地区一直是中国壮侗语族和苗瑶语族以及汉、回等民族聚居的地方，民族及族群构成复杂，文化积淀深厚，是民族文化研究的“富矿区”。20 世纪 80 年代后，费孝通先生从“中华民族多元一体格局”的思路出发，多次论述了中国“民族走廊”的理论，认为“南岭走廊”与“藏彝走廊”、“西北走廊”是中国的三大“民族走廊”。[①] 并指出，民族史研究的方法应以“民族走廊”为切入点，搞清历史上的民族关系问题与中华民族的形成问题。建

① 费孝通：《中华民族的多元一体格局》，见《费孝通文集》，第 11 卷，381 ~ 382 页，北京，群言出版社，1999。

议广西、湖南、广东的学者加强对南岭走廊上的苗、瑶、畲、壮、侗、水、布依等民族的研究，把苗瑶语族和壮侗语族这两大集团的关系搞清楚。费先生的“南岭走廊”学术理论是他在长期对南岭地区民族社会历史，特别是对南岭瑶族社会历史调查、研究基础上提出来的，它对指导瑶族研究具有重要的学术意义与理论意义。南岭走廊是中国瑶族人口和瑶族族群分布较多的地区，讲勉语、布努语、拉珈语、汉语西南官话等四大支系的瑶族在这一地区都有分布。以南岭走廊为切入点，对分布在这一带的瑶族进行全面系统的调查研究，对研究瑶族的形成、瑶族与其他民族的关系以及中华民族多元一体格局的形成都有极为重要的学术价值。南岭走廊也是中国瑶族自治县分布较多的地区，以南岭走廊为切入点，对分布在这一带的瑶族自治县贯彻执行民族区域自治法进行全面系统的调查研究，对研究如何构建瑶族地区和谐社会具有重要的理论意义。南岭走廊地区的瑶族是中国瑶族中经济文化发展比较快的瑶族，以南岭走廊为切入点，对分布在这一带的瑶族经济文化进行调查研究，找出其发展的规律性，对促进瑶族地区经济文化发展有重要意义。

秦：据我所知，近年来中国学者在瑶学研究方面取得了不小的成绩，如机构的设立、人才培养层次的提升、学术著作的出版及学术交流等，在此想请您给我们的读者介绍一下。

玉：瑶族是一个历史文化悠久的跨境民族。据2000年统计，全世界有瑶族320多万人，其中分布在中国的约有262万余人，其余60多万人分布在越南、老挝、泰国、缅甸、美国、加拿大、法国等国家。中国的知识分子早就开始对瑶族有所了解，但真正的研究却始于20世纪30年代。这一时期，中国的知识分子开始用人类学、民族学等方法对瑶族进行调查研究，虽然他们的调查研究无论从深度或广度上看都有一定的局限，但毕竟为后来的研究积累了不少的资料和有价值的研究线索。① 新中国成立后，从中央访问团开始，经过几次较大的瑶族语言、社会历史与民间文学的调查，出版和发表了一批瑶学研究的成果，培养造就了一批瑶学研究学者。但总的说来，当时这一时期的瑶学研究毕竟是刚起步不久，所创造的研究成果不多，影响不大。1978 年，中国实行改革开放之后，中国学者以高度的责任感和强烈的事业心，开拓创新，广泛开展田野调查与科学研究，学术活动空前活跃，学术成果不断问世，一批新人不断成长，研究队伍日益壮大，国际交流日趋频繁，学科建设成绩显著。改革开放 30 余年，是中国瑶学研究得到空前发展的黄金时期。这一时期，中国瑶学研究的发展及其所取得的成就是过去任何一个历史发展阶段都不能比拟的。其主要成就表现如下：

第一，瑶学研究机构和群众性学术团体的建立与人才培养层次的提升。

虽然自 20 世纪 30 年代以来，瑶学研究就一直受到学术界的关注，如费孝通、杨成志、江应樑、梁钊韬、徐松石、徐益棠等都曾就瑶学研究做过不少调查，写过不少文章和著作，但各学者之间大多独自单兵作战，没有一个专门的学术机构作为合作研究的平台。新中国成立后，虽然在高等院校与科研机构中都有不少人从事瑶学研究，但一直没有专门以瑶学研究为主要内容的研究机构和社会团体。1984 年，广西民族学院民族研究室升格为民族研究所后，在研究所下设瑶族历史文化教研室，负责学校的瑶族历史文化的教学与研究工作，这是中国第一个专门研究瑶学的学术机构。同年 12 月，广西、湖南、广东、云南、贵州、北京等省区直辖市的瑶族代表聚集广西民族学院欢度瑶族盘王节，并成立广西瑶族学会。1992 年，广西瑶族学会更名为广西瑶学学会，更名虽然仅是一字之差，但凸显了瑶学学会的学术性质。广西瑶学学会成立后，与国际瑶学

① 乔健、谢剑、胡起望：《瑶族论文研究集》，14 页，北京，民族出版社，1988。

会合作，先后在中国广西桂林、云南河口、中国香港召开国际瑶学学术研讨会，并与湖南、广东、云南、广西的瑶族自治县联合举办瑶学学术研讨会，将瑶学研究从书斋推向民族地区。2005年，经当时的全国人大常委委员、广西壮族自治区政府原副主席奉恒高提议，广西民族学院成立直属学校领导的瑶学研究中心，自治区政府拨300万元，扶持瑶学研究中心编辑出版“瑶学丛书”。2006年，广西民族学院更名为广西民族大学后，瑶学研究中心被确定为广西壮族自治区人文社会科学重点研究基地，这是我国首个研究瑶学的人文社会科学重点研究基地。同时，广西民族大学在民族学与社会学学院中国少数民族史专业下招收瑶学方向硕士研究生，为瑶学研究培养新生力量。2009年，广西民族大学获博士点建设单位，在民族学博士点下设壮学与瑶学方向进行建设，为将来招收瑶学博士生做准备。从此，瑶学不仅正式成为一个学科走进大学，而且提升了人才培养的层次，为培养高层次的瑶学研究后备力量，提高瑶学研究水平，壮大瑶学科学研究队伍奠定了坚实的基础。

第二，多学科合作研究，科研成果丰硕。

新中国成立后，中国学者便开始多学科合作研究瑶学。但在20世纪80年代前，由于受“左”倾思想的影响，瑶学研究方法仍较为单一，大多数学者多从历史学、语言学或民间文学角度对瑶族历史文化现象进行描述或研究。1978年后，学术界解放思想，拨乱反正，许多学者积极进行学术反思，突破各种禁锢，采用多学科结合的方法研究瑶学，拓宽了瑶学研究的领域，取得了丰硕的学术成果。2007年，中国的瑶学研究者在奉恒高主编的领导下，联合广西、广东、湖南、云南、北京、上海等地的瑶学研究人员，历史学、民族学、语言学、艺术学、宗教学、遗传学、教育学等多学科合作攻关，历时8年，完成了《瑶族通史》的撰写、出版工作，结束了瑶学研究没有通史的历史，在学术界引起很大反响。这一时期，历史学与民族学相结合的成果主要有张有隽的《瑶族历史与文化》、胡起望与范宏贵的《盘村瑶族》、黄钰与黄方平的《国际瑶族概述》、玉时阶的《白裤瑶社会》、蒲朝军等人的《中国瑶族风土志》、莫忍章的《金秀大瑶山瑶族史》、莫金山的《瑶族石牌志》、郭维利等人的《盘村变迁》、田伏隆的《湖南瑶族百年》、柏果成等人的《贵州瑶族》、李祥红等人的《江华瑶族》、练铭志等人的《排瑶历史文化》、李默的《韶州瑶人》、黄贵权的《靛村瑶族》、粟卫红等人的《红瑶历史与文化》、刘保元与莫义明的《茶山瑶文化》等。民族学与社会学结合研究的有徐平等人的《大瑶山七十年变迁》、梁茂春的《跨越族群边界》、彭兆荣等人的《文化特例》、秦红增等人的《瑶族村寨的生计转型与文化变迁》、黄海的《瑶麓婚碑的变迁》等。民族学与语言学结合研究的有毛宗武等人的《瑶族的勉语方言研究》、毛宗武等人的《炯奈语研究》等。民族学与法学结合研究的有高其才的《瑶族习惯法》等。民族学与文化学结合研究的有赵廷光的《论瑶族传统文化》、谢明学与玉时阶的《瑶族传统文化》、玉时阶的《瑶族文化变迁》、徐祖祥的《瑶族文化史》。民族学与文化古籍结合研究的有吴永章的《瑶族史》、张声震的《密洛陀古歌》、蒙冠雄等人的《密洛陀》、郑德宏等人的《瑶人经书》、奉大春等人的《平地瑶歌选》、湖南少数民族古籍办公室的《盘王大歌》、黄钰的《评皇券牒编》等。民族学与医药学结合研究的有覃迅云等人的《中国瑶医学》与《中国瑶药学》等。民族学与文学艺术结合研究的有农学冠等人的《瑶族文学史》(修订本)、蓝怀昌等人的《瑶族歌堂诗述论》、农学冠等人的《桂北瑶歌的文化的阐述》、刘小春等人的《桂东瑶舞探秘》等。民族学与教育学相结合研究的有刘宝元的《中国少数民族教育史·瑶族教育史》、袁同凯的《走进竹篱教室》、玉时阶等人的《公平与和谐：瑶族教育研究》等。除学术著作外，还有不少学者发表了有创见性的学术论文，由于篇幅有限，不再一一列举。

第三，对外交流与合作不断加强。

新中国成立初期，由于受“左”倾思想的影响，中国的瑶学研究基本没有和国外进行交流、合作。改革开放后，中国的瑶学研究才逐渐走出国门，与世界进行交流，并逐渐成为学术界研究的热点之一。中国瑶学研究机构与学者通过“走出去，请进来”的方式，加强与国内外学术界的联系，积极开展国际学术交流，许多国外学者也到中国进行瑶学调查与研究。自1986年起，国际瑶学会先后在中国香港、泰国曼谷、法国巴黎、美国旧金山、越南太原、中国云南河口等地召开国际瑶学研讨会，中国学者均有人出席会议，并作大会发言。广西瑶学学会先后与有关单位在广西的桂林、南宁、恭城、富川、贺州，湖南的江华、临湘、江永等地召开国际、国内瑶学研究专题学术研讨会，西南民族研究会在贵阳召开苗瑶族研究专题学术研讨会，广西民族大学与越南社会科学院社会学研究所及越南老街省文化体育旅游厅也在中国广西南宁召开了“中越跨境瑶族经济与文化交流国际学术研讨会”。参会的国内外学者纷纷撰文探讨瑶族社会历史文化与现实问题，既开阔了视野，也促进了国际学术交流。这一时期，随着国门的打开，国外的一些瑶学研究者开始把瑶学研究的重点从泰国瑶族地区转向中国瑶族地区。从1986年起，日本学者金丸良子、藤井知照、长谷川、塚田诚之等先后应广西民族学院与广西瑶学会邀请，到广西金秀、南丹等瑶族地区考察。1988年，广西民族学院与泰国朱拉隆功大学签订合作研究瑶族历史文化语言协议。次年，广西民族学院派陈永昌、姚舜安、张有隽、李增贵、玉时阶赴泰国北部瑶族地区考察，并在清迈召开瑶族学术研讨会，回国后出版了《泰国瑶族考察》一书，该书出版后，在学术界获得好评。同年，朱拉隆功大学也派团到广西金秀、百色、田林等瑶族村寨考察。2008年，广西民族大学与越南社会科学院社会学研究所及越南老街省文化体育旅游厅签订“中越跨境瑶族经济发展与社会文化变迁研究”科研合作协议。同年12月，广西民族大学玉时阶、王柏中、胡牧君、滕成达、盘美花应邀到越南老街省瑶族地区进行考察，并参加了在老街省召开的“红河流域经济文化交流第二届国际学术研讨会”，作了大会发言。2009 年 4 月，越南考察团一行 6 人应邀到广西龙胜红瑶地区进行考察。2010 年 4 月，广西民族大学的玉时阶、王柏中、胡牧君、滕成达、盘美花再次应邀到越南老街省瑶族地区进行考察。这一时期，国家民委及广西瑶学学会还与美国瑶族协会合作，多次分别组团到对方国家的瑶族聚居区考察，中国学者林仕良、玉时阶、李筱文、赵枧球等人回国后分别在《世界民族》、《中央民族大学学报》、《中南民族大学学报》、《广西民族研究》、《瑶学研究》等刊物发表关于美国瑶族社会、教育、经济、文化等方面的学术论文。这些学术交流合作活动，有力地推动了国际瑶学研究的发展，扩大了瑶学在国内外的影响。

秦：众所周知，瑶族是一个世界性的民族，对其研究必须走出国门。近几年北京大学的高丙中教授极力倡导中国人类学的“海外民族志”，很有意义。那么玉教授，您能不能说一些瑶族海外研究方面的情况？

玉：早在 19 世纪末就有一些西方传教士与探险者进入中国云南、贵州等地及越南北部地区对瑶族的语言、体质、风俗习惯进行调查研究。20 世纪 50 年代后，由于政治上的原因，西方与日本的瑶学研究者主要到泰国的瑶族地区进行调查研究，其中比较有影响的成果有日本白鸟芳郎的《东南亚山地民族志——瑶族及其相邻各族》、竹村卓二的《瑶族的历史与文化——华南、东南亚山地民族的社会人类学研究》，法国雅克·勒穆瓦纳的《瑶族神像挂图》，泰国差博·阿南达的《泰国瑶人——过去、现在和未来》。越南在 1954 年抗法战争胜利后，也开始注重对瑶族的研究，其主要成果有闭曰等与阮克颂等人的《越南瑶族》、范光欢等人的《瑶族文化和社会的发展：现在与将来》等。1978 年，中国实行改革开放后，许多国外学者到中国进行瑶学调查研究。特别是 1986 年国际瑶学会成立后，先后在欧美与东南亚各国召开国际学术研讨会，探讨瑶族历史文化与现状问题，并出版会议论文集，在国际学术界形成了瑶学研究的热潮，促进了国际瑶学研究的发展。

秦：玉教授，在您看来，目前进一步深化瑶学研究遇到的问题有哪些？如何解决？

玉：由于瑶族支系众多，居住分散，社会经济发展较缓慢且不平衡，没有反映、表达本民族语言的文字，加上汉文文献资料较少，影响了瑶学研究的进一步深化，其问题主要有：

一是学科建设较为缓慢。中国的瑶学研究虽然历史悠久，但学科建设的步伐却比较缓慢，与国内的藏学、蒙学、满学、壮学等相比，瑶学的学科体系还未成熟，对瑶学的定义、概念以及研究的理论、方法等研究得不多，从而影响了研究的深入。

二是多学科的综合研究做得不够。瑶学是一门综合性的人文学科，但由于受科研经费、学术背景、部门体制等影响，大部分瑶学研究者仍处于单兵作战的状况，多学科、跨部门的综合研究做得不够，所以有影响的成果不多。

三是现状研究比较困难。瑶族大多聚居在中国西南边疆和东南亚国家的边远山区，交通不便，居住分散，生活困难，卫生条件差，给做田野调查带来许多困难。我和我们学校的几位老师在越南瑶族地区做调研时，曾经一个星期不洗脚、不洗澡、睡地铺，搭摩托车冲上45度的斜坡到山上去采访。我的几个研究生去云南河口瑶族自治县调查回来时，在崎岖的山路上因汽车翻车身体多处受伤。过去，费先生的妻子王同惠曾在大瑶山调查时遇难。现在瑶山的条件好了许多，但还是很艰苦的。受客观条件的影响，愿意到瑶族地区做现状研究的人不多，能够长期蹲下去的人更少。

要继往开来，促进瑶学研究向纵深发展，首先是要加强瑶学学科建设，完善与发展瑶学学科体系，加强学术对话与交流，学习藏学、蒙学、满学、壮学等学科体系发展的经验教训，吸收其他社会科学与自然科学的理论与方法，提高瑶学在国际学术界中的地位。其次是加强多学科、多民族合作研究，提高瑶学研究水平。从学科发展的角度说，分化整合是当代学术研究发展的两大趋势。一方面，各个学科的发展呈现出日益分化的趋势，学科划分越来越细；另一方面，又呈现出学科之间的整合趋势，各个学科之间相互渗透，相互交叉，其界限越来越模糊，跨学科研究与交叉学科不断增多。[①] 瑶学是一门综合性的人文学科，文化内涵十分丰富，仅靠某一门学科的理论与方法进行研究是不够的，必须打破学科封闭，进行学科交叉合作，走多学科综合研究的方法，才能使瑶学研究有所创新、发展。同时，瑶学研究既是瑶族知识分子与广大瑶族群众关心的问题，也是瑶学研究者关注的热点，瑶学研究的创新发展，既离不开瑶族人民的关心支持，也离不开瑶学研究者的关注，所以，应当提倡瑶族内部各支系的团结合作研究，瑶族人民与其他民族的团结合作研究，瑶族学者与其他民族的瑶学研究学者的团结合作研究。这三个团结合作研究，是今后瑶学研究繁荣发展的坚实基础。经济全球化的发展使每个民族的经济文化发展都卷入了全球现代化的进程中，任何“闭门造车”、唯我独尊、固步自封的做法都是不可取的。现代社会多元化的发展，不仅需要跨学科的结合，形成多学科的综合研究，也需要多民族的合作研究，形成跨民族、跨国境、跨文化的对话，这才能深入了解瑶学文化现象的深层次结构与文化象征意义，才能使瑶学研究的水平不断提高。三是深入进行田野调查，大力开展应用研究。瑶族没有反映、表达本民族语言的文字，汉文献对瑶族历史文化的记载也较少，瑶族许多优秀传统文化都积淀于瑶族人民的日常生活、生产中，要了解瑶族的各种文化现象，就必须深入进行田野调查。既要继承老一辈学者参与观察、深入访谈的优良传统，也要充分利用现代化、信息化的科学调查方

① 张跃：《中国民族村寨研究》，2页，昆明，云南大学出版社，2004。

法，使田野调查更加科学化。同时，现代化的发展所引起的瑶族地区社会、经济、政治、文化等各方面所发生的巨大变迁，也需要瑶学研究者深入进行田野调查，进行相关的应用研究，深入探讨瑶族社会现代化发展进程中所面临的新情况、新问题，为科学制定瑶族地区现代化发展的各种政策、法规提供理论依据。

秦：我相信再大的困难，只要我们一步一步地扎实努力，都有解决的一天，所以瑶学研究还是大有可为的，在这里玉教授能不能做些展望？

玉：瑶族是一个国际性的跨境民族，除中国外，越南、老挝、泰国、缅甸、美国、法国、加拿大等国家都有瑶族分布，他们都是从中国迁徙出去的。所以，瑶学研究既是中国学者关心的问题，也是各国学者关注的热点。当前，瑶学研究正处于一个方兴未艾的大好局面，我们必须抓住这个机遇，抓好学科建设与学术队伍建设，抓好基础研究与现实研究，积极开展跨国跨文化的对话。我相信，在各国学者的推动下，瑶学研究的国际交流合作，各国瑶族文化的比较研究等势必得到进一步加强，从而促进国际瑶学研究的发展，扩大瑶学在国内外的影响，增强国内外瑶族的了解、合作与友谊，促进各国瑶族地区的社会经济发展繁荣。

当前，广西民族大学瑶学研究中心在自治区领导和学校领导的关心、支持下，联合全国各地的专家、学者，正在编撰、出版一套《瑶学丛书》，一共50本，现在已经出版了8本。我们也希望有志于瑶学研究的学者和我们一道合作，共同做好这套丛书，将瑶学研究的发展推上一个新的里程。

秦：祝愿您的学术展望能早日实现，也祝愿瑶族同胞的日子越来越好。谢谢您能接受我们的访谈。

（原载《广西民族大学学报（哲学社会科学版）》2010年第6期；玉时阶系广西民族大学教授）

瑶族石牌制及其在南方民族习惯法中的地位

莫金山　潘远益

一、瑶族石牌的产生及其废止

大瑶山位于广西中部，金秀瑶族自治县是主体部分。明、清和民国时期，金秀瑶族人民为了维护当地的生产生活和社会治安秩序共同订立规约，并将之镌写在石板上或木板上，督促大家共同遵守。石牌制既是军政组织，又是法律制度，是一种具有自治自卫性质的地域组织。

据研究，石牌制现象并非金秀瑶山特有，在其他地区的瑶族社会也存在。黄钰先生辑点的《瑶族石刻录》收有广西、广东、湖南、贵州等省区的瑶族地区石刻267块，这是目前人们所能看到的最丰富的瑶族地区石刻著录。其中大多是封建官府的文告禁律、“平瑶碑”、“记功碑”、墓志铭、诗词游记。据笔者统计，属于“民族习惯法”的仅有74块（含纸写）。在这74块碑中，金秀石牌律的便占45块[①]，占全部习惯法的61%。

据研究，金秀石牌很可能是随瑶民从广东迁来而传进大瑶山的。明初，茶山瑶祖先在溯西江由广东迁至广西梧州、藤县时，被藤县覃千户率兵丁驱赶，瑶族且战且退，由濛江进入平南县北部的琉璃、利两等处，然后沿大同水进入大瑶山。但覃千户仍紧追不舍，瑶民于是利用大瑶山山高坡陡的有利地形与之决战，把官军打败，覃千户中弩身亡，他使用的大刀也被瑶民所缴获。得胜之后，瑶民将覃千户的大刀砍为13段，分给13个族人，建立起13个石牌组织。[②]

石牌制是封建王法在大瑶山虚位的产物。从元明之际瑶族迁入大瑶山，至1940年国民党广西省政府武力开化大瑶山的五六百年的时间里，由于山高路陡，金秀大瑶山几乎是“王不辖，官不管”的政治死角，是一处“化外之地”。但是，大瑶山周围又是高度文明的地区，汉族、壮族的社会文化以及民族之间发生的问题不可能不影响到大瑶山瑶族的社会生活。在大瑶山里，各族系之间也因争山林、土地、河流而发生纠纷冲突。即使是同一村寨的同姓人之间也因经济地位的差异而形成阶级差别。所有这一切都需要有政治法律制度来调整解决。在汉族地区，类似这些矛盾纠纷可用“王法”来解决，而大瑶山无“王法”，发生矛盾纠纷，只能由瑶族人民自己设法解决。为了便于统一认识，集中意志，处理各种问题，裁定纠纷，有效地管理社会，必须有自己的政治法律制度，石牌制正是在这样的社会需要中被创造出来的。

---

① 姚舜安的《瑶族风俗》第二章“石牌律”中说：“到目前为止，在广西金秀、龙胜、湖南江永、贵州荔波发现的石牌共有42块，其中广西金秀瑶山发现的有33块”——这与我们的统计数不尽相同。姚舜安：《瑶族风俗·石牌律》，长春，吉林教育出版社，1991。

② 广西壮族自治区编辑组：《广西瑶族社会历史调查（第一册）》，南宁，广西民族出版社，1984。李维信：《大瑶山的石牌制度》，见《瑶族研究论文集》，武汉，中南民族学院民族研究所，1985。

石牌制度同时又是在瑶族人民共同抵御兵匪攻扰的斗争中形成和发展的。金秀大瑶山处桂、柳、梧、浔等州交界之地，是历代匪盗之渊薮。瑶族进山后，他们聚族而居，三家为村，五户为寨。由于力量弱小，外界强力对他们的侵扰成为常事。显然，在这里以自己村寨微弱之力是无法与外界强力相抗衡的，只有联合起来，结成村寨之间的联盟，才能抵御匪盗的侵犯。石牌制的规模就是瑶族各村寨在抵御匪盗的斗争中不断发展壮大的。

大瑶山石牌不仅有明显的形成、发展、衰落、废止的发展过程，还有一个从不成文到成文的发展过程。最初的石牌是大家口头议定规约，当众宣布，立石牌以为标志，并不刻字。明代后期，随着社会的发展，各种纠纷案件增多，瑶人中识字者也增多了。于是，这种表意模糊、演绎性很强的无字石牌，已不能起到应有的作用，用明确的文字来表达石牌内容，使人们在社会生产生活中“有法可依”便成了瑶族社会发展的必然要求。

1990年，瑶族群众在三角乡三角村发现的《成二、下故都等五村石牌》（明崇祯四年即1631年），是成二村（今长二村）与下故都村、故参村为解决土地纠纷而设立的。这是迄今能见到的最早的成文石牌，标志着石牌制度由此从“法无成文”向成文法发展。①

据研究，从明初到1940年，在石牌制五百年的发展历程中，金秀瑶族曾召开过四次规模较大的石牌大会。第一次是光绪九年（1883年），以金秀村为首的11个茶山瑶村寨与黄元维等人为代表的过山瑶订立了《莫村石牌》。第二次是光绪二十三年（1897年），以金秀四村为首的7个茶山瑶村与23个盘瑶村寨共同组织的有1800人参加的“两瑶大团石牌大会”。第三次是1914年召开的“六十村石牌大会”。第四次是1918年召开的“三十六瑶七十二村

① 莫金山：《瑶族石牌制》，南宁，广西民族出版社，2000。

石牌大会”。

1939 年，国民党广西省政府决定全面“开化”大瑶山，将其统治政权深入到大瑶山的纵深地区，健全乡村基层管理制度。消息传来，立即遭到瑶族人民的反对。是年冬天，大瑶山石牌大会在金秀村举行，大瑶山境域内的各个瑶族村寨的大小石牌头人、自然军事领袖共约八九百人出席了大会。大会号召大瑶山各族人民发扬过去抵抗外来势力的优良传统，团结起来，抵制国民党的“开化”，维护古老的石牌制度。这是大瑶山瑶族召开的最后一次石牌大会。

1940 年农历七月十四日，国民党金秀警备区署在署长潘耀武带领下，强迁金秀村。瑶民奋起反抗，用砂枪与军警战斗，遭国民党军警镇压，十余人被杀，战斗最激烈的田村化为灰烬。1942 年，金秀警备区署改名为金秀设治局，把大瑶山划分为永宁、崇义、岭祖、古卜、东北、东南、木山、贵山、三合、翁祥、罗香、罗运、平竹 13 个乡，委任乡长、村长，实行保甲制度，以治民事，石牌制度实际上被废止了。

二、石牌制的组织结构及其刑律

石牌组织大体分为小石牌、中石牌和大石牌三种形式。小石牌通常由一个村或邻近的几个村共立，如《上秀、歌赦二村石牌》、《寨堡、杨柳、将军三村石牌》等。这类石牌管辖的区域小，人口不多，力量有限。但这类石牌数量多，几乎遍及各村，达到“村有铭刻，寨有石牌”的程度。

中石牌由几个至十几个村寨组成，如《罗运九村石牌》、《坪免十村石牌》、《桂田十八村石牌》。这些石牌管辖的区域较大，人口较多，力量也较强。大石牌则由几十个村寨组成，如《两瑶大团石牌》（由 23 个村 1800 人组成）、《六十村石牌》等。最大的石牌是《三十六瑶七十二村石牌》，由大瑶山 72 个长毛瑶村寨组成，管辖面几乎涵盖了整个大瑶山。

这些石牌组成了倒金字塔形的组织结构，最小的是基层的村寨石牌，越往上规模越大，人户越多，作用亦越大。最高的是《三十六瑶七十二村石牌》，其规条是制定其他石牌法令的蓝本，具有大瑶山“宪法”的色彩。

石牌头人是瑶族群众对石牌制定者、领导者、监督者的称呼。“头人”一词始用于何时，现难详考。在《上下卜泉两村石牌》（1849 年）和《低水、平亚、莫村三村石牌》（1853 年）中已有“头人”的称谓，可知“石牌头人”这个称谓当不晚于此时。

在“村有铭刻，寨有石牌”的年代，瑶族社会各村寨均有头人。规模大的石牌组织称“大石牌头人”，规模小的石牌组织称为“小石牌头人”。

石牌头人是如何产生的呢？一是由宗教（道教）的师公和道公转变而来。二是由公众推举有“才德”者来担任。三是由老头人培养而成。在和平时期，石牌头人一般由经济上富有，能识文断句，通晓多种语言的人担任。在战争时期则由魁梧勇武，熟悉大瑶山地理，有军事才能，作战勇敢，枪法准的人来担任。这些头人在当时地位和作用颇为显赫重要，从制定石牌律，执行石牌意志，调解判案，惩盗御匪，到安排生产，组织宗教祭祀等，均由头人召集主事。从某种意义上说，他们的存在就是石牌制度的存在，他们是石牌的化身，是石牌的人格化。

石牌对违犯石牌律的行为有一套惩治的刑法，轻则教育罚款，重则捆打毙命。早期的石牌律并无刑罚规定。道光二年（1822 年）的《门头、下灵、黄桑三村石牌》始见处罚条规：“自犯石牌，罚银十两；外人犯石牌，罚银三百两。”此后，石牌的处罚条规越来越明了，惩罚的种类也越来越多。主要有经济罚款、游村喊寨、逐出村寨、没收家产、棍棒毒打、绳索捆吊和死刑。其中经济罚款是石牌律中最基本、最常见的惩罚手段。据统计，石牌律中有关罚款条文共94处，几乎所有犯石牌事件都可以用“以罚代刑”的方法来解决。甚至杀害人命，如果凶手主动赔偿一笔“人命钱”，亦可赦免其罪。昔人云：“蛮法三千，道理一个”，即谓此。

死刑中又有枪决、乱棍打死、绞死、灌毒药、烧死、沉河、活埋等形式。光绪末年，六段某村苏巴姑年轻漂亮，先与本村苏公重谈情说爱，受了聘礼，其后又与本村苏道亮谈恋爱。苏公重于是迁怒于苏道亮，将苏道亮打死。死者的亲属向石牌起诉苏公重“不通过石牌，擅自打死人命”，石牌头人令死者的亲属将苏公重捆绑到村后的大树下烧死，以命赔命。直至今日，此事成为该村村民教育青年男女端正恋爱婚姻态度的史鉴。1939年，金田某村的田扶树偷了刘村刘道和的一头牛拿去卖了，被人发现检举。刘村人于是向田村头人田公端起诉，要求惩处田扶树。田公端责令田扶树认罪受罚，可田扶树不肯，反说田村头人“多管闲事”。田公端与村老们商量，为了自保求安，决定逐田扶树出村，任由别人处罚。田扶树惧恨而杀死田公端，跑到低水村躲避。“坪免石牌”认为田扶树杀害头人，不能宽容，于是传令低水村人“捕捉田扶树，就地处决”。低水人将田扶树抓获，装入猪笼里，投入河中溺死。1923年，长二某村陶公寒因吸鸦片，成为惯偷，偷了杨柳村莫公钱柜，盗走不少银子，石牌查实后，认为留下此人是祸害，令其亲属将陶公寒活埋在“农寒山”上。

石牌行刑有三种方式，一是用石牌兵行刑，二是令受害者本人或亲属行刑，三是“血亲行刑”，由犯人的亲属将犯人处死。其中“血亲行刑”在大瑶山较为流行，这是因为在这里，瑶民大都聚族而居，各种社会关系复杂。行刑之人，即使由公共权力组织（石牌）指定，成为公众意志执行者，但随着历史的推移，当年的事情会模糊不清，他很可能遭到受刑者亲属后代的报复。为了避免这种现象的出现，便由血亲行刑。社会学家指出，血亲行刑意味着法律软弱，表示公共权力无力执行其使命。此论甚有道理。

由上可知，大瑶山的石牌刑法种类是繁多的，惩治手段有的是残酷的，有的甚至是“王法”所未有，称之为“酷刑”并不为过。

酷刑习俗产生于生产力极为落后，人类文明发展较为低下的历史阶段。在人类历史上，文明发展程度越低，刑法越严酷；文明发展程度越高，刑法越宽松。例如侗族，其惩治盗窃习惯法，原来也以酷刑为主，后来随着社会的发展，逐渐代之以游村示众、罚款。到了近代，酷刑基本绝迹。而金秀瑶山的情况则不是这样，在早期的石牌中没有刑法的规定，愈往后刑法愈明显，手段愈残酷。到了国民党“开化”瑶山前夕，几乎达到滥用的程度。这是瑶山石牌律发展的一个特点。

三、石牌制的特点

石牌制既是军政组织，又是法律制度，因此它的特点是多方面的。

从政治上看，石牌制是分权制社会的政治协商制度。在国民党政权进入大瑶山之前，金秀大瑶山没有统一的政治法律管理制度，不是集权式的社会，而是在各村寨自治基础上的分权制社会。各村自治，互不统属。但是，各村寨之间并不孤立，相互之间也有一定的联系。各村寨之间如发生冲突纠纷，需要有处理的机制；如遇匪患，则需要统一的意志和力量。所有这些都需要一个联合机制，需要一种协商处理问题的平台，石牌组织于是承担了这部分的功能，因此石牌制是瑶族传统社会的政治协商制度。

从军事上看，石牌制是一种军事联盟。明清时期，金秀瑶族各集团之间、村与村之间，以及瑶族与汉族、壮族之间，由于某种原因，经常发生矛盾纠纷和械斗，抵抗匪帮侵扰的战斗也经常发生。在这过程中，石牌为了扩大力量，就会召开有关村寨的石牌大会，组织力量，统一意志和行动。石牌组织的规模就在瑶族共同抵御兵匪攻扰的需要中不断得到扩大。石牌组织越大，这种军事同盟性质就越明显。

从法律上看，石牌法具有三个特点。

其一，石牌法是成文法。中国少数民族习惯法大多是“法不成文”，靠口耳相传，以风俗习惯作为表征。据学者研究，云南省25个少数民族，“他们在历史上创造的法文化成果，就像他们自己一样丰富多彩”，但除了傣族有部分成文法外，大多是“零散不全”，没有成文的民族习惯法。[①] 金秀瑶族石牌律不是这样，它的法律条文经民众讨论同意认可之后，用汉字书写于石碑、木板和砂纸上，因此它已形成成文法。

其二，石牌法是制定法。中国少数民族习惯法大多具有自发性。它的产生、形成是约定俗成的，是在社会生活中逐渐地、自然地形成。金秀瑶族石牌律不是这样，它是各村寨的人民在遇到共同问题时，召开村民大会（石牌大会），经头人提议，众人讨论通过的法律。它是特定群体共同意志的体现，是有意识、有组织制定的行为规范，因此它是制定法。

其三，石牌法是实体法。许多少数民族习惯法在“法无成文”的同时，其组织机构也是悬空的。而金秀石牌不同，它不仅有法律条文，还有石牌头人、石牌会议、石牌兵等组织机构和石牌经费，并时常结合一年农事节庆的开展来显示自己的存在。石牌制的组织机构及其法律实体性是其他少数民族习惯法所难以比拟的。

这些特点说明，石牌律不是一般的村规民约，也不是普通的民族习惯法，它是少数民族习惯法的最高阶段产物，同时也是国家制定法的初始阶段的产物。

---

① 王学辉：《从禁忌习惯到法起源》，53～54页，北京，法律出版社，1998。

四、瑶族石牌制与苗族埋岩、侗族合款的比较

从目前中国民族资料看，苗族的埋岩和侗族的合款是人们认为较典型的民族习惯法。为了便于人们对瑶族石牌律的深入了解，我们不妨将它们进行一番比较研究，以明异同短长。

苗族的习惯法称为埋岩，苗语称“依直”。苗族人民在遇到大事时，各村的村老，有时是全体村民相约在一定的时间，到一定的地点聚会，就事件的内容进行商讨，由大会的代表推举头人宣讲古理古规，然后谈古论今，形成新的决议或规条。若得大家认可，便杀鸡饮血酒盟誓，用鸡血淋一块长条岩石埋于地下（并不刻字），让大半截露出地面，以示决定或决议已被通过，日后大家共同遵守，谁违犯就按此规定惩处。后来，苗族群众把集会解决社会问题，即使不埋半截石头也叫“埋岩”。

侗族的习惯法称为门款、合款。清代陆次云《峒溪纤志》记：“各峒歃血誓约，缓急相救，曰门款。”按一般人的理解，“款”即是“誓约”，合款即是召开款民大会。合款时要制定款法或宣讲款约，然后杀牛分肉，饮血酒盟誓，以示遵守执行。

埋岩始于何时，汉文典籍中无文字可考，但是从苗族埋岩的理词和埋岩歌中可以看出，它滥觞于苗族母系氏族社会向父系氏族社会过渡时期。

侗款产生于何时，史无文字可证。学者们一般认为，侗款在唐末五代时即已形成，至宋代侗款名称已经遍及各侗乡。金秀瑶山的瑶族是在元明之际才进入瑶山的，石牌制度的产生当不会早于此时，从目前所得到的文字和实物证据看，石牌形成于明代，其历史比苗族埋岩和侗款要晚。

从组织机构方面看，苗族埋岩头人不是自封自许，不是世袭，不需选举，也无任命，头人是由在社会实践活动中逐渐“崭露头

角”，而被公认为“好人”的人来充当。这与瑶族石牌头人、侗款款首的产生是相同的。

侗族款首的职责是维护本款区生产的正常进行，解决民事纠纷，维护社会治安，保护本款区不受敌人的侵犯。他们平日不脱离生产，也没有什么报酬，只是在排解纠纷中耽误了生产时，由双方或输方招待他几餐酒饭，或适当给点误工补贴。这与瑶族石牌头人与侗族款首、苗族埋岩头人的职责和待遇是相同的。不同的是，石牌制度以契约的形式来确立石牌头人与石牌丁的关系，因而石牌头人有更大的强制力和约束力，民众对之也有更明显的从属性。

瑶族石牌有大石牌、中石牌和小石牌之分，苗族的埋岩有总岩、中岩和小岩之分，侗款则有联合大款、大款、中款、小款之分，在组织机构上大同小异。不同的是，在数量上侗款要比石牌多。款坪是组织聚会、立约、断案的场所，如今在侗族地区尚有款坪遗址大约三百余处，其中湖南会同、芷江、靖州、黔阳等地有二百多处，贵州的黎平、从江、榕江、天柱、锦屏等地有五十多处。[①] 而瑶族石牌，按姚舜安先生统计，包括贵州荔波瑶山、湖南的江永、广西的龙胜、金秀等地，总数不过42块。[②] 从规模上看，瑶族石牌规模最大者为《三十六瑶七十二村石牌》，共有72村参加。侗款的规模比之要大得多，联合大款几乎联合黔、湘、桂整个侗区的各个大款，起大款时经常能集合款民数千人。而金秀瑶山召开“三十六瑶七十二村石牌”时，与会者不过几百人，规模要比之小得多。

侗族约法款与瑶族石牌律同是民族习惯法，但它们的表现形式却有很大的差异。“约法款”像诗歌，石牌律像民间法律。从文学价值角度看，石牌律不如侗款悦耳动人，但从法律角度看，侗款不

① 邓敏文、吴浩：《没有国王的王国》，北京，中国社会科学出版社，1995。

② 姚舜安：《瑶族风俗·石牌律》，长春，吉林教育出版社，1991。

如石牌律便于司法实际操作。正因为款词像诗歌，侗族地区长期流传着正月讲款的习俗，这是一种有趣的娱乐活动。在这方面石牌文化是无法比及的。

从流传方面看，侗族合款和苗族埋岩的起源比瑶族石牌早，这是从口耳传说方面来说的。若从文字流传方面看，情况便不是这样。现今能看到最早的侗款是康熙十一年（1672 年）所立的《高增款碑》（位于贵州省从江县境），距今三百二十多年。手抄本以广西三江程阳寨老款师陈永彰所保存的清道光年间的抄本为最古，距今只有一百五十多年。苗族埋岩只是到了 19 世纪以后，才有个别埋岩将决议内容用汉字刻成碑文，立于会址，如广西融水县道光二十四年（1844 年）的《严禁碑》和清光绪九年（1883 年）的《永远禁碑》便是，但内容简单，条文粗糙，看上去像初始阶段的遗物。瑶族最早的石牌是明朝崇祯四年（1631 年）的《成二、下故都等五村石牌》，距今三百六十多年，比《高增款碑》早四十多年。到了近代，瑶族石牌不论从内容还是条文上，都已比较成熟，成为较典型的民族法典了。

从历史作用方面看，民族习惯法在民族地区社会生活中所起作用的大小，与国家法律在该地区的作用是成反方向发展的，国家法律愈得到遵守和实行，民族法典的作用便愈小，反之亦然。

在较早的历史时期，侗族地区是有款无官，有款首款规而无“王法”，这情况与金秀瑶山石牌制度流行时期的情况相似。大约到了明代，侗款已经开始受到封建官府的利用。侗族地区出现“土流并治”的政治局面。

清朝在雍正年间，开始对西南少数民族地区推行“改土归流”政策。至道光二十年（1840 年），侗族地区基本上废除了土司制度，有款无官的局面基本上结束，化外之地只是在边远山区存在。到民国年间，官款结合的现象日益明显，款首因有官府支持而在侗寨独裁的情况也不时发生，侗款原始的民主制度遭到破坏。由于侗族地区官府势力渗入较早，“王法”在此地发生的作用大，当时侗民所发生的矛盾纠纷，大多是在官府的审判下了结的。俗语“大事官办，小事款办”，反映出“王法”的尊严与款规的卑微。而金秀瑶山的情况与之有较大的差别，这里直到1940年国民党军队武装“开化”之前，基本上是一个“无官府，无王法”的化外之地，“瑶民心中无王法”，只认“石牌大过天”，石牌是瑶山的大法。

通过以上的分析比较，我们不难看到，瑶族石牌法与苗族的埋岩、侗族的合款各具特色，各有长短。从历史起源看，瑶族石牌不如前两者悠久，数量和规模也无法与之相比，但石牌制组织机构比前两者要系统严密，其作用也比之大，具有更明显的民族特点，因此大瑶山石牌律在中国南方少数民族中不失为一种比较典型、比较成熟的民间法律。

与其他地方的瑶族石牌相比较，不难发现，金秀石牌具有如下特色：

其一，其他地方的瑶族石牌，通常是一个或两三个村寨所立，族姓单一，规模小，而金秀石牌多是几个村、几个族姓共立，甚至“三十六瑶七十二村”共立一个石牌，人员构成和组织机构都较复杂，规模大，力量也大。

其二，其他地方的石牌分散、零碎、孤立，而金秀石牌则显得地点集中，内容丰富，互相联系，历史渊源长。

其三，其他地方石牌受官府影响大，规条多涂上官府意志的色彩，而金秀石牌则是瑶民们按照自己的传统文化，针对当时面临的社会问题而设立的，不受官府控制和影响，不是官府“王法”的延伸或具体化。

因此，金秀大瑶山石牌法是中国瑶族石牌习惯法的主体。

（原载《广西民族大学学报》（哲学社会科学版）
2006年第6期；莫金山系广西民族大学教授）

苗族传统节日文化

贾　晔　邵志忠

广西有苗族425137人，占全国苗族人口总数的5.3%。主要分布在靠近黔、湘二省的融水、融安、三江、龙胜、隆林、西林等县；其中位于大苗山区的融水苗族自治县有苗族17.31万人，占广西苗族总数的40.7%。

苗语属汉藏语系苗瑶语族苗语支。苗族是个历史悠久的民族，原居湖南、贵州等地，宋元以后，陆续移居广西。他们在广西分布的特点：一是小聚居大分散；二是与汉、壮、侗、瑶杂居一处；三是多居住在高寒山区。因此，广西苗族既保持固有的丰富的传统民族文化，又多有变异，出现了方言众多、文化歧异纷呈的现象。其节日文化亦是如此。

一、苗　年

"过苗年"，一般在农历十一月的亥日开始，也有的在农历十月至十二月卯日或丑日过；靠近汉族地区的苗族，苗年则与春节混一。苗族过苗年，不同一日，而是按序轮排。先是从贵州省黔东南都柳江流域开始，接着到融水苗族自治县与贵州接壤的大年、拱洞、杆洞等乡，再到红水、白云、大浪等地，最后是贝江河流域的安太、四荣、香粉、安陲。之所以如此，缘于广西苗族多来自贵州，大家也同住一个区域，过年节便由源头开始，先父后子，先兄后弟；这样按顺序过年，一便于明来源，二便于亲戚往来，亲密关系。尽管各地时间不同，但苗年的内容及程序是基本相同的，分为打年草、挑年柴、扫家、舂糍粑、杀年猪、守岁、吃“过地餐”、祭龙潭、芦笙祭田神等。其中前五项活动都是过年的准备工作，后四项才是过年的实质性内容。

打年草 打年草就是给牛打草，让牛过个好年，人未过年，先想到让牛过好年，这是苗族群众敬牛的一种活动。除了打来牛草让牛有充足的过年饲料外，还用干燥的禾秆草垫好牛栏，让牛在节日里住得暖和舒服。苗族敬牛，既是念牛一年耕作的辛苦，念其踩粪积肥的功劳，又因为牛是一个吉祥物，是祭祖、进行宗教活动及芦笙打同年时不可缺少的必需物品。

挑年柴 苗族多住高寒山区，欲过好年，必备充足的柴火。年节来临，苗家妇女便三五成群上山挑年柴，特别是姑娘们更是喜庆于心，因为这些干柴多半是为情哥们串门“坐妹”准备的。她们憧憬着寒冬腊月，与情哥坐在暖烘烘的房子里倾诉衷肠的甜蜜日子。

扫家 苗人过年前扫家，含有两层意思，一是长年累月烧干柴，房子里烟灰很多，有必要清扫一次；二是临近苗年，许多鬼怪趁辞旧迎新之际钻到屋子里来，只有将它们所依附的破烂清除，才能把它们驱出家门。扫家一般由母亲来完成。扫家之日忌串门、忌做客，不能把破烂脏物倒到他人小屋旁和田地里。

舂糍粑 苗年的前两天，苗家妇女们就忙着舂糍粑了，她们将香糯米蒸熟后放到石舂里捣软，拿出来压成月饼大小的糍粑块，并染成红、白、黄等颜色，晾干后放在木桶里，作为节日的礼品馈赠姑姑和远来的客人。苗家年节要给姑姑送糍粑，这是有根由的。在苗族地区，未婚女子在娘家都有“姑娘田”，这田是父母为了给未成年的女子筹办银饰、手镯等贵重物品而专门从家田中划出来的，所得收入由母亲掌管，归姑娘所有；出嫁后“姑娘田”不能带走，子侄们享受其田收入，感念姑姑恩情，过年时特地舂三色糍粑送给她们。

杀年猪 苗族有杀年猪过年的习俗，苗年的前一天，家家户户杀年猪，多的两三头，少的也有一头。原因一是年节中亲朋来往较多，花费量大；二是酸腌或干腊部分猪肉，作为一年的食用。杀年猪时，成年妇女特别是未生育的女子不得下栏捉猪，不能看见抬猪上架、刀捅出血等。杀猪后要请村里上年纪的人来就餐，饭前要鸣枪放炮，开大门；男人喝酒前先以右手小指蘸重阳酒滴三点于地上，然后大声说“大家吃啰”，众人才跟着动筷。传说这样祖宗才能吃到阳间热食，听到人间暖语，把快乐送给苗年。

守岁 守岁即是夜里一家大小祭拜灶神。苗族家中不设神龛，煮饭用的三脚灶即是祖宗神灵依附之物，平时不得脚踢棍敲，年节时需以酒肉祭祀，所以祭三脚灶也就是祭拜祖宗。夜里 9 时左右，年长者坐于火灶边，家中后辈依次围坐两边，先老后幼逐个给三脚灶敬酒、肉、茶和油糍粑。拜毕，一家围着火塘吃油粑，之后父母亲在家焖猪头、灌榔棒（以糯米饭、猪肉为主，佐以剁碎的香菇、橘皮和盐，灌入猪肠中），接待小孩们的贺年。小孩们汇集在一起，敲锣打鼓，挨家挨户地去拜年。每到一家，热情的主人都鸣枪放炮，给小孩糖果和榔棒。小伙子们则结伴到有姑娘的人家对歌，到芦笙堂里吹芦笙。小伙子“坐妹”时，若适逢主家灌榔棒，这是个试主家意思和姑娘心的良机。一般只有那些与主家姑娘相好久了，或“都芒”（苗语，意为互送定情信物）过了的小伙子，或被主人看中的后生，主人和姑娘才让他们参与这个活儿。一旦出现这种情况，有幸得主家灌肠活儿的后生留下，其他人则主动地退出，另去一家。灌好榔棒，若主家觉得后生合他心意，招他喜爱，就叫老伴打开重阳美酒，煨猪心猪舌，与后生喝个痛快（喝酒的时候，只有主人给后生敬酒，后生不能给主人敬酒）。若姑娘心有灵犀，怕后生喝醉了不能陪她守岁，便给父亲瞪眼耍脾气；父亲明白女儿的心意，嘻嘻哈哈地寻个借口走人，父去母也避开，这时年轻人或以歌传情，或四目对视，或甜言蜜语。姑娘小伙情恰意浓，乐得老母亲躲在卧室里也跟着眉开眼笑。这样直闹到“寒生子夜深”。待鸡声报晓，姑娘们便迅速打起火把去挑年水（又称新水），并将白亮的小石头放进桶里挑回家，象征新年招财进宝，做母亲的连忙将鸡鸭放出笼，并将它们赶得满院乱飞，象征新年里鸡鸭满庭院；男人则挥着竹鞭赶到大路上边打石头，边吆喝，将“大牯牛”赶进栏里并且关好。这是一种寄托希望的活动，表达了苗族人民对六畜兴旺、家道殷实的愿望。

吃“过地餐” “过地餐”是苗家阳间与在阴间的祖先共进的团圆餐。年初一凌晨，男人们就忙着放枪点炮，女人赶着弄菜煮饭。枪声炮声过后，各家各户开始吃早餐。这一餐饭，称作“过地餐”。食物有米酒、糯米饭、酸肉、猪头肉、鸡肉等，不设青菜，不设桌，食物平摆于灶旁地上。吃时，先敬三脚灶，让阴间的祖宗先吃，然后大家才举杯动筷。这是阳间子孙与阴间祖先共进的团圆饭，因此饭前要点香烧纸，敞开大门，开餐时家主还需大声说“大家吃啰”。由于阴间没饭桌，也没青菜，因此这餐饭平摆于地，不煮青菜，而且这餐饭主菜须是酸肉。据说这是因为良寨有五位猎手进山打猎，发现良双一带土肥水美，气候适宜，是个安家落户的好地方，他们为了进一步摸清情况，除夕晚上露宿后头山坳。第二天赶回家里，正是晌午，又饥又渴，家人赶忙掏酸送酒，猎手们吃后解饥解渴又解乏。从此人们吃“过地餐”就少不得酸肉了。

祭龙潭 吃完“过地餐”，天已大亮。这时成年男子身着光亮的芦笙服，打好头带，背上苗锦袋，手拿小芦笙争先恐后赶往芦笙场；妇女们也佩戴银饰、手镯，一身民族盛装，听见芦笙声唤，便三三两两从四面八方汇集芦笙场。只见芦笙场上欢声笑语，喜气洋洋，小伙子们轻快地吹着苗笙，笙声悠扬，姑娘们合着节拍，手拉着手围着芦笙群翩翩起舞。笙声悠扬，舞态翩跹，人们热烈地欢庆着新年的到来。待村人来齐，祭龙潭活动就开始了。所谓龙潭，是指苗族安村扎寨前选择播种的水塘，一般为有泉水塘。古代，苗族多行迁徙，他们每到一处立村建寨，都要先找一口有泉水塘，在其旁播下三颗谷种，并许下心愿："明年秋天"若三颗种子长成三蔸禾，一蔸长三百穗，穗长三百粒，鸟不吃，兽不踏，金谷饱满，则此地是我们的村庄！据说大苗山的红水乡良双良陇、安太乡的林洞培地、四荣乡的荣塘等苗村就是这样定居下来的。立村后，水塘成了宝地圣物，年年祭祀。祭龙潭内容有二：一是上香祭酒祭肉，鸣枪放炮，求神灵保佑；二是由寨老讲古史、古理，统一开年日期，宣布村规民约，如强调苗年中不得洗衣洗头，不得动锯动斧，不得骂人吵架，不得锄田挖地，不得野外烧火，不得出门重担压肩；布置新年的公益事业如修哪条路、建哪座凉亭等。祭龙潭是苗族地区新年里尊寨神、讲传统、统一思想和行为规范的活动。

嚆磨过　祭龙潭结束后，就开始"嚆磨过"，即驱逐鬼怪。"磨过"由十来个男性组成，按一定的比例装束，如是十二人，则披毛毯三人，穿旧衣三人，扮野兽三人，另三人作大鬼，全都蒙住头。扮"磨过"者要连扮三年，以体弱多病者为主。他们由一伙敲锣打鼓的开路，走村串巷，专向那些阴森可怖、常常闹鬼闹怪的地方走；在一旁观热闹的人要鸣枪放炮，助威呐喊。"磨过"们驱逐的对象是鸡鬼、猪鬼、饿鬼、山鬼、水鬼、风流鬼等。"磨过""抓完"村子里的鬼，又转到芦笙堂中抓附在人身上的鬼，那些漂亮的姑娘、英俊的小伙、体弱多病的人们、滑稽的汉子，都是"磨过"寻找的对象，它们抓鬼，都是趁人不备，猛扑过去，或抓，或牵手，或擂背，或吓唬，让被抓者心惊胆战。众人欢腾，挨拶，笑声、起哄声不时爆起，整个芦笙场顿时像个游戏场欢腾起来，闹了约一个小时后，"磨过"们带着祭龙潭的祭品走出村子，沿着河道往下走，直到在村人看不见的地方吃完"大家饭"（祭品）后才能回来。据说这样他们才能借得众人的力量驱除缠身的病痛。

芦笙祭田神 芦笙伴苗族而发展，芦笙体现了苗族的传统文化。苗族芦笙文化的展示地就是芦笙场。苗族芦笙场有村中、田边和野外（数村共有）三种。田边芦笙场位于村边的一块大田上，这是大年初一祭田神所在地。祭祀之前先在芦笙场中竖一芦笙柱：柱身雕龙刻凤，涂青、红、蓝三色，柱顶雕着雄鸡（或龙头），龙头之下挂着水牛角，牛头之下是雕刻有鱼头（或凤头）的横杆，下面是刻有龙凤戏珠的后盘底座。仪式开始，先由寨老以酒肉祭拜田神，口中念念有词，祈求田神保护好一年庄稼，不让水旱虫灾侵害。寨老祭毕，便鸣枪放炮，村中男女便围着芦笙柱吹起悠扬的芦笙，翩跹起舞，希冀以笙声舞姿娱神，求得一年的风调雨顺，五谷丰登。年初一这一天，田边芦笙场上热闹非凡，人们大半的时间都是在这里欢度的。

苗年节是苗族一年中最隆重、活动内容最为丰富的一个传统节日，它集祭祀、娱乐、交际乃至商业活动为一体，是苗族社会政治、经济、文化的综合反映，其中所寓含的社会文化内容也极为丰富，既有原始宗教的遗风，也有时代的特质，从中可以看出苗族社会发展的轨迹。

二、春　社

农历二月二春社，又称“吃社”和“闹春社”。这是一个生产季节性节日，节日中人们照常劳动，食物以黄花糍粑和腊猪腿为主。融水县红水乡苗族的春社节活动非常隆重，从二月二到二月初五日共三天四夜，周围几百里的群众都赶来参加，人数在万人以上，活动中心是红水乡红水村的马兴、马够、马泥，活动范围包括红水、黄奈、共东、芝了、振民、高文，拱洞乡的高武、培基、广梭等地，节日内容有“讨婆饭”、游方、斗马、赛马、斗鸟、武术、对歌、物资交流等，是一个娱乐与商业相结合的节日盛会。

春社节原是一个纪念性的节日。相传古时候苗族有位杰出的天文学家和哲学家，名叫网勾，他精通自然界日月更替、季节变换的规律，把一年分为十二月，一月三十天，闰年十三月，大月三十一天，小月二十八天。在处世哲学方面，他认为，眼为净，奶为甜，富贵人家靠粮钱，意为人的眼睛是最明净的，能看透人世间的一切，辨别人世间的是非善恶。母亲的乳汁哺育人类，是人的生命源泉，所以凡人智士都不能忘记母亲的大恩大德，要尽毕生精力去报效母亲。人间原无贵贱之分，自从财富落到少数人手里，贫富差别就决定了人的贵贱尊卑，有钱有粮的人掌握权势变得高贵，主宰一切；无钱无粮的人沿村乞讨，地位卑微。这些处世哲学是苗族地区由无阶级社会向阶级社会转化中阶级关系在人的思想意识中的反映，是对阶级社会中人与人之间关系的本质性认识。但是，网勾的处世哲学触犯了统治阶级的利益因而被驱出朝廷，由他制定的历法也被否认了。从此他流落村头，靠讨饭养活母亲。

网勾被驱赶后，朝廷按十二月计算年，三十天计月，不加闰年闰月，结果，寒冬变酷暑，六月飘雪花，土地荒芜，百姓饥饿。在沉痛的教训面前，人们迫切要求网勾复职。在强大的压力下，朝廷派人四处寻找，当找到网勾时，他正在村里讨饭，他说：“复职我同意，但我没有时间，我要讨饭养母亲。”百姓听了极为痛心，恳求网勾：“我们派漂亮的‘年孝’给你母亲讨饭，我们杀鸡宰鸭，蒸糯米饭招待你母亲。”网勾得以复职，纠正了历法，人们按正确的日历生活，春天耕种，秋天收获，六畜兴旺，五谷丰登，人间又充满了欢乐。从此，人们把网勾复职之日定为春社，组织漂亮的年轻人“讨婆饭”以纪念网勾。每年春社，方圆几百里的年轻人身着节日盛装，携带果哈果林（苗族乐器），汇集网勾故乡红水，他们把从四方带来的吉祥礼物赠送给村民，村民们则回赠糯米饭和肉块。期间，还举行男女游方、赛歌、斗鸟、斗马、物资交流等活动。

红水地区春社节的形成过程，是苗族在同自然界作斗争中不断认识和征服自然的过程，同时也反映了苗族不畏权势、坚信真理的斗争精神，而节日由纪念性变为娱乐性和商业性的节日，却是苗族社会深刻变化的一个缩影。因苗族地区地处偏僻，地广人稀，粮食自给有余，人们盼望自己的节日热烈而隆重，闹春社就是春天里大苗山最盛大的节日盛会。

三、六月新禾节

农历六月的新禾节，是苗族第二大节日。由于它是在春插大忙结束之后举行的，劳累了半年的人们便尽情地休息娱乐，因此节日格外热闹，持续3~6天，节日时间各不同，因地而异。新禾节的特点是“新”字，节日的饭要新、菜肴要“鲜”。节日的第一天早上，主妇们要用鲜玉米和早熟的禾穗与糯米一起蒸饭，使节日的饭是“新饭”；节日的肉类以田鲤为主。但节日的穿着打扮并不讲究，也没有统一的活动内容。

在融水安太乡培地村一带，节日期间老人们都坐在家里聊天休息，谓之为“兄都”；年轻人则分散在河边的沙滩上和风雨桥里唱歌对歌，唱的都是季节歌，以农事歌和祝愿歌为主。元宝村的苗族则举行赛马、斗马、斗鸟等比赛。当地苗族称这一活动为“支衣反”，人数常在万人上下。谁在比赛中获胜，就会受众人尊敬，并且受到姑娘爱慕，所以，参赛的小伙子很多，前来观看的姑娘更多。

融水大浪乡高培村的苗族过新禾节时还举行男女自由摔跤比赛。苗族的武术活动历史悠久，它与苗族医药共同组成苗族传统文化的精华，大凡上了年纪的苗族男子都有几套防身的武术。高培村的摔跤节从某种意义上讲是武术比赛，但由于它是一种自由形式的力的较量，似是人们所熟悉的体育比赛项目——摔跤，故又称之摔跤节。比赛那天，观众人山人海，欢声雷动，热闹非凡。红水乡良双村一带，新禾节的第六天还举行“闹鬼”活动。

四、芦笙节

芦笙节是苗族传统的盛大节日。它是由最初的祭祖祈神逐步发展成为祭神娱人的节日。苗族芦笙节由来已久。元人《舆地胜览》说苗族“每岁孟春，择平地为月场，男吹芦笙女摇铃，盘旋歌舞，谓之跳月”。芦笙活动内容因地因时不同而略有变异。桂北苗族为正月十二安泰“芦笙会”，正月十五香粉“古龙坡会”，白云为二月“社坪”，隆林德峨是“踩花山”（春山、秋山）。如今逢传统节日如六月“吃新节”，十一月“过苗年”等，也举行吹芦笙活动。

苗家每个村寨都有一个小芦笙坪，几个同姓村或联姻村寨共有一个中型芦笙坪，同一种服饰且同一方言区的村寨共有一个大芦笙坪。芦笙场规模大小不一，小的可容纳百余人，大的可聚集方圆几百里的人。大小芦笙坪举办活动时间稍有差别，一般在春冬二季的吉祥日子。

芦笙用芦竹制成，每把芦笙为六根管，按音位排行来分，有六管六音、五管七音、六管五音、六管四音、六管三音、六管二音、六管一音等。芦笙演奏类型多样，有独奏、齐奏、重奏、合奏等。每堂芦笙由大、中、小三种型号的芦笙组成。芦笙舞有集体舞、双人舞、独舞，男女芦笙舞通常是男子在内圈，女子在外圈，男子吹笙，女子一手拿帕，一手持花，踩着芦笙曲的节奏起舞，以双人舞、独舞的技巧最高，而集体舞的场面最壮观。传统的跳法有“滚布”、“织布”、“斗鸡”、“顶碗”、“踢坡坪”、“上三角杆”等。

关于芦笙会由来的传说，随地而异，颇多说法。

有一种传说这样说，很古很古以前，阴盛阳衰，女人当家。世间不管大事小事，都由妇女经管，就连吹芦笙、跳芦笙舞此等事，离了女人也做不成。后来，世间阳渐盛，阴渐衰，社会翻了个，男人当家了。可是，吹芦笙和跳芦笙舞这类事，男的还是做不来。年轻小伙子觉得亏心，非要学会不可，他们相约到一个最会吹芦笙和跳芦笙舞的姑娘家里求教。姑娘不是冷心人，非常乐意帮忙，可她要蒸饭，手不能闲，只好一边在灶旁边转，一边教小伙子们跳舞，初学的人不知道哪些是舞，哪些不是舞，反正姑娘走一步，青年小伙子亦步亦趋，一直在灶边转了九圈，早饭才煮熟。后来就有一种芦笙舞叫做“三锅转”，一跳起来就要转九圈，据说就是这样演化来的。吃过早饭，姑娘要织布了。她边坐在“节夺”（织布机）上穿梭结线，边给小伙子讲跳芦笙舞的事。刚学的人见什么都想学，于是，他们就跟着姑娘飞梭左右，上下跳动摇摆，后来就成了“洛夺”（织布）舞。布织好了，姑娘把布拿到门外的滚布石上去滚，小伙子们也学着她的样子跳起来，后来就成了“洛莵”（滚布）舞。据说，扫地舞、敬酒舞也都是这样来的。人们感谢这位善良的姑娘，秋罢喜庆、新春祈年都要举行芦笙会。

另一种传说是说，最早的芦笙集会是为祭龙求雨而举行的。很久以前，有个名叫往色够雄的能人，因儿子被恶龙吞食，一怒之下便杀了恶龙。虎主风龙主云，没了龙，天上无云彩，久旱不雨，太阳热辣辣，田土开裂，五谷不生，人们心急如火煎。往色够雄空有一身力气，叫天天不应，喊地地不语，无可奈何，闷闷不乐。一天夜里，龙的阴魂托梦给往色够雄，说只要他们寨上笙歌舞给它请罪，它就原谅他的过错，给村寨带来雨水。往色够雄把这事对人们讲了。寨里人愿意试试。笙歌鼓舞之后，果然灵验，雨水滋润了大地。从此，谷陇一带苗族村寨每年举行一次芦笙会，就是著名的谷陇芦笙会。

芦笙节是赛芦笙、拜同年结同年的节日，也是男女择偶、上了年纪的人探亲访友的佳期。各地举办时间不尽相同，有农历十一月至次年一月的，有正月初三、初四至正月十九、二十的。其过程大致分为邀同年（或称拜请同年）、迎芦笙同年、打同年、送同年。

甲寨到乙寨拜请同年，需先征得乙寨的认可。先是甲寨芦笙队在乙寨芦笙坪上点炮吹笙，吹奏芦笙“邀请曲调”，跳“邀请舞”，且将请帖贴在最高大的芦笙的共鸣管上，这时，如果乙寨芦笙队鸣放鞭炮，围着甲寨的芦笙队吹笙翩翩起舞，即表示已经接受拜请同年，并款待挽留。如果甲寨财力许可，第二年请得起乙寨“同年”回访自己的寨子，则盛情款待。这一餐称芦笙同年大会餐，而且分不同等次，如杀牛会餐，称牛同年，若杀猪，称猪同年，杀羊则称羊同年。此期间，苗家村寨充满了节日气氛，洋溢着欢乐的情绪。人们在吹奏芦笙、踩堂跳舞中，情感交融；在斟杯叙饮中更是推心置腹，其乐融融。每当村中欢笙起舞，周围村寨的人也来看热闹。白天青年男女吹笙踩堂，晚上行歌坐妹，上了年纪的人把酒话桑麻，陶然共醉菊花杯。节中青年老年都各行其乐，各抒其情，好不畅快。

客人在主人村寨住了两天后，就要起程回寨。临别时，芦笙队要吹笙踩堂，答谢主人的盛情款待，接着乙寨芦笙队也吹奏芦笙，这是一种回请仪式，于是主送客，一步一歌，依依不舍。

芦笙活动不只限于“打同年”，凡生活中重大事情，如春种秋收，婚嫁丧葬，集会庆典等都要吹笙合舞，而不同的活动内容有不同的芦笙曲调和芦笙舞蹈。芦笙曲牌内容丰富，有“史诗曲”、“抒情曲”、“颂扬曲”、“访友曲”、“庆典曲”、“进行曲”、“歌体曲”、“礼乐曲”等。舞蹈有缅怀祖先创世的织布滚麻舞（含纪念性）、迁徙舞，祭祖的有拉鼓舞、踢杆舞、地龙舞、锅转舞、驱邪舞，在丧葬路上跳的播祈舞、扫棺舞；表现劳动性质的丰收舞、狩猎舞、斗鸡舞、嘎里舞；以及带有很浓娱乐性的交际舞，如嘎住舞、嘎坐舞等。

吹笙踩堂，从严格意义上说，只能在农历正月、二月、三月、九月、十月等五个月份举行，其余时间则严禁歌舞。现在有的地方农历五月、六月节日也吹芦笙，已经脱离了原先的框定。融水安泰的苗寨有固定的芦笙开、封时间和开、封仪式。每年春节初一中午，举行隆重的开坪典礼后，才准许在芦笙坪吹芦笙。这天，各村男女老少汇集芦笙坪，先绕场走一周，焚香祈祷后，由寨主念祭词，青年人围着芦笙杆燃放鞭炮，铳枪齐鸣，最后是几响惊天动地的地铳炮，而后，芦笙头用小芦笙起头，全堂芦笙应和齐奏，宣告开坪庆典完毕。在此之前，芦笙、锣鼓不仅不能鸣奏越过芦笙坪，而且手捧芦笙、锣鼓的人也必须绕坪而过，不得进入坪内。元宵节后，同一芦笙坪的各个村子最后一次集中吹芦笙，举行封坪仪式。此时，人们尽情地吹笙合舞，最后吹三遍扫尾曲后，寨主诵念祷词结束，即宣告封坪。散场时，各芦笙队在返村途中要边吹边走，一直吹到寨中芦笙坛前，路上不得停顿，称为“压打”（洗坪之意）。

芦笙文化的源远流长，可追溯到人类童年时期，我们从芦笙的神话传说故事中便可知道，它是母性崇拜的产物，并作为祭祀的形式得以保存，逐步发展演化成今天的形态，其宗教巫术的成分仍有明显体现。

芦笙活动前的仪式，有的地方先由巫师唱芦笙起源歌，并以酒肉香烛纸钱供奉“芦笙神”，当巫师吹过三遍芦笙，其余的人方可吹芦笙起舞。广西融水一带仪式开始时先由社主或长老叙述芦笙的由来，用酒肉祭祀后，方吹笙踩堂，其巫术因素虽已淡化，但仍未化开节乐与神祭的渊源关系。

苗族芦笙节缘于母性崇拜，后母系氏族转为父系氏族，于是出现了男性人物往色够雄。往色够雄起初怒杀龙体，最后又不得不皈依龙神，表现了生产力低下的人类想反抗自然力的主宰而又摆不脱自然神力控制的情景。祭神而吹笙起舞，笙声可以通神，也可以通人。在盛行民族歧视和民族压迫的时代，“打冤家”时有所见，严重扰乱了苗家社会的安宁，于是人们以笙声融情，芦笙节成了苗家村寨结盟打同年的节日。吹笙会友，闻笙起舞，随着苗族社会的进步，芦笙节固有的宗教成分渐渐淡化，娱人的成分增强，其节日属性也渐渐变异了，成为今日娱乐性很强的文化活动。

人类自身的生殖是人类社会的内动力之一，因此不论是在母系阶段还是父系时代，不论是娱神主导还是娱人主导，芦笙活动自古都是男女接触、择偶、定情的重要媒介。有这样一则传说：贵州黄平县加巴一带的苗族严禁族内通婚，不到三年，该地已有怨女 72 人，孤男一大堆。男骚女动，社会不得安宁。各村寨老看在眼里，急在心里，于是决定正月在湾水、三月在苗陇、九月在旁海分别举办芦笙会，让不同支系家族的妙龄男女有广泛接触的机会。如此加巴的 72 个未嫁的姑娘都找到了如意郎君，后生们唱起“阿哥阿妹”也有人应答了。芦笙会是男女青年相聚又各自显示自身价值而吸引对方的集会。他们以歌招舞，歌舞交流，歌舞相悦，各择所爱。芦笙斗鸡舞、芦笙斗牛舞、芦笙独舞等就是在这种情况下产生的男性舞蹈，其特点是“在舞蹈时以取悦女性为第一目的”。当然，参与芦笙会活动的不止青年男女，还有大量的中老年男女，因此，芦笙活动也是苗族一年一度重要的交际活动。随着社会的发展，人群活动范围的扩大，芦笙会的交际内容也在不断增加，出现了迎客舞、行路舞、过寨舞、进寨舞、敬酒舞等舞蹈及相应的芦笙曲调。

吹笙会舞，在苗族中源远流长，成为一个特定的节目，有多种功能。可适合人们的多种需求心理，故能长兴不衰。由其不衰，体现出了苗族传统文化的古老传承，形成了独特的苗族芦笙文化，增强了民族的凝聚力。

五、拉鼓节

这是一个带有很强娱乐性质的纪念性节日。拉鼓节，按间隔时间的长短，有大鼓（长鼓）节和小鼓（短鼓）节两种。每十三年或九年举行一次活动的称为大鼓节，每七年或三年举行一次的称为小鼓节，均在秋后农历十月举行。

拉鼓节由“鼓头”筹备主持。“鼓头”又称“鼓社主”。确定举行拉鼓节的那年二月间，苗族的各个鼓社便要推举“鼓社主”。“鼓社主”不世袭，而由鼓社成员民主选举产生。当选“鼓社主”的人，必须明事理，通晓古理古规，具有勤劳勇敢、严于律己、办事公道、热心于鼓社事业之品德。“鼓头”是主祭人，在祭期不能杀生，不能说不吉利的话，不能唱情歌等。在苗族社会中，“鼓头”是历史文化的传播者，社会生活的主持人，同时又是村寨自然领袖，人们言行举止的楷模。有的地方（如广西三江同乐）苗族的同姓大家族，由族长召集家长会议推举拉鼓首事，称为“给坡”（gais bos），副首事称为“给选”（gais sengs）。若无法选定，则以抽签为准，一经决定，不可推托，否则会冒犯族规，受到惩罚。节日的筹备和主持由“给坡”、“给选”负责。

拉鼓节开始的第一个活动是箍鼓。节日一早，村人便作分工：后生相约上山，有的砍回制作鼓身的泡桐木（又称花牛树），有的选杉木雕刻祖母神偶像，有的搭临时圈“社猪”的猪栏，妇女除打扫自家木楼，还吆喝着打扫鼓房；上了岁数的男子三五一伙，搭鼓架，削唱鼓时用的拐杖、鼓棒等。一切就绪，人们等箍鼓时刻的到来。箍鼓开始时间是夜半公鸡第一声打鸣时。箍鼓分三道工序：一是凿鼓身，二是用牛皮蒙鼓面，三是箍鼓身，都是在密封的鼓房内进行的，由鼓社主主持，由有经验的中青年承担。鼓的大小没定制，鼓的长短则着实讲究，大鼓长要一丈三尺外加三个拳头并列的长度；小鼓长七尺外加三个拳头并列的长度。鼓箍好后，抬进鼓房上架，开始击鼓，随着鼓声，鼓社中各个支系推选出力大技高的青年小伙，挥刀奔向各自的“社猪”栏，看谁能一刀捅进“社猪”，胜者如中状元，为人称道。猪死后，屠手们迅即刨皮开膛，割下猪头，将之拿到鼓房祭祖。广西各地苗族支系不同，其“鼓社祭”也不相同：红苗是“打家先猪”，用猪作牺牲；白苗是“敲巴郎”，用牛作牺牲；“青苗”、“黑苗”是“吃牯脏”，也宰牛祭祀；而花苗则是“打鼓”祭祖，不用猪和牛作牺牲。

箍鼓、祭鼓之后，天一亮便开始唱鼓。这是拉鼓节的主要内容，持续时间较长。大鼓活动期为九或十一天，小鼓活动期为七天，一般情况下，唱鼓都是在寨里宽敞的地方举行。届时，鼓架场中，人们着节日盛装汇集于唱鼓地点，上了年纪的人穿古式宽袖花衣服，青年小伙子缠头帕，插上白色的鹇鸡尾，姑娘们佩戴银首饰，鼓头则头戴银白色凤尾冠，身披特制披风。唱鼓仪式开始，鼓声隆隆而起，先是祭祀祖先；祭毕，鼓头（或巫师）拄着两根“鼓杖”在前，众人各拄着一根拐杖随后，绕鼓兜圈；“鼓头”领唱砍鼓树、凿鼓、造鼓、换鼓等，众人边随声应和，边踏着鼓点起舞行进，唱词内容有怀念祖先，叙述民族和各支系的来源、迁徙，有古理族规、伦理道德等，民族源远流长，古歌包罗万象，十天半月也唱不完。人们在围鼓哼唱的过程中，重温着民族的历史，接受了民族传统文化的教育。

拉鼓节的高潮是拉鼓，为期一天，拉鼓前一两天，鼓主请来巫师杀牛祭祖，全鼓社的人及其亲戚都来参加。“鼓牛”是举办拉鼓节前两三年就特意饲养的，一家或几家合养一头。“鼓牛”需用精饲料喂养，不得作耕牛使用。拉鼓在开阔或平缓的山坡上举行。届时将用一根粗大的山藤捆住鼓腰身，以本寨青年为一方，外来宾朋为一方，各执一头对拉，其形式类似拔河比赛，俗称“抢鼓”。广西三江同乐的拉鼓有别于他处。鼓头坐在鼓上，前有芦笙引路，旁有酒肉担子，鼓前一方顺着平缓的山坡将鼓往下拉，而鼓后一方却不时地将山藤拴在沿途的树干上，使鼓不能顺利下滚。这时，挑酒肉担子的赶快退后，倒酒送肉乞请他们放行。如此重复几次，鼓才拉到寨边。

融水苗族拉鼓进鼓房后还有“虎神”、“水神”夜闯鼓房的内容。“虎神”由人扮演，罩红黑相间的纸虎脸具，身披用禾草和山藤带叶相混而成的“虎皮”。约在夜里九十点钟，“虎神”闯进鼓房，随后跟着两位赤身露体、提着两桶水的“水神”。“老虎”进入鼓房后，围着长鼓时蹲时跳，时吼时叫；“水神”则紧随其后，边跳边晃动手里的水桶，不时地朝一旁看热闹的人群洒水泼水；人们不仅不介意，而且高兴非常。据说“老虎”可驱魔镇邪，“水神”可涤荡秽气。“虎神”、“水神”直跳到桶里的水泼洒完了，才退出鼓房。

拉鼓节最后一个活动是葬鼓。葬鼓主要是土葬，即由巫师主持埋鼓入土。但也不尽是如此，有的地方是“天葬”或“水葬”，人们将鼓抬到悬崖上，将之推下悬崖，让鼓进入“仙境”；有的地方是“岩葬”，即由巫师把村上各户12年中亡故人的姓名、年庚、死亡年月写在纸上，放入鼓中，将鼓置于岩洞中；有的地方则将鼓“藏”在鼓房，以作备用。

拉鼓节缘于对“始祖女神”的崇拜。节间以鼓为核心，“唱鼓”也就是歌颂先祖、传说历史，申明规范，凝聚群体。“拉鼓”节日进一步明确了团结一致的道理；而“葬鼓”又重申了节日的祀祖属性。在长期的发展演化过程中，既保持祀祖的主旋律，又间杂了“万物有灵”的观念；既以祀祖凝聚族体，又申明了苗族社会的道德规范；既存有原初古朴的面貌，又有着很浓的娱乐成分，是个寓祭祖、教育、娱乐于一体的传统节日。从其文化功能看，它包含有苗族的政治、经济、宗教、法律、文化等功能，作用是多方面的。

鼓社作为苗族社会中政教合一的社会组织，具有很强的凝聚力。鼓社原初是按母氏血缘关系形成的，鼓社的兴衰影响着民族的生存发展。鼓社已作为一种传统的机构存在于苗族社会中。长期以来，凡本族重大的政治、经济问题，以及调解内外各种纠纷，必须召开鼓社会议方能解决。而鼓头是由社员公推的社中最有威望者担任，因而具有一定的权威性和影响力。这样，鼓社产生的社会效果是社员以鼓社利益为重，平时友好相处，互助互利，战时联盟鼓社成员团结一致对外。举办拉鼓节具有团结本氏族、本部落成员的社会意义，可进一步增强民族的内聚力。

拉鼓节具有教育和法律的功能。鼓头或长者利用唱鼓一这形式，向鼓社成员传播苗族的古理古规古法，并进行民族历史、生产劳动、道德规范、做人标准等方面的教育。如鼓词唱道："要尊长爱幼，要忠厚诚实，不狡又不诈，勤耕又勤织；不盗又不抢，不霸人妻女；节日不吵嘴，夏前不吹笙；笙坪不乱移，不踩缺之脚"；"一方受祸害，四方要驰援，投敌勾敌者，抓得就活埋"；"杀人烧寨者，判决溺水罪；抢劫窝匪者，开除苗族籍"，等等。这样"鼓头"成了实际执法者，鼓社全体成员也能平等地参与法律的评判和裁决。

苗族地区大多有"埋岩会议"这种社会组织，它与"鼓社"密切相关。"埋岩"、"鼓社"等这些独特的社会组织支配着苗族社会生活的各个领域，相互作用，相互影响，其内容广泛，大如鼓社间争端、民族间的战争，小如鼓社内部族员间的龃龉、夫妻纠纷等，几乎无所不包。凡重大事件、重要决定，必须召开"埋岩"或"鼓社"会议，召集寨老共同协商，一经决定，全体成员必须履行，不得违犯，久而久之，便形成一套不成文的法律，又完善了古理古规，客观上产生一种法律约束作用，人人遵守，个个执行。"埋岩"、"鼓社"等这些独特的社会组织的存在，使得苗族得以生存和发展，社会秩序井然，人民生活安定。

苗族拉鼓节，数年一度，世代传承，观今照古，具有一定的文化史价值。苗族认为祖先“从前五支奶，居住在东方”；拉鼓唱词里有“从前五支奶”，“挨近河边边，山水紧相连；波浪滚滚翻，眼望不到边”。这表明古代苗族曾迁徙于江淮、洞庭湖、鄱阳湖一带。这与史书记载的关于蚩尤与黄帝之战，蚩尤兵败，九黎部落群龙无首，退避到江淮水泽地区建立三苗国相吻合。《史记·五帝本纪》载：“三苗在江淮、荆州数为乱”，拉鼓唱词便是很好的佐证。“我爬哪条岭，我走哪条坡，我登哪座山，我涉哪条河，哪里地方好，哪里好搭窝，哪里好撒种，哪里好生活”。唱词记叙了苗族饱经战乱忧患、备受颠沛流离的凄苦。而“水神”崇拜又表明苗族仍保留着水乡民族的印痕。中古以后，苗族有崇拜龙的习俗。从每年农历五月初一举行“接龙参神”祭祀活动，并且需要到水边接龙祭龙，以及由此形成的龙舟文化，可以推断出苗族祖先曾经从山丘居住到滨水而居这一事实。世代流传的鼓社唱词及丰富的鼓社文化，为研究苗族社会的历史、经济和文化提供了极好的材料，具有很高的文化史价值。由于苗族文化“无字”的特点，保存至今的民间歌舞及口头传说更是弥足珍贵。

六、四月八

广西苗族“四月八”又称“牛王节”，是一个以牛为对象的祭祀性节日。

关于节日的来源，苗族民间有不同的传说。一种说，远古的时候，打猎不够吃，种地作物无收，人间闹饥荒，灾难重重，遍地是死人，处处闻哭声。哭声悲，笑声苦，哭声传到了天庭，哭声感动了天王。天王怜悯人间苦楚，派了太子下凡传旨，要人们一天洗三次脸，吃一餐饭，即可求温饱，粮食有剩余。太子奉命急速下到凡间，却将天王旨意说成每天三餐饭，洗一次脸，阴差阳错，结果凡间人民还是饥肠辘辘，求粮无着，哭声更惨。天王一怒之下，惩罚太子变牛下凡，为人间耕地耙田，太子抗旨不从。于是天王让天上最漂亮的姑娘邀太子坐着竹筒轮子车到天边游玩。漂亮姑娘哄太子说，人间在过节，要他低头看看。太子俯首探察之际，漂亮姑娘用力一推，太子从天边滚落凡间。太子在滚下时，头上的宝石头饰，星星点点，撒满天空，变成了星星，身上的蓝袍披风刮落张开，变成了蓝天，太子本人飘落凡间水塘边，变成了水牛，而他穿的黄背心被风刮掉，失落于凡间变成黄牛。这样人间有了黄牛和水牛。人间有了牛的帮助，粮食丰收了。太子下凡这天正是农历四月初八，人们就将这一天当作牛的诞生日。到那一天，人们让牛休息一天，并用黑糯米饭或稀饭喂牛，以示酬谢。

另一种传说则说，地上的牛是天上的神牛变的，天王有一种仙果，人吃一果饱三天，身体健壮。天王体验人间求食艰难，命令神牛把仙果送给人间。可神牛在下落人间后，又将天王嘱咐的三天吃一次错传成一天吃三次，这样，人们将仙果吃光了，不仅依旧不能温饱，反而更加饥饿了，弄得人间怨声载道，沸反盈天。于是天王罚神牛下凡界，为人耕地犁田，将功补过，为人间造幸福。人们感念牛的功劳，便于四月初八日敬它祭它，感谢它为人类劳碌奔波。

第三种传说则说，四月初八节是悼念苗族英雄无辜被杀害的日子。人们纪念和缅怀这位苗族英雄，但山高路远，人们不能前往英雄被害地点祭祀，便以勤恳为民的“牛”比作为民牺牲的英雄加以祭奠，寄托悼念之情，后来时间久之，本体失，喻体在，便演变成为“祭牛王”节。

广西苗族的“四月八”较多地保持着节日最初的文化内涵，即以祭牛为主。而以贵州为中心的苗族“四月八”节日文化圈，却已由祭祀性节日演变成为纪念性节日，即以纪念民族英雄为主，并逐渐演变成社交娱乐性节日，所以节日的内容比较丰富，覆盖面广，很隆重。

四月初八这天，各家做五色糯米饭（有的地方仅做糯米饭，不着色），用菜叶包好喂牛。湖南城步的苗族给牛喂烧酒、酒糟和谷物等精饲料，让牛休息一天，叫“歇气”。这一天人也“歇气”，人牛同休，共享美食（鲜鱼、鸭肉、糯米饭等）。四月八约定俗成为敬牛节，人们敬奉牛、尊重牛，一不说牛的坏话，二让牛吃好，三让牛休息好，若谁用牛耕地，会被认为是对牛的不恭，对耕牛的虐待，而遭公众的谴责；但有些地方如三江县丹州乡等地，仅仅是做好吃的给牛吃，仍驱牛下田耕作，照样吃喝不误。这是大流之下的一种文化变异。

四月初八节日文化，表现了苗族先民农耕时期对牛的崇拜。敬牛、崇牛，是牛耕农业居民的共同心态。岭南及云贵高原东麓地区，自古是越系民族（壮、布依、侗、水等族）世居之地。他们濒水而居，耕田而食，少牛不行，牛成了他们的宝贝，是崇拜的对象，于是牛魂节、牛王节应运而生。苗族顺山由北而南，入湘桂黔，与各民族久居一地，文化交流，互为融通，你节我节，互为传袭，苗族的四月八在某种程度上吸取其他民族的节日文化内容，又保持着自己的特色，无论在内容上还是规模上，都远比其他民族的牛王节隆重丰富。虽然如此，各族文化间的互逆仍然存在。贵州苗族借牛以喻本民族英雄，四月八以纪念英雄为主。这是原初文化的觉醒抑或后来的变异，尚难分辨。广西苗族的牛王节，随着社会经济、文化的发展，也在不断地变异。在湘、桂、黔交界处的广西三江侗族自治县丹洲苗族过四月八节，就不仅不举行专门的节日文化活动，而且尊牛崇牛的心理已经淡化。牛王节这天，他们同样驱牛下田吆喝牛，甚至因其不解事而以鞭加之。因为丹洲处于黔桂二省区贸易的中继点，汉、壮、苗杂居，四方求利之人云集其地，讲究实际的价值取向已经逐渐取代古朴的心态习惯。在他们看来，人误地一天，地误人一年，抢种抢播比进行祭祀活动更为重要。由于观念的改变，根本性地影响了牛王节的节日文化内容，改变了文化的主旋律。但是，不管外族文化如何撞击，本民族的文化观念依然不会完全消逝。因而，这里的人们仍存在着崇牛、护牛的文化行为与文化心态。所以，丹洲的苗族仍以四月初八这天定为牛的生日，使用牛之后，一般都以好吃的食物款待耕牛，有的还给牛敬酒，这是历史上他们崇拜牛神、曾举行过牛王节庆典的依稀可辨的残迹。

（原载《广西民族研究》1994 年第 4 期；邵志忠系广西经济管理干部学院研究员，贾晔系广西壮族自治区水库移民局政策法规处处长）

苗族芦笙文化的现代传承与发展

——以广西融水苗族自治县为例

肖丹丹

一、苗族芦笙文化

芦笙是中国西南地区苗族、侗族、瑶族等少数民族常见的吹奏乐器，主要流行于贵州、广西、云南等省区。苗族人民制作和使用芦笙的历史源远流长。据考古发现，最北方的芦笙文化遗存是河南信阳战国楚墓中的吹葫芦笙绘画，最东端的则是浙江绍兴306号战国铜屋模型内众奏乐者中一人双手捧笙作吹舞状铸像，西南地区则是云南江川李家山战国时期墓葬24号墓出土的两件葫芦笙，这些区域都曾经是古代苗族人民迁徙停留过的地方。由此可见，苗族人民早在战国时期就已经学会制作并使用芦笙，并在颠沛流离的迁徙过程中一路携带，不舍不弃。直到今天，苗族地区仍有“芦笙不响，五谷不长”的谚语，可见芦笙已经深深浸透到苗族人民的日常生产生活中，在苗族人民的心目中占有神圣地位。

在苗族几千年的历史发展进程中，芦笙作为苗族人民始终不离不弃的乐器，其身上所蕴含的文化内涵已经远远超出了它作为普通乐器所具有的吹奏功能。伴随芦笙所出现的芦笙词、芦笙舞、芦笙祭祀、芦笙传说故事等孕育形成了苗族文化最博大精深的组成部分——芦笙文化，芦笙文化渗透在苗族人民的生产生活、历史文化及宗教信仰等领域，体现了苗族人民的生活态度、民族性格、文化面貌、心理素质及伦理道德，是苗族文化的象征。苗族芦笙文化主要包括以下几方面内容。

（一）乐舞文化

苗族人民在吹奏芦笙时有自己一套独特的舞曲舞步。《宋史·蛮夷传四》中有这样的记载，宋至道元年（995 年）龙番等到宋廷朝贡，宋太宗先是“询以地理风俗”，然后“令作本国歌舞”，“一人吹瓢笙如蚊呐声，良久，数十辈连袂宛转而舞，以足顿为节，询其曲则名曰水曲”。清朝康熙年间文人陆次云在其所撰的《峒溪纤志》一书中这样记录苗族人民的芦笙乐舞：“执芦笙。笙六管，长二尺……笙节参差吹且歌，手则翔矣，足则扬矣，睐转肢回，旋神荡矣。初则欲接还离，少则酣飞畅舞，交驰迅逐矣。”这一套独具民族特色的芦笙乐舞一直保留到今天，现在的苗族人民在芦笙踩堂时依然是一边吹，一边不时地做出滚翻、倒背、吊挂、爬竿等动作，节奏紧凑，动作敏捷，技巧娴熟，让人叹为观止。苗族人民这一套高超的芦笙乐舞技艺是中华民族舞蹈大花园中的一朵艳丽奇葩。

（二）婚恋文化

芦笙不仅是苗族人民重要的娱乐工具，也是表达思想感情的重要纽带，它是苗族青年男女恋爱婚姻必不可少的媒介。现在苗族地区仍普遍流行的芦笙坡会其实就是苗族青年男女恋爱定情的盛会。坡会期间，苗族青年男女们都会着盛装汇集到芦笙场上，一般以几位男青年为一组轮换吹芦笙进场引舞，女青年们紧跟着进入场地，围成圆圈，踏着芦笙的节拍起舞欢跳。当芦笙舞逐渐进入高潮时，吹芦笙的男青年们就会将芦笙指向女青年们，吹起示爱的曲子。如果有中意的小伙子，姑娘就会将定情物挂在他的芦笙上，小伙子则吹起感谢的曲子满意退场。清人田雯所撰的《苗俗记》就详细记述了这一婚恋风俗："每岁孟春，合男女于野，谓之跳月。预择平壤为月场，及期，男女皆更服饰妆。男编竹为声笙，吹之而前，女振铎继于后以为节。并肩舞蹈，回翔婉转，终日不倦。暮则挈所私归，谑浪笑歌，天晓乃散。聘赀以女之妍媸为盈缩。必生子然后归夫家。"

（三）祭祀文化

在苗族地区，人们进行丧葬祭祀时离不开芦笙和皮鼓，日夜不停地吹笙击鼓是苗族丧葬习俗中重要的内容。芦笙在丧葬仪式中被使用，表明它已经从一种普通乐器上升为一种法器、神器，它所吹奏出的声音被当作丧乐，已经被赋予了沟通阴阳两界的神秘文化内涵。在丧葬仪式中，人们通过吹奏芦笙祭祀曲、跳芦笙祭祀舞来表达对死者的怀念与尊重，同时也表示对亲友乡亲们的安慰与问候。作为沟通阴阳两界的法器、神器，芦笙在丧葬仪式的整个过程都要用到，每个阶段都有特定的曲子。最开始吹的是《天亮曲》，表示丧葬祭祀开始，此后芦笙曲便不能停止，一直到出棺时吹《送别曲》，此曲一响，送葬的亲朋好友都会失声痛哭，直到送葬完毕。这些芦笙祭祀曲的曲调不复杂，但其悲伤、沉郁的声音让整个丧葬仪式显得肃穆庄严。除了丧葬祭祀，苗族人民在重要的祭祖活动中也要吹奏芦笙。苗族地区每个村的新芦笙场建成使用时都要举行盛大的庆典仪式，人们杀牛祭祖，围在场中间的芦笙柱下吹起芦笙，跳起舞蹈，唱起苗族古歌，追忆先祖。

当然，苗族芦笙文化所蕴含的内容远远不止乐舞、婚恋、祭祀这三方面，它早已渗透进了苗族人民生产生活的各个领域。那么，作为苗族传统文化最深厚的部分，芦笙文化在现代化语境中该如何传承发展呢？

二、现代化语境下融水苗族芦笙文化的传承状况

融水苗族自治县成立于1952年，是全国最早、广西唯一的苗族自治县，全县总人口49.79万人，其中苗族人口占41.4%（2000年）。融水苗族文化底蕴深厚、丰富多彩、独具特色，有蜡染、刺绣、织锦、服饰、银饰等民间传统工艺，也有苗剧、苗歌等民族民间艺术，其中以芦笙文化和斗马文化最为出名。2010年，中国民协授予融水苗族自治县“中国芦笙·斗马文化之乡”牌匾。融水是苗族芦笙文化保留得比较完整、厚重的区域之一，在融水苗族地区，芦笙几乎无处不在、无人不爱，基本上是村村吹芦笙曲，寨寨跳芦笙舞。

（一）民间自发组织的传统坡会

坡会是融水苗族人民祭祀祖先、禳灾祈福、庆贺丰收、交流情感的节日，融水境内各种大大小小的坡会有几十个，分布在各个乡镇村屯。融水苗族坡会有这样的风俗：苗族人民正月初一不吹芦笙不出门，初二可吹芦笙不可出村，而从初三到十七则是集体活动娱乐的时间，其间，各村寨的男女老少举家出动，四处赶坡。到了农历正月十八日，则进入生产阶段，各村寨的芦笙便封存起来，直到秋收完毕。这种风俗使得融水苗族坡会大都集中在正月初三到十七这段时间，其间接连不断的坡会形成一条完整的坡会链，当地人根据坡会举办的日期排序，从“三坡”到“十七坡”依次命名，这就是融水苗族独特的系列坡会群。2006年5月20日，融水的苗族系列坡会群被列入国家首批非物质文化遗产名录。在融水苗族系列坡会群中，规模最大、最具影响力的是安太乡“十三坡会”，每年都吸引成千上万的当地各族群众和国内外游客前来参与。

安太乡距融水县城69公里，每年正月十三日，安太乡及其邻近乡镇的广大苗族同胞都会身着节日盛装，集中到十三坡芦笙场，

举行盛大的节日庆祝活动，活动内容有芦笙踩堂、斗马、苗歌等。在芦笙场上有许多芦笙柱，每一根柱子代表一个村寨。芦笙柱是芦笙文化的一个重要载体。芦笙柱最开始是用来挂芦笙的，后来逐渐发展成为苗族人民的祭坛，每年坡会苗族人民都要在芦笙柱下举行隆重的祭祀仪式纪念先祖、庆祝丰收，祈求风调雨顺、人畜平安。芦笙柱顶的鸟是苗族姑娘的象征，芦笙柱上的水牛角则是苗族小伙子的象征，一阴柔一阳刚，寓意相亲相爱。坡会一般从中午12时开始，随着13声响亮的鸟枪声划破长空，13位德高望重的苗族"头嘎"举起糯米酒，拉开十三坡会的帷幕。"鸣依呀"的欢呼声在挤满人的场坪上此起彼伏，紧接着，一阵阵惊涛骇浪、排山倒海般的芦笙声音响彻云霄。身着盛装的苗族小伙子和姑娘们已经绕着自村的芦笙柱跳起了芦笙踩堂舞。下午4时，芦笙场上的十多支芦笙队跳完踩堂舞后，各支芦笙队再比赛吹芦笙，看哪一支芦笙队吹得最响。一时间，场坪上笙声如滚滚雷鸣、震天动地，让人血脉沸腾。坡会的芦笙曲有迎宾曲、送客曲、借路曲、欢庆曲等，多种多样，异彩纷呈。在坡会一浪高过一浪的热潮间隙，青年男女们抓住时机互相接触，谈情说爱。

（二）政府主导下的现代节庆

自20世纪80年代中期以来，融水几乎每年都举办芦笙节，但大多是民间自发组织起来的。2004年11月，融水苗族自治县政府主办了第一届"融水芦笙·斗马节"，标志着政府开始重视保护、开发、利用苗族传统文化，以举办民族节庆来提高知名度，繁荣旅游业，助力县域经济发展。到2009年，"融水芦笙·斗马节"共举办了四届，节庆内容一般除了苗族传统的芦笙祭祀、芦笙踩堂、斗马等独具特色的民族活动外，还有万民同乐芦笙夜狂欢、民族风情巡游、商品展销会、商贸洽谈会、民族服饰展示、农副产品展销、美食一条街、招商推介等系列活动。

2010年11月，"融水芦笙·斗马节"升级为"中国柳州·融水苗族芦笙斗马节”，由柳州市人民政府主办、融水苗族自治县县委和县人民政府承办，由此可见当地政府对这个节庆的重视程度。节庆期间召开了“中国苗族文化发展论坛”，表明政府已经从之前的借办文化节来唱经济戏的思路转到主打、专打文化牌，努力将融水苗族自治县打造成中国苗族文化的重要传承地，通过提升文化软实力来间接促进经济硬实力的发展。改革开放以来，融水苗族地区的社会经济形态发生了翻天覆地的变化，已经从之前封闭的自给自足的自然经济形态转向了开放的现代化经济形态。在这一转变过程中，融水苗族芦笙文化尽管遭受到了一定的冲击，但是由于千百年来它在苗族社会中根深蒂固的存在，这些冲击并没有对它造成多大影响，它依然有着强大的生命力。在现代化语境下，通过不断的自我适应与调整，融水苗族芦笙文化借助民间组织的传统坡会及政府主导的现代节庆得以保护传承下来。

三、融水苗族芦笙文化发展创新途径

融水苗族芦笙文化在现代化语境下虽然较完整地保留传承下来，但是它的发展却比较缓慢，有些内容甚至由于外部生存环境的改变而弱化失传。因此，对苗族芦笙文化不仅要保护传承，还应该大力拓展其发展、创新、壮大的途径。

（一）完善政策保障，活态传承发展

2011 年 6 月 1 日，《中华人民共和国非物质文化遗产保护法》正式实施，开启了中国非物质文化遗产保护工作的新篇章。苗族芦笙文化作为重要的非物质文化遗产，其传承和发展应该引起地方政府的高度重视。融水作为苗族自治县，应该出台相应的配套文件来完善政策保障，通过行政手段积极促进苗族芦笙文化的保护传承发展。可以将县内苗族芦笙文化特别厚重的区域划为非物质文化遗产保护区，向当地的苗族人民宣讲芦笙文化的重要性，提高他们的保

护意识，激发他们的创新积极性。只有让苗族芦笙文化在老百姓中活态传承发展，它才有可能不断地发展与壮大。

（二）加大资金投入，重点培养人才

苗族芦笙文化的传承发展不能只停留于口头宣传上，而是应该投入资金切实做好传承发展工作。苗族人民是苗族芦笙文化传承发展的主体，没有他们的积极参与，芦笙文化的传承发展只能是空谈。而今天的苗族芦笙文化传承发展所面临的最大问题恰恰就是人才问题，如今，苗族地区的不少年轻人外出打工，导致很多地方出现人才断层现象。因此，政府非常有必要设立苗族芦笙文化传承发展专项资金，用于资助培养各个年龄段的传承人，让他们致力于创作更多优秀的芦笙曲、芦笙舞，安心于传承发展芦笙文化而无后顾之忧。此外，芦笙的制作改造、芦笙场的建设维修也需要一定的资金投入。

（三）借助学校教育，传授芦笙文化

芦笙文化除了传承人带徒弟口传心授之外，学校教育也是非常重要的传授途径。苗族地区的中小学校应该结合当地的实际情况，将苗族重要的民间乐器芦笙请进音乐教育课堂，让孩子们从小就受到芦笙文化的熏陶，让他们发自内心地喜欢上自己民族的文化。即使他们将来毕业后外出工作，也依然不会忘记根，不会忘记自己的民族文化。还可以将特别优秀的学生组织成芦笙队，在平时的课堂教学中既训练他们的演出技艺技巧，也培养他们的创作编排能力，鼓励他们自创节目参加不同坡会、节庆、晚会的演出，让他们逐渐成长为苗族芦笙文化传承发展的中流砥柱。

（四）政府组织策划，打造品牌效应

芦笙文化作为苗族文化最重要的组成部分，理所当然应该将之打造成苗族文化品牌。融水苗族自治县的“中国柳州·融水苗族芦笙斗马节”已经有了一定的知名度，应该继续利用好这个平台，

抓准定位，做好宣传，努力将之打造成国家级的节庆品牌，以吸引更多的观众、游客前来参加。观众、游客越多，了解、传播苗族芦笙文化的人也就越多，芦笙文化的发展壮大才越有保证。通过文艺作品传播芦笙文化也是一条好途径，政府可以通过请专家写书宣传，也可以通过创作舞台演出或影视作品进行宣传。2010 年 4 月，融水苗族自治县编排的苗族风情歌舞《风从苗山来》在北京世纪剧院演出，引起广泛反响，这部以原生态歌舞形式展现苗族生产劳作、民间图腾、婚恋习俗的舞台作品让人们对苗族文化有了身临其境、耳目一新的了解。此外，还可以把芦笙制作成旅游产品，吸引更多的人关注苗族芦笙文化。有着几千年浓厚积淀的苗族芦笙文化在现代化语境中的传承发展是一项复杂、长期的系统工程，需要政府和民间各方力量的相互协调合作才有可能获得成功。我们希望在未来的日子里，苗族的芦笙文化能够获得更好的生存发展环境，能够不断创新、不断壮大，这不仅对发展苗族文化、弘扬苗族精神有深远的历史意义，而且对构建和谐社会、加强民族团结也有着重要的现实作用。

（原载《学术论坛》2011 年第 9 期；
作者系广西艺术学院音乐学院教授）

侗仫佬毛南民族研究

侗族传统文化特征试探

陈家柳

侗族是一个具有悠久历史的古老民族，源于百越的西瓯和骆越支系。自古以来，侗族人民聚居在黔、湘、桂三省区的交界地带，在长期的社会历史实践中，他们以自己的智慧，创造了内涵丰富、风格独特的物质文化和精神文化。侗族传统文化是侗族人民在不同的历史时期创造并经过不断的积淀而形成的，具有较强的稳定性、持久性及旺盛的生命力，并且具有鲜明的风格特征。

一、传统文化行为的整体性

侗族是一个非常注重群体和整体性的民族，在漫长的历史长河中，她们形成了很强的群体意识和集体凝聚力。由于历史的原因，侗族较之周围的汉、壮等民族来说，其社会发展一直处于相对落后的状态。他们大多生活在崇山峻岭和山沟谷峒的环境之中，生产力发展缓慢，直到新中国成立前，侗族一部分地区仍有原始共有制的残余。落后的社会生产力必然要求本民族大众的共同协作、团结互助，以维护本民族的共同利益。侗族人认为，每一个人都是社会关系的一个组成部分，离开了这些社会关系，个人就难以生存。因此，在侗族传统的文化行为之中，就带着浓厚的整体合作精神。本来，我国传统文化和西方文化相比，就有着极强的“大一统”的群体精神，而侗族文化的整体性与之相比较，则显得更为强烈。

侗族的许多集体娱乐活动充分表现了侗族文化的整体性。“月也”是侗寨之间的一种传统性集体社交活动，至今仍然流行。每逢农闲或节日，一个寨子的男女老少集体到另一个寨子做客。主客两寨通过芦笙比赛、踩堂跳舞、对唱山歌及交换礼物等联谊活动，使得寨与寨之间的情谊得以巩固和加强。传统的“月也”活动，不仅是侗族人民增添生活情趣的娱乐活动，更是加强民族内部团结、增进相互间交往的社交活动，体现了侗族传统文化特征的整体精神。

侗族的歌舞艺术，从形式到内容上，所表现的整体性亦相当明显，其中以“多耶”舞最具代表性。多耶舞是表现群体力量的集体舞蹈，表演时众人相互以手挽肩围成圆圈，随着歌舞的节拍，摇头顿足，婉转而行。跳舞时众人跟着领唱者高唱耶歌，整个舞蹈雄浑有力，气氛热烈，场面壮观。众人载歌载舞，配合默契，显示出熟练的整体配合，使人感到一种强烈的整体力量。歌舞艺术的整体性是由侗族人民强烈的整体意识所决定的。

侗族传统节日聚会极多，几乎每月必有，如广西壮族自治区三江侗族自治县的花炮节、斗牛节、赶坡会，湖南省通道县的大雾梁歌会等，都是当地群体性的集体活动。节日里，人们通过对唱山歌、赛芦笙、跳多耶舞、演侗戏及走亲访友等一系列娱乐社交活动，使自己融进侗族这个群体中。每逢节日，方圆数十里的男女老少身穿节日盛装，成群结队地赶来参加，大家兴高采烈，欢声笑语此起彼伏，每个人都融入民族群体之中。这些节日活动，既丰富了侗族人民的文化生活，更增强了民族内部的交往与联系。

共同的语言更能体现出侗族文化的整体性。侗语分为南北两个方言区，但其间的差别很小，在语音、语法及词汇上，基本上是一致的，相互之间可以直接对话。各方言区内部的一致性更大。语言的相通，便于侗族人民之间的相互交往，对其民族意识和民族凝聚力的增强具有重要的作用。

文化行为的整体性是由群体组织的严密性决定的，只有具备严密组织的群体才能造就出具有强烈整体性的传统文化。侗族的款组织其实就是一种维系文化行为的整体性的群体组织。款组织是过去侗族地区的自治组织和军事联盟，是维系一个区域民族的纽带，由这条纽带把整个款组织内部统一起来，形成强大的集体力量。在侗族地区，有的款组织规模很大，在侗族古歌《从前我们做大款》里，有“款头在古州，尾在柳州”之句。古州即今贵州省榕江县，柳州即今广西柳州。由此看来，这个款组织包括了现今侗族的大部分地区，可见这个款组织的范围与规模之大。款组织通过款约来强化其民族内部的团结，人们的日常行为、社交活动、道德准则及军事行动等都有严格具体的规约，要求大家恪守条规。一旦违犯，将被严惩。款约对盗窃、拦路抢劫、放火烧寨、霸占山林、勾结外敌等罪行均列出相关的处罚条例，并刻于石碑之上，务求家喻户晓，严格遵守，不可违犯。由于所有的款约都是集体讨论决定，故令出必行，令出必止。由于款约的约束作用，使得侗族社会历史上一直都比较稳定。直至现在，虽然款组织已经瓦解，但其遗风犹存，侗族社会仍然保持着安定的局面。另一方面，由于每个族人都能自觉循规蹈矩，凡事严格按照款约来行动，每个人都极力让自己的言行不超过这些规约的范围，这就极大地束缚了个性的发展，养成过分依赖群体、缺乏个性的文化特征。

文化行为的整体性需要群体组织的严密性来维持。另一方面，在精神生活中，它又表现为对群体的精神依恋。以鼓楼为精神支柱，体现了侗族人民的这种文化心理。鼓楼是侗族传统文化的重要载体之一。平时众人聚集在鼓楼内说闲叙事，逢年过节则在此举办赛歌、跳舞、吹芦笙等活动，是社交娱乐的重要场所。每有重要客人来访，均在鼓楼前迎送。如有要事相商，则由寨老召集众人于鼓楼内议事，鼓楼又成为寨内政治活动中心。而鼓楼所蕴含的文化、经济、政治等各种活动的心理基础，形成侗族人民对本民族群体的依恋。建有鼓楼的村寨，特别是本寨鼓楼比其他村寨更高、更大的村民，无不以此为自豪。有的村寨由于各种原因未能及时建起鼓楼，人们会千方百计进行筹建；春节时耍歌堂，也要临时砍一棵杉木立于村寨中央，作为鼓楼的象征，围着它唱歌跳舞。每逢新建寨子，人们不是先建房子，而是先修鼓楼，哪怕只在村中地坪上先竖一根高大的杉木作标志。侗族人民依恋鼓楼，把鼓楼当作自己的精神支柱，其实是对整个民族群体的依附心理，是对本民族的依附感与归属感的直观表现。所以说，鼓楼文化所表现出的侗族传统文化特征，是对群体组织的依恋性。这是侗族传统文化特征之整体性的又一表现。

二、重人伦、亲友情的仁爱精神

尊老爱幼、热情好客是侗族人民的传统美德。在家庭中，老人最受尊重，侗族有“家有老，是个宝”之谚语，人们以自己家中有老人为自豪，把尊重、体贴、赡养老人视为天职。而老人对后生晚辈也是关怀备至，孩子一懂事，大人就教孩子待人接物的礼仪。在侗族的家庭里，男女老少其乐融融，充满了温馨的天伦之乐。在村寨中，老人享有很高的威望。无论是房族，还是侗款，皆由德高望重的老人担任头人。

“茶三酒四”是侗家待客的原则，在侗家做客，油茶最少要喝三碗，酒要喝四碗，这样才算礼节周到。留客人吃饭，会拿出家中最好的酒菜，令客人一醉方休。侗乡待人热情周到，态度诚恳真挚，可谓闻名遐迩。

侗族的“月也”社交活动，前去做客的队伍，沿途无论经过大寨或小村，都由芦笙队吹奏《过路曲》，表明要借道经过，不劳接待；到达预定村寨，先停在寨口吹奏《应邀曲》，待主寨芦笙队吹过《迎客曲》，表示对客人的热烈欢迎后，客队才进寨；客队离寨时，吹奏《告辞曲》，主寨吹奏《送客曲》。整个“月也”活动过程，自始至终都洋溢着团结友爱的热烈气氛。

侗族人民的仁爱精神还体现在对待孤儿寡母的态度上。侗族民间流传的《孤儿歌》、《寡妇歌》，表达了人们对孤儿寡妇的深切同情，同时也唤起人们对孤儿寡妇的关心和帮助。在日常生活中，孤儿寡妇有难，乡亲邻里争相帮忙；村寨公益活动，不用孤儿寡妇参加。社会舆论对寡妇再嫁给予支持，不会歧视。

侗族人民对待周邻的其他兄弟民族历来持平等友善的态度。他们认为各民族同出一体，有共同的祖先，大家应该像兄弟姐妹般友好相处。侗族古歌《我们的祖先从哪里来》，叙述天地始创之初，洪水滔天，人类灭绝，幸存下来的姜良和姜妹兄妹俩结为夫妻，共同繁衍人类的故事。说明了他们对整个民族大家庭的亲善友好的观念。在侗族众多的迁徙古歌和故事传说中，没有一处记载有侗族与其他民族之间的争斗冲突，而是处处体现了和睦相处、团结互助的精神。

三、对外来文化的兼容性

长期以来，侗族与汉、壮、苗、瑶等民族交错杂居在一起，必然会受到其他民族文化的影响。历史上，侗族曾经历过多次大规模的迁徙，在迁徙过程中，不断与其他民族接触交往，必然受到其他民族文化的影响。那么，侗族是如何对待这些外来文化呢？

如前所述，侗族具有很强的民族凝聚力和群体意识，这就使得侗族传统文化即使受到外来文化的强大冲击，仍能保持着自身的特色，在民族文化之林中独树一帜。对待外来文化，侗族既不是全盘否定，也不是全盘照搬，而是在吸收外来文化的同时，根据本民族的习惯和需要，进行改造、消化，将之融入本民族的文化之中，使自己民族的传统文化得以充实、丰富和发展。

传统的三月三“花炮节”，是广西境内侗族一年一度最盛大的节日之一。究其根源，就是吸收了中原古代上巳节的内涵。中原上巳节多在农历三月初三举行，其内容以求子及男女求偶为主。《诗经》及其他史籍中有多处三月三古俗的描述。宋《云笈七签》载：“每岁三月三日蚕市之辰，远近之人祈乞嗣息于井中，探得石者为男，瓦砾者为女。”而侗族的“花炮节”，既有情歌对唱、男女求偶的内容，又有古代求子的遗风。抢花炮，其实就是求子之俗的遗存。壮侗民族，称送子神为“花婆”、“花王”，家里求子，往往请道公设道场、架花桥，请花婆前来赐花。可见“花”者，子嗣也。花炮之“花”即此意。侗族盛传花炮节这天谁抢得花炮，其家就会人丁兴旺，多子多福。经过漫长的历史变迁，如今侗族的“花炮节”变成了年轻人对唱情歌、以歌会友和以歌择偶的群众性娱乐节日。

侗族地区的鼓楼在建筑上别具特色。笔者认为，鼓楼与佛塔有着密切的渊源关系。鼓楼的平面形式有的呈四面流水式，有的呈六面流水式；结构形式为奇数层而绝无偶数层，多为三、五或七层，最高者为九层。鼓楼各层的造型为重叠的宝塔形状，把每一层的宝塔形状作为单独的结构单元来安排。这些特点，与佛塔底部为偶数边流水形、结构为奇数亭阁重叠的特点毫无二致。而且与佛塔一样，鼓楼的顶面角檐也雕塑有龙凤鸟兽之形，以示吉祥。另外，鼓楼还继承了佛塔以高大为贵的内涵，建造时尽最大的人力物力财力，把鼓楼造得尽量高大，寨中其他民居绝不允许超过鼓楼的高度，使鼓楼的崇高地位更加突出。在建筑特点上，鼓楼摈弃了佛塔的砖石结构，而是因地制宜采用木质结构，通体不用一砖一石、一钉一铆。建造也不似佛塔层层堆砌而上，而是采用杠杆原理，以杉木穿枋纵横交错，上下吻合，一层紧扣一层。它既保留了侗族传统干栏建筑积木而居的习俗，又继承了佛塔层层支撑、坚固壮观的特点。经过吸收与改造，使得借鉴了佛塔建筑特点的鼓楼成为侗族传统的建筑文化内容之一。

由于社会历史的各种原因，侗族不可能大量和完整地吸取外来文化，而是将适合自己的外来文化经过改造吸收，使外来文化成为侗族传统文化的有机组成部分。

四、精神追求的现实性

侗族在精神追求方面注重现实、注重人生，这主要从宗教信仰上表现出来。以其他地区较为盛行的佛教而论，它宣扬世界是虚幻的，对人世间的生活充满着悲观，因而对生活采取消极的态度。这与侗族人民注重现实、注重人生的追求是相悖的，因此佛教很难在侗族地区立足扎根。虽然侗族的鼓楼吸收了佛塔的建筑特点来建造，但他们抛弃了佛教中超凡脱俗、醉心升迁虚无缥缈的极乐世界的人生追求，而是将其改变为人生现实生活的公共场所。鼓楼的功能集娱乐、迎客、议事、示警等于一体，变成侗寨文化娱乐和政治活动的中心。这种社会功能与佛塔有着天壤之别。

在侗族地区的风雨桥上、鼓楼旁、庙堂里，随处可见泥塑木雕的菩萨神像，但这并不是纯粹的佛教意义上的菩萨，而是演化成其民族英雄的化身。这些英雄人物，多是历史上为了侗族人民利益而英勇献身的。如明代侗族农民起义领袖吴勉、杏妮夫妇，在许多地方都塑立有其神像。传说在战斗中吴勉英勇奋斗，不幸战死，杏妮带领余众继续战斗，直至最后兵败，为不落入敌手只身跳崖，壮烈牺牲。据说杏妮跳崖后化成一尊白石雕像。侗族人民为了纪念吴勉、杏妮的功德，就把白石抬回寨子，供到“萨堂”里朝拜。各地侗人纷纷效仿，将这两位英雄人物的形象作为神祇供奉到“萨堂”之上。“萨”在侗语里意指“祖母”，可见侗族人民把这些雕像当作自己的始祖神。换言之，侗族供奉的偶像神祇绝不只是宗教意义上所指的神祇，而是那些亡故了的英雄人物。他们期望这些神灵继续像生前那样对自己以及子孙后代进行庇护和保佑。可见，对神灵的祭祀乃是生者祈求对人生现实的护佑。

侗族没有统一的宗教信仰，他们对天地祖先、儒释道教、阴阳五行、巫术占卜等均兼而信之。这只是形式与外表而已，真正的内容实质仍是为了现实人生的需要。在侗族地区，一个宗教活动的主持者分工并不很明确，只要是家中有法事仪式或红白喜事，道公、巫公均可主持。在他们看来，由谁主持并不重要，只要他是代表神灵而来的即可。他们对信仰的追求，只是为了对平安生活的保障。侗族人民对一些宗教超凡脱俗的生活追求、清心寡欲的生活态度、玄而又玄的理论觉得不可理解，因为这与他们的价值观念、思维方式和道德标准格格不入。因此侗族地区虽然曾吸取了佛塔建筑精华的鼓楼、风雨桥，但佛教却并不流行。在侗族社会里，无法形成一套系统的宗教信仰。他们只是以部落神、氏族神为主，套上一层儒释道教或阴阳学说的外壳，来追求他们自己的人生理想。

五、传统文化的继承与发扬

侗族是一个具有源远流长的历史和灿烂传统文化的民族。我们研究侗族传统文化的特征，就是为了更好地了解该民族的历史与文化，以便对传统文化的继承与更新做出正确的选择。每一个民族的传统文化，都是在历史的长河中逐渐形成的。它虽然是历史的产物，但需要在现实中得到丰富和发展。任何文化都是历史性与现实性的统一，二者相互依存、相互转化。新时代的文化需要在传统文化的基础上才能发展起来。我们应该看到，民族传统文化都有两重性，既有催人奋进、推动社会向前发展的积极一面；也有自我封闭、阻碍社会发展的消极一面。因此，对待民族传统文化，要做到辩证地扬弃，既不能全盘否定，又不能全面继承，去其糟粕，取其精华，才是正确的态度。侗族传统文化与其他民族文化一样，是全民族共同创造的、体现集体智慧的结晶，具有很高的审美价值与应用价值。对于其中的优秀成分，如坚强的集体主义精神、优良的社会道德风尚及积极向上的人生态度等，要加以继承与发扬，使其在新时期的社会主义精神文明建设中发扬光大，建设具有民族特色的社会主义现代化的新文化。同时也应当看到，侗族传统文化是基于落后的小农自然经济的社会环境形成的，其中的消极因素在所难免，对此必须加以革除和更新。比如自满保守的意识会成为接受先进文化的障碍。面对现代化的挑战，我们民族工作者的任务就是让各民族认识到自身文化与现代文明的差距，唤起各族人民的危机感和紧迫感，实现对民族传统文化的改革与更新，发展和创造出具有新的质态和适应现代化进程的民族文化。

（原载《广西民族研究》1999 年第 3 期；
作者系广西民族问题研究中心副研究员）

侗族传统教育与文化传承

吴爱月

教育是人类社会文化传承的主要方式。“文化是人类利用自然、改造自然从而得以生存和发展的特殊工具。如果没有文化的积淀与传承，一个民族就会止步不前”，“而教育，则是传承文化，保存文化和创造文化，使后人继承前人积累的文化成果，推动文化和人类发展进步的大动脉”。[①] 因此，文化人类学家认为，文化传承就其本质而言不仅是一个文化过程，而且是一个教育过程。

历史上侗族有语言没文字，民族文化的传承主要靠人们一代代口耳相传。这种民间传统教育，主要包括家庭教育和社会教育。在学校教育出现之前，它是侗族社会的唯一教育，是传承侗族文化，推动侗族社会进步发展，培养和规范人们的道德意识，维护侗族地区社会和平安宁的重要途径和手段。在学校教育出现之后，它仍是侗族教育的重要组成部分，某些功能是学校教育无法替代的。“教育不仅是文化传承的机制，也是文化的重要组成部分，任何教育都是某种文化的教育，任何文化也必然是某个民族的文化，因此，任何教育，必然是某个民族的教育”。[②] 在此意义上，研究侗族传统教育也就是研究侗族传统文化的传承特点，探讨教育在传承文化、

① 王军：《文化传承与教育选择》，北京，民族出版社，2002。

② 哈经雄、滕星：《民族教育通论》，北京，教育科学出版社，2001。

促进和发展文化的功能和作用，寻求现代教育如何借鉴传统教育的有效经验，以及继承民族优秀传统文化的途径和方法是一个非常有意义的工作。

一、侗族传统教育所依存的自然环境

文化生态环境从广义上说，由三大部分组成：自然环境——即群体赖以生存发展的各种自然条件的总和；社会环境——与群体生活相关联的各种社会条件的总和；精神环境——该群体所共有的道德观念、价值体系、风俗习惯、宗教形态等诸力的总和。[①] 这三者之间构成一个相互依存的动态关系网络，并维持一定的平衡之态。

从自然环境上看，侗族聚居在中国西南隅黔湘桂毗邻地区，地势西北高，东南低。东有雪峰山，西有苗岭山支干，北部有武陵山、佛顶山，南部有苗岭山脉主干和支干，形成比较封闭的生态空间。境内崇山峻岭，沟壑密布，河流众多，大小支流两千多条。既有高山峡谷，也有低丘平坝；既有激流险滩，也有清溪幽谷。如著名的三省坡海拔 1377 米，而北部天柱县的天柱坝子和南部榕江车江大坝子却平坦如砥，面积均在万亩以上。大的河流，北部有清水江、沅江、资水，汇入长江，南部有浔江河、都柳江、柳江，汇入珠江。这里属中亚热带湿润山地气候地区，气候温和，雨量充沛，适宜农、林、牧、渔等。进入封建社会后，农耕比较发达，有“水稻民族”之称，主产糯谷和杉木。男耕女织，基本能自给自足。侗族的居住特点是依山傍水，依山就势的多层结构的木楼建筑，俗称“干栏”或“吊脚楼”。就地取材，干净卫生，通风防潮防虫兽。寨头或寨尾一般有一棵或数棵参天古树，称为“风水树”；村寨前边的溪河上架设有风雨桥或石板桥。整体建筑和居住

① 张诗亚：《西南民族教育文化溯源》，上海，上海教育出版社，1991。

特点与自然环境天然契合，和谐共生。这种特殊的地理环境和生态空间，对侗族人文化性格的形成有重要作用。

首先是喜内聚，推崇集体主义思想。在过去，由于受自然条件的限制，交通十分不便，与外界几乎没有什么联系。从侗族的称谓中，我们可以知道其居住地的封闭性。侗族自称“仡伶”(Gaeml)，原意是用树枝、木桩、篱笆等障碍物把栖身之所围起来，以防野兽和他人的侵袭。在历代典籍中，侗族也被称为“峒僚”、“峒蛮”、“峒苗”等。可以想见侗族先民居住环境之简陋以及生存空间的封闭性，也说明了他们对自身生存境遇的无限忧患。历史上，侗族屡遭历代反动统治者的欺压。为了生存，他们必须组织起来，依靠集体的力量，才能抵御外来势力的欺侮。也只有依靠集体的力量，才能战胜各种自然灾害。不管是政治上还是在经济生活中，个人如果离开了集体就无法生存。这种由民族生死存亡的忧患意识而产生的民族内聚力和集体至上的思想备受推崇，并被演化成为全民共同遵守的社会道德规范和审美追求，潜移默化地影响着每个人。由于内聚的需要，侗族聚族而居，一切生产、生活和各种节日礼俗、社交、祭祀活动，如“月也”、“多耶”、赛芦笙、祭祀“萨坛”等，都以集体形式进行。先辈们用歌谣、故事等教育人们人多力量大，要团结一致、同甘共苦的道理。如侗款：

> 独木不成林，滴水难成河。一根棉纱容易断，十根棉纱能把粘牛栓。三人同行老虎怕，一人走路猴子欺，我们要像鸭脚连成片，不要像鸡脚分杈杈。①

其次是崇拜自然，热爱生命。侗族居住地环境幽雅，村头寨尾树木葱茏，青山绿水，风光旖旎。男耕女织、自给自足的小农经

① 朱慧珍、张泽忠：《诗意的生存》，北京，民族出版社，2005。

济，易使他们产生快乐和满足感。他们崇拜自然，热爱生命，孕育了浓厚的故土家园意识和乐观豁达的人生观，最突出的表现是侗族人爱唱歌，侗族有如下谚语：

不种田地无法把命活，不唱山歌日子怎么过？饭养身子歌养心，活路要做也要唱山歌。①

侗族人把唱歌看成是修身养性的重要精神食粮，就像种田、吃饭一样不可缺少。喜怒哀乐，他们用歌来表达；花草树木，山川河流，是他们歌颂的对象。他们热爱乡土，守望幸福，崇尚宁静、安定的生活，以善良著称于世。

二、侗族传统教育所依存的社会环境

在社会环境方而，侗族聚族而居，以姓氏组成村寨。小的村寨有几十户，多的有几百、上千户人家。族群中以“补拉”为最基层组织。补拉是侗族社会以父系血缘关系为基础构成的一种社会组织形态，相当于“房族”。他们有共同的血缘关系，供奉共同的祖先。一个氏族由多个补拉组成。补拉的功能主要是协调内部关系——调解各种矛盾纠纷，处理丧葬嫁娶、起屋上梁事宜，安置孤寡老人或儿童的生活，维护补拉的共同利益和成员的利益等。补拉内部各成员有明确的辈分之分，享有相同或相关的权利和义务。每人都必须严格遵守执行。总之，侗族社会的补拉组织，是一个以父系血缘关系为基础的，“在社会关系上，它是一个自我保护、自我协调、自我教育的组织；在经济上，它是一个互助的、由多个家庭

① 杨通山等：《侗族民歌选》，上海，上海文艺出版社，1980。

联合起来的大家庭（代表各个家庭的财产和实力）”[①]。主持补拉日常活动的，是大家信赖的、有威望的长者，除此之外，他还代表该补拉参与氏族或村寨的会议。

村寨事务则由族长或“款首”来主持。“款”是古代侗族社会特有的一种组织。它是以血缘关系为基础，以地缘关系为纽带，对内自治，对外自卫，带有军事联盟性质的社会组织形式。款有小款、大款、特大款。一般由数个村寨组成小款，数个小款组成大款，数个大款组成特大款，即整个民族的大联合。侗族学者研究认为，侗族款组织最早产生于秦汉，形成于唐宋。[②] 由最初的氏族联盟逐渐演变成为部落联盟。在相当长的一段历史时期，封建王朝的统治未能深入侗区，“入版图者存虚名，充府库者亡实利”，侗族社会一直在款的管理之下，处于“没有国王的王国”状态。直至清朝末年，侗族地区一直有款组织在活动，其影响力延至1949年前夕。款组织没有常设机构，款首也不脱产。它的主要职责是，在和平时期，对本区域内的生产、生活和治安进行管理，这种管理皆以款规款约为依据，极其严格。大至绑架杀人、勾生吃熟，小到破坏别人家庭、弄虚作假，都有治理的条规。如对“勾鸡引鸽者”：

> 我在这里宣讲，依照祖宗的规矩。生女绩麻，养男走寨。十七十八，正当花时。郎插白鸡毛，妹系花裹腿。去坡上吃茶苞讲悄悄话，下山谷吃李子歌声不断。男拿金的做信物，女拿银的为把凭。男的要有铜钱，女的要有青布。如果哪个人勾鸡引鸽，害得他们金男银女不和睦。要拿他去涌浪的地方灌水，还要他的父亲母亲出钱。这事是轻事，不是重事。[③]

① 吴浩：《侗族村寨文化》，北京，民族出版社，2004。

② 吴浩：《侗族村寨文化》，北京，民族出版社，2004。

③ 杨权：《侗族文学史》，北京，中央民族学院出版社，1992。

这是对挑拨恋人之间关系、破坏别人家庭的人的处罚。足见当时款组织对社会治安的管理的全面和强大的道德约束力。

款组织在战时则组织队伍（款民）抵御外敌，保卫家乡。历史上侗族地区曾多次联款抵御外敌入侵和反抗官府压迫。

由于历史和地缘关系等因素，侗族作为“百越”民族的后裔，与苗、瑶、壮等民族有着密切的关系，形成了大杂居、小聚居的分布格局。侗族和苗族关系最为密切，侗族聚居区域周围的广大地区都是苗族的居住地：东为城步苗族自治县，南是融水苗族自治县，西为雷山、台江、凯里等苗族居住地，北边是湘西土家族苗族自治州。在侗族聚居的区域内，也有相当的苗族人口比例，他们亲如兄弟。在部分侗族古歌和传说中，反映了侗族苗族先人一起艰难迁徙，如《祖公上河》；一起抗击外敌，如款词中《十二条款》的第三条“侵犯咱侗家苗家”；一起上天去找歌唱歌，如神话《关于“耶”的来源》等。

侗族和汉族的关系比较复杂，由于历代统治者对侗族的迫害，也由于认识的局限性，侗族人认为官兵就是汉人，把汉人和官兵通称为“客”（Gax），有一种本能的畏惧。但侗、汉民间关系还是很不错的，侗族钦佩汉族的聪明，一直虚心学习汉族的文化和技术。侗族有此语：“遵循侗族习俗，追求汉族风尚”（Deie bane Gaeml，laeml bane Gax）。侗族人认为，各民族皆同源同根，是由章良章妹繁衍发展起来的。侗族《起源之歌》里这样描述：远古时候，洪水滔天，只有章良章妹兄妹二人侥幸活下来，在天的旨意下，他们结为夫妻，后生下一个肉团，他俩把肉团砍碎，扔进山林，于是：

肠子变汉人，汉人善思，汉人聪明。骨头变苗人，苗人强悍，苗人勇敢。肌肉变成侗人，侗人老实，侗人温和。[①]

① 杨权：《侗族文学史》，北京，中央民族学院出版社，1992。

古歌表达了侗族先民把周围的民族视为同胞手足的友好、亲善之情，以及各民族平等共生的观念和诉求。在长期的生产生活实践中，侗族也确实与各兄弟民族互相依存，彼此平等；在错综复杂的民族关系中，学会了克己忍让、宽容友善、和睦相处的为人处世之道。

三、侗族传统教育所依存的精神环境

侗族所处的独特的自然和社会生态环境，形成了其区别于其他民族的精神环境。其主要特征表现如下：

第一，在价值观上，侗家人重视生产劳动，重义轻利，重视群体，淡化个人，推崇“均等”思想。在古代，生产力水平十分低下，所有社会成员都必须参加劳动，全力劳作才能获取食物，保证生命的延续，因此劳动便成了人们生活中最重大的事情。热爱劳动成为一种美德，人们用许多优美的民歌赞美劳动，也用许多故事歌谣讥讽好逸恶劳的懒汉。重视劳动的价值观也使得侗族先民非常重视生产技术的传承，老一代除了在劳动生产实践中对年轻一代进行言传身教，还将世代积累的生产经验编成歌谣、故事传颂，如季节歌、十二月劳动歌等。

由于历史形成的民族凝聚力和整合精神，造就了侗族人浓厚的群体意识，认为每个人都是部族或氏族的一个组成部分，离开了这个群体，个人就难以生存。因此，为集体作贡献、作牺牲的人受人尊敬、爱戴；损害集体的人遭到众人的谴责，被孤立；突出个人、炫耀自己的人受人讥讽。侗族有语：“狗夸尾巴长，蚂蚁夸蚁穴大，自己夸自己的人不像话。”

侗族传统教育反对突出个人价值，推崇集体至上，强调在集体中人人均等。“有肉大家吃，有酒大家喝”，这种原始社会的平均思想也使侗族产生了重农轻商、重义轻利的金钱观和利益观。人人均等也使人安于现状，产生依赖思想，束缚了个性的发展。

第二，在道德伦理上，侗族社会形成了一套适应本民族价值取向标准和行为规范要求的伦理道德观念和习俗，即把维护村寨和民族群体利益与维护个体成员利益以及维护人际关系的协调和谐作为最高的价值目标，并以此作为道德准则和尺度进行善恶判断。他们通过款规款约、歌谣、故事对年轻一代进行教育。如侗族民歌中的劝世歌、侗款等，都是劝导人们抑恶扬善、热心公益、尊老爱幼、礼貌待人的最好的德育教材。如款词：

> 讲到山上树林，讲到坡上竹林。白石为界，隔断山岭。一块石头不能超越，一团泥土不能吞侵。田有田埂，地有地石。是金树，是银树。你的归你管，我的归我管。如果有谁人——安心不良，安肠不善，扛斧市山，背刀穿岭。进山偷柴，进林偷笋，……要他父赔工，要他母赔钱。跟随罚六钱，领头罚二两。①

这里说的损害他人利益的是小偷小摸的行为。说明侗族社会除了维护集体利益，个体成员的权利也得到了充分的保护。这种道德约束，使邻里之间能和睦相处；鳏寡孤独者，得到众人轮流抚养、照顾。尊老爱幼是美德，也是义务。有尊重长辈的歌唱道：

> 笋子全靠竹子生，儿女全靠父母亲，为人当思父母重，不能摘下黄瓜摔断藤。②

百善孝为先。“老吾老以及人之老，幼吾幼以及人之幼”，孝

① 苗延秀：《广西侗族文学史料》，桂林，漓江出版社，1991。
② 杨国仁：《侗族礼俗歌》，贵阳，贵州人民出版社，1985。

敬父母，才能善待一切，才能成为品德高尚的人。经过一代又一代的言传身教，这种道德规范和道德意识已融化到人们的灵魂深处，形成一种相对稳定的社会风尚和习俗。在相当长的一段时期里，侗族社会“道不拾遗，夜不闭户”，和谐安宁。

第三，在风俗习惯上，由于各民族所处的自然环境不同，生活方式、价值观念和道德标准也各不相同，从而形成不同的习惯、信仰和喜好，表现出不同的民俗事象。侗族因其居住环境和价值观念等因素，其岁时节令、人生礼仪、衣食住行、社交庆典等民俗活动也有自己的特色。其突出特点是群体性。村寨交往、竖屋上梁、婚丧嫁娶、生活饮食、文体活动甚至谈情说爱，都体现出群体性的特征。

侗族最具群体特点的社交活动“月也”，是村寨之间的一种集体交往活动。秋收之后或正月农闲时，甲寨群众集体去乙寨做客。做客队伍少则几十人，多则几百人，客队到达后，宾主集中鼓楼坪举行联欢活动，赛芦笙、“多耶”、踩歌堂、演剧。主寨杀猪宰羊，摆“合拢饭”招待客人。两三天后，方送客离去。

文体活动“多耶”、吹芦笙、抢花炮等都是村寨间的群体性娱乐活动。“多耶”是表现集体力量的集体舞，人们手挽手，围成圆圈，载歌载舞，配合默契，人多时可以大圈套小圈，一呼百应，气氛热烈。

侗族青年男女的恋爱交往、送新娘习俗，也是别具特色的群体性活动。男女青年的集体交往，有“行歌坐夜”的，有“为地瓦”的，有赶坡会的。

“为地瓦”是广西侗族地区流行的一种男女青年通过共同耕种山地来谈情说爱的交往方式。一方寨子为男青年，另一方是女青年。人数几十到几百不限，但双方人数要对等。春种秋收一起劳作，劳动所得给女方，女方则赠送鞋、帕和织锦给男方，期间通过对歌谈情，找到自己所爱的人。

侗族的饮食习俗也体现出群体性。其中吃“合拢饭”、“打油茶”最具特色。吃合拢饭是侗族待客的一种特有方式。有贵客到访，各家各户便提着篮子，带上酸鱼酸肉和自家酿的糯米酒，摆开长桌子，宾主围坐两旁，互相敬酒敬菜，姑娘们还唱敬酒歌，其乐融融。

民俗作为一个民族文化的外在形态，它传承民族传统，规范群体言行。它对该群体成员尤其是青少年施行传授知识、培养技能、发展智力和体力、形成观念、陶冶情操的功能。它对人的教育无时无处不在。每一个民俗事象，从展开到结束，都实实在在地实施其教育的功能。

第四，在宗教信仰上，侗族社会尚未形成完整意义上的宗教。民间宗教信仰尚停留在自然崇拜和祖先崇拜等多神崇拜阶段。他们相信万物有灵。崇拜对象主要是原始祖母神和土地、大树、流水、巨石、火焰神等。

宗教学家对人类早期的自然崇拜根源曾作过种种探索，如恐惧说、感激说、惊奇感、依赖感等。对侗族来说，这四者兼而有之，体现了侗族人“天人合一”的思想和宇宙观。之所以得出这样的认识，一方面，侗族人对自然之神的敬畏和崇拜是因为他们认为人类的生存发展离不开自然，人与自然的关系如何，直接关系到族群、村寨和个人的生死存亡，用现代的生态观来看也是如此。而对祖先的崇拜则是为了缅怀祖先创业的艰辛，敬仰他们在火与血的生存经验教训中总结出来的真理和智慧。另一方面是，侗族的信仰不同于其他宗教信仰。它没有明确的教义教规，没有原罪说，没有专业的神职人员，宗教活动的组织者分工不明，人们认为由谁来组织并不重要，只要他是代表神灵而来的即可。对神灵的祭祀，是生者祈求对现实人生的护佑；对信仰的追求，是为了对平安生活的保障。其现实性、实用性是非常明确的。对祖母神、自然之神的祭祀活动，又是对青少年进行自然知识、民族历史和传统文化教育的过程，借助祖训和神谕来强调其教育的权威性。一般情况下，祭祀之后接着就开展各种娱乐活动，或者在开展文体活动之前举行祭祀活动。跳舞、多耶、对歌，人们身心愉悦，自然之神与人相依相存，平等共处。活动结束时的《散堂歌》，让人们不会忘记招呼鬼神回自己的住处：

> 散堂了啊，散堂了，星星也散月也散，一散祖先关魂回墓地，二散天地龙神回殿堂。散堂了啊，散堂了，夜雾也散百也散，一散鸡鸭满村寨，二散牛羊遍山岗。乡亲们啊，散堂了，请回各自的楼房，今夜的歌就唱到这里，后头的歌还有很长很长。①

侗族人认为，万物诸神是有灵的，也是能和谐共处的。只要诚心和善待自然界及神灵，就能得到神灵的庇护。

总之，文化生态环境对一个民族文化的产生和发展的影响和制约是不言而喻的，而文化对教育又起定向作用。因为“一切教育的根本目的就是保持文化的价值，按文化的价值来培养下一代，使该文化世代运行下去。因此，文化价值规定了教育的目的、方向、内容”②。侗族传统教育因其文化价值的规定性，在教育思想、目的、内容、方式等方面，表现出了自己的特点。

（原载《广西民族大学学报》2006年第6期；
作者系广西民族大学文学院教授）

---

① 杨国仁：《侗族礼俗歌》，贵阳，贵州人民出版社，1985。
② 冯增俊：《教育人类学》，南京，江苏教育出版社，2001。

仫佬族族源新探

温远涛

仫佬族自称“木伶”，来源于清代的“姆姥”、明代的“伶”，唐以前包含在俚僚当中，属百越民族瓯越和骆越的一支。语言为壮侗语族侗水语支。仫佬族与侗族、毛南族、水族是亲近的关系，其中与侗族最接近。仫佬族与壮族是亲密关系，在岭南与壮族共处时间最长。

仫佬族语言属汉藏语系壮侗语族侗水语支。仫佬族自称“穆伶”[$mu^{21}lam^{42}$]、“伶”[lam^{42}]、“谨”[$kjam^{42}$]，他称“布谨”[bu^{33} $kiam^{42}$]，汉语记音称“姆姥”[mu^{53} lao^{53}]。“姆姥”、“木冷”、“穆冷”，是仫佬族自称“穆伶”[mu^{21} lam^{42}]的汉字记音。新中国建立后，经民族识别后称“仫佬”，“仫佬”来自民国时的“母老”，此音译自“穆冷”，“穆冷”仫佬语意为“伶人”，仫佬族族称来自明清时期的“伶人”。仫佬亦称“谨”，他称“布谨”[bu^{33} $kiam^{42}$]，系壮族对仫佬族的称呼。

仫佬语之“穆伶”、“姆伶”的“穆”、“姆”（音[mu^{21}]），是冠词“个（人）”的意思，仫佬称壮人为“穆僮”。“穆”等同于壮语的“布”，如壮族的“布文”（人）、布僮（壮人）、布瑶（瑶人）。仫佬之称来自伶人，《广西通志》称：“罗城县东一、西

一、西七、西九、东五、平东、上里，皆伶所居。”① “伶（僚）者……其居天河县东乡者，名曰僚。”② “宜山姆姥即僚人。”伶人从僚的一支发展而来，仫佬被称为“伶人”之前，唐宋元时期属僚，之前包括在乌浒、俚、僚中，源于百越的西瓯与骆越。

一、仫佬族族称的准确读音辨析

（一）仫佬族族称的原本读音为岭南民族语言音素

仫佬族自称“木伶［lam^{42}］”。伶［lam^{42}］，汉字不能直接准确注音，因此，只能用近音的汉字注音，历史上便被注为（仫）“佬”、（母）“老”。“伶”用壮侗语族语音和岭南汉语方言的粤语音读“伶 lam”。粤语与客家话读伶［lam^{42}］，能准确地注下仫佬族族称的伶［lam^{42}］，汉语读伶，则丢失韵尾 m 而失之准确，读成“另 lin”，或注为“佬 lao”。粤语是中原汉语与南方百越民族语言交融的结果，粤语中有大量岭南百越民族语沉淀，保留了大量古代汉语语音（壮侗语族语言至今仍保留大量的古汉语音）。今“仫佬”之名为清代《天河乡土志》之“姆姥”，“姆姥”本地汉语方言读［mu^{53} lao^{53}］，普通话（北方）读［mu^{214} lao^{21}］，本民族语和粤语即读［mu^{21} lao^{42}］，汉语注音“姆姥”，缺失 m。

《庆远府志》所记的伶为仫佬族，《龙胜厅志》记载的伶为侗族，侗族自称与仫佬族自称都称伶 lam。“伶”有 lam 和 lin 两种读音，是因在仫佬族和侗族地区，有粤语读音和汉语桂柳方言读音的区别。用汉语桂柳方言，“穆冷”读成了“仫佬”，“伶”读成了“另”，无尾音 m。因此，用粤语音读“伶”，就还原了侗族与仫佬族自称的原本读音。范宏贵在《同根生的民族》一书中论道：

① 《广西通志》，卷278。

② 《古今图书集成·职方典·庆远风俗考》。

“壮、侗、仫佬族一至十数字的读音，与粤语读音几乎全部一致，这是汉语与壮侗语族语言‘战斗’的结果，粤语音是壮侗语底层。”《同根生的民族》又道：“现代梧州、桂平一带以白话作为交流思想的工具。唐宋时期操白话的人已涌入桂东，此后有更多讲白话的人进入此地。当地人自然以白话读州名。”① 以此可见，侗族的“伶”称，用侗语读或粤语读音同，最早也是带有 m 韵尾的“伶”音。历史上，罗城、天河行政区划又曾分别属柳州、融州、宜州，这些州府多使用西南官话柳州话，罗城县城地处桂柳方言区，到了清代，仫佬族的自称“穆冷”被汉语桂柳方言注音和读音为“姆娒”，民国时官方汉字记为“母老”。仫佬语和粤语中，“穆冷”的“冷”读为“伶（带 m 韵尾）”，是伶人的原本读音。从仫佬族自称的仫佬语读音可见，当时汉学者用“伶”注伶人族群，是依粤语读音选字。

（二）穆冷［mu^{21} lam^{42}］即伶人

明清时期伶人分布广，包括侗、姆娒，甚至一些瑶、苗、壮也被记为伶，也有把伶记为苗的（如三江的草苗，草苗为外来汉族而形成的族群，是使用壮侗语的一支）。仫佬族是史籍所记的天河姆娒、天河僚、宜州罗城的伶，仫佬族族称意即伶人，明清时“十七日，发柳州……十八日发柳城……十九日发大曹山……则伶人、侗人、化人、佬人、水人、僚人，骄肩侧足而睨者，弥满山谷”②。是为伶人已与侗、佬、水、僚分开，此为仫佬族地区的伶人。《广西通志》载：“宜山伶，性习、居处、服食及婚葬，略与壮同。”③ 这里记的伶人，应是现在的仫佬族。仫佬族保留了侗水

① 范宏贵：《同根生的民族——壮泰各族渊源与文化》，北京，光明日报出版社，2000。

② （明）岳和声：《后骖鸾录》，粤西丛载卷4。

③ 《广西通志》，卷278。

语支民族最古老的族称，仫佬族是伶人中古老的一支。

二、仫佬族源流

仫佬族来源于百越，先秦时期为西瓯骆越，秦汉以后包含在俚、僚、乌浒当中。隋唐时期，僚有众多称呼，如西原蛮、南平僚、守宫僚、葛僚等。唐宋时期的仫佬族，当与仫佬族居住区邻近的岭南道的桂州（桂林）、象州、梧州、邕州、宜州等僚有密切关系，史籍对这些地方的僚的记载，与仫佬族有关。

明清以后，仫佬族成为单一的民族，其族称“姆佬”在清乾隆时才在史籍中有记载。新中国重新定名的仫佬族直接来自民国时期柳州、庆远一带各县的“母老族”。民国刘锡蕃所著《岭表记蛮》第一章中有较详细的记载，刘氏对当时“母老族”的语言、分布、经济生活、婚姻、家庭、姓氏及与汉族关系的记载与清末的仫佬族状况是大致相符的。有清一代二百多年，汉文对仫佬族先民的称谓有“拇佬”、“伶”、“僚”或“伶僚”等。民国时期的“母老族”来自乾隆年间出现的“拇佬”。乾隆以前统称为“伶”（即伶人）。①

三、仫佬族的骆越文化特征

仫佬族族源有外来说与本土说、东来说、南来说等，然从族称族源及文化史实看，仫佬族为骆越族群，是岭南土著民族。仫佬族族谱记载，族源与湖南、江西有关。族谱大多为清朝和民国时期编记，壮侗语族的家族族谱对祖上来源的记载有较大的假托成分。但是，部分先祖来自江西、湖南，也确是事实，其文化方向，也都来

① 吴国富：《“木佬”非“仫佬”》，载《广西民族研究》，1995（2）。

自古代楚越区。仫佬族各姓氏族谱普遍承认母系为当地土著人，这就说明了仫佬族早在拥有姓氏以前，先祖就已在骆越当地生活。而且从仫佬族走婚以及敬奉白马娘娘的习俗和崇拜存留着浓重的母系氏族的遗风看，仫佬族认为母系所在才是根源所在，这也是族谱记载中表明母系为当地土著人而对自身民族是土著民族的确认和认可。从体质、语言等诸文化方面的人类学角度考察，仫佬族具极深厚的骆越民族文化特征，是古老的岭南土著民族。

（一）语言特征

仫佬族语言属汉藏语系壮侗语族侗水语支，仫佬族聚居在罗城一带，内部语言差别很小。仫佬族无文字，语言有自己独立完整的体系，保留了古老的越民族语言。仫佬族语保留的伶族称，是对僚、俚、骆越、西瓯族群称谓的记录和诠释。仫佬族地名峒、骆（罗、乐），与骆越的骆有关，峒，又与同是骆越的峒溪民族侗族关联。徐松石《粤江流域人民史》中说南中国的倒装地名，罗城有峒陆塘、冲能、峒冷塘、峒典、冲团、寨英，融县有峒马、庙马、峒蒙塘。这种倒装语法特点，是骆越壮侗语民族所特有。

仫佬音就是伶，“伶 lam”于仫佬现代语言中已难详其义，这是记录了最原始的称呼。因此，仫佬族的“佬”实为“伶 lam”音，其非“佬”亦非“僚”。但与佬、僚有密切的关联，与僚直至与骆紧密联系。若将僚、佬、骆、伶音复原到上古，当是伶音更近上古，m 未丢失。

仫佬族的渊源，置于壮侗语族的同源关系进行比较考察，就会发现仫佬族是骆越民族中古老的一支。范宏贵教授经过对仫佬与壮、侗语言的比较，指出：仫佬语是壮语与侗语之间的一个过渡。[①] 说明仫佬、壮、侗是同根同源的古老民族，是岭南古老的土

① 范宏贵：《同根生的民族——壮泰各族渊源与文化》，北京，光明日报出版社，2000。

著人。

南宋李曾伯在上书宋理宗的奏折中，曾提到宜山有“僮丁”。元明清以后，壮已成为普遍使用的族称。当时壮还有“俍”、“狼”、“僚”、“侬”等称谓见诸史籍记载。壮族是僚中分化出来的，宋元时仫佬族仍在僚的泛称中，明清时其从僚分化出来，史籍载称伶。《庆远府志》直记伶，即僚。“伶僚者……其居天河（今广西罗城县）之东乡者，名曰僚。”仫佬族是侗水语支民族最后与壮分开、从僚中分化出来的，因此，其风俗和语言有很多与壮相通。当时的一些僚语，用现代仫佬语可以解读。如《炎徼纪闻》载：“獠（僚）人，古称天竺。……无版籍部勒，每村推其长有智者，役属之，号曰郎火。”狼（俍）、僚和壮人自称“布偻”的偻等，与伶都有紧密的联系，同渊于古之“骆”。每村其长者称郎火，壮语读郎火为“得果”，仫佬语郎火即是“头人”之意，仫佬语音“郎火”。仫佬语保留了许多古老的语音。

（二）仫佬族传统习俗之古骆越文化特征

语言学证据证明，仫佬族与壮族、侗族关系密切，在百越族群中，侗水语较早与壮族族群分开，形成侗水语支体系。白耀天、李富强称：“壮傣群体越人及其传人与侗水群体越人及其传人崇拜对象是男祖还是女祖，肯定了壮傣、侗水二群体分化各自发展的时限在母系氏族社会晚期，也就是距今4000年上下，相当于我国历史上夏朝建立前后。”① 作为单一的民族，仫佬族晚至明清时才从僚中分化开来，形成单一的民族，是侗水语族中最晚与壮族分开的民族。

从骆越演变而来的僚人的许多古老风俗为仫佬族所具备。

婚后不落夫家　仫佬有很多僚人的文化特征，如流传至今的婚后不落夫家。清朝举人林国乔《天河竹枝词》：“……东乡婚事礼

① 白耀天、李富强：《壮傣、侗水群体分化年代考》，载《广西民族研究》，2006(4)。

最乖，洞房花烛不需排；晚上进门清早去，明年吃社我才来。……月不徘徊慑魂勾，男女月下共徘徊；夜半歌声犹未歇，又约明晚早些来。”天河东乡是仫佬族聚居区，走婚习俗是仫佬族现存的骆越民族的婚嫁习俗，仫佬族叫“走媳妇路”，女子结婚不落夫家，要走三年媳妇路。《天河竹枝词》后半段为仫佬、壮族歌圩盛行的记录，仫佬族喜行夜歌，走坡和夜歌（八月十五走坡节）之俗亦于天河县东乡（现罗城四把、下里一带）最盛。[①] 自古俗语称“好玩好耍，东门四把”，指的就是仫佬族歌圩盛极。

崖居和干栏居住与服饰特征 《太平寰宇记·岭南道十二·宜州》载：“风俗，江山险陵，人民犷戾，尝持兵甲以事战争，皆左衽椎髻，礼异俗殊，以崖穴为居止。”宜州，唐乾封年间以粤州改名，治所在今宜州市。尽管文中未提“以崖穴为居止”的是什么民族，但从文中所载风俗习惯看应为僚。从所记地域与风俗看，这一支僚人有很大的仫佬族习俗的成分，很有可能属宜州天河县境内的后来称为伶人的“天河僚”的仫佬人。宋元时期《炎徼纪闻》载：“獠人……好依深山，积木以居，名曰干栏。”仫佬族有一部分为岩洞居住发展而来，在仫佬族居住区，受江西、湖南一带的汉文化影响，现代居住建筑多为火砖和泥夯的平房，但仫佬族过去亦居干栏，在偏远村寨，过去有许多居住干栏的寨子，直至20世纪60年代这样的寨子还有很多。唐时仫佬族“以崖穴为居止”，也是至今少见仫佬居干栏的一个例证。“皆左衽椎髻”在仫佬族至现代仍可见存。仫佬族服饰，史籍记载的明代伶“服尚青”，“天河伶服饰：男女衣着与华民同，好以青布蒙首。未嫁者，披其发复两领，系红带”[②]。

二次葬俗 在甑皮岩洞穴遗址和其他许多新石器时代人类遗址

① 杨家珍：《天河乡土志》，台北，成文出版社，1967。

② 范宏贵：《华南与东南亚相关民族》，北京，民族出版社，2004。

中，发现大量蹲式的屈肢葬法，与壮侗语民族至今仍沿用的捡骨葬（二次葬）基本相同，其他许多生活习俗也与壮侗语民族相同，这些都说明今天的壮侗语民族与这些古人类有承袭关系。仫佬族至今仍沿用二次葬，并保留了许多古骆越民族的习俗。

古歌与传说 仫佬族山歌内容丰富，形式多样。龙殿宝、黄桂秋、吴代群编的《仫佬族古歌》收入44种歌名90种句式。当中唱本地武阳江水患的《水任龙良》和唱农事活动的《十二节问答》及情歌随唱，都体现了土著民族所咏颂的地域文化和本地风情。古条歌对中国古代传说的改编传唱内容，吸收和转化汉文化方式，与壮族近似，有着明显的岭南民族文化特征。[①]

（载于《广西民族研究》2010年第2期；
作者系广西河池市政协文史委员会主任）

① 龙殿宝、黄桂秋、吴代群：《仫佬族古歌》，南宁，广西民族出版社，2007。

仫佬族依饭节文化的传承及其演变

雷晓臻

一、依饭节自身传承的内在机制

依饭法事是依饭节活动的核心仪式，而依饭法事的执行者是梅山教法师，梅山教有着自身的传承制度：法师度戒。

依饭法事一般是本姓祖传，不传外人，可传儿子、侄儿而不传女系，依饭法事因此增添了许多神秘性。广西罗城仫佬族自治县四把镇仫佬族的谢姓、梁姓师傅就是这样的家族传人，据他们回忆，其父传子或伯叔传侄儿的师承关系是：

谢道昌、谢道隆→谢道中→谢道斌→谢汝琼→谢忠厚

梁道扬→梁道坤→梁道通、梁道然→梁道真、梁道彰→梁天才①

笔者的田野报告人、罗城县东门镇大罗村老族长罗现忠，他的师傅是其干爹罗发岗，他这一支的师承关系是：罗发岗祖父→罗发

① 龙殿宝、吴盛枝、过伟：《仫佬族文学史》，111 页，南宁，广西民族出版社，1993。

岗父亲→罗发岗→罗发岗的儿子和老族长本人。

梅山教传人要度戒之后才能正式成为梅山教师傅。度戒历时两夜一天，须请传度师、证明师、保举师各一名到现场。

头天晚上，受度者先在自家神龛前设坛，请圣兵，以36杯酒请来36尊神。第二天传度。神坛的布置与以往不同，要从神台上铺一长条红布，一直延伸到台下。传度仪式开始，传度师站在神台上，手拿神棍，指点徒弟行罡起步，将经书、神像、印鉴（印鉴上刻有“道教三元之宝”字样）、法具一一从红布条上传给弟子，然后向弟子赐法名。法名是将姓名中间的字换成教内专用的辈分用字，如“道”、“法”、“仁”等，如笔者搜集的谢姓师傅保存的依饭簿中就有记载：在迎请的第20路神灵，即被他们称为本家“太祖师”的“仁凤”、“仁教”等，就是经传度后受赐的法名。传度仪式于当晚结束。据介绍，仫佬族银姓从第四代银道昌开始，被称为“三元教主梅山法师”，1942年度戒的银法荣是第18代传人。罗城县四把镇双寨村中寨屯的梁天才师傅，是当地梅山教的第11代传人。广西民族大学张有隽教授认为，按25年一代人推算，银姓梅山教至少有450年历史。①

二、依饭节传承变异的三个阶段

依饭节习俗的传承可以划分为前、中、后三个阶段。

（一）前期：仫佬族民间教与瑶族梅山教结合阶段

前期大约在明朝。这时期，梅山教传入仫佬族地区，与仫佬族巫教结合，形成承载着仫佬族求生、庆丰、祭神文化的依饭节，有本民族的梅山教法师，并且法师经本教正规度戒。作为仫佬族独具

① 张有隽：《瑶族与华南诸族梅山教比较研究》，载《广西民族学院学报（哲社版）》，1994（4）。

的节日，依饭节已有数百年历史，但从来没有记载在历代的县志上。也就是说，这个仫佬族民间最盛大的狂欢节，在历史上一直没有得到正统文化的关注和认可。关于它的记录，可从仫佬族人的族谱抄本和宗祠碑文中了解。如罗城县四把镇大新村大梧屯吴姓三冬族谱关于依饭节的记载："远祖于明宪宗成化六年先迁至大梧，顶带梁、吴二侯王。每逢亥、卯、未年，大朝圣驾。"① 据此推算，依饭节至少有五百多年的历史了。这也是目前所掌握的民间材料中，可推知的依饭节最早的时间记录。这与上文提及的张有隽教授的推算大致相符。四把镇大新村谢姓立于清同治年间的《谢府祠碑记》记载："远祖颜政，于明朝……始基立郊田之杨（阳），名曰谢村。当是时也，创业立籍，顶载梁吴二帝积尝田，每岁清明以奉祭祀。前辈议定章程，逢辰戌丑未之年，立冬二末日，大会朝武依饭，无论远近公族，莫不赴会焉。"② 而新村谢姓立于民国九年（1920 年）的另一宗祠石碑记载："历代以来，敬有依饭公爷，每逢辰、戌、丑、未之年，轮四房族头……办齐牲头，勿得有误……"③ 这些记载，从一个侧面凸现了仫佬族依饭节来历的远久和生命力之顽强。

谢姓师傅的依饭唱本说道：引光童子到大梅山请神引路，而且"三十六龛堂，梅山你才管"，点明了 36 路神属梅山教所管。36 路神之一的金甲李令公到梅山学法，得梅山教法主九郎指点后归来出圣。那么，何为梅山教？诸多学者认为，梅山教因源自湘中地区的"梅山峒蛮"而得名。自魏晋南北朝以来，梅山就是瑶族先民梅山蛮的聚居地。北宋神宗熙宁五年（1072 年），章惇大规模开发梅山，将梅山蛮纳入朝廷的直接统治之中。在北宋崇道的社会氛围

① 《仫佬族简史》编写组：《仫佬族简史》，南宁，广西民族出版社，1983。
② 《仫佬族简史》编写组：《仫佬族简史》，南宁，广西民族出版社，1983。
③ 《仫佬族简史》编写组：《仫佬族简史》，南宁，广西民族出版社，1983。

里，此举促成道教在梅山峒的传播，也促成道教与梅山蛮原始信仰的结合。

壮族学者蒙光朝认为，梅山教大约于唐朝时进入广西，为广西各族宗教吸收，其中与壮族结合得最好，并有所发展。壮族师公一直都承认他们属于梅山教派，三元真君是其祖师，壮族师公教是梅山教壮化了的宗教。① 据张泽洪、张有隽两位教授研究，梅山教主要呈南下和西进的态势流传。在广西，沿着先桂东北、后桂东南和桂中的路线，从北到南、自东向西延伸，对桂北、桂东影响较大。② 桂西、桂南边境壮族地区至今尚未调查到有关梅山教的影响。③ 仫佬族世居地罗城县位于桂北，靠近湘桂两省区交界处，她接受梅山教有地理上的便利条件。依饭唱本唱到梁善利侯王出圣前，与兄贩盐，道遇“蛮猺”抢劫。修于清道光五年（1825年）的《天河县志》记载：“天河东西南三乡旧传俱槃瓠种，语言各别”，“猺、獞杂居”，说明瑶族迁徙到今罗城县境内和仫佬族杂居，晚至一百多年前就存在了。而反映1831—1832年瑶人赵金龙率瑶民起义的民歌《八寨赵金龙》，一直在仫佬族人婚礼的对歌堂上传唱，也足以说明历史上仫佬族与瑶族文化确有交往。如果说，梅山教于唐时入桂，为广西壮族宗教与梅山教的结合提供了先决条件，那么，应看到当时的仫佬族和壮族先民仍同属僚族，各自都未曾分化形成独立的民族；加之罗城靠近湖南的地理条件，也不排除仫佬族接受梅山教辐射的可能。所以，很难说就是壮族先受梅山教影响，然后再传给仫佬族；因之也不能定论仫佬族吸收的梅山教到底是源于壮族化了的梅山教，还是直接源自瑶族南迁带来的梅山

① 蒙光朝：《壮师剧概论》，南宁，广西人民出版社，1993。

② 张泽洪：《中国南方少数民族的梅山教》，载《中南民族大学学报（人文社会科学版）》，2003（7）。

③ 张有隽：《瑶族与华南诸族梅山教比较研究》，载《广西民族学院学报（哲社版）》，1994（4）。

教。唯一能明确的是，壮族、仫佬族宗教都曾受梅山教影响，当然也不排除二者文化交流、互相影响的可能。

那么，仫佬族吸收梅山教的动机是什么？依饭唱本开篇即开宗明义："初上香，风调雨顺，国泰民安。二上香，祈保众等，寿命延长。"第三场《依饭熟筵朝上》有祷词："尽是开旗来送福，保哥宅舍得兴隆。万物千般成大发，猪羊牛马结成群。五谷丰仓家富贵，人丁兴旺不忧贫。我引一神十神降，我引一官百福临。"第六场《疏文》亦有同质表达。"疏文"是众神享受筵席后对人间的保福集安，唱词称为"一收二保"。先看保佑：

年年风调雨顺，岁岁国泰民安。夫妻二姓，双双到老；龙角齐全，寿如彭祖，富如石崇；南山长在，东海长流，寿命延长。

花男花女，有关脱关，有锁脱锁，关头自落，关锁自开，成人长大，寿命延长。

家家清洁，户户平安；空手出门，抱财入宅；求财得财，求宝得宝；三日来财，四日进宝；家财稳聚，外财稳添。

一保人丁，二保六畜……牛牯牛母，头戴金角，脚踏金蹄……虎见不谋，贼见不偷……一母而前，百子随后……（猪）吃糠成肉，吃水成油……鸡犬鹅鸭，不看自长，普坡满地成群。

今春种作禾苗，正月新雷初叫，二月修整犁耙，三月耙平秧地，谷雨未到，撒谷下土，一粒下地，百粒成芽；四月立夏小满，移秧转插……上峒无灰自发，下峒无粪自生；五月正当踏了，六月装胎出穗，穗穗又长，长于马尾，重如铁铊，人担不了，马坐回家；七月早禾将熟，收拾归仓，上仓有满，下库有余；吃也不了，用了不尽。

山畬六业、水棉、斋果、芋头、绿豆、芝麻、高梁等件，普地收成，人担不起，马坐回家。件件保了，件件保完。

祈“保”之后是祈“收”：

收除官符，禁除口舌，收除天地官符、年月官符、日时官符。收除乡村赖官符、隔壁邻舍缠身五鬼、赤口白舌撩弄官符，大石塞喉、黄泥塞口、撬脚上天、绞头下地。收除地下埋藏。收除行蛮贼盗，五姓贼人，来到村头，反刀自斩、反弩自射，自欺自顺，缩手回曹。收除五方赤狼粮虎……收除天地火、鬼神火，五方独知火星，收归北方壬癸，水牢收禁。收除天府行灾。收除地府行难……收除二十四病气、七十二风喉……收除天行时气，四季瘟徒。五方行瘟使者、表药行病判官、猪瘟狗病、牛瘟马病，并及二十四病气、三十六凶星、七十二恶煞，一概收送他方，登途出界。

从依饭节起源传说和依饭唱词看，仫佬族祈求的不外是子嗣繁衍、农业丰收、人畜平安的愿望。而梅山教里众神灵和仫佬族本土的土俗神、民族神一样，能满足仫佬族这种原始理想。否则，梅山教也不会如此广泛地影响华南诸多民族。美国心理学家 A. H. 马斯洛提出人的需要层次理论，认为人的所有行为来自需要，而这些需要由低到高分为五个层次：生理需要、安全需要、爱与归宿的需要、威望与尊严的需要、自我实现的需要。马斯洛认为，其中总有一种“优势需要”在起作用，它恰恰就是最缺乏的需要。在古代社会，大自然中有猛兽、灾害的威胁，加之生产力水平低下，先民们最缺乏的当然是生理需要——吃饱穿暖，维持生命个体的生存以及命脉的延续；其次是安全需要——防御灾害、保全生命。这两个需要往往同时存在。弗洛伊德认为，宗教的基本经验来自人类或个体的幼年经历。当人们面对内在或外在的、危险的、不可控制和不可理解的力量时，就像小孩依赖父亲那样地依赖神灵——从他那里得到保护，把他看作一个极有智慧的力量，只要自己服从他的命令，就能赢得他的爱与保护。因此在宗教中，人们是以一种与儿童相仿的方式对待威胁自己的力量。[①] 马斯洛的理论也认为，每个人都有“一套力量出于畏惧而坚持安全和防御，倾向于倒退，紧紧依附于过去，害怕成长会脱离同母亲的子宫和乳房的原始联系……害怕独立、自由和分离”。[②] 求神保佑的意识以及宗教的萌芽皆由此产生。一切民族皆如此，仫佬族也希望这些需要得到满足。对农耕民族来说，吃饱穿暖的前提就是农业生产的丰收，保障安全的前提就是为人畜庄稼消灾除疫。当然，科学不发达限制了人们对世界的正确认识，认为是神灵主宰着人类的一切。当这些愿望实现后，先民们将它归功于神灵的保佑和赐予，故以原始宗教最主要的一种表现形式——祭祀来酬神。依饭节成了信仰文化、祭祀文化的载体，它与梅山教的结合就是很自然的事了。依饭节因此从一个农耕庆丰节逐渐演变成为一个以祭神祈吉为主、带有宗教色彩的综合性节日。依饭节上的献祭和祈祷，就体现了仫佬人对神灵的情感和态度。“宗教的神灵作为支配人们日常生活的异己力量的人格化，必然在人们的内心世界引起对它的依赖和敬畏感。有所依赖就有所祈求，有所敬畏就有屈服于神灵的行为和言词。祈求的方式也可以是奉献礼品，换取神的帮助，可以是阿谀奉承求其慈悲，也可以是卑躬屈节求其怜悯……这些常见于宗教生活中的现象就是献祭与祈祷。所以，献祭与祈祷乃是对神灵依赖感和敬畏感等宗教情感的行为表现。信仰者通过这样的宗教行为与其所信仰的神圣对象打交道，求得神的帮助来达到和满足自己的目的和需要。”[③] 仫佬族人

① 金泽：《宗教禁忌》，北京，社会科学文献出版社，1998。

② ［美］A. H. 马斯洛著，李文译：《存在心理学探索》，昆明，云南人民出版社，1987。

③ 吕大吉：《宗教学通论新编》，北京，中国社会科学出版社，1998。

在依饭节上的祈祷与酬神，表明了整个民族对神助、神佑的需求。

仫佬族化的梅山教是梅山教与仫佬族文化互相作用的产物，但它却不同于原创的梅山教。仫佬族化的梅山教继承了梅山教的神灵、教仪，又适应仫佬族农耕文化而发生了变化，通过依饭节呈现出自己的特点。(1) 信仰的神祇庞杂无比，道、佛、巫及土俗神、民族神兼而有之。(2) 在唱喃结合、行罡跳傩的同时，又将山歌掺杂进经文里。(3) 有神灵身世和神迹的讲述，也有本民族农耕生活、人口繁衍的描写。既有维持神灵法力的神圣，又有神灵的滑稽表演，如梁九传授性知识、鲁班和当地妇女唱情歌，显出世俗的特点。(4) 祈祷的内容有了变化。降福禳灾、驱疫求安、人寿年丰是一贯愿望，但瑶族梅山教的求吉、驱疫和占卦，除祈人兴财旺外，大都与打猎有关。而仫佬族却与狩猎无缘，除祈人财两旺外，多是五谷丰登、六畜兴旺等关于农业生产的内容。这是因为瑶族过着靠山吃山的狩猎生活，仫佬族则过着稼穑栽种的农耕生活。生活环境不同，导致生活方式不同，进而形成生活习俗的差异。物质决定意识，这必然造成精神文化的质差。(5) 仫佬族化的梅山教不像瑶族梅山教那样有严格的教规，逢事必念诀。瑶族打猎在出行前、行猎中要念各种各样的咒语。而仫佬族只有在举行梅山教法事的特别场合如依饭节，才有咒语；而且依饭节不像打猎般频繁，三五年才举行一次。

(二) 中期：汉族与仫佬族实现文化共享阶段

中期大约在清朝至新中国成立前。这时的依饭节得到发展，并随各姓仫佬人分支外迁而扩散和延伸，如吴姓、覃姓、罗姓等，但也有因外迁而丢失的，还有因外迁传到了汉族当中的。

可以说，前期和中期的依饭节一直处于一种由民间自然传承的状态。这里所谓的“自然传承”特指是没有官方力量介入、纯系民间自身力量进行的传承。依饭法事本身有法师度戒后成为梅山教传人，以“不传就会发癫”的警告性话语约束人们而代代相传。

各姓氏、各房族按期过依饭节，也是世代相传，但也有因分支外迁导致的传承链断裂，从大罗屯迁到地卡屯的罗姓就是这样。地卡屯罗姓自述，祖上一直有人做鬼师（即道师），直到清康熙初年迁居地卡的这一支里，也还有人做；按照家传的规定，是应该继承下来的，但不知为什么被“丢掉”了，依饭节也“没有”了。个中缘由，笔者在田野调查中亦不得而知。

在民族外迁过程中，还会发生另一种情形，即与迁居地民族实现文化共享。如小长安镇谷雨屯是一个讲土拐话的汉族梁姓村，从相邻的良村屯梁姓分迁出来，一直有依饭节习俗。历史上曾有一支梁姓人从天河镇搬到良村屯，与当地梁姓结拜为兄弟，互相走往。依饭节习俗很可能是天河梁姓带来，被当地梁姓所接受，也影响了与之同宗的谷雨屯梁姓人。但他们的做法与仫佬人有所区别。他们是十年一大庆，三年一小庆。大庆要全村杀一头猪，备鸡、鸭、虾米炒糯饭等供品，全房族三村人参加，历时两天。集中在轮值的人家设台祭供，于第二天天刹黑就撤供，供品族人共享。糯米饭一家一碗，但女性不能吃。小庆供一个猪头即可，一家来一人参加会餐。整个过程无需请法师，也没有36个神之说。笔者在报告人梁恩宽家中看到，他家的香火敬奉着依饭节要请的几位神灵，从左到右分别是：管天氓主依饭公爷、天门得道白马灵应姑娘、本峒土主灵岩相公、洄山都戮杨猛将军、敕封香火梁吴二帝侯王、宜山吴广惠大侯王、求财童子五海圣王、左祯右祥李帝社王、冯四冯五冯九老爷、武婆帝主皇后夫人。在神灵名字的下方，还有“左献花童子，右滴水仙娘”字样。

可见，此时的依饭节已出现仫佬与汉族共享的情形。

（三）后期：官方与民间共识阶段

后期在新中国成立后。由于外力的作用，依饭节先是被当作“封建迷信”扫除，于20世纪80年代恢复。和所有民间文化的遭遇一样，依饭节受到强烈的外力作用时，发生明显的变化。新中国成立初期，政府力倡学习科学文化知识，扫除封建迷信。县内很多宗族祠堂被改为村小学。依饭节被置于新文化的对立面，“文化大革命”期间，更是被彻底破除。罗现忠老族长就说过，当时红卫兵天天上他家，逼他交出一箩筐的依饭面具、经书、笔筒，付之一炬。依饭节从此退出仫佬族人的生活领域。

进入新时期以来，中国制定了相关政策，对民族民间文化予以解禁和重视，民间各种习俗活动得以复兴。依饭节重获新生，许多宗族都恢复了这个节俗，如中石村银姓，大梧屯吴姓，大、小勒罗屯覃姓，马寨屯罗姓等。但也有例外的，如大、小罗屯的罗姓。罗现忠老族长说，他们村就在“皇城脚下”，距县城太近。实行联产承包责任制后，村里综治不太好，年轻人爱打架，所以村里做什么事都容易引起县里诸如民委、公安等部门的注意。前两年他们联宗祭祖，游街舞龙都受到辖区派出所的劝阻。所以，像依饭节等大型活动，他们想做但又不敢做。而分迁到离县城较远地区的族人都先后恢复过依饭节了。

进入20世纪80年代以来，当地官方介入了依饭节的传承，有关职能部门主动关注仫佬族文化的开发、保护和传承。一是予以经费支持。如县民族事务局，先后两次资助大梧屯，使之举行了自“文化大革命”中断后的两次依饭节。二是利用现代电子手段记录民族节日活动。如县民族事务局对吴姓、银姓的依饭节作了录像，使流传了五百多年的依饭节首次进入音像载体，在时空上大大拓宽了其传承场域。三是以民族文化开发为由，宣传依饭节。县文体局以开发民族文化旅游为目的，制作、发行了依饭节光盘。2004年县庆暨河池市铜鼓山歌艺术节开幕式晚会上，依饭舞首登大雅之堂，来自国家、自治区、市、县的四级领导和全县民众现场观看，成为官方认可依饭节的一个公开姿态。因县庆而新建的县民族广场也竖立依饭节主题雕塑，并附一段石刻说明文字，将依饭节定性为仫佬族庆祝丰收的节日。政府通过肯定依饭节传达肯定仫佬族民间文化的信号。

在广西首府南宁，由本民族政治精英和文化界人士发起，自1996年开始，每隔三年，在立冬日举行在邕仫佬族同胞依饭节庆祝活动。尽管它与传统的依饭节相去甚远，仅仅是一种联谊活动，但它作为仫佬族文化的一个象征符号，受到自治区民委的重视，有关领导出席并讲话。这种官方的肯定，对于依饭节的扩布与传承产生了很大的影响。依饭节从罗城乡间进入都市南宁的情形又说明，在经济一体化可能引发文化一体化的当今社会，即使现代民族的共同地域、共同经济生活、共同语言三个特征日趋淡化或消失，第四个特征——表现在文化上的共同心理素质，还在承袭着传统文化的内在惯性，运行不息。可以说，一个民族得以存在的前提主要是包括民俗习惯在内的民族意识和民俗文化。基于此，依饭节在南宁仫佬人当中获得传承。但非原样承袭，其中梅山教师傅作法等旧传统已完全消失，纯粹是仫佬族人对本民族文化的忆念继承，变成他族指认仫佬族的一个标志符号。

在书面文本方面，依饭节一直没有进入主流文化。1983年罗城仫佬族自治县成立，才给了依饭节一个正名的机会。依饭节开始以仫佬族重大节日的名义，出现在各种介绍仫佬族文化的书和文章中，如包玉堂等编的《仫佬族民间故事选》，吴才珍的《仫佬族风情录》，罗日泽的《仫佬族风情》，罗日泽等的《仫佬族风俗志》，吴宝华、胡希琼的《仫佬族的历史与文化》，龙殿宝等人的《仫佬族文学史》等，以及区外一些介绍仫佬族文化的著作，都是在这样的背景下产生的。依饭节作为民族文化的身份得到主流文化的确认。2004年在县民族广场竖立依饭节雕塑，其附着的石刻说明落款为“罗城仫佬族自治县人民政府”。这段说明文字就成为当地历史上关于依饭节的第一份政府文本。而依饭节上师公喃唱的重要依据——依饭唱本，至今看到的仍然只是民间抄本。说明依饭节典籍一直未进入主流文本，也说明人们对依饭节内涵的研究尚未提到日程上来。据罗城县民族事务局介绍，2004年，由政府组织的县庆筹备活动中，曾有整理出版依饭唱本的计划，但至今未闻出版的消息。据说有关方面担心此举有“迷信”之嫌，取消了出版计划，依饭唱词进入主流文本的机会就此搁浅。

上述情况表明，依饭节在后期的流播与传承呈民间、官方二路并行的态势。民间自然传承的依饭节尽管处于“自生自灭”之状，但却“生而不灭”。官方介入传承，见于政治表态、政策支持和经济辅助。

三、依饭节在当下的变化

从文化变迁的角度看，社会是一个动态的系统，民族文化也像流动的河，没有一种文化是一成不变的，更何况是一种文化通过迁徙被异地、异族吸收。因“文化大革命”中断的依饭节在“恢复”后也出现了不同程度的变化。

（一）频率变了

从大梧屯迁到田心屯的吴姓仫佬人说，新中国成立前，每三年做一次依饭节，日子定在农历立冬后的“酉”日，而现在他们在每年农历十月初四举行。[①] 从大梧屯迁居乐村屯的吴姓一“冬”（宗教）说，依饭节“规模越来越小，也没那么紧赶着三年要做上一次”。最近一次依饭节是在20世纪70年代中期举行的，至今没有再举行过。[②]

① 章立明、俸代瑜：《仫佬族——广西罗城县石门村调查》，昆明，云南大学出版社，2004。

② 吴大伦：《万山里的凤和凰：仫佬族》，昆明，云南人民出版社、云南大学出版社，2003。

（二）规模变了

田心屯吴姓仫佬人不再举行耗财耗时、三年一次的依饭节，而是改成在每年的依饭日（农历十月初四），家家备办鸡鸭鱼肉、香烛纸钱，供奉神龛。所敬的神灵也由原来的36位减少到新中国成立后至今的12位，而傩面则在“文化大革命”中被烧得一个不剩。乐村吴姓一“冬”现在每逢他们的依饭日，仍旧包糯粽蒸五色糯饭，但却是在家中祭神堂，听老人讲过去的依饭道场。

（三）年轻人的心态有所淡化

曾两次得到罗城县民族事务局政策和经费支持的大梧屯，依饭节已停办近十年。据四把镇大吴村的吴开庭老人说，由于依饭节事务繁杂，开支大，自他从村老人协会退下来后，新上任的年轻村干部都不热心此事，其余的年轻人更无人愿出头张罗。

（四）作法师傅简化神灵数量

有个别“新派”的法师对传统作了更改。如笔者在2007年调查的一场依饭节，法师敬请的神灵才12位，不足36位；而请到的神灵中，则加入了“蛇精”等原36神中所未见的神灵，所作的仪式也相对简化。此道师40多岁，20世纪80年代中期毕业于罗城县中学高中部。比起其前辈，他算得上是一位受过教育、具有一定“科学”知识的“新人”。他不笃信传统，不按“规则”作法，可能与他受过现代教育有关。据笔者了解，罗城当地健在的、为数不多的依饭法师中，只有他一个“新派”传人，其余的都在60岁以上。

（五）突破禁忌，人神共乐

传统的依饭道场，妇女一般不参加，特别是36神中的梁九官出场传授人类繁衍知识时，妇女及未成年人均须回避。而在2007年某村吴姓仫佬族依饭节上，妇女们从始至终公开、大方参与，与男人们同在祠堂观看法事。而当梁九官出场时，上了年纪的妇女也不回避，法师、族内长老、村长、村支书等民间及政府“官员”也无意驱赶。说到逗趣之处，男女老少全场大笑，毫无顾忌；及至“荤话”及情境表演，上年纪的妇女也是哈哈一乐，稍有害羞的用手捂一下嘴巴。当问及她们为什么不回避时，她们答道：现在电视上面演的什么没有？比这难看的多的是！大众传媒的“启蒙”给了女性胆量和男性宽容，它表面上打破了仫佬族传统思想中性之于妇女的禁忌，实质上打破了依饭节维护男人主宰生育的“合法”性，从而颠覆了依饭法事的神秘性、庄严性和权威性。

综观上述变化，它们对梅山教传承的影响还不算大。只要乡土社会中的仫佬人还有过依饭节的需要，梅山教就会有市场；只要做依饭的法师还健在，传统的依饭文化就会得以传承和延续。

四、结　语

一个完整的仫佬族依饭节，离不开由梅山教法师的仪式操作，所以说，依饭节文化的传承过程也是梅山教文化传承的过程。依饭节的传承固然有赖于其内在的传承机制，而它自形成始，走到今天，则至少经历了三个阶段：一是吸收瑶族梅山教，形成仫佬族化的梅山教文化；二是传至汉族，与之实现文化共享；三是在当今受官方重视，达成官民共传的局面。在这个漫长的传承过程中，依饭节自身也在发生着变化。

（原载《广西民族大学学报》2009年第2期；
作者系广西民族大学文学院教授）

毛南族研究综述

卢娇兰

毛南族聚居在桂北、黔桂交界地，是壮侗语族中人口较少的民族。新中国成立以来，关于毛南族的研究取得了一定的进展。20世纪50年代到90年代的毛南族研究主要集中在三方面：一是对毛南族民族史、民族志和社会历史资料的调查和收集，主要的表现形式是正式的组织调查；二是对毛南族传统文化的介绍和叙述，其中毛南民族民间精英出版了一些关于毛南族传统文化的书籍，为保存和传播本民族的传统文化起到了积极作用；三是学者对毛南族族源、文化、经济和教育发展等问题的分析研究，这些成果主要集中在20世纪80年代中期到90年代期间。进入90年代和21世纪以来，国内毛南族的研究吸引了更多学科的视线，研究者从经济学、人口学、医学、语言学、管理学、教育学等新视角关注毛南族地区的社会经济发展问题，也取得了一定的进步。

一、毛南族社会历史和民族史调查报告

从20世纪50年代开始，就有了一些具有政府性质、为国家制定少数民族政策服务的学者和民族事务机构对毛南族的研究。20世纪50年代到80年代，毛南族研究主要集中在民族史、社会史、经济和政治变革运动的调查上。

由于民族识别工作和社会改革的需要，1953年，由中南民委和广西民委组成的工作组在广西环江县展开了对环江毛南人的调查工作，整理出版了《环江毛南人情况调查》，这是新中国成立后我国对毛南人的初次较系统的调查了解。该调查报告从人口分布与社会情况、历史来源、传说与神话、语言、风俗习惯、经济生活和民族关系七个方面对环江毛南人的基本社会经济文化进行描述，注重毛南人与周围少数民族关系和语言的比较，收录了当地的主要碑文、世谱和史诗。① 1963年出版的《环江县玉环乡毛南族社会历史调查报告》主要围绕新中国成立前的政治、经济和社会状况，新中国成立后到合作化运动期间毛南族的社会尤其是政治变革背景下的变化展开，报告还关注了毛南族的卫生、教育和生活习俗。② 1965年的调查报告是对毛南族聚居区两村落的社会历史调查，主要对两村落在历次社会变革中的政治运动、经济变迁，特别是在土地改革、互助合作和大跃进期间的经济社会变迁情况的调查。③ 1987年的广西仫佬族毛南族社会历史调查通过对毛南族下南、中南、玉环村等毛南族乡村的社会历史情况调查，着重对新中国成立前到之后的经济变迁、政治革新特别是人民政权领导下的新变化进行叙述，也关注到人民的生活习俗和教育情况。④ 莫家仁则从毛南族的民族发展史、经济、民间文学艺术、教育、婚丧、宗教节日、生活习俗、传统礼节及毛南族生活的新发展等方面介绍了毛南族的

---

① 广西省民族事务委员会:《环江毛南人情况调查》，南宁，广西省民族事务委员会，1953。

② 中国科学院民族研究所广西少数民族社会历史调查组:《环江县玉环乡毛南族社会历史调查报告》，北京，中国科学院民族研究所，1963。

③ 中国科学院民族研究所广西少数民族社会历史调查组:《环江县下南区中南乡毛南族社会历史调查报告》，北京，广西少数民族社会历史调查组，1965。

④ 广西壮族自治区编辑组:《广西仫佬族毛南族社会历史调查》，南宁，广西民族出版社，1987。

基本风貌。[1] 由于社会运动的影响和政治经济变革的需要，毛南族的研究成果多以社会历史调查报告的形式出现，而这些报告又多把重心放在政治变革和经济变迁上。

在毛南族族源和民族史研究方面，1984 年出版的《毛南族简史》，从毛南族的族称和族源、古代社会概况、近代毛南族社会、毛南族的文化教育和生活习俗四部分阐述了毛南族近代及近代之前的社会史。[2] 简史侧重关注毛南族的革命史尤其是封建社会至民国期间的抗争史。王昭武否定“毛南族”因地而名的说法，从社会历史发展、民族分化和音译等方面较全面地论述了毛南族是多因多族群融合而成的。[3] 卢敏飞从壮侗语族共同的布洛陀神话角度分析毛南族的族源、宗教和民族，谭亚洲和韦秋桐则从族源和族谱上分析毛南族始祖谭三孝是神格的人格化。21 世纪以后，研究者则从遗传学、医学人类学的角度对毛南族的族源进行了论证，如徐锐、徐林等人对广西毛南族的遗传基因进行医学上的分析，从医学上证明毛南族的族源及其与壮侗语诸族的同源关系。

近年来毛南族的民族志调查成果主要是匡自明和黄润柏主编的《毛南族：广西环江县南昌屯调查》，这一成果遵循了传统的民族志形式，从生态环境、人口、经济、社会政治、婚姻家庭、法律、文化、风俗习惯、教育科技和宗教等方面对传统的毛南族村落做了全面的描述。[4] 此书的材料仍以文献资料为主，田野调查材料略显单薄。

---

① 莫家仁：《毛南族》，北京，民族出版社，2005。

② 毛南族简史编写组：《毛南族简史》，南宁，广西民族出版社，1984。

③ 王昭武：《论毛南民族的形成》，载《广西民族研究》，1987（4）。

④ 匡自明、黄润柏：《毛南族：广西环江县南昌屯调查》，昆明，云南大学出版社，2004。

二、毛南族传统文化研究

毛南族传统文化一直是毛南族文化研究的热点。在这方面，毛南族的民间知识分子和学者多有记载和分析。卢敏飞以丧葬制度入手分析毛南族的母系社会残余，莫家仁则从治学、品质和伦理道德等方面对毛南族的优良传统进行总结，覃成号描述了毛南族婚姻的形式、程序及其婚俗的特点，石毅刚则在稍后对新确认的贵州毛南族婚姻习俗进行了调查分析。毛南族民间文学素材的整理工作也取得了新的进展，如袁凤辰、苏维光等人收录了以毛南族生活故事为主的民间故事，也包括动物故事、民间寓言和传说，这些故事从侧面反映了毛南族对自然社会的认识、伦理道德及社会关系；① 还有对毛南族26篇民歌的介绍，包含古歌、劳动歌、仪式歌、情歌、生活歌、故事传说歌六大类，反映了毛南族在生产实践、礼俗、情感和民族关系上的体验；② 还有蒙国荣对毛南族创世神话、戈丁对毛南族文学的总结，等等。陈路芳探讨毛南族唯物辩证的“天观”、唯物进化的“人观”和毛南族积极能动的“天人观”。③ 张茂梅则分析了毛南族节日文化中的消极因素，提出发展旅游业、加强教育和开展交流等对策。④ 周颖虹以“共时性”和“历时性”的视角，从族群迁徙、语言、经济、通婚的角度考察毛南族族群与周围族群交往互动的状况，探讨族群关系和族群认同，讨论族群性

① 袁凤辰、苏维光：《毛南族、京族民间故事选》，上海，上海文艺出版社，1987。

② 袁凤辰：《毛南族民歌选》，南宁，广西民族出版社，1987。

③ 陈路芳：《试探毛南族先民的天人观》，载《广西民族学院学报：哲学社会科学版》，1999（2）。

④ 张茂梅：《论毛南族的节日文化与毛南族的现代化》，载《广西师范大学学报（哲学社会科学版）》，2001，37（2）。

和我国族群认同的特点以及族群认同的主要影响因素。[①] 周颖虹运用民族学人类学的族群理论对毛南族进行理解，是对目前我国毛南族研究理论分析不足的一个突破。这一研究的不足之处在于，它主要还是以文献资料和历史材料如毛南族的族谱为主，而活生生的田野调查材料还不够完善，没有充分运用人类学民族学田野调查的方法，如参与观察、深入访谈等方法进行材料的收集和分析，因而这一研究也显得过于重视书面。张景霓则从语言学的角度研究毛南语动词的语法意义和语法特点。[②]

蒙国荣、谭贻生从物质生活、家庭与社会组织、恋爱与婚姻家庭、人生仪礼、岁时、体育与娱乐、杀牲祭祀供诸神等方面较全面地展示了毛南族文化的各个方面。[③] 以往的研究成果多偏重于毛南族的民族史、社会和政治变革运动，而此书则着重叙述毛南族传统文化，如对毛南族宗教信仰的还愿仪式及其婚丧习俗做了较详细的介绍。此书的不足之处在于分类比较混乱，且还停留在对材料的整理记载上。另外，卢敏飞和蒙国荣还分社交礼仪、生产习俗、饮食服饰、婚姻生育、丧葬活动、岁时节日、建筑艺术和歌舞体育等九个篇章向读者展示了毛南族的民族风俗。[④]

蒙国荣对毛南族的还愿仪式有过详细全面的记述，不仅收集了毛南族师公的传承及分布资料，而且记载了还愿的33个谟文唱本，还愿的具体过程，以及各神的由来传说，为后人对生育还愿的深入研究准备了重要的材料。[⑤] 韩德明考察毛南族的傩文化，述说了毛

---

① 周颖虹：《毛南族族群认同研究》，桂林，广西师范大学，2007。

② 张景霓：《毛南语动词研究》，北京，中央民族大学，2006。

③ 蒙国荣、谭贻生：《毛南山乡》，南宁，广西人民出版社，1987。

④ 卢敏飞、蒙国荣：《毛南山乡风情录》，成都，四川民族出版社，1994。

⑤ 蒙国荣：《广西省环江县毛南族的“还愿”仪式》，台湾，财团法人施合郑民俗文化基金会，1994。

南族师公、毛南傩以及与之相关的民族文化和民族心理。[①]

三、经济、社会和教育事业发展探讨

毛南族生活的地区经济社会发展水平较低，因此，毛南族的社会经济发展问题也是研究者关注的一大热点，特别是在国家扶助22个人口较少民族发展规划之后，这种关注更热。毛南族的土地资源利用和生态保护是黄润柏等学者的研究视角之一，他们分析毛南族地区喀斯特地形下土地的安全性、开发整理模式与生态保护以及耕地利用和保护的现状、存在的威胁因素，而大多数研究者主张进行移民、异地安置并注重生态保护。黄润柏分析了毛南族一、二、三产业比重的现状，探讨经济结构转型制约因素，提出基础设施建设、提高文化素质和城镇化建设的对策。她还分析毛南族家庭的消费结构，指出其恩格尔系数已有较明显下降，但仍在贫困型和温饱型间波动，提出开展种养业和进行劳务输出等应对方法。[②] 简王华则从发展毛南族地区生态和自然景观出发，提出搞特色型与主体型吸引物、挖掘旅游文化内涵、进行区域协作和注重保护等主张。[③] 杨素萍得出文化程度差异是毛南族现代化意识主要的影响因素，地理和社会环境也在很大程度上产生影响。[④] 王志勇则从管理学角度分析毛南族人力资源开发的状况以及存在的问题。[⑤]《中国京族毛南族人口研究》对毛南族人口的起源、变迁及文化进行分

① 韩德明：《与神共舞：毛南族傩文化考察札记》，南宁，广西人民出版社，2006。

② 黄润柏：《毛南族经济结构变迁》，载《广西民族研究》，2004（2）。

③ 简王华：《试论县域旅游资源的开发利用：以环江毛南族自治县为例》，载《广西师院学报（自然科学版）》，2001（2）。

④ 杨素萍：《壮、京、仫佬、毛南族现代意识调研报告》，载《广西师范大学学报（哲学社会科学版）》，1999（4）。

⑤ 王志勇：《人口较少民族地区人力资源开发调查报告：以毛南族为例》，载《黑龙江民族丛刊》，2007（4）。

析研究，分析其人口状况及变迁影响因素，论证新的历史条件下其人口与经济持续发展的必然性，实现民族繁荣的有效途径。①

毛南族的民族教育也是研究者开始注意到的问题，在这一问题上区域意识比较明显，如黄胜重在探讨贵州毛南族地区的基础教育及其改革和发展，分析存在的问题②，蒙秋明提出了促进教师专业化和规范基础教育财政转移支付制度的对策③。兰震则从存在问题、影响因素和发展原则等方面对广西毛南族地区女童义务教育进行了分析研究。④

20世纪90年代以后，特别是近几年来，毛南族的民族医学研究也取得了比较集中的成果，如赵能武等人关注毛南族的常用医药、"病因学说"、养生保健特色和医药理论。此外，还有一些对毛南族基本状况以及具体文化事象作简要介绍的文章，如《民族日报》、《贵州民族报》对毛南族的舞蹈、婚俗、竹编、雕刻等的概述，此不赘述。

四、毛南族研究存在的不足

综观我国毛南族研究史，可以发现毛南族研究的角色是多样的，既有学者的分析，也有毛南族民间精英的参与，而两者的研究风格也各有所长，存在的不足主要有以下几点：

一是研究内容不平衡。早期的毛南族研究重社会历史调查而轻文化研究，而这些社会历史调查又大多数集中在对经济和政治变革

① 覃乃昌：《民族人口研究的力作：评〈中国京族毛南族人口研究〉》，载《广西民族研究》，2004（1）。

② 黄胜：《发展贵州毛南族地区的基础教育》，载《贵州民族研究》，2006（5）。

③ 蒙秋明：《论贵州毛南族地区基础教育改革与发展的思路》，贵州民族研究，2006（4）。

④ 兰震：《广西毛南族地区农村女童义务教育研究》，华中师范大学，2006。

运动的变迁的关注上；进入20世纪80年代以后，这种现象有所改观，转变到了对传统文化和经济事业的关注上来，但对其他方面的研究关注程度不够。

二是研究方法单一，偏于文献材料收集而忽略田野调查材料的挖掘。毛南族的研究既存在有组织的调查，也有本民族精英的参与，而后者的研究较有组织调查显得更细致全面。然而，两者的研究有共同的不足，就是过于看重书面的文献材料，对田野调查材料的收集尚不够重视，其民族志材料也多流于对以往文献的梳理，没有运用民族学的深入访谈、参与观察或者问卷调查等方法做更多深入的调查，因而这些成果要么没有把研究主体的主位思考和主位认识纳入视野中，要么没有足够重视或者全面考虑到研究主体的话语权，客位分析大于主位的考量。

三是研究领域较狭窄，多学科介入尚待扩展。近年毛南族的研究已有民族学、管理学、人口学、医学、体质人类学、教育学等方面的成果，但是社会学、政治学的分析研究成果还比较少，应该运用多学科的理论和视角进行分析，特别是结合社会学与人类学、民族学的多学科交叉研究尚属薄弱环节。

四是研究的深度不够，精于民族志材料的收集而疏于系统分析和理论探讨。从早期的社会历史调查报告到近年来的毛南族研究成果，要么是对社会历史变革的记述，要么是对具体文化事象的直观描述，及毛南族风俗和民间文学的介绍，对这些材料的深入研究不足，如关于毛南族传统文化事象的记载已经相对丰富，但是大部分只是对现象的叙述，且对某一文化事象进行深入分析研究的成果较少，至于运用民族学、社会学等学科理论进行分析仍属少见。近年出版的毛南族研究成果虽然已有所改变，但仍以民族志材料居多。

五是研究的理论分析不足，毛南族研究虽然在社会历史调查和传统文化方面出版了一些著作和论文，但是它们大部分偏重于民族志描述和材料的累积，而运用民族学人类学理论进行分析的成果还很少，民族学人类学的大部分理论，如文化变迁理论、结构功能主义、象征理论及解释人类学等运用到毛南族研究中的成果较缺乏。

（原载《湖北民族学院学报（哲学社会科学版）》2009年第2期；作者系中南民族大学民族学与社会学学院）

毛南族传统宗教仪式“求花还愿”透视

吴　兰

毛南族是中国多民族大家庭中的一员，主要聚居在广西西北部的毛南山乡。毛南人过去由于信仰“万物有灵”的原始宗教，崇拜多神，故在生产、婚丧、生育、节庆以及治病等各方面，都各有一套繁杂的宗教仪式，如还愿、安龙谢土、添粮补寿、安祠和安坟，等等。“求花还愿”就是其中一种繁杂的宗教仪式。

一、“求花还愿”仪式的表象

毛南族“还愿”仪式的流传年代，由于缺乏史料记载，目前尚未查到可靠且可供考证的文字资料，只能从一些流传下来的文物和民间师公的口头传说中找到一点线索。20 世纪 50—60 年代，民族工作者在凤腾山下的毛南族祖先墓群中，发现在一座于清咸丰八年（1858 年）修建的毛南族谭上达老人的墓碑上，刻有戴面具跳“还愿”舞的图像。可见，最迟于一百多年前，还愿活动已在毛南山乡盛行了。1987 年，有关学者又在环江下南乡希远村搜集到四幅清乾隆十五年（1750 年）绘制的还愿神像，这个发现又把还愿的流传时间向前推进了一百年。另外，广西环江下南乡堂八村上干强屯 62 岁的师公谭耀乐告诉笔者，他家是祖传师公，到他这一代已经是第14辈了，若以一代人25年来计算，那么这种还愿仪式仅在他的家族中流传就有350多年。该屯82岁的老师公谭公岳说，据老一辈的人讲，谭耀乐这一家也不是这种活动的创始者，创始人比他们要早得多。据此，毛南族还愿活动在毛南山乡流传年代的上限，当可推得更早一些。

毛南族人心中的“求花”，就是要向万岁娘娘求子，“还愿”是人们向万岁娘娘求子祈愿成功后而办的“红筵”。“还愿”仪式在毛南语叫“肥套”。“肥套”，即傩祭，是毛南人传统的祭祀仪式，集唱、跳为一体，动作粗犷，旋律优美，被称为“傩戏活化石”。2006年公布的首批国家级非物质文化遗产名录中，毛南族的“肥套”就是其中之一。

毛南人认为，人类能生儿育女，皆是万岁娘娘（也叫婆王、花婆）赐福人间的缘故。万岁娘娘是毛南族崇奉的神祇之一。在广西环江毛南族自治县上南、下南地区，万岁娘娘被视为掌管婚姻、生育的女神。传说她住在花山上，管理、护佑着花山上的“花”。这些“花”是人的灵魂，人死后，其灵魂会回到万岁娘娘那里还原成花，直到娘娘再次赐花下山时才能重新转世为人。因此，生下儿女的人家，为了消灾祈福，每人一生中都会备办诸多祭品，祭拜诸神，做一场还愿活动，以报答万岁娘娘的送“花”（送子）之恩。久婚无子的夫妻，期望通过还愿祭神之际，向万岁娘娘虔诚祈求，早日得“花”，多生贵子。因此，向万岁娘娘求子以及向其他神灵祈求人丁兴旺、六畜平安、财源茂盛的还愿活动，就成了毛南人一生中必做的最主要、最隆重的祭神敬鬼活动。起愿有大小之分，供品也有大小之分。俗称三分愿用猪，七分愿用黄牛，九分愿用羊或水牛。一般小事起愿，自己口头在神台前声明就行了；起大愿则要请鬼师作法代向神灵禀报。祈求得应便要还愿，还愿也有大小之分。如小孩入学，杀两只公鸡祭神即可。毛南人认为，每家每代人都须择吉日还大愿，至少一次。若这一代不还，下一代也要补还。起愿、还愿的傩祭仪式成为毛南人最主要也是最普遍的宗教活动。

“求花还愿”仪式的祭品丰富多彩，傩舞姿态各异、寓意深刻。还愿祭祀分“黄筵”和“红筵”两种。“黄筵”是为还报雷王等神灵而办的祭祀仪式，即求人畜兴旺、五谷丰登，如求夫妻长寿，保畜满木栏，保田禾苗长，保地得丰收等，得应后而举行的还愿仪式。“红筵”是所谓求子得应后为还报万岁娘娘赐福而举行的祭祀仪式。它比“黄筵”程序繁杂，规模也大一些。无论是“红筵”还是“黄筵”，都是单家独户的祭祀活动，而且经常合为一次举行。“还愿”的场次依照主家还愿内容及规模而定，出场顺序根据还愿内容安排，各戏班子不尽相同，一般从开坛到收坛要举行三天三夜，有的五天五夜，最长达七天七夜。根据筵场的大小不同，需要请6~12位师公。全过程由摆设供桌、搭神坛和开坛祭祀等组成。法事的全过程都穿插傩舞的场面，主唱师公念咒语，唱神书，念到哪位神仙，哪位“神仙”就出场舞蹈。这时的师公们身着法衣，手持法器，先后带上三元、三光、社王、三界公、蒙官、陆桥、瑶王、万岁娘娘、三娘、土地、雷王等十余位神祇的木面具，念着巫语，唱着神歌，跳着各种不同的神舞。

二、“求花还愿”仪式溯因

一种社会风俗的传承与流变不是偶然的现象，而是有着多方面的、深刻的社会原因。“求花还愿”这一风俗可以追溯到毛南族早期的宗教观念及朴素的民间信仰、民族性格、心理素质和毛南山乡的自然环境等。

（一）毛南山乡社会历史环境及其衍生出来的民族性格

从唐宋开始到新中国成立前，毛南山乡一直处于封建王朝专断独裁的统治之下，历代政府主要依靠当地的统治阶级作为他们的代理人，施行暴政，为所欲为。在人们的意念中，祭祀必得鬼神福佑，可去凶解厄，吃“阴间饭，做阴间事”的傩坛便是在此历史文化背景下形成的。封建统治者同时还歧视和迫害山区的少数民族，对其使用“生蛮”、“茅滩蛮”等歧视性的称呼，并强行同化，硬性革俗，导致毛南人纷纷逃往深山密林，隐姓埋名，与世隔绝。由于长期的封闭与隔绝，自然形成了一种独特的文化背景，使得毛南族固有的许多原始宗教文化得以长期保存下来，这为保留、延续宗教色彩极浓的傩祭创造了条件。

新中国成立前，毛南族以家庭或宗族为单位的经济活动和社会活动，左右着人们的生活方式和思维方式，这种经济环境是“求花还愿”生存的依据。以家庭为单元的小农经济，其结构相当脆弱，灾害瘟疫、生老病死、不事生育等事故，都可能严重影响一个家庭的经济生活，正是这种经济的盲目性和个人命运的不可预测性，为起愿、还愿的傩祭仪式提供了较大的活动空间。

由于毛南族人口较少，所以毛南族还愿活动的内容总离不开希望子孙繁衍、兴旺发达这条主线，起愿和还愿风俗自然而然地产生了。毛南族处于各兄弟民族的包围之中，宗教信仰受到壮族、汉族等民族的影响较大。在漫长的封建社会里，他们受着统治者的残酷压榨和民族歧视，毛南族人民为了繁衍发展，希望与兄弟民族和睦相处，并求得帮助。

（二）毛南族早期的宗教观念及朴素的民间信仰

毛南族人的宗教信仰，既保留着原始宗教的自然崇拜、动植物崇拜、祖先崇拜和多神崇拜，又尊崇杂有佛教的道教。恩格斯说过：“一切宗教都不过是支配人们日常生活的外部力量在人们头脑中的幻想的反映，在这种反映中，人间的力量采取了超人间的力量的形式。”[①]“还愿”仪式的傩祭则是以驱疫纳吉为目的的宗教仪式。毛南人认为千万不可遗忘了祖宗的名，认为今天的福德都是祖宗神灵给的，大到生儿育女、生老病死，小到鸡犬安宁。历代神仙们自由往来生死两界、花山上下，他们明察秋毫，主掌着现世子孙后人的各种福祸，所以毛南人除用族谱、家谱维系血缘外，格外重视用宗教祭祀来祭祀祖神。家家户户的厅堂高悬着祖宗牌位，牌位用红纸贴在一块板上，按辈分顺序，依次写有始祖、鼻祖直至近故的祖辈、父辈的姓名，挂在香火堂的正中。祖宗神灵是老一代毛南人的生命根基。有了这根基，毛南人才在“岩洞当屋，石板当床”的生存环境里顽强地活下来，并保持了不颠不迷、安宁本分的精神世界。

（三）毛南族巫术魔力信仰

毛南族“求花还愿”还是一种具有巫术色彩的宗教祭祀，人们通过这种意识获得战胜自然、繁衍后代的勇气和力量。“巫术属于人类，不但巫术为人类所有，而且因为巫术的题材，如渔猎、园艺、贸易、调情、疾病、死亡之类，巫术用于自然界，不如用于人与自然界的关系或足以影响自然界活动为多。”[②]保守性、稳定性是巫术传承中最大的特色，使它客观上保存了相当数量的古老神话、传说、史诗、歌舞等，为我们研究提供了生动、具体的“活资料”。

英国著名人类学家詹姆斯·G.弗雷泽在《金枝》中就把巫术分为两种形式——“模拟巫术”和“接触巫术”，前者认为，人只要通过行为的模拟，便能够实现他想要做的事，达到愿望；后者则

① 恩格斯：《反杜林论》，见《马克思恩格斯选集（第三卷）》，北京，人民出版社，1997。

② ［英］马林诺夫斯基著，李安宅译：《巫术科学宗教与神话》，北京，中国民间文艺出版社，1986。

认为只要通过接触，便可以发生作用，事物就会朝着他的愿望发展，这两种巫术合并称为“受感巫术”。毛南族在“求花还愿”中的种种举动不同于佛教、基督教等“人为宗教”那样祈求佛祖、上帝的怜悯与恩赐，消极地等待拯救，而是主动地装扮、调动图腾和一些神话传说人物神，赶走、震慑妖魔鬼怪，求得幸福与安泰。人们举行这种仪式也是迫于沉重的自然压力，为了获取人的生存资料，为了繁衍子孙后代，他们虔诚祈求神灵，并用尽一切可能想象到的办法——鼓乐、歌舞、恋爱、生殖等等唤醒自然，感染大地的生殖力，给人类带来丰收。正如费尔巴哈说的，去献祭时，是自然的奴仆，但是献祭归来时，是自然的主人。更何况这种仪式具有浓厚的巫术色彩。马林诺夫斯基在论到巫术的作用时，认为它具有心理上的排解作用，排解人们心理上的忧虑，所以受民间欢迎。在巫术信仰者看来，通过一定的模仿、接触行为就能达到某种预期的结果。尽管这种主观虚幻的斗争方式，在今人看来十分幼稚可笑，却曲折地反映了毛南人真诚的渴望安宁生活的朴素愿望。

三、“求花还愿”仪式嬗变

“求花还愿”是在人类社会生活实践中逐渐形成的一种行为规范，和其他社会现象一样，随着时间的推移、人类生活空间的扩展、自然环境的变迁，也不断地发展和变化。这种浓烈的原始母系氏族文化特征，蕴含着历代文化的积淀，可以说在支撑和保护老一代毛南人的精神。老一代毛南妇女相信命运，口不离“肥套”，对于万岁娘娘赐给孩子的恩德一直都想着还愿，还不起的话，心里会很不安。平时在心里也敬着婆王，苦难的时候每日宁可自己饿着也要多给婆王上饭上香。毛南人活在敬畏和感恩的世界里，知恩必报，“还愿”就是自觉自愿地压在他们心上的债务。过去，这些习俗特别是“套三朝”往往把人们弄得倾家荡产。

当今的“求花还愿”仪式增加了不少娱乐因素，仪式中的“条套”（傩舞）随着历史、社会生产力的发展，特别是改革开放后人们审美要求的提高，在其自身发展的过程中，已逐步突破了单一的跳神形式，逐步吸收了当地群众喜闻乐见的民间歌舞成分，增加了表现人民生活情趣的内容，从而逐步地革除仪式中的奇诡魂灵迷信的糟粕，改革了古老的舞蹈形式，逐渐增强了思想性、趣味性、娱乐性和艺术性，使之逐步成为思想内容健康、形式生动活泼、群众更加喜闻乐见的一种文化艺术。堂八村上八屯毛南族师公谭信慈说：“过去只有古板的跳神，唱本上并没有瑶王这个角色，也没有《土地配三娘》这个场次。后来，民众看腻了，师公们为了吸引观众，便逐步增加了这些内容。”而后来增加的这些内容，恰恰是整场还愿表演中最精彩的部分。特别是《土地配三娘》这一场，很富有生活气息，表现了毛南族人民的爱情生活。《瑶王拾花踏桥》中的瑶王，身着白裤瑶生活服，戴上和蔼可亲的面具，他动作潇洒，乐观开朗，幽默诙谐。通过观花、拾花、玩花、献花等情节，塑造了善良可亲的瑶王形象，是整场表演中的高潮部分。

可见，这种宗教与艺术混合的民族固有习俗，在漫长的传承、演化中，从祀神为主到祀神娱人再到娱人为主，封建迷信的内容、古老僵死的形式，必然随着生产力水平的提高、社会的发展，自然而然地减弱。这是符合历史发展的共同规律和艺术自身的发展规律的。

四、结　语

从“求花还愿”礼俗中，可以看到毛南族传统文化的陈迹和变迁。在毛南族近现代的生活中，科学意识不断强化，吸收了不少其他民族诸如壮族、汉族的习俗，这个还愿仪式正在日益发生变化，人们的传统观念也与过去有了很大差异，但古老的传统习俗和观念仍然存留毛南山乡中，对于反映在风俗中的新旧交替和文化互渗的矛盾性等，值得我们进一步深入研究。

参考文献

［1］蒙国荣，谭贻生，过伟．毛南族风俗志．北京：中央民族学院出版社，1988.

［2］卢敏飞，蒙国荣．毛南山乡风情录1. 成都：四川民族出版社，1994.

［3］谭立新．毛南族史志概要．桂林：广西师范大学出版社，1992.

［4］广西壮族自治区编辑组．广西仫佬族毛难族社会历史调查．南宁：广西人民出版社，1987.

［5］蒙国荣．广西省环江县毛南族的“还愿”仪式．台湾：施合郑民俗文化基金会，1994. 吕铁力．生育人生．北京：华夏出版社，2002.

［6］王恒富．傩·傩戏·傩文化．北京：文化艺术出版社，1989.

［7］庹修明．傩戏·傩文化．北京：中国华侨出版公司，1990.

［8］李路阳，吴浩．广西傩文化探幽．南宁：广西人民出版社，1993.

［9］陈荣富．宗教礼仪与文化．北京：新华出版社，1993.

（原载《广西民族大学学报（哲学社会科学版）》
2006年第12期；作者系广西民族大学文学院教授）

广西毛南族生态伦理文化可持续发展研究

李广义

近年来，生态伦理文化研究越来越引起我国学者的关注，他们从民族文化中的生存方式、民间文学、原始宗教、习惯法、历史发展等各个不同的视角对各少数民族生态伦理进行诠释和分析。但我们发现，有关毛南族伦理文化研究的著述极少，更不用提毛南族生态伦理文化的研究了，笔者认为在这方面的研究空间非常大。

目前毛南族方面的研究主要集中在以下五个方面：第一，族源、古代史、民风民俗方面的研究；第二，文学艺术研究；第三，文化和宗教研究；第四，经济发展和科技研究；第五，人类学调查、教育和其他方面研究等。其中，在第四方面有部分文章开始关注毛南族生态环境保护与可持续发展的内容。但总的来看，这些有关毛南族地区生态环境保护与可持续发展的研究大多侧重于政策方面，没有从文化内涵着手，对于提高毛南族群众的生态伦理观念、意识和信念而言还远远不够，在全国上下学习贯彻党的十七届六中全会精神，加强文化繁荣，以及广西建设民族文化强区的背景下，深层次挖掘毛南族有关生态环境保护的民族特色伦理文化显得非常必要与及时。

一、广西毛南族简介

毛南族是我国56个民族中人数较少的一个少数民族成员。毛南族主体部分应形成于宋代，后经元代持续发展，在苗、瑶、壮、汉族大量迁入人口的冲击下，在与各族的融合中，民族凝聚力增强，形成自己的民族特点和民族心理。最晚到元末明初，毛南族已经形成。① 2010年11月份第六次全国人口普查时，毛南族共有10.72万人，主要分布在广西壮族自治区的环江毛南族自治县，约占毛南族总人口的60%，该县毛南族相对集中地分布在下南、思恩、水源、上南、洛阳、川山、木论、大安8个乡镇，其中下南、上南、木论三乡即过去俗称的“三南”地区，有“毛南山乡”之称。其他的毛南族主要分布在广西壮族自治区的河池市金城江区、宜州市、南丹县、都安瑶族自治县等地方，还有一小部分居住在贵州省南部的黔南布依族苗族自治州的平塘、独山等县。因为广西是毛南族的主要聚集区，所以本文以广西（环江）毛南族为研究对象。

毛南族是勤劳智慧的民族。他们长期生活在大石山区，在改造自然、发展生产、创建生活的斗争中，充分发挥了自己的智慧和力量，不仅创造了日渐增多的物质文明，而且创造了灿烂的民族文化，发展了精神文明。他们根据山区的自然条件，除充分利用土地种植粮食作物与经济作物外，还充分利用山区得天独厚的天然饲料，饲养猪、菜牛等家畜，发展家庭副业。他们饲养的菜牛驰名中外，远销港澳地区和南洋，声誉很高，因而博得“菜牛之乡”的赞誉。毛南族人民还善编织与雕刻。他们编织的花竹帽带有精细美丽的花纹图案，轻便、耐用、美观，是毛南族历史悠久的手工艺品；

---

① 孟凡云：《论广西毛南族形成的时间问题》，载《中南民族大学学报》，2010(5)。

他们雕刻的木面具和墓碑、石桌、石水缸等雕刻制品，刻工精细，造型生动，富有民族风格，充分体现了毛南族人民的艺术智慧。

毛南族人民在长期的历史发展中，逐渐形成了自己鲜明独特的生活习惯。他们习惯于同宗聚居，村落依山而建，住房一般分上下两层，上层住人，下层关养牲畜和堆放杂物，保持“干栏”建筑的特点。他们历来以农为主，田峒区以大米为主食，山区则以玉米为主食，辅以红薯、芋头、小米、南瓜等。他们生活清苦，但能依山区所产，做出如“毛南粥”、“甜红薯”等富有山区特点和民族特色的食品。毛南人喜欢吃酸，有“百味用酸”的传统习惯。毛南族的传统服饰与附近壮族相近，男女均喜欢穿着蓝色和青色的大襟和对襟衫。毛南族除与壮、汉等民族共过春节、清明节、中秋节等节日外，还有本民族特有的“分龙节”或称“庙节”，每年农历五月择日举行一至两天庆祝活动。多礼好客是毛南人的传统美德。人们相遇，不论相识与否都会热情招呼；来了客人，会让出最好的卧室，竭力以最好的饭菜款待。①

毛南族聚居地大多自然条件恶劣，喀斯特地貌明显，人口与资源环境的矛盾尤为突出。山高沟深，缺水缺土，灾害种类多，生发频率高，分布地域广。独特的生存环境给他们烙上了与自然对话的印记，他们从来不贪婪地向大自然索取太多资源，对自然界从来不是毫无节制的攫取，而总是出于一种敬意来感谢大自然。这种依赖于自然的生存环境、生存方式，使他们更懂得珍惜自然资源的重要性。为了生存，他们必须与大自然对话，必须保护周围的资源，这种生态伦理的观念具有悠久的历史渊源。②

生态伦理文化一直较为成功地维系着毛南族人民与自然环境的

① 覃立新等：《毛南族史志概要》，桂林，广西师范大学出版社，1992。

② 李广义、覃勇荣：《从生态伦理的视角看民族地区自然资源的保护与开发——以桂西北河池市为例》，载《广西民族大学学报》，2008（S2）。

和谐共生关系，对该地民族文化的可持续发展起到了基础性的支撑作用。它既是毛南族经济社会生活条件和产业特点的反映，又是毛南族传统文化和民族特点的重要内容，具有鲜明的民族性和地域性色彩。

二、广西毛南族传统生态伦理文化的主要表现

概括来说，毛南族传统生态伦理文化主要表现在两个方面。第一，毛南族精神文化领域内的生态伦理文化，包括宗教信仰、文学艺术、民俗文化等。第二，研究毛南族制度文化领域内的生态伦理文化，包括禁忌制度、村规民约、法律制度等。

（一）毛南族的自然崇拜、宗教信仰、神话故事、民歌文学中蕴涵着丰富的生态伦理文化

在精神文化方面，少数民族的宗教信仰、文学艺术和哲学观念中充满了敬畏自然、热爱自然、保护自然的情感观念。[①] 与其他民族的精神文化相似，毛南族的宗教信仰、文学艺术和哲学观念是交织在一起的，其中蕴藏着悠久而丰富的传统生态伦理文化。如毛南族的《盘古歌》这样唱道：

混沌初开天和地，阴阳乾坤两分定；
上浮清气变日月，下沉浊气化生灵。
日月生出雷和电，雷电兴风造雨云；
万般生灵人为大，人间偏遇大灾星。[②]

毛南族先民以神话故事的形式解释了人与自然的密切关系，也

---

① 廖国强等：《中国少数民族生态文化研究》，昆明，云南人民出版社，2005。
② 韦秋桐、谭亚洲：《论毛南族的创世神话》，载《河池师专学报》，1992（4）。

反衬出他们对大自然的初步探索，渗透着现代意义上的认识自然的精神。他们把这种探索精神应用到实际生活中，比如，毛南族对居住的风水特别看重，多是选定在避风、光照充足的山麓地方建房。山后种有茂密的风水林，严禁砍伐，祖祖辈辈如此，所以林木郁郁葱葱，这种做法可防止水土流失，保住了水源，又形成良好的生态环境。再比如，有着极好风光和地利的凤腾山古墓群也是毛南族传统生态伦理精神及文化艺术的重要载体。

由于地理环境的特点，毛南族先民对土地有着非同一般的崇拜之情，他们经常以“万物有灵”的宗教信仰观念来看待养育自身的土地。毛南人认为，那一座座高耸入云的大山是土地公（毛南人称山为“公岜”，就是山公公的意思），一块块平地、凹谷是土地母（或叫土地婆）。土地公和土地母往往置于一身，成为一个养育万物、造福人类的保护神，受到毛南族先民的虔诚崇拜。在《祭坟歌》里唱道：

哈嘻！
酒斟初盏献山神，金身龙驾降临筵。
酒斟二盏献山神，保护坟墓得安宁。
酒斟三盏在台前，土公土母列两边。[①]

毛南族的属于南方稻作类型的生态文化，对季节情有独钟，甚至把季节耕作贯穿在男女情歌对唱中，以歌谣的形式将有关生态文化一代代传承下来，从中体现了毛南族文学艺术的生态品格，如：

（男）三月下雨水茫茫，
哥去耙田妹插秧，

① 韦秋桐、谭亚洲：《毛南族神话研究》，南宁，广西民族出版社，1994。

青青禾苗插满峒，
不知何时谷子黄？
（女）三月耙田下谷种，
四月插秧等“分龙”（即“庙节”），
双手同插一峒禾，
八月定会五谷丰。

在毛南族民间故事中也包含有传统的生态伦理文化，有一篇名为《三九的传说》的民间故事很有代表性。故事大概内容是这样的：自古以来，毛南地方遍地都是大石山，一座紧挨一座。石山多，水却又奇缺。有些峒场的人要翻山越岭，到几十里外和壮乡交界处的东龙河去挑水，常常半夜鸡叫就出门，到太阳正顶才能回家。真是“石头贱如屎，滴水贵如金”。有些山坳陡得怕人，“爬坳像爬树，石壁擦人鼻”，失足跌死的人难以计数。石头山实在可恶，可是世世代代对它无可奈何。不知哪朝哪代，毛南山乡堂八村出了一个覃三九。他小时父母亲先后失足跌死，所以他恨透了那些石山，发誓长大了一定要把石山赶走，好让大家过安逸的生活。为了这件大事，他跑到很远很远的昆仑山去寻师修炼，学赶山的本领。在法师那里，他勤学苦练了几年，终于学得功夫精熟，可以出师了。后来由于他自己的失误，最终建宫殿、赶石山、造大海都没有成功，但也给壮乡造了两条河，为毛南地方赶走了几十座山。所以现在环江县有大、小环江两条河，下南乡的下南、波川、中南、堂八、仪凤等村屯有了可以种水稻的田峒。[①]

以上民间故事反映了毛南族山区人民对恶劣生存环境的不满情绪，以及对平坦生活区积极向往的美好愿望，也说明了生态状况对当地人生产、生活的重要性，所以，他们没有理由不关心人与自然

① 袁凤辰等：《毛南族京族民间故事选》，上海，上海文艺出版社，1987。

的关系，这是他们的生存之本。

（二）毛南族的村规民约、禁忌制度、节日风俗中蕴涵着丰富的生态伦理文化

在制度文化方面，不论是北方民族还是南方民族，大都有一些保护生态环境的风俗、惯例、准则和条文。① 毛南族历史上留下了许多关于生态保护的风俗、惯例、准则和条文，其特点是因地制宜、因时制宜，使之处于“准法律”的重要地位，并严格执行，客观上起到了维系生态平衡、生态秩序、生态伦理的功能，保护了本来就非常脆弱的生态环境，有利于人与自然的和谐。

在民国广西《恩思县志》（笔者注：恩思县即今天的环江毛南族自治县）中记载着一份具有生态保护内涵的毛南族规约——“隆款”，摘录条文如下：

> 一拿获放火烧林者，或见证确实者，除赔赃外，罚钱五千文。
>
> 一拿获放畜残害禾谷，或见证确实者，警告一次，再不，除赔赃外，罚钱三千文。
>
> 一拿获放鸭污众汲水之处，或见证确实者，罚钱二千文。

这是一份典型的乡村民规，内容均为禁止性义务，以上条文都是关于生态保护的内容，主要涉及森林防火和保持水源清洁，与现代的环境保护是一致的。②

少数民族一般都存有浓厚的禁忌文化，它也属于一种惯例与准

① 袁翔珠：《石缝中的生态法文明——中国西南亚热带岩溶地区少数民族生态保护习惯研究》，北京，中国法制出版社，2010。

② 广西壮族自治区地方志编纂委员会：《广西通志·民族志》，南宁，广西人民出版社，1992。

则，冒犯了这些禁忌同样会受到很严重的惩罚。毛南族禁忌文化中关于生态保护的内容非常普遍，如：“谷雨”季节不能在外烧火，否则会天旱；不能把死猫、死蛇、死鼠、死鸡等污秽之物乱丢乱放，否则不会积“阴德”。初犯者认错检讨，再犯者，令其摆酒谢罪，因而形成风气，人人自觉遵守。

毛南族节日里也蕴藏着生态伦理文化，比如过春节时本族独特的“放鸟飞”风俗。春节将临，毛南族人将采集来的藤叶精心编织百鸟。编成的燕子、山鸡等都是栩栩如生的精美艺术品。除夕清早，各家主妇给百鸟的空腹灌上香糯，有的还拌上饭豆或加上芝麻馅。煮熟后，分给家里每个小孩一只。于是，孩子们在相互追逐嬉戏中比较谁的妈妈做的鸟儿美。初生小孩的年轻母亲这天专程回娘家为小孩领鸟，期望孩子们像百鸟一样伶俐。主妇们用甘蔗、麻绳等把百鸟提耳穿起来，间隔均匀地摆开。掌灯时分，把串着百鸟的甘蔗横挂在堂屋正中的香火堂前，让百鸟面向大门尾朝壁，祈祝百鸟不叮种子，啄食害虫，保护农作物丰收。“放飞鸟”可以说是毛南族民间艺术品的节日展览与竞赛，谁家的鸟儿精巧欲飞，谁家的鸟儿繁多竞啼，都会引来人们的称赞。竞相比试谁家更爱护鸟类，有助于在全民族中形成一种爱护动物的良好风气，符合现代生态伦理中“敬畏生命”的理念。

三、广西毛南族生态伦理文化可持续发展的对策

我们清醒地看到，在促进毛南族民族地区经济发展、提高当地人民生活水平的今天，毛南族的生存环境也遭到了极大的破坏，石漠化现象日益严重，使我们不得不反思毛南族在生态环境方面所形成的现代与传统的伦理思维差距。研究毛南族生态伦理文化的可持续发展，可以为毛南族地区提供生态保护与和谐发展同步进行的理论借鉴和实践指导。

（一）辩证看待传统生态伦理文化

广西环江毛南族居住地区属于西南亚热带岩溶地区，毛南族生态保护的习惯让我们看到了人类对待自然的另一种方式。人和自然并不是对立的，并非始终处于你死我活的相互斗争的状态，相反，二者完全可以和谐共处而互不侵害。[①]“一方水土养一方人”，特殊的地理环境造就了广西毛南族不怕辛苦、爱护环境的生态品格，形成了具有民族特色的生态伦理文化。但是，我们要用辩证的眼光看待广西毛南族传统生态伦理文化，采取“扬弃”的态度来传承和发扬，即吸取精华，重视非物质文化遗产的挖掘，同时要剔除糟粕，改变一些禁忌陋习。比如在生活上，大年初一初二不能吃青菜，怕以后田地长草多。初一吃饭忌泡汤，怕水会冲坏庄稼。初一生火不能吹，怕会惹风刮庄稼。初一至十五忌扫地洗衣物，否则会扫除家财；也不能在外晒衣服，怕引老鹰叼小孩；在此期内也不能舂米，否则雷雨会损害庄稼等等。[②] 对于其中带有封建迷信的做法予以更新，以新的文明方式来代替，不要让群众把希望一味地寄托在“神仙”身上，只有依靠党和政府，以及自力更生地发展生态、水利事业，才能使山区生产、生活不至于局限在“靠天恩赐”的小范围内。

另外，对于具有“准法律”性质的村规民约，一是要继续发扬，二是要做好“新陈代谢”，以新的内容代替旧的过时的条文（如捆绑、游街等限制人身自由的条款）。如随着生态旅游的升温，应该在村规民约中增加对水源林、风景林的维护，禁止乱砍滥伐，否则便会竭泽而渔，失去招揽游客的优势。总之，在不违反相关法

① 广西壮族自治区地方志编纂委员会：《广西通志·民族志》，南宁，广西人民出版社，1992。

② 覃丽鲜、覃禕：《毛南山乡旅游“掀起了盖头”》，载《河池日报》，2010年12月25日。

律的前提下，让村规民约的生态保护职能发挥得越来越好，以不断提升当地群众的生态境界，完成从他律到自律的转变，形成新时期的民族生态伦理文化。

（二）利用政策大力发展生态产业

毛南族群众应该充分发挥本地区的生态环境和自然资源优势，把生态文化转化为生态产业，推广先进实用技术，培育壮大特色支柱产业（如明伦香猪、毛南菜牛的养殖）和推进生态旅游等，注重发挥农用地的生态功能，减少水土流失，以特色文化带动特色产业。比如，对于群众毁林取薪的现实情况，一是要积极劝说，动之以情，晓之以理，宣传生态保护对山区的重要性，不能烧了大树烧小树，烧了小树刨树根，刨了树根割草烧，最后导致林草全部被毁。另一方面，要努力抓好以沼气为重点的农村能源建设，减少森林资源消耗，促进种养业发展，这才是最重要的，现在仅仅依靠说教已经不能从根本上解决问题。

近几年，在政府引导下，环江农家休闲观光旅游业蓬勃发展，先后涌现出琼园、冰绿岛、水知音、新坡滑草健身场、华山生态园等十多家“生态农家乐”，这些“休闲山庄”点缀在田园山水间，景点内有林果、水池、饮食和娱乐设施等，恬淡的休闲情调和纯天然的“五香”系列民间美食，加上民族传统烹饪制作，生态环保，原汁原味，配以康宁窖酒、毛南三酸等，深受游人喜爱。大才新坡果场被列为自治区农业旅游示范点，华山林场“林中农家乐”规模最大、品位较高，吸引了大批金城江、宜州、柳州等地的游客。[①] 实践证明，文化才是旅游的根基，没有生态文化做支撑的生态旅游是不会长久存续的。所以，环江毛南族自治县的生态旅游业要充分体现出毛南族的民风、民居、服饰、手工艺、饮食、节庆等

① 张茂梅：《论毛南族的节日文化与毛南族的现代化》，载《广西师范大学学报》，2001（2）。

文化元素，突出民俗生态旅游、森林生态旅游特色，区域的文化差异才是吸引游客的所在。尤其是农家乐旅游，不要千篇一律，失去毛南特色，避免出现过分的商业化与庸俗化倾向，要让游客有不一样的感觉，从文化心理学角度分析揣摩游客的心理需求，这样才会有大量回头客，否则很难形成规模与气候。

（三）重视经济消费方式的生态性

在毛南族传统文化中，既有好客热情的一面，又有畸形消费的一面。毛南族群众虽然在平时生活简朴，但在盛大节日、喜日或祭日、宗教仪式日，就会大摆宴席。毛南人在节日中祭祖祭神时要杀牲、杀鸡杀鸭，买祭祀的礼品，在节日中大吃大喝的风气有愈演愈烈之势。这在毛南族的节日饮酒习俗中表现得很突出。祭祀时酒是必不可少的，“无酒不成礼”、“有肉没酒不算过节”、“不醉倒几个不算喝酒”、“喝完酒地不湿等于没喝”等观念，在群众中的影响很深。几乎每个毛南族成年男子都嗜好喝酒，每逢过节，都要到圩场买酒，个别人则用高粱、玉米酿酒，达到“非酒不足以敬客。每逢圩日，有的人要尽醉方休”的地步。[①] 再加上毛南族祭神、祭祖活动中消耗的人力与宝贵时间，算来的确是一笔不小的经济支出。建议在保持传统宗教情感的前提下，节省相关活动开支，引导群众树立正确、合理的消费观念。

“毛南族有三宝：菜牛、红薯、花竹帽”，牛是毛南族群众最亲密的“伙伴”，不但可以用其进行农田耕作，而且牛产业还是发家致富的支柱产业，应该说毛南族群众对牛有深厚的感情，有时还在节日给牛吃五色糯米饭或粉蒸肉，感谢它一年来的辛劳。但是，“分龙节”上血腥的“椎牛”仪式还是让人非常震惊！“分龙节”第二天，道师们要在庙前举行“椎牛”仪式，用牛的尾巴、头、

① 谢铭、覃自昆：《毛南族“分龙节”的渊源、现状及保护》，载《广西社会科学》，2009（7）。

血及四肢生祭玉帝及三界公。[①] 节日仪式虽然隆重，但不利于“敬畏生命”理念的传播，与现代生态观背道而驰，建议用适当的方式杀牛祭奠，倡导生态文明。

（四）积极发展农村生态伦理文化

笔者在调研过程中曾接触过一个毛南山村，背后有山，村前是一块相对开阔的田，本村人以“风水佳”引以为豪，老者领我们到后山看他们的祖坟，上面记载着祖先的辉煌，而且认为后人也得到庇荫，本村大中专学生远远超过附近其他村庄。但笔者在村里转了一圈下来后发现该村卫生条件不理想，各种动物的粪便到处皆是，直接影响到村口的水井，水沟里面也是垃圾堵塞，整个村子味道很难闻。后来问及此事，本村人说是习惯了，还说起有一些人不愿意免费做沼气池的事情。由此可以看出提升农村环境意识的重要性与必要性。

农村的环境是与农村的生产、生活联系在一起的，改善农村的生产和生活环境，对于农村生产和生活水平的提高必然是有促进作用的。农村环境建设有利于农村价值的实现，是城乡统筹的重要突破口，同时又可以贯穿带动新农村建设的各个方面。[②] 近几年随着新农村建设事业的促进，广西毛南山乡的面貌也发生了根本性变化。一栋栋楼房拔地而起，家用电器一应俱全，农村人也过上了如城市人一般的生活。但我们也看到，有些毛南农村的环境卫生意识并没有随之而发生大的改变，生态观念滞后，出现了“有新村无新貌”的尴尬局面。应当把生态环境教育作为创建毛南族新农村建设工作的重要组成部分。通过各种方式，千方百计地提高当地农村群众的环境保护知识水平和思想意识。在传承传统生态伦理文化的基础上，积极发展现代农村生态伦理文化。

① 冯肃伟、戴星翼：《新农村环境建设》，上海，上海人民出版社，2007。

② 冯肃伟、戴星翼：《新农村环境建设》，上海，上海人民出版社，2007。

四、结 语

生态伦理文化是人类的生存方式，即人与自然和谐发展的生存方式。尊重自然，与自然和谐发展，是少数民族人民处理人与自然关系的核心，也是和谐社会体系建构的一个重要内容。毛南族生态伦理文化研究是对广西乃至全国民族地区日益严重的生态危机做出的一个回应，也是生态学、伦理学、民族学和民俗学发展提出的一个新课题，是民族伦理学发展的新视角，对构建有中国特色的民族伦理学体系具有重要的学术意义。

毛南族生态伦理文化既是一种原始的、原生态的民族文化，又深刻体现了毛南族的生态伦理智慧，特有的民族生存方式孕育着毛南族特有的民族生态意识与生态观念，体现了其生态文化背后的物质基础。生态伦理文化是毛南族传统文化的重要组成部分，梳理和研究毛南族生态伦理文化，继承和发扬优秀的毛南族传统文化，也是为促进广西以及中华民族文化的新发展服务，有助于毛南族非物质文化遗产的挖掘，同时也为毛南族地区的环境保护、旅游开发给予实践指导，促进该区域的生态文明建设以及新农村建设，其现实意义不言而喻。

（原载《广西民族研究》2012年第3期；
作者系广西区党校哲学教研部教授）

其他世居民族研究

广西回族和回族研究评述

翁乾麟

回族是我国人口较多的一个民族。据1982年第三次全国人口普查资料统计，全国有回族721.93万人。在广西的部分仅1.94万人，占全国回族人口的0.27%。

广西回族主要分布在桂北和柳州、南宁等地。1982年，桂林市有回族8068人，柳州市有2259人，南宁市1461人，临桂县1235人，灵川县1213人，永福县910人，鹿寨县782人，平乐县281人，百色市224人。其余分布在全区各地（市）县。

在广西的地方文献中，据现在所知，清代已有关于"回回"的记载。如谢启昆《广西通志》中即有"回回"的记述。①

据有文献记载可考者，回族先民最早进入广西是在元代。其时，回回人随蒙古人进入中国，分散各地。所谓"元时回回遍天下"，即当时回回人在中国分布的写照。回族进入广西的情况在地方志中也有较多的记载。如谢启昆《广西通志》载："俺都剌，答失蛮人。至元三十一年岭南广西道肃政廉访副使。""忻都，回回人，天历二年广西廉访副使。""马合谟，回回人。至顺三年广西道肃政廉访使，者林，回回人，至正中任广西右丞。"《桂林府郡志》载："伯笃鲁丁，进士。至元三年广西廉访副使。"（按，"答

① 《广西人口统计资料汇编》（1949—1985）。

失蛮”，即“大食蛮”之谓也，也即阿拉伯人之谓也）这些记载说明，元代已有回回人进入广西。由此可见，说广西回族的先民最早来自于元代进入广西的回回人，是有文献作根据的。但据族谱记载，回族进入广西最多的是明清两代，如南宁杨姓回族，系清代从湖南到广西经商以后在南宁落籍的。其他各姓回族，大部分也是由于经商、仕宦、讲学等原因而进入广西的。

清代统治者对回族一方面是疑惧、镇压，一方面又是拉拢，搞所谓“以回治回”。有清一代，回族在清廷中任高官的也不少。在广西，马雄（陕西固原人）、傅宏烈（江西回族）均曾任广西提督，傅宏烈死后清帝还命人在桂林建“双忠祠”以纪念之。进入民国，故事依旧。一方面，不承认回族是一个民族，另一方面，又吸收一些回族人进入统治阶级的上层，如广西的白崇禧、张淦等。新中国成立前，广西回族的社会经济发展水平已进入封建地主经济形态。回族中不仅有地主，还有一些比较大的地主，如桂林市郊区潜经村回族地主白润田，有田达数百亩。① 临桂县旧村新中国成立前有水田265亩，除清真寺占有70亩，一般群众占有10.7亩以外，其余均为几户地主占有。② 回族的资本主义工商业不发达，到20世纪30年代，广西才出现了回族办的第一家工厂，这就是桂林西门马伯良开办的纺织厂。厂主系桂林回族。工厂专织提花毯子，资金雄厚，但时间不长，在桂林大疏散时就停办了。③ 南宁回族所办的马同茂商行虽然资金雄厚，在20年代曾经帮助英美等国推销火油，足迹遍于桂西的田东、田阳、百色等地，但到30年代后期已经衰落。④ 回族的一般群众，在新中国成立前绝大多数从事小手工业和小商业，从事农业的极少。如桂林西门外回族有100多户，

① 据笔者1988年10月在草坪回族乡潜经村的调查。

② 《广西少数民族·回族》。

③ 参见：《桂林文史资料》，第四辑，1983。

④ 参见：《南宁市文史资料》，第二辑，1987。

80%以上以做竹筷为生。桂林东门码坪街有回族80多户，主要是宰牛、做面、经商，少数种菜。[①]

广西回族历史上文化不发达，但是在长期的历史发展过程中，在文化教育方面，也曾经产生一些杰出人物，取得了一些成就。白姓回族始祖伯笃鲁丁，是元代著名回族诗人，被称为元代西域十二诗人之一。他在广西的诗文至今仍保存在《粤西诗载》、《粤西文载》等文献中，是研究元代回族文学史的重要资料。清咸丰年间的马秉良，是著名的回族画家。马秉良，原籍临桂旧村，后迁居桂林，代表作有《云谷图》。莫固辑《桂林画人录》云："马秉良，回回人，占籍桂林，字云谷，道光间武生，工隶书，善丹青，尤工墨竹，曾自绘云谷图，一时名俊，题者如云。"新中国成立以后，马秉良的名字被收进《中国美术家人名辞典》和《中国画家大辞典》。

历史上的回族教育分经堂教育和学校教育。经堂教育主要在清真寺进行，以培养宗教人才为主，同时也对回族儿童进行启蒙教育。桂林的经堂教育比较发达，教育分小学、大学，在全国有一定名望。学校教育是民国年间发展起来的。1932年，柳州回族马介甫建立的"私立民德小学"（后改为"清真小学"），是广西回族举办的第一所正规小学。[②] 其后各地回族纷纷举办小学，至1949年，广西全省有回族小学19所。[③] 但这些学校多数规模很小，财力有限，并不能解决所有回族儿童的教育问题。

回族有自己独特的风俗习惯。历史上，回族的婚姻以实行民族内婚为主，回族女子一般不嫁给外族。回族男子可以娶汉族女子为妻，但前提必须是女方愿意入教，并获得教长（阿訇）的同意。

① 《广西回族社会历史情况调查》（草稿）。

② 以云皋：《近百年柳州回族文史概况》，油印件，1964。

③ 《桂林市年鉴》，1949。

回族在丧葬方面有速葬、土葬、薄葬的特点。速葬，即上午死，下午葬，下午死第二天上午葬，一般不应超过三天。土葬，不用棺木，而是以白布裹身入土。薄葬，即不分贫富贵贱，一律同一葬式，不搞陪葬。回族的传统节日有“尔德节”（即开斋节）、古尔邦节、圣纪节等。每逢三大节日，广西回族都要到清真寺聚礼，念经，去坟场走坟等。回族信仰一神教的伊斯兰教。新中国成立初，广西有清真寺25座，其中桂林市及周围各县即占了22座。现在全区尚有清真寺20座，桂林市内有5座。

从上述这些介绍我们不难看出，回族是广西一个比较有特点的民族，回族的来源和广西其他各民族完全不同，回族是广西唯一信仰伊斯兰教的民族，是一个以商业为主要生业方式的民族，深入开展广西回族的研究，是广西民族、宗教研究的一个重要课题。它对于加强广西各民族的团结与合作具有很重要的意义，对于南方回族的研究也有重要的意义。

历史上有关广西回族的记载极少。除了清代编的地方志对元代进入广西的回回人有所记载，民国修的几部县志（《邕宁县志》、《平乐县志》等）对当时回族的情况有所记载以外，基本上没有关于回族的记载，更谈不上研究了。20世纪30年代，由于抗日战争的爆发，我国北方领土大部分沦陷，以成达师范师生为代表的一大批回族人相继迁入广西。这些回族人士对广西回族的情况十分关心，因而对回族的情况进行了比较多的调查，内容涉及人口、教育、经济、风俗等，从而使广西回族的研究进入了一个小高潮。据现在掌握的资料统计，从30年代到40年代末，关于广西回族的调查和研究的文章计有16篇。如马英的《柳州回教概况》、雨的《回教在西江流域》（“雨”系南宁回族田云卿先生笔名）、理芬的《广西桂林县清真寺及近日回民概略》、马全仁的《广西的穆斯林》、刘志鹏的《南宁回教礼拜堂观光记》等。这些文章多数刊登在回族人主办的刊物如《月华》、《突崛》、《回教论坛》、《天方学理月刊》上。特别要指出的是，著名回族史学家白寿彝先生于1938年12月自桂林赴昆明，在柳州候车一个多月，访问了解柳州伊斯兰史料，撰成《柳州回教考》（后又改名为《柳州伊斯兰与马雄》），分别在《西南边疆》和《月华》六卷第10、11、12期上发表。这篇文章对伊斯兰教传入柳州的年代、马雄在柳州的事迹作了详尽的考证和论述，具有很高的学术价值。1934年，南宁清真寺还出版了《广西回教》的刊物，宣传伊斯兰教义，并刊登有关广西回族研究的文章，可惜只出了一期便停刊了。

综观三四十年代广西回族的研究工作，虽然取得了不小的成绩，但是除了白寿彝先生的文章以外，其他文章很少运用传统的史学方法以及西方民族学、人类学的方法来指导回族的研究工作，而是一些基本情况的记述，这就限制了回族研究的深度和广度。

新中国成立以后，党和政府对回族人民十分关心，不仅派出慰问团慰问各地的回族同胞，而且对回族的基本情况进行了比较深入的调查，从而使广西的回族研究工作又提上了议事日程。1953年，广西省委统战部对南宁的回族及其宗教信仰情况进行了调查，撰写了《南宁市伊斯兰教情况调查》，这是新中国成立以后对回族进行调查的开始。1958年，广西民委又对桂林市、临桂县、永福县等地的回族进行了比较全面的调查，获得了大量的资料，撰写了《广西回族社会历史情况的调查》、《临桂县回族社会历史情况的调查》、《桂林市民族路回族社会历史情况的调查》等调查报告，这些调查报告是迄今为止关于广西回族情况的最详细的调查，内容涉及政治、经济、文化、教育、宗教、风俗等方面，尽管由于这些调查报告受当时“左”的影响，某些记述不甚恰当，但却是十分宝贵的，是研究广西回族的最基本的资料。1964年，柳州回族以云皋先生撰写了《近百年来柳州回族文史概况》一文。文章对柳州回族的来源、经济情况、教育、寺院、坟园等进行了详细的记述，有重要的史料价值。80年代以来，广西民族研究所派人对广西回族的情况进行了进一步调查，与此同时，南宁、桂林一些回族同志也对本地区的回族进行了调查，这些调查，对回族的研究有进一步的促进作用。在著述方面，据不完全统计，新中国成立以来公开和内部刊行的有关广西回族的文章大约有27篇，比较重要的有刘其椿、杨刚武的《伊斯兰教在南宁》(《南宁市文史资料》，1986年1月)，杨昌智的《桂林回族见闻》(《广西文史资料选辑》第二十八辑，1988年)，以光后的《回族》(《广西地方志通讯》1985年3月)，翁乾麟的《广西回族的历史及现状》(《宁夏社会科学》，1987年2月)、《广西回族〈白氏族谱〉琐谈》(《广西民族研究参考资料》第八辑，1958年)，以及区民委分别于1963年、1978年，1984年编的《广西少数民族》中的“回族”章等。

新中国成立以来，广西回族研究取得的较大进展主要有：(1) 来源问题。回族的先民主要是来自阿拉伯、波斯和中亚地区信奉伊斯兰教的居民，这是众所周知的，但是具体到广西，是什么年代从什么地方来的，这个问题仍然值得探讨。这个问题，以云皋的《近百年来柳州回族文史概况》、以光后的《回族》以及翁乾麟的《广西回族的历史及现状》都作了探讨。但是观点不统一，一种观点认为是宋代进入的，一种观点认为是元代进入的。这个问题还需要进一步开展讨论。(2) 伊斯兰教问题。回族和伊斯兰教有很密切的联系，伊斯兰教对回族的形成和发展有重要的影响。关于这个问题，劳诚发表的《广西的宗教》中关于伊斯兰教部分作了简略的介绍。杨昌智的《桂林回族见闻》也对伊斯兰教的寺院及其功能作了一些初步的探讨。(3) 风俗习惯。众所周知，回族的风俗习惯和汉族及其他民族都有很大的不同，如饮食、丧葬、节日等都有自己的特点。对此，海代泉、以光后、苏韶芬等都发表了文章进行探讨。苏韶芬发表的《桂林市回民的出生、出幼和婚娶礼》、《桂林市回民的丧葬习俗》都是实地调查后写出的。海代泉、以光后二人均是回族，从小耳濡目染，自然对回族的习俗有更深的体会。不过，海代泉发表的《回族的三大节日》大部分篇幅是讲全国回族的情况，讲广西回族的较少，是一个不足。（4）人物研究。1988 年，张家棣发表了《回族画家马秉良和他的〈云吞琐录〉》，对回族画家马秉良进行了研究。在此之前，粟冠昌在《广西历史人物传》（第二册）中撰写了《傅宏烈》一文，较系统地介绍了傅宏烈的生平事迹。不过，文章未注明傅宏烈是回族，这大概是由于在官方的记载中，多数回族人的族籍都被隐去的缘故，其实傅宏烈是回族，这一点在桂林回族《傅姓宗谱》中有明确记载。除此以外，在回族的民间文学收集方面，苏韶芬、李海鸣、彭杰也做了工作，但尚未开展研究。

综观以上回族研究工作的历史和现伏，可以看到，尽管广西回族研究取得的成果还比较少，但是成绩还是不小的。这些研究成果为今后进一步深入开展回族研究奠定了基础。

广西回族研究工作虽然取得了一些成绩，但严格地说还仅仅是开始，因为不论是和广西其他各民族的研究相比，还是和邻省的回族研究相比，广西回族的研究都有很大差距。回族研究的这种状况和广西民族研究的发展要求是不相适应的。因此，在继续抓好广西民族研究的重点对象（如壮、瑶）的研究之外，对回族以及其他人口较少的民族也应进一步加强研究。

广西回族的研究工作，笔者认为目前应着重抓好以下几个方面问题的研究。第一，回族进入广西的时间问题。如上所述，这个问题目前没有形成统一的观点，一种观点认为宋代进入，一种观点认为元代进入，更有个别文章说唐代进入。第二，社会性质的研究。新中国成立前，广西回族处于一种什么性质的社会经济形态？这也是广西回族研究不可回避的一个重要问题。弄清这个问题不仅有助于我们认识广西回族的社会发展水平，而且有助于我们认识全国回族社会发展的不平衡性。从现在掌握的资料看，广西回族在新中国成立前已进入地主经济是没有疑问的，但回族是否有了资本主义生产方式的因素，则需要进行深入的研究才能够给出科学的回答。第三，伊斯兰教的研究。在广西12个世居民族中，回族是唯一信仰伊斯兰教的民族，伊斯兰教和回族有非常密切的联系，以至于可以说，没有伊斯兰教就没有回族。同时，我们在调查中发现一些地方的回族已失去伊斯兰教的信仰。开展伊斯兰教的研究应该注意解决以下问题：（1）伊斯兰教传入广西的年代标志是什么？宗教有三个要素，即信徒、寺院、经典，少了一项也不成其为宗教（现代宗教），伊斯兰教自然也不例外。如果以三项要素必备为标志，那么，伊斯兰教传入广西的时间就要早得多，反之，就要晚得多。可见，要解决伊斯兰传入广西的年代，首先必须解决其进入的标志。标志解决了，年代问题也就不难解决了。（2）伊斯兰教的发展历程如何？据现在掌握的资料，伊斯兰教在广西的传播曾有两次繁荣的时期，一次是清朝顺治年间甘肃固原（今宁夏固原）回族马雄任广西提督时期对广西伊斯兰教的推动（详见白寿彝先生文章），一次是成达师范迁入桂林办学时期。这两次繁荣时期不仅涉及广西伊斯兰教发展的历史，而且在全国伊斯兰教研究中也是比较重要的事件，应进行深入的研究。（3）广西伊斯兰教的教派是什么？广西伊斯兰教主要属逊尼派，但也有什叶派的色彩，如过去回族取经名常有取“阿里”者即为一例。(4）伊斯兰教的组织和经济状况如何？据调查，新中国成立前，回族的清真寺都设有董事会的组织，董事会设董事长一人，董事若干人。董事会负责清真寺的俗务。清真寺多拥有一定数量的地产和房产。(5）广西伊斯兰教的特色、统属如何？这要求把广西的伊斯兰教和西北回族的伊斯兰教进行比较研究，发现其特点。(6）最后，还应开展伊斯兰教对回族的影响及其社会作用等的研究。第四，回族心理素质的研究。在回族的研究中，使人最感兴趣的问题莫过于，回族作为一个外来民族，并且分散居住在汉族之中，为什么没有被汉族同化？第五，人物的研究。回族历史上出现了不少重要人物，对这些人物，不管是正面的，还是反面的，都要用历史唯物主义的态度去加以研究，给予客观的评价。比如对白崇禧，国内回族研究界不少学者提出应加强对他的研究，这个建议值得重视。第六，对回族的发展问题也应开展研究，因为总的说，回族的发展状况在广西是比较先进的，但仍有部分回族的生活比较困难，回族和阿拉伯世界有比较密切的联系，如何利用这种联系，打开广西和中东的市场，也很值得探讨。除此以外，在民间文学等问题上也有许多问题值得探讨。

如何开展广西回族的研究工作，主要有以下几点。第一，要系统地做好资料的收集工作。资料是回族研究的基础，没有资料的收集，要进行研究是不可能的。现在回族研究的资料比较缺乏。20世纪50年代虽然做了一次调查，但不仅数量有限，而且质量上也有不少问题。近年来，虽然又开展了一些调查（主要是由于编写回族志的需要），但还不深入。因此，资料的收集应继续抓紧抓好，特别要重视回族族谱、碑文、照片、口碑资料的收集，以及地方志文献资料关于回族资料记载的收集，等等。第二，要注意运用科学的理论和方法作指导。这里主要说的是要运用马克思主义的理论和方法，以及民族学、人类学的方法进行研究，因为没有理论的指导，不善于运用科学的方法进行分析，研究工作就很难深入。比如关于回族为什么能保持自己的特点？单纯从宗教上讲恐怕是不行的，宗教固然是一个重要原因，但是否还有更深层次的原因，也值得探讨。第三，要有一支回族研究的队伍。目前，回族研究主要是一些业余作者在搞，专业研究人员研究得不多。这主要是因为民族研究界有一种“默契”，广西着重研究壮、瑶等民族，回族研究主要在西北，笔者认为这种“分工”在50年代是合理的，但随着民族研究的深入开展就逐渐显得不合理了。因为随着民族研究的深入开展，回族研究不能仅局限在西北，还要求开展对全国各地回族的研究；从广西来讲，随着民族研究的深入，要全面了解广西各民族的历史，除了壮、瑶族的研究以外，也要对其他的民族包括回族进行研究。当然，开展对回族等民族的研究并不排斥壮、瑶族研究是广西民族研究的重点的观点。

总之，广西的回族和伊斯兰教研究是广西民族、宗教研究的一个重要课题，也是广西民族、宗教研究不断深入的一个标志。加强广西回族和伊斯兰教的研究，必将对广西各民族的团结产生深远的影响。

（原载《广西民族学院学报（哲学社会科学版）》1990年第1期；作者系广西社会科学院农村经济研究所研究员）

中国京族研究综述

黄安辉

京族是我国22个人口较少民族之一，同时也是我国唯一一个从事海洋渔业生产的少数民族。京族主要聚居于广西壮族自治区东兴市（县级市，由防城港市代管）江平镇管辖下的沥尾、巫头和山心三个行政村，人们习惯将这三个村称为“京族三岛”。京族过去又被称为“越族”，1958年成立东兴各族自治县时，根据其历史、语言、文化艺术、生活习俗的特点和本民族的意愿，经国务院正式公布，定名为京族。

新中国成立六十年来，我国京族社会的面貌发生了翻天覆地的变化，经济得到了蓬勃发展，人民群众的生活水平有了极大提高。在这种大好形势下，学术界有必要对我国京族研究的情况加以总结，以便使今后的研究取得更大成果。

一、各历史阶段我国京族研究的情况

我国京族研究的历史大体可以分为三个阶段，各阶段的具体情况如下。

（一）新中国成立前有关京族的记载和研究几乎是空白

新中国成立以前，京族社会及其文化处于极为边缘的状态，无论是国家政府还是文化研究人员，都不太关注京族社会及京族文化。造成这种局面的原因，一方面与当时统治者对少数民族实行民族歧视和民族压迫政策密不可分，另一方面也与京族人口较少、经济发展水平低下以及聚居在边疆地区有关。此外还有一个不容忽视的主观原因，那就是当时的文人学者对这一“边缘”群体关注的缺失。众所周知，20世纪初期的中国社会正处于大变革时期，内忧外患的局势促使许多有政治抱负和学术良知的文人学者更多地去关注国家前途和民族命运等重大问题，而不是去调查研究聚居在地理和文化“边缘”的一个小群体。

20世纪20年代末，特别是30年代初期，以具体民族为调查研究对象的田野调查逐渐展开。这时的调查涉及南方许多地区的多个民族，如：1935年燕京大学的费孝通和中山大学的杨成志分别对广西和广东瑶族的调查；1934年以后，中央研究院和岭南大学的史图博、伍锐麟、杨成志等人对海南黎族的调查（拍摄了电影纪录片）等。然而，京族并没有进入当时研究者的视野。抗日战争爆发后，沦陷区内的许多大学和研究机构内迁到西部地区（主要是四川和云南等地），这在客观上为民族学和人类学的民族研究提供了便利，因为西部地区正是我国少数民族聚居地区，当时民族矛盾显著，而日本正欲借此挑拨我国各民族的关系，以便进一步全面地吞并中国，人类学研究正好有用武之地。但是，地理位置同属西南地区的京族三岛，仍没有获得受外界关注的机会，其“无人问津”的尴尬处境与四川、云南等地热火朝天的民族调查场面形成了极大的反差。

（二）新中国成立至改革开放前以民族识别和社会历史调查为主的京族研究

新中国成立后，中国共产党实行平等、团结、互助的民族政策，在各级权力机关里，在各级人民代表大会里，都要落实少数民族代表的名额，实行民族区域自治，建立民族自治地方，帮助发展民族经济，开办民族学校，发展民族文化等。这就首先要搞清楚中国有哪些民族，因为如果民族成分不确定，势必影响到这些民族充分享受一个民族应该享有的各项权利，影响他们政治、经济、文化事业的发展，也会妨碍这些民族人民在社会主义革命和建设事业中充分发挥其积极性。因此，大力开展民族识别及民族社会历史调查工作，成为当时党和政府民族工作的重要内容，正是从这时候开始，针对京族的调查研究逐渐多了起来。

50 年代初期，由中南民族事务委员会和广西省民族事务委员会联合组成工作组，对京族地区进行了较为详细的实地调查，这次调查也可以说是我国京族史上的首次民族识别工作。工作组根据此次调查得到的材料，1954 年由广西省民族事务委员会编印了《防城越族情况调查》的调查报告。这一调查报告具体记录了当时京族的社会情况，其中包括政治、经济、文化等方面的内容，是第一份最为翔实的京族社会情况的调查材料。由于当时的调查受党和政府意识形态的影响，《防城越族情况调查》的内容充斥着许多阶级斗争的内容。因为民族识别在很大程度上是政府行为，在学者的调查、分析和政府的意见及被识别族群的意愿这三者间，政府的意见在民族识别中常起更重要的作用。同时，《防城越族情况调查》并不是公开出版的专著，编印的数量也不多。

1958 年，中国社会科学院民族研究所会同广东民族研究所、中央民族学院和华南师范学院共同组成调查组，对京族地区进行了第二次较大规模的实地调查。这次京族社会历史调查只是全国少数民族社会历史调查的一部分，政治意味十分浓厚，主要是为了反映新中国成立十年以来党在民族工作方面所取得的伟大成就，突出新中国成立以来少数民族所出现的新景象及新的民族关系，进一步阐述党的民族政策。这次调查的材料最后整理成《京族简史简志合编》（初稿），同样是作为内部资料供政府相关部门或少数研究人员参考。

从新中国成立到改革开放之前，国内关于京族的调查研究主要是以集体的方式，按照国家形势与政策需要来进行的，对研究领域、视角、方法等问题的确立缺乏研究者个人更多的独立思考。特别是从60年代初期到“文化大革命”结束的十几年时间里，由于受党内“左”倾错误思想的影响，部分与民族研究有关的学科专业被撤销，许多长期从事民族研究的著名专家学者受到批判，人们对民族和民族问题的研究也相应地出现了一些偏差，持续高涨的过激话语逐渐替代了冷静、严谨的学术研究和平和、客观的学术表达。受这种政治气候的影响，这一阶段的京族研究，大多是一些以新闻报道的方式发表出来的短小文章，而且带有明显的阶级斗争痕迹，如报道文章《战斗在京族海岛的理论队伍——东兴各族自治县山心大队的调查》（《广西日报》，1974年10月10日）等。

（三）改革开放后蓬勃发展的京族研究

党的十一届三中全会召开后，“文化大革命”时期的极“左”思想开始得到全面纠正，人们的思想逐渐得到解放，原来被撤销的与民族研究相关的学科专业逐步恢复和重建起来。与此同时，随着改革开放政策的实行，京族社会各方面事业取得了较大的发展，京族社会经济面貌有了极大的改观。京族越来越受到外界的重视，相关学科的研究者纷纷把目光投向京族社会，从不同的角度对其进行研究。

20世纪80年代的京族研究，比较重大的成果就是国家投入相当的人力和物力，对新中国成立初期民族识别调查和社会历史调查得到的资料进行重新整理，先后公开出版了《京族简史》（京族简史编写组编，广西民族出版社，1984年）、《京语简志》（欧阳觉亚等著，民族出版社，1984年）和《广西京族社会历史调查》（广西壮族自治区编辑组编，广西民族出版社，1987年）等资料性书籍。这时，以专著形式出现的有关京族研究的成果不多，苏润光等编的《京族民间故事选》（中国民间文艺出版社，1984年）可以说是其中的代表。此外，这十年还有不少京族研究的相关论文公开发表，如项美珍的《解放前京族的社会经济和民族关系》(《广西民族学院学报》，1982 年第 3 期) 等。

20 世纪 90 年代至今的十多年时间是京族社会经济发展的腾飞期，京族群众的生活从基本解决温饱问题到全面实现小康社会目标。这一时期也是京族研究成果的丰产期，以专著形式发表的代表性成果有符达升等人合著的《京族风俗志》(中央民族学院出版社，1993 年)、吴满玉等编著的《当代中国的京族》(广西人民出版社，2005 年) 及周建新等著的《从边缘到前沿：广西京族地区社会经济文化变迁》(民族出版社，2007 年) 等。

近年来，有关京族研究的论文更多，其内容既涉及宗教信仰，又包括民俗习惯；既有旅游开发，又有经济贸易；既有民族教育，又有音乐舞蹈。

这一时期，我国京族研究呈现出两方面比较突出的亮点：

一是出现京族学者研究本民族文化的可喜现象。新中国成立后的头三十年时间里，京族研究主要由其他民族的学者承担，个别京族文化人只是写作一些短小的介绍性文章。20 世纪 80 年代以来，京族内部的一些文化人，纷纷加入到本民族民俗文化资料的收集和研究中，其中较为典型的代表有苏维光和吴家齐。苏维光注意收集本民族文学方面的题材，与他人合作出版的著作是《京族文学史》(广西教育出版社，1993 年)；吴家齐通过长期对京族民歌的收集整理，出版了《京族白话情歌对唱》(陕西旅游出版社，2000 年)。

二是抓住了京族传统文化研究的重点，即对京族最重要的非物质文化遗产哈节展开多角度、多层次的研究。哈节是我国京族最为隆重的传统节日，它承载着极为丰富的京族传统文化内涵。对哈节进行研究，可以使我们加深对京族海洋民俗文化内涵的了解，从而更好地把握京族传统文化的精髓。至今已公开发表的有关京族哈节研究的论文不少，如刘建平的《京族唱哈节初探》(《广西民族研究》，1992 年第 3 期) 等。

综观各时期京族研究的情况，可以看出，新中国成立六十年来，我国京族研究取得了辉煌的成绩。特别是最近几年以来，京族研究涉及的领域不断得到拓宽，研究成果也越来越多。因此，京族社会再也不像新中国成立前那样，是无人问津的学界研究“盲角”，同时，对于其他民族的人们来说，京族文化也不再像以前那样“盲点”丛生。现在，京族社会正以一种开放的姿态迎接来自各领域的研究者，京族研究正处于活跃时期。

二、目前我国京族研究存在的不足

虽然我国京族研究已经取得了很大的成绩，但是，我们必须清醒地认识到，目前国内学界的京族研究还存在着一些明显不足，主要表现在以下几方面。

（一）对京族相关历史问题的研究极少

截至目前，包括民族学、人类学、民俗学等众多的学科都有学者对京族社会进行过研究，研究的角度多种多样，研究的问题非常广泛。然而，从已经公开发表的研究成果来看，大家似乎更愿意开展京族现实问题和京族文化开发利用方面的研究，而从纵向维度对京族相关历史问题进行研究的极少。究其原因，一方面是由于京族之所以引起越来越多研究者的关注，是与京族社会经济快速、持续的增长和京族群众生活水平的大幅度提高有着密切关系的；另一方面，对京族现实问题和京族文化开发利用方面展开研究，所需要的论证材料更容易收集，而研究京族历史方面的问题，可以利用的文献资料寥寥无几。正因为如此，许多人认为，比起探讨历史问题可能会遇到的困难，担当京族社会经济发展和文化保护、开发的“解释者”和“建言人”要容易得多。

由于受这些思想的影响，目前我国京族研究主要侧重于经济和民俗两大方面，谈及历史问题的论著很少。韩肇明的《关于京族历史中的若干问题》一文，分别谈了京族源流、社会性质和保家卫国等问题，但由于缺乏文献资料记载，我们无法钩稽出一个历史发展程序的大体轮廓，尤其封建社会以前的社会形态，几乎成了空白。文献资料的欠缺是造成探究京族历史困难的原因，但不应成为放弃这种努力的借口，也不能因此而否定开展京族历史研究的必要性。

（二）对京族传统文化内涵的研究挖掘不够

我国京族具有几个比较明显的特点：一是人口数量少；二是生计方式以海洋渔业生产为主；三是属于跨国民族（与越南京族是同源民族）；四是从祖居地迁移到现居地时间不长（不到五百年）。这些特点决定了我国京族与国内其他少数民族在文化传统方面存在着根本区别，特别是其海洋渔业民族的特点更是国内其他少数民族所不具有的。

京族本身所具有的这些特点，决定了它文化传统的独特性。我们研究京族的风俗习惯和传统文化，必须注意到该民族本身的特殊性，只有深入挖掘蕴藏于表象之中的文化意义，才能真正把握京族传统文化的内涵。但是，从数量众多的京族传统民俗文化研究成果来看，平铺直叙地描述京族文化表象的成果居多，真正深入探讨京族传统文化内涵的研究成果比较少见。

（三）同源民族的跨国比较研究相对不足

中越两国是山水相连的邻邦，两国间的文化交流历史悠久。新中国成立后，中越两国学术界互相将对方的有关学术研究成果翻译介绍给本国的读者，以便国内民众加深对邻国的了解。20世纪50—70年代，中国国内主要是翻译介绍越南政治、经济及军事斗争方面的书籍，各种题材的小说读本也比较多，但学术研究性论著极少。20世纪90年代初中越关系逐步实现正常化后，我国学者不再满足于简单地翻译介绍越南所出版的各类论著，而是开始有意识地研究越南民族。这方面的研究成果，既有以专著形式出现的，如罗长山的《越南传统文化与民间文学》（云南人民出版社，2004年）等；也有以论文方式发表的，如余翔的《越南民族宗教概况》（《国际资料信息》，2003年第10期）等。

但是，总的来说，国内学界对于我国京族跨国性的一面关注并不多，调查研究的范围更多地囿于国内京族，开展中越两国京族的比较研究更是极少，王绍辉的《略论广西京族语与汉语及越南语的交流现状》（《东南亚纵横》，2005年第12期）一文和周建新的《中越中老跨国民族及其族群关系研究》（民族出版社，2002年）一书，可算是其中的代表性论著。而将我国京族与其祖居地，如越南涂山等地（我国京族最早是从越南涂山等地迁过来的）的京族进行比较研究的几乎没有。与国内其他地方所开展的本省区跨国民族的国际研究相比，无论是研究领域，还是研究成果，京族的跨国同源民族比较研究都略显不足。

三、今后京族研究的一些思考

针对以往研究存在的问题，笔者认为，今后的京族研究，可从以下几方面努力。

（一）加强对喃字文献资料的研究

喃字，又称字喃，是曾流行于越南和我国京族地区的一种特殊文字。所谓喃字就是一种根据汉字的形体特征借用汉字或汉字的构件，采用假借和自造等方法创造出来书写越南民族语言的符号体系。喃字最初在越南形成，我国京族从祖居地迁来京族三岛时，将喃字也一起带来并继续使用，直到汉字在该地区流行开来后才逐渐弃用。因此，可以这样说，喃字是我国京族传统文化的重要标志之一，是中华民族文化宝库中一颗璀璨的明珠。

越南学者对其国内的喃字已有许多研究。中国学者开展越南喃字研究也比较早，1933 年，闻宥先生就在《燕京学报》上发表了题为《论字喃之组织及其与汉字之关涉》的文章；我国著名语言文字学家王力先生在 20 世纪 30 年代末 40 年代初也曾在越南进行过喃字方面的调查研究；1956 年，中国文字改革委员会以油印本的方式刊印了《越南喃字字汇表》。近期国内学者这方面的研究就更多了，公开发表的论著也不少，如刘玉珺的《越南汉喃古籍的文献学研究》（中华书局，2007 年）等。

收集和整理喃字文献资料并对其进行深入的研究，不仅可以帮助我们了解我国京族的历史，而且也对我们掌握京族在原祖居地的一些情况大有裨益。最近几年来，在专家、学者的指导下，我国京族地区曾举办过喃字培训班，成立了京族字喃文化传承研究中心。目的是要使更多的京族群众了解本民族的文字，提高他们保护喃字的积极性。同时，国内一些学者在我国京族喃字的收集和整理方面也做了很大努力，已有较好的成果公开出版发行，陈增瑜主编的《京族喃字史歌集》一书即是其中的代表。《京族喃字史歌集》一书的出版，为"抢救"和保护面临消失的京族喃字文献资料做出了很大的贡献，但是，该书只是具体记录收集和整理到的喃字资料，并未对其进行深入的研究。因此，如何研究这些喃字文献资料，解读这些文字符号所蕴涵的意义，应该成为我们今后研究工作的重点之一。

（二）拓宽京族海洋文化研究领域

对于人类在新世纪的发展问题，国际社会普遍认为，21 世纪将是"海洋世纪"。如今，学界正逐渐兴起一股海洋文化研究的热潮。我国有将近两万公里的海岸线，是世界上最早开发利用海洋的国家之一，中国海洋文化不仅历史悠久，而且内容丰富多彩。因此，随着人们对海洋重要性的认识不断提高，有关海洋文化的研究必将会越来越多。海洋文化，作为人类文化的一个重要的构成部分和体系，就是人类认识、把握、开发、利用海洋，调整人与海洋的关系，在开发利用海洋的社会实践过程中形成的精神成果和物质成果的总和，具体表现为人类对海洋的认识、观念、思想、意识、心态，以及由此而生成的生活方式包括经济结构、法规制度、衣食住行习俗和语言文学艺术等形态。

我国京族临海而居的自然地理环境和长期的海洋渔业生产生活实践，使其形成了独特的海洋文化传统。虽然京族社会的经济结构经过了较大的调整，人们的经济从业方式日趋多样化，原来以海洋渔业捕捞为主的单一的生计方式逐渐为多种经营所取代，但是，经济生产方式的这些变化，并未从根本上改变京族社会的海洋文化传统。因此，研究京族经济生活和传统文化，离不开对深嵌于京族民族性之中的海洋文化特性的探讨。过去的许多相关研究，更多的是从“展演”或“展示”的视角出发来研究京族的经济现象和文化事象，缺少对海洋文化所涵盖的多向度内容和深层次内涵的研究。鉴于此，今后的京族研究，完全可以在海洋文化方面多下工夫，不断拓宽该研究领域，诸如研究以海洋渔业生产为主的海洋物质（器物）文化，以海神信仰及崇拜为中心的海洋精神（观念）文化，以协调人与海洋及人与人之间关系为重点的海洋制度文化等，都可以成为今后努力的方向。

（三）积极开展跨国研究

我国共有三十多个民族跨国而居，跨国民族占全国五十六个民族的比例在60%以上。这些跨国民族“因语言相通、文化习俗相似等便利条件为中国和周边国家关系的发展建立起民间交往的桥梁”。对这些跨国民族进行调查研究，尤其是将我国的跨国民族与它的国外同源民族进行深入的比较研究，无论是从增加相互了解、增进双方共识的现实角度来看，还是从巩固双边关系、维护边疆稳定的战略高度考虑，都是十分必要的。

近现代以来，地域辽阔、历史悠久、民族众多、文化多样的中国，成为了西方有志于汉学研究的学者理想的调查场所，并因此而成就了一批汉学家。西方学者不远千里、不辞辛劳地开展跨国跨文化研究的做法，确实应该引起我们的注意和思考。在国际交往日趋频繁的全球化时代，国人急需了解外面的世界，因此，我们的学者不能固步自封，满足于国内的社会研究，而应放眼世界，将调查研究的视野延伸到国外去。

从学术的角度来看，将我国京族与其祖居地的京族进行比较研究，有助于探讨我国京族的诸多历史问题和文化现象。因为我国京族从越南迁移过来以后，原来的一些传统习俗已消失，从而造成我们理解现今仍然流行且与之相关的一些文化事象的困难，通过对越南京族的调查研究，可以使我们加深对这些文化事象的理解。从现实的角度考虑，中国—东盟自由贸易区已经正式启动，广西沿海地区作为面向越南等东盟国家的重要桥头堡，加强中越两国间京族的比较研究，将有利于密切彼此之间的联系，促进双方的友好往来，这样的文化互动将在政治、经济等方面对两国双边关系的发展产生积极影响。

（原载《广西民族研究》2010 年第 2 期；作者系北京师范大学中国语言文学博士后流动站在站博士；现在海南省委党校教授）

京族唱哈节初探

刘建平

京族系我国南方滨海的一个少数民族，总人口 12390 人（1990 年)，其中 90% 居住在广西壮族自治区防城县江平镇的沥尾、巫头、山心三个海岛上，俗称“京族三岛”，其余的则与汉壮等民族杂居于附近。长期的海岛生活，塑成了京族独具特色的文化模式。在经济形态、生产方式乃至生活习俗等方面积淀着十分浓郁的地方民族特点。“唱哈节”是其中一个最有代表性的传统节日，它以独特的形式、丰富的内涵和古朴的风格，生动地展示了京族悠久的历史、独特的生活习俗和恒稳的心理定势及斑斓多彩的文化风貌。本文试以节日的活动形式、内容及其反映的问题，略作探讨，欠妥之处，就正于方家。

一

“唱哈”京语称作“艺殿耽”（haidi：ndon)，意译为亭旦日(即建亭竣工之日)。“哈”（hat)，京语的译音，为“歌”的意思，“哈节”即为“歌节”。由于节日整个过程歌声贯始贯终，故毗邻的汉族便将此节称为“唱哈节”。

“唱哈节”的时间先后不一，沥尾岛是农历六月初十，巫头、山心两岛是农历八月初十，红坎村则是正月二十五。但节日的活动大同小异，主要由祭祀和文娱活动两部分组成。司掌祭祀活动的有个纯由男性组成的班子，这些人统称为“礼生”。由香公、主祭、陪祭、通唱（即司仪）、引唱（传达通唱祭祀口令者）、捧祝者（捧祭文的礼生）、读祝者、内外执事（捧祭品者）以及“哈头”和锣鼓手等组成。哈头专门负责筹办祭品，巫头、沥尾每岛各有8人，山心岛有30人，每年轮换一次，换届仪式一般在“入席”仪式时举行。入选的哈头必须由已获取“入席”资格并按登记秩序排在最前面的一些人充任。这些人就任时，皆要举行一个简短的接任仪式，每人将一粒槟榔含入口中，即算正式就任。由于找不到槟榔，现多用蒌叶代之。新任的哈头，开始在哈亭内只能干一些杂役之类的事情，等逐步熟悉唱哈礼仪和程序后，方准正式入围，担任礼生中的重要角色。香公三年轮换一次，入选者必须在60岁以上并谙熟“唱哈”礼仪和程序的哈头中选拔，符合条件者，最后还要通过“占卜”定夺。倘若三次连续皆为“胜珓”①，就算合格，否则将被淘汰。“礼生”班子人员齐备，谙熟仪礼，分工有序，各司其职。在祭祀过程中，专司歌舞的人，称为“艺人”。男的叫作“琴公”（oŋkɛp），女的称为“桃姑”（kodou）。艺人的人选没有严格的规定，任何人只要对此有兴趣，通过承师传艺，皆可充任。整个祭祀活动大抵分为迎神、祭神、入席、送神四个程序进行。

迎神　一般多在唱哈的前一天正午举行，整个仪式庄重，场面十分恢宏。由两面大幡旗和十面三角牙边彩旗组成的前导队，率领扛着罗伞、兵器、香案、敬酒台和锣鼓的队伍以及全体礼生和村中父老陪同的迎神队伍，一行浩浩荡荡开至海边②，在面对请神的方向（东南方向）搭设一神台，全体礼生和村中父老跪伏于台前。

---

① 占卜系用牛角、蚌壳、竹片、木片等剖制而成的占卜器具。占卜时，若两竹片仰谓之“阳珓”，两竹片伏则谓之“阴珓”，若一片仰、一片伏即谓之“胜珓”。

② 京族视镇海大王神为诸神之最，故每年“哈节”时必到海边迎接。

由读祝者手捧请神文高声诵读。读毕，再由香公行“杯卜”请神。能否请到神，似乎取决于香公的占卜，倘若“胜珓”三次，即谓神已请至。否则，香公还要重复以上“珓卜”，读祝者亦要反复诵读，直至请到神为止。当把神迎回来后，队伍必须由哈亭前的“迎神彩门”入亭。入亭后，众哈头在香公的主领下，面对神台，三叩九拜，略行一小仪式后，立刻将一“关梁”（也称“关神门”）架上当门的横梁上，即表示神灵业已安置妥当。接着将进行盛大的祭典仪式。

祭神　分大祭和小祭两种形式。大祭多在迎神后的第二天正午或下午进行。沥尾、巫头祭拜的神一共有五位：镇海大王、陈朝上将军、圣祖大王、高山大王、点雀大王。山心岛除了祭拜前三位神灵外，还祭拜一位“本境土地”神，与沥尾、巫头略有差异。大祭前，一般还要举行一个“宰象”仪式。所谓“象”实际上是“猪”。由每个哈头各自分养一头，称为“养象”。平日饲养时，要小心侍候，不得弄脏，更不能鞭打。每年到哈节祭神前进行评比，择肥大者入选。入选的“象”在宰杀前，要由饲养该“象”的人驱赶其围亭绕行三周，谓之“生祭”。生祭仪式结束，个别村子立刻宰杀，有的村子必须要等到午夜时才能宰杀。宰杀后的“象”，煮熟供于神台前，称为“熟祭”。“生”“熟”两祭仪式结束，便进行大祭仪式。

大祭分两个步骤进行。首先由主祭与众礼生代表全体村民把他们每人捐献的礼物，分三次向五位大神敬献（指形式上的）。献礼仪式前，每位礼生必须先净手，否则即被认为心不诚。众礼生分五排立于神台前，众陪祭（即哈头）则分两至三排立于哈亭的后殿。就位毕，通唱首先唱仪，每唱一句，司鼓便敲一阵“哈鼓”。引唱随即和上一句。然后主祭手秉燃烛，躬身缓步绕行神台前的供品一圈，司仪（通唱）即刻将一碗生猪血用双手疾步捧出亭外，择一小块干净的空地作为祭地，插上香，猪血置于供品中间，众礼生轮流跪拜，谓之祭“光身神”。光身神也称“野神”，是京族的保护神，因其未着衣，故不便登堂入室，只好置于亭外祭拜。之后，主祭和众礼生开始向诸神献礼。每一次献礼前，主祭要亲自给五位大神敬一次酒。读祝者高声诵读祭神文。读毕，将祭文当众焚烧，意谓让圣洁的青烟把人们虔诚的祈求带上九霄天外报给五位大神知晓。其次为“受胙”。“胙”本指古代祭祀时所供的肉品，这里主要指在“献礼”结束，由主祭代表诸神接受村民们集体敬献的一块有 4 个奶头的猪肉和一坛醇香的米酒。礼毕，酒肉可归主祭个人享用。另外，在每一次献礼时，还有两至四个“桃姑”伴随着明快的鼓点，在亭内的中殿翩翩跳起《进香舞》和《进酒舞》，表达村民们向诸神敬香劝酒的虔诚心境。

大祭日这一天．村中凡走得动的人，均要前来祭拜，并汇集亭内观看“桃姑”和“琴公”表演“唱哈”。“桃姑”一般两至三人，分主唱与和唱。主唱的“桃姑”立在后殿的中间，手拿两块竹板，边敲边唱；和唱的“桃姑”侧席地旁坐，敲着竹梆和之。“桃姑”唱完一句，“琴公”便抚琴伴和。歌声低沉婉转，琴音清脆悠扬，再加上亭内香烟缭绕，烛光辉映，气氛甚为欢快。

小祭自迎神入亭后，每日一次。祭祀的程序基本上与大祭礼仪相仿，只在规模、气氛、时间、供品等方面次于大祭礼仪。

入席　京族称为“坐梦”（ma:m）①。“梦”有咸甜之分。“咸梦”指酒菜，“甜梦”指糖果糕点。入席的年龄按传统有明确的规定，沥尾、巫头、山心岛的男子不能低于 18 岁，红坎村的不能低于 16 岁，否则没有资格入席。酒菜各家自备，每餐由两至三人轮流出菜。妇女不能入席，只可在亭外听唱。入席就座的位子有等级之分，不可逾越。过去座位的高低是根据人们在修建哈亭和筹备

① 原指用来搁置酒菜和糕点的木制托盘，人们在入席时，围盘而坐。现泛指整个“人席”仪式。

"唱哈"时所捐钱物多少而定的。捐献多的人，座位级别就高，并享有优先分获祭品的权利，反之则低。而无力捐献的人，则没有资格入席，只好隔于亭外听唱。山心村定有12个级差，沥尾村则有三个。坐最高位置的人为"老大"，座位低下或无座位的人要服从老大的唤使，担负唱亭内的各种劳役。这种状况无不深刻地反映了新中国成立前京族社会森严的阶级等级制度。随着时代的发展，京族人民不断弃旧纳新，等级制度亦逐渐松弛，贫富定位被辈分分席取而代之，从内容到形式都了发生了很大的变化。入席的人除了本村的父老兄弟外，还邀请邻村的京族代表、外地工作的京胞、上级机关的领导，以及千里戍边的京族子弟兵。席间，主客频频举杯，相互祝愿，文人墨客举对吟诗，海阔天空。千里回归的京胞也借助山歌抒发对故乡深切的眷恋之情。当夜幕降临时，人们又回到哈亭济济一堂。晚上的"梦"席为"甜梦"，气氛较白日热烈。宾客之间竞相邀歌，引项一曲，歌声、掌声、此起彼伏。"桃姑"除演唱"哈歌"以外，还表演精彩的跳《灯舞》。[①]

送神系节日的最后一个程序。沥尾岛的京族群众颇有讲究，须行"杯卜"定吉时，倘若连续三次"杯卜"皆为"胜珓"即认为"吉时"已至。众村老少欢腾雀跃，哈头们立刻把门楣上的"关梁"打开，送神返"家"。其他村岛的京族"唱哈"毕即送。送神的仪礼大抵与迎神时的相仿。不同的是，读祝者在送神时，诵读的是送神词。送神时，要请一位"桃姑"在后殿的中厅跳《花棍舞》[②]，借以表达京族群众渴望驱邪纳福、祈求人畜平安的心愿。舞毕，"桃姑"使劲将花棍向亭外掷出，据说谁要能接住，谁就吉祥幸福。送神毕，整个"哈节"便告结束。

---

① 编辑部编：《京族舞蹈》，35～38页，见《中国民族民间舞蹈集成·广西卷》，1986。

② 编辑部编：《京族舞蹈》，35～38页，《中国民族民间舞蹈集成·广西卷》，1986。

二

“唱哈节”除了祭祀活动以外，还有形式多样的文娱表演。唱哈和跳舞是两个主要的传统项目。“哈歌”一般有固定的手抄歌本，多用“喃字”① 抄录流传。歌词内容形式广泛。既有咏述故事传说的《刘平和杨礼》，也有赞颂历史人物的《刘二打番鬼》，还有抒发友谊和缠绵爱情的《宋珍与陈菊花》、《生死恋》等，皆是京族群众喜闻乐听、世代流传的核心表演内容。此外，还有许多唐诗宋词，如白居易的《琵琶行》、苏东坡的《念奴娇·赤壁怀古》等，也被京族群众借用京族民歌的曲调，改编为“哈歌”并用于“哈节”中的表演。足见汉族文化对京族文化的深刻影响。

据京族老人说，以前适逢“哈节”，不但有“桃姑”在哈亭内“唱哈”，亭外尚有许多京族青年男女对唱山歌。民国时黄知元纂修的《防城县志》初稿亦曾有这样的记载：山心岛一带的京族“农隙时，择定地点，于月白风清之夜，邀请邻人，举行歌会，以资娱乐，其所唱之歌，乃系民歌，俗称山歌，参加者分为两部，一部为男性，一部为女性，两方均有谙熟山歌者二三人，名曰歌屯，男方择一歌喉清脆之男童，名曰歌郎，女方亦择一歌喉清脆之女童，名曰歌娘，男女相距约五六丈，由歌屯将山歌逐句低声口授，歌郎歌娘即循声高唱，一问一答，声调和谐，其乐盎然”，场面甚为热闹。可以窥见，“唱哈节”中的歌咏活动不仅丰富多彩，而且为京族青年男女进行社交活动提供了一个良好的时机。

“唱哈节”中的舞蹈，系京族最具有代表性的传统舞蹈。均由“桃姑”表演，有独舞和二、四、六人舞等几种形式。演出的先

① “喃字”是越南13世纪借用汉字的结构和表音表义方法创造的一种文字，“喃”即“民间”或“土俗”的意思。

后，一般要按照祭祀程序的需要穿插进行。舞蹈气氛虔诚肃穆，宗教气息古朴浓重。动律特点以圆、柔、收三字概括。基本步法为“三字步”、“躬身碎步”，主要动作有“轮指”、“转腕”、“手花”、“摇臂”等。动作柔和圆润，连贯自如，线条多呈弧形，结束时皆有向里回收的姿势。这些特点都充分地反映了京族舞蹈风格和动律的形成，是京族人民长期所居住的生活环境、独特的渔业生产方式以及鲜明的民族性格和特定的宗教祭祀内容与其他民族迥然所异而决定的。①

“唱哈节”中使用的乐器亦颇有特点，主要以打击乐器为主，有大鼓、大锣、小鼓、小锣、钹、木鱼、竹板等。这其中鼓的作用最大，堪称伴奏之重器。从祭祀活动乃至文艺表演，都离不开击鼓；尤其在舞蹈中，鼓乐不但控制了舞蹈的拍子和节奏，而且还烘托了舞蹈的气氛。鼓点一疏一密，节奏对比快慢鲜明，鼓声浑厚低沉，气氛庄严、肃穆。例如在伴奏《进酒舞》时，运用大鼓、小鼓、锣、钹配合伴奏时，平稳中稍带跳跃，虔诚中不乏热情，节奏跌宕变化起伏，鼓乐声与舞蹈融为一体，十分吻合，尤其在5/4拍中的最后两拍，“桃姑”重复做轮指手花屈蹲动作时，鼓乐不但有力地烘托了场内的祭祀气氛，而且还较好地表现了人们向神灵反复劝酒的虔诚意境，从而大大强化了舞蹈的表现力。② 除此，节日伴奏的乐器还有奏琴（即三弦琴）。综上所述，京族“唱哈节”不仅规模盛大、隆重，而且内容丰富多彩。古朴的祭祀礼仪中伴有多姿多彩的歌舞表演，虔诚的祈祷中又飘溢着浓重的宗教气息，这表明该节日在形成和发展的过程中，经历了一个从原始到文明、简单到复杂的历史过程。

---

① 编辑部编：《京族舞蹈》，6~8页，《中国民族民间舞蹈集成·广西卷》，1986。

② 编辑部编：《京族舞蹈》，6~8页，《中国民族民间舞蹈集成·广西卷》，1986。

三

"唱哈节"起源于何时？因缺乏文献记载，目前已难考证，但从其节日的形式和内涵，仍可依稀窥见其节日的源起及其变化发展的脉络。"唱哈节"系一个祭祀性的节日，海神和祖先是人们祭祀和崇拜的主要神祇，这种古朴的习俗有其产生的特定年代。在原始社会时期，由于受到时代的局限，人们认识水平低下，无法摆脱原始思维的束缚，对许多与自己生活有密切联系的自然现象，感到十分神秘、恐惧，对于来自自然界的压迫束手无策。因此，他们把生活中的一切得失成败统统归于一种神秘的自然力，看作是神的恩赐或惩罚，把自然现象超自然化，并且进行崇拜。[①] 这种行为就是人类最早的原始自然崇拜活动，它反映了原始人类在强大的自然面前软弱无力的曲折而复杂的心态。京族信仰的海神当是由这种原始的自然崇拜观念中发展而来的。恩格斯在1864年给马克思的信中曾指出："最初的宗教表现是反映自然现象、季节更换等等的庆祝活动。一个部落或民族生活于其中的特定自然条件和自然产物，都被搬进了它的宗教里。"[②] 恩格斯这段话，精辟地阐述了宗教产生时与人们特定的自然环境和经济生产方式之间的内在联系。自古以来，京族临海而居，以捕鱼为生，浩瀚无垠的大海既是他们赖以谋生的经济生活来源，也是造就他们区别于其他民族的海洋文化模式的特定自然环境。京族崇拜的镇海大王就是这种自然环境孕育出来的产物。诚如王笠荃先生指出那样，一般"对什么自然物依赖最

① 宋兆麟等：《中国原始社会史》，北京，文物出版社，1983。

② 恩格斯：《恩格斯致马克思》，见《马克思恩格斯全集》，第27卷，63页，北京，人民出版社，1972。

多，就对什么自然神祭祀最突出”①。古代的渔民面对大海，背朝天，缺乏一定的科学知识，生产工具十分落后，对于波涛汹涌的大海和瞬息多变的海洋天气无法驾驭，有一种神秘莫测的感觉。出海捕鱼，如履薄冰，生命没有保障。对此，人们既无力与大自然抗衡，也无法做出合理的解释，只好“求助于超自然的力量来征服自然”②。渔民以捕鱼为生，海洋的平静与波动，捕鱼的旺季和淡季，与他们的日常生活息息相关，直接影响到他们的生存。因此，将海神摆在最显要的地位，这是完全符合情理的。一方面正好说明和体现了这种信仰主要是由其特定的生态环境和经济生产方式决定的；另一方面产生这种意识的根源也正如恩格斯指出的那样：原始人类这种“思维对存在，精神对自然界的关系问题，是全部哲学的最高问题，像一切宗教一样，其根源在于蒙昧时代的狭隘而愚昧的观念”③。

“圣祖大王”也是“哈节”中顶礼膜拜的一位大神，被视为整个京族的祖先神，在诸神的排列中虽不甚显要，但我们认为，此神也当是京族原始的神祇之一。我们知道，崇拜祖先是人类社会早期，继自然崇拜和图腾信仰以后所产生的一种较原始的宗教信仰形式，其覆盖面十分广阔，几乎全世界所有从原始社会发展而来的民族，在迈进文明社会大门之前都经历过的一种特有崇拜形式。京族作为一个古老的民族当然不在其外。笔者在京族地区调查时，曾听一些老人说，京族素来就有崇拜祖先、信奉神灵的习惯。凡京村必有“亭”，有“亭”必祭祀，凡祭祀则先拜祖。从京族目前祭祖的情况来看，这种古朴的遗风至今仍十分盛行和稳定。“哈亭”内除供有“圣祖大王”的灵位，还有各姓氏、宗支、家系的祖先

---

① 王笠荃：《节日规律研究卜》，载《民俗研究》，1988（1）。

② 王笠荃：《节日规律研究卜》，载《民俗研究》，1988（1）。

③ 恩格斯：《路德维希·费尔巴哈和德国古典哲学的终结》，见《马克思恩格斯选集》，北京，人民出版社，1972。

灵位，甚至在每户渔民的家中，至今仍保存有祖先的灵牌。另外，京族在一年中的春节和农历五月五、七月十五、十月十、腊月下旬、正月二十五等节庆时，都要举行较隆重的祭祖仪式。除此，适逢妇女产后做“三朝”①、结婚新娘入门以及守孝逢节期间都要举行一个祭拜祖先的仪式。这种种迹象表明，崇拜祖先在京族的日常宗教生活中占有非常重要的地位，反映了原始京民受到万物有灵观念影响后，所传承下来的一种古朴习俗，与我国福建及东南沿海和台湾地区乃至东南亚一些沿海国家的“妈祖崇拜”如出一辙，形成了较为相近的宗教文化共识，揭示了人们在大致的地理环境和相同的经济生活条件下，必然会产生近似的文化模式的客观规律。

“唱哈节”中除了祭拜前文提及的两位神灵外，还有“陈朝上将军”、“高山大王”、“点雀大王”和“本境土地神”等诸位神祇。这些神灵的设立，据分析，绝不是发自于一朝一夕，其成因似乎更为复杂。陈朝上将军来历不详，“高山”和“点雀”大王似乎与世代滨海而居的京族没有什么必然的联系，京族三岛之一的山心岛就从未信仰过这两位神灵。另外，据京族艺人裴永彬先生说，其在钦州地区进行地名普查时，就曾发现京族周邻的汉族亦祭拜这两位神灵。“本境土地神”系山心岛区别于其他京岛崇拜的神灵之一。此神多系农耕民族保护村屯和田地的“社神”，似乎与专事海洋渔业的京族有着马牛之别。这些都表明，京族“唱哈节”在历史的形成和发展中，由于不断受到周邻民族宗教文化的影响，兼容并蓄，才逐渐形成了今天这种多元文化的复杂节日内涵，同时也体现了民族文化相互兼容、渗透的一般规律。

今天，在中国共产党的领导下，京族人民解放思想，锐意进取，以两个“文明”建设为指南，在继承和弘扬民族传统节日文

① 指婴孩生下来的第三天，杀鸡祭拜祖先，谓之“做三朝”。

化的同时，去其糟粕，存其精华，调整和丰富了节日的内容与形式，加强了世俗性和娱乐性的成分，逐步从娱神走向了娱人，使古老的传统节日又获得了新生。

（原载《广西民族研究》1992年第3期；
作者系广西民族问题研究中心研究员）

传统社会组织与京族地区和谐社会建设

周　艺　袁丽红

党的十六大和十六届四中全会提出了构建社会主义和谐社会的命题，明确提出并系统阐述了构建社会主义和谐社会的战略构想，强调要形成全体人民各尽所能、各得其所而又和谐相处的社会。我国是统一的多民族国家，和谐社会的构建是包括广大少数民族地区在内的，没有民族地区的和谐，就没有全社会的和谐。因此，民族地区是否安居乐业，是否安定有序，对于建设我国社会主义和谐社会具有十分重要的意义。

京族是我国人口较少的少数民族，也是一个跨境民族，主要聚居在中越边境地区。“翁村”制度是京族传统社会中带有原始氏族社会性质的长老制度，具有浓厚的原始民主色彩，直到现在还基本保持着。它在本民族内部有相当大的影响力，在管理民族内部事务中发挥着重要作用，在某种程度上弥补了政府工作的不足，是京族地区社会管理中不可替代的本土资源。我们应充分利用传统社会组织的积极因素，促进京族地区和谐社会的构建。

一、京族传统社会组织及其权力结构

由于特殊的历史来源和社会环境，新中国成立前，京族内部一直存在着“翁村”、“嘎古集团”等传统社会组织。“翁村”是京语音译，意为乡正式村长，他是管理村中事务的老人。“翁村”制度是京族社会中具有原始民主色彩的管理制度，是京族的乡村自治管理组织。

“翁村”是由村内有名望的老人组成的“嘎古集团”推选出来的，任期为三年。“翁村”不一定是有钱有势者，一般来说，他要具有说话能力，为人公正，有点文化知识，并为群众所爱戴的人。“翁村”的任务主要是处理村内发生的一切事端，并负责村庄的对外交际，筹办“唱哈”，主持祭祀仪式，召集村民开会，宣读和执行村规民约等。“翁村”任职期间可以得到一些公田或渔箔作为报酬。

“翁村”之下还有“翁宽”、“翁记”、“翁模”、“翁得”等专职人员。“翁宽”的职责是在“翁村”的领导下，协助处理村中具体事务，执行乡约，管理山林，防止盗伐等。每一任“翁宽”有八人，为首者叫“宽头”。“翁宽”由选举产生，任期三年，期满后可以升一级，若工作干得不好，群众可以罢免，“宽头”若干得出色，可成为“翁村”的候选人。“翁宽”没有什么报酬，唯有期满后在哈节乡饮中席位可提升一级。“翁记”即文书，协助“翁村”工作，专门负责宗教活动及收支账目。“翁记”也是由选举产生，任期三年，群众不得任意罢免，期满后可以提升一级，有渔箔一所作为报酬。“翁模”（又称翁巫、香公）专门负责“哈亭”的烧香，是由“嘎古集团”推选出来的，任期也是三年。做“翁模”的人必须人财两旺，子孙满堂，妻媳齐全，并且要在菩萨面前举行杯卜，三次都胜杯才能称职。在未就任之前，要为群众抬棺材，并为神庙服役做杂工，如“唱哈”时的烧饭、挑水、扫地等。就职一年之内就不用抬棺材了，期满三年也不必服役，并可以提升一级，任职期间有一定的报酬。“翁得”是专门负责观音庙烧香的，由选举产生，任职期间，可以享受三亩公田作为报酬。

按照京族的习惯，男子年满16或18岁就可以申请入“乡饮簿”。入“乡饮簿”时要在哈亭敬神、敬“翁村”，并捐赠些许钱物。成年男子入“乡饮簿”后，取得村民资格，便可享受村民的各种权利，也开始承担成年男子的各项义务。在传统习俗中，凡是登记入簿的村民均可以到哈亭参加“吃节”，在哈亭的位置有等级之分，等级通过各自的财力来确定，谁捐的钱多谁的等级就高。等级分为高、中、低、白丁、扶力五等，此外还有称为“记宽”的特别等级，其地位最高。等级确定之后，哈节时就按等级排定入席座次，高等级的人坐高位并享受一些特权，如可以享用祭品等。如果经济条件比较好，捐赠的钱物比较多，并买一件京族长袍和一顶毡帽，就可买得“官员”资格。村民必须具有“官员”身份并有一定能力，才有可能被推选为“翁村”组织的成员。

在“翁村”组织之外有一个“嘎古集团”。“嘎古”，京语意为长老。“嘎古集团”由村内有名望的老人组成，一般由村中离任的“翁村”、“翁宽”、“翁记”，年龄80岁以上且有“官员”身份的本族长者，本族在官府中有一定职务的现任或离任者以及现任、离任“翁祝”和“翁模”组成，其内部也有等级区别。“嘎古集团”拥有很高的权力，村中一切事情特别是村中的重大事项都要先由“嘎古集团”讨论决定，然后交由“翁村”执行，“翁村”处理不了的事情也转交“嘎古集团”处理，“翁村”及其他专职人员的任免由“嘎古集团”决定。“嘎古集团”还拥有一定的经济势力。如新中国成立前，巫头村有全村公有的14亩水田、11亩坡地、几所渔箔以及岛上所有的山林，都是归“嘎古集团”掌握处理的，他们可以拿去出租、典当或出卖，其收入归“嘎古集团”所有。“翁村”及其他专职人员任职期间的报酬也由“嘎古集团”决定。

由此可见，“翁村”组织是京族传统社会的基层政治组织，是村内的管理机构和执行机构，其职责主要是执行“嘎古集团”的决定，处理村内的生产、生活等日常事务以及维护村内治安等，其本身没有决策权。“翁村”的选举及其经济利益均掌握在“嘎古集团”手中，在处理村内各项事务时，“嘎古集团”具有最终决定权。可见，“嘎古集团”才是京族社会的决策机构，也是村内的最高权力机构。

二、京族传统社会组织的变迁

新中国成立后，京族社会发生了很大的变化，其传统社会组织也随之发生了深刻的变化。新中国成立前，集民间宗教事务管理与世俗事务管理于一体的“翁村”组织是京族社会的最高管理机构。新中国成立后，京族地区与国家社会的联系不断加强，乡村生活受国家政策的影响日渐加深。如今“翁村”虽然仍在京族社会中保留着，但与新中国成立前的“翁村”组织已有所区别，其构成、职能、功能、运行机制等均发生了变迁，演变为具有更广泛社会基础、群众基础及与哈亭有关的本族事务的纯民间的社会组织，其社会功能比以前淡化了许多。

第一，传统社会组织人员构成的变化。传统的“翁村”组织成员由“嘎古集团”推选产生，有一定的任期，其组成人员均有特殊的资格要求，因此其成员多来自京族社会的上层，他们领导和支配着京族社会的发展。新中国成立后，京族地区仍存在着“翁村”组织，但其组成有所不同。该组织由正（副）“翁村”、“翁宽”、“翁模”（翁巫或香公）、“翁祝”、“翁记”，各生产队队长（村民小组长）等人组成，由“翁村”领导。“翁村”设正、副职，副“翁村”一至二人不等，还有会计管理族内民间账簿。“翁村”一般由京族中能干、负责、公道、有威信的人担任，由全体村民选举产生，每届有一定的任期。原来享有重大事务决定权的“嘎古”的组成比过去更灵活，有更广泛的群众基础，一般由本族村长，以及有名望、有贡献者，各生产队队长（村民小组组长），“翁巫”、“翁祝”和本族年龄80岁以上的长者组成，其内部已没有等级差别。如今，这些传统组织中的成员其社会地位仍在，但在村中的影响力已减小。

第二，传统社会组织职能的变迁。传统的“翁村”组织职能广泛，要负责处理村内发生的一切事端，负责村庄的对外交际，筹办“唱哈”，主持祭祀仪式，召集村民开会，宣读和执行村规民约等，可以说，凡是村中大小事情都交由“翁村”组织处理。由于“翁村”在京族社会中拥有很大的权力，因而在国民党统治时期，政府在京族地区推行保甲制度之后，许多“翁村”被反动派直接利用，委以乡、保、甲长之职，为反动派服务，有些“翁村”甚至倚仗国民党反动派的势力，大肆鱼肉乡民，这些“翁村”实际上已成为反动政权的基层人物。由于现在每个村都有村民委员会，因而传统的“翁村”组织的很多职能均让位于村民委员会，如办理本村的公共事务和公益事业、协助维护社会治安等均由村民委员会负责，“翁村”组织的职能大大减少了。现在的“翁村”组织主要负责组织村中的公共祭祀活动；主持哈节活动，指派村民参加哈节筹备和做节期活动安排；负责管理每年哈节的财务；根据“乡饮簿”名单顺序，在村中有人过世时指派村民到丧家帮忙等。“翁巫”（香公）除了在举行哈节时负责烧香请神、祭神、送神外，平时每天还要负责给哈亭打扫卫生，接待客人，初一、十五负责烧香等；“翁祝”在举办哈节的时候负责写祭文请神、祭神、送神。过去象征地位的这些职位，现在由于已没有什么职权，所以有些人甚至不愿意做。如沥尾村现任香公龚振兴，2005 年哈节前十几天，在哈亭轮流卜卦，卜三次均为阴阳卦（大吉大利）者当选。轮到他的时候，连抛三次均为阴阳卦，但他不愿做，再抛第四次，还是阴阳卦，最后他不得不做。“嘎古”虽然仍保留着，但已没有原来的重大事务决定权，更多的是一种名誉和社会地位的体现。

第三，传统社会组织功能的变迁。传统的“翁村”制度具有社会控制功能、训导功能和组织管理功能等。传统的“翁村”制度是与族规、习惯法等结合在一起的。历史上，京族村落有很多维持社会秩序的习惯法——乡约（村约），乡约的内容包括团结御匪，严禁偷盗，禁止砍伐树林保护自然资源，以及有关婚嫁、祭祀、捕鱼、风俗习惯等各项。这些习惯法在京族地区具有相当的强制力，它是京族人民在长期的生产生活实践中逐渐形成、世代相袭、不断发展并为本民族成员所信守的一种行为规范。而这些习惯法是与京族的"翁村制"等社会组织相适应的，宣读和执行习惯法、调解纠纷就是"翁村"的主要职责之一。习惯法由"嘎古"、"翁村"等主持制定和监督执行，人人都要遵守，是一种带有强制性的社会控制力量。对于广大京族人民来说，民族习惯法既是一种约束，也是一种训导。民族成员一般都会参加习惯法的议定、修改、讲述、解释、聆听、执行等过程，每当订立新的规约，要由"翁村"对本族成员宣读，这一方面是为了让大家都知道规约的内容，而更主要的还是对本族成员进行训导，让大家对什么事情该做、什么事情不该做有一个正确认识，从而让大家共同遵守这些规约，因此说它还具有训导功能。"翁村"要负责筹办"唱哈"、主持祭祀仪式、组织生产、召集村民开会等。每年一度的哈节是京族最隆重、最热闹的民族传统节日，在"乡饮"中的排位是民族成员地位的象征。哈节活动通常由"翁村"（村老）主持，"翁记"（文书）、"翁祝"、"翁模"（翁巫）、"翁宽"、哈头、哈妹等也是不可缺少的角色，哈节要持续几天，内容包括迎神、祭神、入席、唱哈、送神等，事情繁多，围绕着哈节和哈亭的所有事情都要由"翁村"组织的成员来主持和组织。因此，"翁村"组织还具有组织管理的功能。

新中国成立后，京族传统社会组织的功能发生了变化。随着村民委员会的成立，传统社会组织原有的一些功能已移交给村民委员会，从而使其功能大为减弱。如今其主要功能已不是进行社会控制，而是组织村民参加集体活动，并使这些活动有条不紊地按照民族传统习惯来开展。现在的“翁村”组织主要是主持哈节等节庆和祭祀活动以及安排村内的婚丧喜事等，但是由于“翁村”组织的成员和“嘎古”都是京族社会中比较有声望的人，他们在京族社会有相当大的影响力，尤其是在民间事务中仍发挥着重要的作用。

第四，传统社会组织运行机制的变迁。历史上，京族的“翁村”组织和“嘎古集团”通过制定乡规民约等习惯法规范人们的言行举止，通过经济处罚等措施惩罚违反规约的人们，从而最终达到社会控制的目的，它的运行有一整套相关的制度。随着这些社会组织职能的变迁，其运行机制也相应地发生了变化。现在的“翁村”组织已不能制定乡规民约，也无权采取经济处罚等措施惩罚违约者，但是在节庆、公共祭祀、婚丧喜事等集体活动中，同样形成了一些成文或不成文的规范，这些规范虽然已不能强制执行，但是如果有人违反了这些规范，就会遭到人们的非议，从而影响到他在村里的声誉，并对他及其家庭的生产生活带来一些不利的影响。因此，传统社会组织对规范人们的言行仍能起到积极的作用。

三、利用传统社会组织的积极因素，促进京族地区和谐社会建设

中共十六届四中全会通过的《中共中央关于加强党的执政能力建设的决定》（简称《决定》）指出：“坚持最广泛最充分地调动一切积极因素，不断提高构建社会主义和谐社会的能力。”《决定》还指出：“要发挥城乡基层自治组织协调利益、化解矛盾、排忧解难的作用，发挥社团、行业组织和社会中介组织提供服务、反映诉求、规范行为的作用，形成社会管理和社会服务的合力。”京族传统社会组织就是一种能协调本民族内部的利益分配、化解矛盾的民间自治组织。它在管理京族内部事务中发挥着重要作用，是京

族地区实现自我管理的一种有效形式，也是京族地区构建和谐社会不可缺少的因素。

第一，京族的“翁村”制及习惯法有许多合理的因素，有利于当地和谐社会的建设。胡锦涛在省部级主要领导干部提高构建社会主义和谐社会能力专题研讨班开班式上发表的重要讲话中，全面论述了社会主义和谐社会的基本特征，指出社会主义和谐社会是一个“民主法治、公平正义、诚信友爱、充满活力、安定有序、人与自然和谐相处”的社会。和谐社会是一种人与人的关系、人与社会的关系、人与自然的关系相互协调的社会。京族传统社会组织及其习惯法特别注重协调人与自然、人与人、人与社会的和谐相处。京族地区有许多关于封山育林、保护资源和捕鱼方面的规约，还设有“翁宽”专门负责看管山林，这些都是为了协调人与自然之间的关系，其目的就是为了使人与自然能和谐相处。“翁村”还要负责处理人们在生产生活中产生的各种纠纷与矛盾，这正是为了协调人与人之间的关系，构建和谐的社会环境。“翁村”组织还注意保护当地正常的生产、生活和社会交往秩序，制裁现实生活中破坏和妨碍社会秩序的行为，保障本民族的整体利益，促进社会的协调发展。由此可见，京族传统社会组织及其习惯法的主旨与当今和谐社会建设的目标有许多相似之处。

第二，“翁村”制在京族地区有广泛的社会基础和群众基础，至今仍在京族地区发挥着重要作用。在一个复杂的多元社会中，多元规范和多元秩序是客观存在的基本事实，为调节各种各样的社会关系，应充分利用传统文化的积极因素。京族地区由于远离政治、经济中心，当地社会的自主性相对较强，传统文化对于社会生活的影响比较大，传统社会组织在当地民众中还有相当大的约束力和影响力。传统社会组织拥有深广的社会基础和群众基础，是千百年来世代相传并积淀而成的，从一定程度上说，京族传统组织能发挥当地政府某些不能发挥的作用，填补法律所不能顾及的真空。在这样一个传统意识较浓厚的地区，要促进当地的和谐社会建设，完全可以借助传统社会组织的力量。

《决定》指出："要高度重视和维护人民群众最现实、最关心、最直接的利益，坚决纠正各种损害群众利益的行为。"京族传统社会组织及其习惯法维护的正是当地群众最现实、最关心、最直接的利益，而且内容具体，贴近生活。历史上，京族人民对日常生活中发生的一些事情和纠纷往往有他们自己的解决方式，并形成了一些处理这些日常事务的规程和习惯。如今，他们在处理家庭事务和村庄中的部分公共事务中仍按习惯法来处理，如分家、养老、财产继承等家庭事务产生的矛盾和纠纷，一般都按习惯法请村中的"老大"进行协调处理，村中的婚丧喜事、节庆等公共事务更是"翁村"组织的份内之事，所有这些与京族人民生活极为密切的活动都离不开"翁村"组织。

第三，利用传统社会组织管理京族地区，有利于当地社会的稳定和有序发展。任何民族的传统社会组织，其一大功能就是维持该民族的社会稳定，促使社会向有序化方向发展。京族也不例外。由于"翁村"制度在京族社会有悠久的历史，已完全融入到京族人民的日常生活当中，对京族人民具有完全适用性和合理性，因此很容易得到京族人民的认同。在建设社会主义新农村、实行村民自治的过程中，可以充分利用传统社会组织的积极因素，维护京族地区的社会秩序，促进京族地区健康有序地发展。京族独具特色的社会组织虽然在现代化进程中已受到了很大的冲击，但是它作为一种民间的传统力量，仍然在现实生活中发挥着重要作用。只要将传统的社会组织与现代化进程中的新形势、新情况、新问题很好地结合起来，就能够发挥京族社会组织积极有效的影响和作用。

（原载《广西地方志》2007 年第 4 期；
作者系广西民族问题研究中心副研究员）

广西彝族的跳弓节及跳弓舞

张丽璧　王光荣　李学伦

“跳弓节”是广西彝族人民一年一度最盛大的民族传统节日，是一种全体性的族祭活动。就其形式而言，堪称是彝族舞蹈的盛会。包括五笙舞、铜鼓舞、二胡舞、扇子舞、盾牌舞、铜仙舞等舞蹈。表现古代武士英勇作战、胜利凯旋后欢庆胜利的场面，以及群众祈求丰收的心愿等。

一

跳弓节的传说甚多，普遍的有三种说法。

一说古时候，部落之间交战频繁，有一年春节前，一支倮倮（彝族）官兵奔赴疆场，与敌人奋战，因寡不敌众，藏身于金竹丛中，遂以金竹为弩，奋起反击，结果箭无虚发，节节取胜，终于击败了敌人，于次年夏历四月初凯旋归来。为了欢庆胜利，同时补度春节，大家把金竹种在村头一块平地中央，周围编上篱笆，视为神竹圣地，人们敲起铜鼓，吹起五笙，拉起二胡，环绕金竹，欢歌狂舞，世代相传，沿袭成为当今这个欢庆胜利，缅怀祖先业绩，祈求风调雨顺、五谷丰登的跳弓节。

又传，远古时候，彝族有九兄弟，由于深受异族欺压，八个兄弟都不敢承认自己是彝族，只有老九（人称九公）为了维护本民族的尊严，与仙女配偶，生养了成百上千个子孙，组成了一支强壮的人马。在一次战斗中，经过九天九夜浴血奋战，九公的队伍被打散，九公率众藏入山边的金竹林，敌人的箭像雨点般射来，然而那些箭头射中金竹都纷纷滑落，敌人恼羞成怒，砍伐竹林。九公急中生智，用刀背打石出火，烧起金竹林，发出噼里啪啦的爆竹声，敌人以为中计，慌忙撤军，九公一行人终于脱险。于是他们每人带上一蔸金竹，于四月初返回家乡。在屋边种下金竹，世代不忘其救命之恩。后世人每年夏历四月初举行以祭金竹为中心的歌舞盛会——跳弓节活动。

还有一种传说，金竹生出四兄弟——孟获、孟优、孟达、孟连。他们开创彝家的一切，孟获死于某年夏历四月初，跳弓节祭金竹，实际是祭孟获公。

跳弓节过去还有“大跳”和“小跳”之分。“大跳”是二十七年欢庆一次，要闹九天九夜，除在舞坪上跳外，全村还要按指定的路线到某个山头跳一两天。“小跳”是每年一次，每次三天。时间在农历四月初举行，具体日期各村寨不尽相同。现在，彝胞们本着提倡节约、反对浪费的精神，主动放弃了“大跳”，而以小跳作为一年一度盛大的跳弓节。

二

跳弓节活动的形式各村寨大同小异。节日前，先由“腊摩”（主持节日仪式的师公）在正月初八用抽签占卜的方式，从本寨已婚男子中选出两名象征古代战斗英雄的“麻公巴”，其妻称为“麻公妈”，他们是跳弓节和“跳弓舞”的主要人物。在这期间，其亲戚都要制作各种华丽的服饰和花鞋，供他们在节日穿着。节日活动主要是在村中一块坪子上进行。中央种有一丛金竹，旁边筑有一间象征古代战斗指挥所的师公庙，节日期间专供“腊摩”和“萨喃”

（节日主持兼念经颂词者）以及五位“造粑”（德高望重的老人）喃经祈祷，一般人不得入内。

仪式开始时，先由“腊摩”在师公庙中念祭祖吉祥祷词。而后，“萨喃”挥舞大刀，砍除事先埋在坪子周围的象征障碍物的弓形竹片，表示为人们开路。接着，“造粑”和一群姑娘领两位“麻公巴”及“麻公妈”出场。“麻公巴”头戴一尺多高的白色圆筒帽子，身穿绣有花边的黑色上衣。“麻公妈”身穿几件长短不一、悬挂锦带的花长袍，头上插十四把红木梳，木梳旁扎着红麻头饰，脚上穿着一双半统船状尖头的绣花鞋，颈上戴着两道项圈和四条项链，显得格外艳丽美观。“麻公巴”由亲戚打着七八尺高的长柄油纸伞护送，“麻公妈”前后有人为她捧着衣角，她就像坐在花轿里。一行人引路，浩浩荡荡来到坪子，举行报到仪式。此后，由两个“央巴”（吹五笙的人）吹着五笙引路，去请“腊摩”入场，这时“萨喃”也经一番打扮后，由亲属随同到场。与此同时。全村的男女老少一片“喔——卡”的呼叫声，坪子上顿时欢声笑语，热闹非常。

当全寨群众集中坪子后，整齐列队，首先向金竹丛和师公庙鞠躬致礼。由“邦郎”（司仪）高举铓锣敲击三下，“腊摩”登上竹台，庄严地宣布：今年的跳弓节开始了！高举酒杯，虔诚地向金竹丛频频洒酒，以示对祖先和金竹的祷念和敬意，然后一边摇铃，一边诵唱民族的战斗和迁徙史。唱毕，“萨喃”张弓横刀，骑着马围着金竹丛绕行九圈，以示古代首领号召勇士们出征抗敌。接着，举长竹竿立于一旁，让几位身背大刀的“麻吞阿”（士兵）跳跃过场，进行点兵出将。一位“央巴”弓步半蹲，“麻吞阿”依次飞跃而过，表示勇士们翻山越岭，奔赴战场。而后“麻吞阿”持长竹竿（象征长矛）绕金竹丛跳五笙舞，继而又手执盾牌、锤子跳盾牌舞，边舞边用锤子在盾牌上击打，表示进攻打仗。鸣枪三声后，卫士们抬着野猪，在“麻公巴”和“麻公妈”带领下，随铜鼓节奏围绕金竹丛顺时针方向边走边舞九圈，表示勇士们抬着战利品胜利凯旋，众人则在外圈逆时针方向起舞行进，表示前往迎接。最后，在一片“喂——哗”的呼喊声中欢乐起舞。

众人舞蹈队伍时而叉着腰随着五笙的旋律漫舞，时而手拉着手，踩着铜鼓的节拍欢跳。男女老少全部加入了这支欢歌狂舞的行列。舞至高潮时，“邦郎”喊一声“喂——哗”，众人随声应和，四位“造粑”分别向跳舞的成年人斟酒共饮，表示互相慰劳。当人们跳累了站到一旁休息时，“派”（通信联络员）便拿出火毛草向他们扫去，将人们赶下舞场。在躲闪避让中，人们的欢声笑语此起彼落，五笙铜鼓声震山谷，整个寨子沉浸在节日的欢乐之中。

第二天，“腊摩”带领全村群众，由“央巴”吹笙领路，边舞边走到村外一棵大杉树下，令一小伙子爬上树顶，砍下一条树枝，“腊摩”摘下树叶，分发给每个群众，群众将杉树叶插在头上或五笙上，以示五谷丰登和禾苗茁壮。下午，节日活动更加热闹。附近村寨壮、汉、苗、瑶等兄弟民族也来观看或参加活动，除了彝族男女老少跳的舞蹈外，还增加了“牙开”（赶鸟）、“瓦早”（围猎）、打虎等场面，表示驱逐残害庄稼的野兽和鸟类，保佑彝寨丰收兴旺。此时，只见“萨喃”扛起竹竿，一头挂着鸡，另一头吊着酒瓶，在群众的舞队中即兴跳跃，预示着丰衣足食的幸福生活。晚上“央巴”又带着男女青年依次到各家各户去“跳房”（在家里跳），祝愿人们吉祥安康。每到一家都吹笙跳舞（五笙舞和铜仙舞），主人向舞者敬酒致谢并相互祝福。

第三天，举行“敬山”仪式。这是跳弓节活动的最后仪式，全寨户主到附近一座高山顶上祭祀祖宗，跳五笙舞，由“腊摩”、“萨喃”和“造粑”等将铜鼓埋入土中，把道具集中置于师公庙，跳弓节到此结束。

三

穿插在跳弓节仪式活动中的跳弓舞，既是怀念历史上的民族英雄、祭祀祖先的传统仪式，又是祈求农猎丰收、生活幸福的祝祷活动，把追念往昔和希冀未来融为一体，表现出为民族的生存和兴旺而奋斗的鲜明意念；是内容多样、形式活泼的表演性节目，又是不分男女老幼，共同抒发欢快情绪的大型自娱性活动，使表演性与自娱性自然地相互结合，显示出一定的原始色彩；既是表现特定的历史生活内容的叙事舞，又是反映人们一定的内心感情的情绪舞，把叙事性和抒情性有机地交织在一起，表明了它是舞蹈发展史上的一种特定形态。这是广西彝族跳弓舞值得注意的基本特色。

跳弓舞动律的特点是：沉、稳、颤、顿。动作时全身松弛，重心下沉，上身微微前俯，腿部屈伸灵活，步伐坚实沉稳，尤其是连续颤动中的瞬间停顿，动律更为鲜明，具有憨厚质朴的气质。

四

广西彝族跳弓舞的主要伴奏乐器有五笙、铜鼓和二胡三种，五笙舞、铜鼓舞和二胡舞因其伴奏乐器而得名。

五笙，亦称葫芦笙或芦笙，彝语称“央”，由笙斗、笙管和笙簧组成。笙斗以葫芦为材料制成。笙管有五根，以荻芦竹（亦称芦竹）做成。最长的一条叫主管或母管，长80厘米（不包括插入笙斗部分），其余四条称“子管”，分别长44厘米、49厘米和55厘米。每条笙管的中部有音孔，根部安有簧片，均插入葫芦斗内，且穿透斗底将管口露出外面。吹奏时，左手各指分别按笙管音孔，右手拇指封堵露出斗底的管口。主管的顶端套一个比笙斗稍小的开眼葫芦为共鸣器。五笙的音色恬静而优美，旋律悠扬而动听，有些趋于口语化。音多短促，八分、十六分音符以及三连音常在每支乐曲中反复出现。特别是三连音的出现伴随着舞者悠悠颤动的舞姿，两者配合贴切，使舞姿更显得潇洒，风格更为突出。

铜鼓彝语称“巡”，分雌雄两种。雌鼓，彝语称“巡马”，俗称母鼓，鼓面直径80～100厘米；雄鼓，彝语称“巡刨”，俗称公鼓，鼓面直径35～50厘米。按彝家传统风俗，凡属喜庆性活动，公母铜鼓一对并用，丧事活动则独用母鼓。如今由于铜鼓稀少，往往一个村寨只有一个铜鼓，因此就不分公母，有一只用一只，有一对用一对，打破了过去红、白事活动的界限。

铜鼓吊挂位置和支架亦有一定的规矩，在室内要挂于正堂左侧枋木上；在室外则用两个树杈和一条木杠搭成支架，用棕绳将一对铜鼓吊挂于上，公母鼓鼓面相对，相距约40厘米。支架要搭于舞坪东南角的向阳处。由一人左手拿竹片敲鼓边，右手持鼓槌击公母鼓心，母鼓声浑厚、洪亮，公鼓声尖细、亮亢，加之铜鼓有不同的音高，每个铜鼓的鼓面心至鼓面边缘也有一定的音距，两鼓互相配合敲击伴奏时，不仅鼓声铿锵有力，节奏稳健多变，而且听起来有一定的旋律感。有的村寨还另加一人，用面盆在铜尾后面时盖时开以增强共鸣，使鼓声更加抑扬顿挫，独特动听。舞者随不同的鼓点而舞，使舞步更为轻松，情绪更加欢快。

二胡彝语称“集”或“麻集”，是彝族的一种拉弦乐器。传统的彝族二胡用泡桐木做胡筒身，黄猄皮做胡筒面，胡筒直径约15～20厘米，外形与一般大南胡相似。但由于制作材料和手工粗糙，音色、音域与南胡相差甚远。目前，这种乐器已近于失传，仅有个别艺人掌握。曲调也简单，乐曲属微调式五声音阶，伴奏时以颤音最为突出，具有颤、顿的特点，舞者随“央巴”边拉边跳，与舞蹈风格和动律十分吻合。

跳弓舞的伴奏音乐体现出沉着、稳健的特征，五笙和二胡乐曲常出现3和5这两个颤音。这类音型和节奏型与语言有着很大关系，一定程度上体现出这个民族质朴憨厚的气质。

彝族跳弓节的服饰，男子穿黑色宽裤脚短裤，扎黑色绑腿，头戴黑白色格子巾，外缠黑头帕。上衣有三种：一种是黑色前开襟短上衣，边缘饰有素色花纹图案；另一种是白色右开襟短上衣，边缘饰以彩色线纹；第三种是胸前开襟结扣的白色短上衣，前后饰有16个小口袋。女子穿白色无扣正开襟上衣，胸间露出用格子布做成的胸兜（彝语称“吴朵”，正面呈等腰梯形，下端缝贴一块宽约10厘米的长形绣片成兜，上端钉贴一块龙凤饰纹的银片，四周边缘钉贴小指头大的方形、圆形的小锡片。顶角分别连着两条锦带，翻过两肩，相扣于后颈，沿着脊背吊挂于身后。末端连着丝线彩穗，象征龙凤尾巴），下着黑短裤，腰间围有用榆树皮制成的黑色腰环。最为炫眼的是：女子衣领后露出连着胸兜的两条锦带，飘挂在身后，长至大腿处，跳舞或走路时随风飘动，腰环则随之微微颤动，使腿部的屈伸动律更显突出，别具一格，更增添了舞姿的美感。大部分女子还佩戴各种银项链、耳环、手镯等，并用黑格子布包头，黑布绑腿。“麻公巴”的服饰有两种。一种是黑色衣裤，式样与一般男子服相同，但上衣较长，扎黑色腰带，戴白色圆筒高冠，冠上饰有彩色排须。另一种是白色长袍。肩披钉有各种银饰图案的白布飘带，腰间另系绣有各式彩色花纹的许多细条彩带。“麻公巴”穿上这种服饰，更显得威武矫健，具有勇士的风度。“麻公妈”穿绣有各种彩色花纹的蓝色长袍，头上插14把红木梳。着半统船形绣花鞋，显得富丽堂皇，犹如皇后一般。“腊摩”身着一条白长袍，外加一件带花纹的白短衣，并扎一副长条锦带。也有的村寨“腊摩”服饰较简单，即在一般男子服饰外，加一件蓝色对襟无袖长衫，头戴系有彩须的笠帽。“萨喃”穿白色长袍，显得庄重威严，“麻吞阿”穿蓝色堂装长袍。

五

彝族跳弓舞在那坡流传的年代，目前尚无史料可资考证，只能从零星的记载及民间传说中找到一点蛛丝马迹。

首先可从彝族先民的迁徙年代看。据汉文史料记载：早在公元前2000年至3世纪，彝族先民就在“邛之卤”（今四川西昌一带）繁衍生息，并陆续有人迁来广西。《岭表记蛮》载：“史称武侯征蛮，当是罗罗……武侯南征孟获，同时岳甸牂牁，既证明当时罗罗之势际云南外，兼被于贵州及广西之西北”（那坡彝族过去称罗罗）。又据中国科学院民族研究所广西少数民族社会历史调查组的调查报告载：“倮倮族在900年前就来到睦边（今那坡县）定居了。”另外，在云南大理州府所在地下关市孔明庙里，竖有一块“孔明七擒孟获处”的石碑，并说明孔明于此就擒孟获后，孟获部下的彝民从这儿往广西那坡和云南富宁、广南、腾冲等地的大山林里逃散。根据以上史料和文物分析，广西彝族的先民生活在四川西昌一带，以后逐步向外迁徙，三国战乱诸葛亮南征孟获之后，又由云南大理一带陆续迁来广西，在那坡定居已有900年了。这一说法还可进一步从民歌歌词和民间传说中得到佐证。

彝族铜鼓歌中唱道：

彝家先辈人，居住在昆仑，
巍巍昆仑山，绿草嫩生生；
……
昆仑大草地，部落好几支，
人人同心思，争夺好地皮；
彝家部落小，常常争不起。
为了求生存，迁到雪地里。

……
饮过凉山水，吃过苦荞粑；
翻山又过河，来会孟获公；
石林风光好，滇池水清清；
百代不厌居，可恨又变天。
祖公落人手，儿孙四处散；
离开越析地，走到大箐里；
……
到了宋灭唐，变了一重天，
彝家遭排挤，重又受熬煎，
……
官司和土司，共同来策划，
彝家在普梅，又分为几路，
远的去交趾，近的来广西，
各寻各的山，各走各的路。

还具体地唱到：经过云南的拉圩、拉常、拉文、上野、郎恒、下野、马拔、镇安府（今那坡县城），最后分别在者祥、达腊、念毕定居。歌词中的“祖公”指孟获，越析和大箐都在云南大理境内。按以上歌词内容，不仅进一步证明广西彝族与四川凉山和云南彝族的族源关系，并可初步断定广西彝族在那坡县定居确有900年左右的历史。

其次从跳弓节的传说看，有关跳弓节的第一种传说，说的是彝族先民外出打仗，胜利凯旋后，因补度春节欢庆胜利而过跳弓节的，说明跳弓节产生于彝族先民定居那坡之后。又据达腊寨老人告诉我们：达腊寨主持跳弓的“腊摩”至今已换了三十四代。若一代以25年计，跳弓节的历史也有850年了。那么，穿插在跳弓节中的“跳弓舞”，其流传的历史也当与跳弓节基本相同。但是，跳弓节中五笙舞、铜鼓舞等舞蹈的形成，却要比跳弓节形成的年代久远得多。师公们在铜鼓歌中唱道：

离开越析诏，哪样都不要，
只带那铜鼓，作我传家宝，
众人背着走，走走又敲敲，
带着铜鼓走，万众心一条。
背着铜鼓行，吹着五笙来，
泪水湿透衣，回头不成人；
普毛才歇脚，兵祸又临头，
十日一步路，难为我祖先。
…………
五种好家财，十样宝贝物，
我舍得放开，我舍得分手，
长管的芦笙，花面的铜鼓，
祖宗的遗物，我得随身带。

歌词说明，广西彝族是背着铜鼓，吹着五笙，辗转迁徙最后在那坡定居的。说明彝族使用铜鼓和五笙作乐器的年代至少在千年以上。又据师公黎克秀生前口述：五笙的声音，代表祖先讲话的声音，给老人送葬时，边吹五笙边走，边鞠躬，表示与祖先告别，逐步演变成五笙舞。又说：铜鼓一打响，双脚都发痒，我们彝家一听到铜鼓声非跳舞不可。说明铜鼓和舞蹈是结伴而行的。这说明五笙舞和铜鼓舞确实源远流长，从形成起一直流传到现在，至少也应有千年以上的历史。

（原载《民族艺术》1987 年第 4 期；作者张丽璧系广西百色右江民族歌舞团编导，王光荣系广西师范学院广西民间文化研究所研究员，李学伦系广西百色右江民族歌舞团团长）

广西融水水族生活习俗调查

卢敏飞

广西融水苗族自治县滚贝侗族乡居住着侗、苗、瑶、壮、汉、水等民族。水族主要聚居在摩天岭余脉的龙家坡山麓一带的朱砂村。朱砂村所在地一百多年前属于一个名叫朱昌红的人所有，潘姓水族先祖刚到此地落脚时，称为朱昌红屯，后改为朱砂红，再后称为朱砂村。该村地处龙家坡山麓，海拔500多米，坐南朝北，四面群山环抱，峰峦起伏。西北是贵州省从江县翠里乡高芒屯，西接杆洞乡，东连洞头乡，南下35公里是滚贝乡。这里多为山坡林地，少数水田和耕地分布在连绵起伏的大小山坡上。1998年全屯有42户，其中水族35户400多人。

朱砂村水族自称“虽”或“水”（cuǎi），有本民族的语言，但无文字。水语属汉藏语系壮侗语族水语支。除了水语外，他们还通晓汉话、苗话，唱汉族贵州腔山歌。据史籍记载，水族源于古代百越族群，是从秦汉时期西瓯中的一支发展演变而来，历史上有“僚”、“苗”、“蛮”、“水家苗”等称谓。1956年国务院根据民族意愿确定其为“水族”。据了解，朱砂村的水族定居此地已有九代人，其先祖潘有明因逃避兵燹之灾，从贵州荔波县来到此地安家，经过百多年的生息繁衍，形成了今天的朱砂村。现将对朱砂村水族的社会生活习俗调查情况介绍如下。

一、物质生活

（一）服　饰

水族的祖先穿的都是传统民族服装，据潘姓后裔回忆说，以前他们的老祖公（清代以前）男子穿圆领无扣长衫。清初，广西部分地区的水族男子穿对衽衣，称“四块瓦”。妇女上穿长袖而窄的上衣，下穿百褶花裙。后来，男子改着大襟无领阔袖的青蓝布长衫，袖宽达七八寸。内衬白布短褂，下穿蓝（黑）色宽筒便裤，冬天穿棉长衫和夹裤。青壮年穿大襟、无领短上衣，少数穿长衫，下穿直筒便裤。女子穿对襟无领短上衣，身大袖宽、银扣，衣角镶有彩色花边，腰系百褶裙，扎青布带围腰，并在前后系上两块长条腰巾，打青（黑）绑脚。后来改穿长衫、着便裤。清末，封建统治者强迫水族更易服装，男子改穿紧身衣服、着马裤，妇女服装变动不大。后来，服装有所变动，起初是老年者穿无领布扣长衫，中青年多穿对襟便服，束腰带，下穿满裆长裤。随着审美观的改变，男子穿右开衽、铜扣衫，用1.2丈布做头巾，穿布袜和元宝盖布鞋或猫头鞋和翘尖布鞋。女子大多穿青（蓝）色大襟宽袖上衣、青色长裤，外套有褶纹裙子，打绑腿，衣襟衣袖和衣角四周及裤脚均先用青布做大滚边，再在里面镶一道花，穿翘尖布鞋或绣花鞋。

过去水族的头饰比较简单，妇女在头顶上结一个发髻，插一把木梳或银长钗，青年妇女将头发往前梳拢成一把，再从左到右或从右到左将头发盘旋包头，侧插一把木梳。只有逢婚丧大事或盛大节日祭典，才头插花簪，带银梳、银钗，佩戴银项圈、银手镯、银耳环等。平时，已婚妇女用青布包头，未婚姑娘则将长发梳成辫子，斜绾于头顶，上插木梳，以便区别。

近年来，朱砂村水族服饰变化很大。除一些老年人还保存有部分民族服饰外，其他人平常的穿着从衣裤到鞋袜，都与当地的汉、壮族无异。除在喜庆祭典日时，青年妇女插戴银簪、银镯等外，无法再见到传统的民族服饰了。

（二）饮　食

水族以大米为主食，小米、旱谷、红薯为辅，菜肴有一般蔬菜和猪肉等。

水族喜吃的食品有酸笋和酸菜。做法是：将采回的鲜笋去皮壳，放入盆或缸里，加水淹没，放几天后即成；酸菜做法较复杂，将芥菜洗净切碎，晒半干，与米饭拌匀，放进坛子密封，半个月后可食。辣椒是他们餐桌上必不可少的食品。这里地处高寒山区，且菜类少，辣椒既可做菜也可做调味品，又能御寒。过年才杀猪，最亲近的和高贵的客人来，杀鸡、宰鸭招待。鱼在他们生活中占有重要地位，老人归西，宗教祭典，要用鱼或酸鱼祭祖敬神；娶亲、接待舅公，筵席上鱼或酸鱼是必不可少的菜肴。逢较小的节日或待客时，才买些肉食，做些好菜。这里杀猪、打塘所得的肉、鱼很少出售。杀猪所得的肉除自己吃和送亲友外，余下的用盐腌好后挂在火塘上做成熏肉；鱼则将肚剖开洗净，用盐腌一段时间后，放在火上熏干爽，再用糯米饭、酒曲拌匀，塞进鱼肚里，放入坛内密封；或用黏米与盐炒，磨成粉，与鱼搅匀，入坛密封，做成酸鱼。第一种方法做出的酸鱼味道香美，但不如第二种存放得久。吃的菜肴都是煮的多，极少炒。植物油很少，吃的多是猪油。平时喜欢打火锅，将锅头放在火塘的铁架灶上，烧开搁上油、盐放入各种菜肴，煮熟后，挟出在盐碟里醮着用辣椒粉、盐和汤水做的调味汁吃。过去家境穷窘的人家无油，只好在锅里放把米替代。火塘设在厅堂中间，没有专设的厨房。近年来为了方便煮猪菜或熬酒，有些人家在厅堂后部或外面的偏廊筑起灶台，燃料主要是木柴，木炭主要拿去卖或烤火用。平时，家人吃饭时喜欢围坐在火塘边。客人来访，邻居串门，也喜欢在火塘边坐下“谈白”（聊天）。无论男女，大多喜欢饮酒。喝的多是自己酿制或从圩上买回的低度米酒。条件较好的人家还用糯米加酒曲，酿成糟后加水封好，做成水酒，用来待客或节庆喜筵用。总的来说，在饮食习俗方面，朱砂村的水族与相邻的苗、侗族相差无几。

（三）住

水族地区盛产杉、松、竹子等，房屋大多为木质结构，以杉皮、竹子或茅草盖房顶，近年来有少数人家用瓦片盖顶。过去在贵州时，住的是木板或竹子搭盖的房子，如同史书所记的宋代时由“楼屋战棚”发展为“人楼居，梯而上”，“上以自处，下居鸡豖”式的干栏建筑。迁到朱砂后，多建起三层木楼，住房与周围的苗、侗趋于一致，但也略有差别。现一般是片石屋基（部分），木板墙，杉皮或竹筒瓦。50 年代经济落后，住房多是三柱。改革开放后，房屋变得较为宽敞，大多数是五、七柱一幢三间式的房子。大门开在山墙、中柱之间。入门后，沿梯而上到二楼堂屋，堂屋一侧有门，门内是厅堂。厅堂空间较大，前面部分和两侧设有厢房，称“偏厦”，中间设火塘，后 1/3 处设架熬酒、煮猪食的火灶，在侧面开一门，外架设竹木搭成的小平台。这一层全部铺设楼板，用木板做墙。三楼仅两侧上方架设木板。一楼隔墙主要用竹（木）条做成，用来围养家禽家畜，放置农具，堆放柴火杂物和设置厕所。二楼住人。三楼阁楼用作贮藏室。因山高风大、湿度重，仅在“偏厦”住人的房间开窗。修建干栏时，先将山坡劈开成椅子状，用片石做护脚，在地面立约 2 米多高的底架，作为上层的承重部分。底架多用粗大的圆木为柱，用枋木拉穿，上面铺架楼板，结构平稳安全。

（四）交　通

朱砂村位于摩天岭余脉山麓之中，山高坡陡，沟深林密，与外界的联系主要靠崎岖的山间小路。村民们出门多带背篓，以运带物品。所需的生活、生产物资，全靠背篓从山外集市运回来，行路难严重地制约了这里水族的生产发展。70年代时，为了使手扶拖拉机能开进村里，生产队集中全村的青壮劳动力，开了一条沿山机耕路，但最终因财力有限，而未能如愿。近年来，滚贝乡出现了许多个体经营的客货两用农用车，活跃在乡村公路上，落后的交通状况有了较大改变。

二、传统节日

（一）春　节

与相邻的苗、侗族一样，水族称春节为过年。以前在贵州荔波和迁到朱砂以后一段时间里，水族是不过春节的，后来受周围的侗、苗、壮、汉等民族的影响，也将春节作为节日来过。除夕夜或年初一朝天鸣放砂枪，近年来有的人家用放鞭炮取代。年三十夜，男孩子要起来读书，用被虫咬过的木叶兑水喝，认为这样更会画画写字；女孩学绣花、唱山歌。初一凌晨，妇女、男人带纸钱、香烛到井（泉）水边去买水、抢水。初三日，点灯烧纸、酹酒送祖先回去。妇女们也在这天带上鸡、鸭、肉等走娘家、串亲戚。节日期间，晚上男女青年互相往来，在木楼里对唱山歌、情歌，寻找知己。

（二）二月社

农历二月社日，家家户户上山采回黄花草，用其汁来做黄糯饭。条件好的人家还买肉或杀鸡宰鸭，用水煮熟，与黄糯米饭供在火塘边敬神，祈求诸神保佑风调雨顺、五谷丰登、人畜兴旺。祭毕家人才能用餐。

（三）清明节

农历三月清明节的主要活动是上坟扫墓，俗称“挂青”。过去水族因长期迁徙，居住一处的时间较短，埋葬逝者后，不知何时又要远走，而且时间长了，距离远了，埋葬亲人的地方也难以辨认，更谈不上为之上坟祭扫等，所以没有清明上坟扫墓的习俗。但搬迁到融水滚贝乡后，居住地离壮、苗、侗等民族不远，受其民族文化的影响日益强烈，加之对祖先的崇拜，逐步形成清明节祭扫先祖坟墓之俗。

（四）四月八

农历四月八，各家各户用糯米浸泡枫树叶蒸煮成黑糯饭，先在火塘边敬祖先诸神，请他们一起进餐。因牛去年辛苦了，人们在享用黑糯米饭的同时也给牛吃几团，以示犒劳。

（五）卯　节

卯节，水语称为“tse ma：u^4”，意为“吃卯”。其规模不亚于春节，是朱砂村水族一年中重要的传统节日之一。节期选在每年农历六月第一个卯日，认为该日属兔，水族人会像兔子一样善良可爱，在该日过节能受到神灵保佑，人畜平安，稼穑丰稔。同时，这时苞谷等作物已成熟可收，山上芒芭也可挖采，为过节提供了丰富的食物来源。

卯节期约三四天。节前的头一天，要杀猪杀鸡宰鸭，开窖酒，备鲜鱼，做好丰盛酒菜祭祀祖先和款待客人的准备。人们上山采回松枝山藤，在地坪上扎起彩门，称“卯坪”。卯日是节日活动的高潮，对歌活动也从这天开始。是时，四方宾客和盛装的男女青年蜂拥而来。踩堂对歌活动开始前，村里每户都要送些酒菜到“卯坪”祭祀祖先。祭毕，再由族中长辈唱古歌，叙说先祖的来历、创业的艰辛，再致欢迎词：“亲戚朋友们，我们欢聚在这里。古父老留下这节日，最吉祥无比，大家可以纵情欢歌。未婚的年轻人，今天是你们美好的时光，要多加珍惜。让我们在节日里放声高歌，幸福无比。”然后焚纸酹酒祭神，而后举行踩堂吹芦笙的活动。男女青年们也各选好对象，唱起情歌。不少水族青年们就在欢乐的芦笙舞和如潮的歌声中找到了知己。

(六) 南瓜节

当地水族称之为过“苦年”，也叫“借瓜”，即吃瓜之意。节日选在农历九月九日午时。节日从凌晨开始，鸡叫时各家选最大最甜的南瓜与一把米煮熟，砍成条块，用碗盛好，和事先做好的鲜鱼、糯米饭、5双新筷子一起放在簸箕里，就地设席祭祀祖先。开祭时，要燃香5炷，低声祈祷：“公（奶），卯节到了，请你老人家回来和我们一起过节。”希望祖灵保佑子孙后代，年岁丰稔。祭毕，全家和宾客围坐在簸箕周围用餐。

三、婚姻、丧葬

(一) 婚　姻

长期以来，水族实行一夫一妻制和宗族外婚，同姓同村不结亲，与苗、瑶、侗等民族通婚。历史上，水族青年男女恋爱婚姻自由，节日活动中连袂歌舞，情投意合或经过“坐妹”相识，男女青年可结成夫妻。后来受到封建思想的影响和制约，逐渐发展到男女青年自由恋爱，但结婚必须征得父母同意，由父母做主，聘请媒人说合。对方家庭同意后，还需按照传统的婚嫁程序即说合、订婚、迎娶等才能完婚。结婚礼仪与当地的壮汉民族基本相同。

(二) 丧　葬

朱砂村水族认为，人老去世后，会变成祖公（奶）、祖太、祖神。其丧葬礼仪一般都经过取水浴尸、上梦床入殓、守灵出殡、买地下葬等程序。

1. 取水浴尸

老人病重将亡时，将其从房中扶出，躺在火塘边，儿女、亲戚守候四周。一俟气绝，房族兄弟分别去通知亲友，儿（或女）就到水缸里取些水，为老人擦脸抹背。女死者梳头、包头巾；男死者剃头，然后给他（她）换新衣裳。一般是穿衣服3~5件，裤子3条，鞋、袜各1双。如果死者牙齿尚齐全，要打掉一颗门牙，以免对子孙不利。洗换完毕，即可上梦床。

2. 上梦床入殓

梦床用2~3块木块搭成，下铺垫白布，架在火塘边，头东脚西。离床脚不远处摆2条酸鱼、1碗糯米饭和几只酒杯，并点上长明灯供祭。死者上梦床时，由亲属往其口中塞白银，手中放纸钱，告诉他（她）："此钱你不能给别人，要做上路时用，饥了买饭吃，渴了买水喝。"死者上梦床后，子女要在旁边守候，不让猫狗从其身上跳过。

老人年届60岁以后，其子女多预先备好棺木。平时放在楼底，使用时，抬到堂屋中间安放。棺头要对准神龛，棺脚朝门口。亡人入棺前，先在棺柩底铺上一层纸钱，意在让他们在另一个世界里能买田置房，有处落脚谋生。入棺时辰一到，由儿女将死者抬放入棺材内，盖上用白、蓝色布做成的面布。此时，师公念咒告诫道："你已死了，阳间魂要出外，阴魂留在里面。"如此再三，即可封棺，并放炮告示，孝子孝女放声大哭。

3. 守灵出殡

死者入棺后，孝子女身着孝服，守候棺柩两旁。来吊唁死者的亲友均在棺尾燃香焚纸，并扶起跪候的孝男孝女。水族老人去世，仅用稻草或麻丝束腰，以示戴孝。据说因为古代办丧事时，孝布缺乏，引起争吵，先祖见此情况，就对大家说："亲朋好友们，我们因为穷，弄得孝布不够大家戴，从今以后，不再戴孝布示孝，仅吃几天素就行了。"出殡时，先在门外烧一串鞭炮，然后长子身背一团约1斤重的糯米饭，手持燃着的香烛和纸钱领路，众兄弟儿女在后送柩上山。棺材一出门就将长明灯灭掉，让死者安心而去。

4. 买地下葬

人死找到合适的墓地，由师公用米撒放四周，表示买山买地。再用鱼、香纸敬土，才能动手挖坟穴。墓穴挖好后，将一只公鸡杀死，未断气时丢入穴内，并烧纸钱，放鞭炮，让鸡跳起，看棺柩放时偏向何方才合适。棺木放入穴内，长子跪在棺材头上敲柩再三叮咛死者，把身上的糯米饭团放在棺柩死者手上的部位，用锄头挖三下土，即可盖土埋葬。

5. 几种特殊的葬法

凡因坠崖、雷击或因其他原因如被枪、刀杀死者，不准抬回家里，要停尸村边装殓埋葬。葬后三五日，再请鬼师拿公鸡在村边作法念咒送行。家庭条件好些的，过几年可拾骨重葬。未满36岁的死者，只给一口棺材，不行葬礼，死后马上埋葬，不许久留。孕妇难产死，也马上出殡，安葬时只能埋在倾垅地（山坡脊梁处），过几年再拾骨安葬。10岁以下夭折者，用簸箕铺在地上做梦床，做木板小棺材安葬。父母极为痛心者，用火碳在其脸上作记号，看其以后到何方投胎。

四、宗教信仰

（一）祖先崇拜

朱砂村的水族也流行祖先崇拜，他们视逝去的先祖为祖神，加以顶礼膜拜，认为只有信奉祖灵，才能得到护佑。过去老一辈的人把历代祖先名讳写成牒谱，希冀以此加强后代对祖先神的了解和敬奉。尽管这些牒谱已失，但很多老年人、中年人还能追溯出列祖列宗的名讳。在这里，祭祀祖灵是唯此为大的头等大事。不仅逢年过节要恭请祖神回来与家人相聚共享香火美食，就连婚姻、丧葬和起房子等大事，也要在灶边设桌供奉丰盛酒菜，祭祀再三，以求得祖神的保护。在他们看来，祖灵在人们的生活中无所不在、无所不能。附近的侗、苗、壮等民族堂屋神龛供奉的多是祖先的灵牌，但朱砂村水族堂屋神龛供的却不是祖神。这里的水族村民说，堂屋过去是没有的，现虽然建起了，但远离火塘和人们，不适合祖神安身。作为最高神祇的祖先，应在温暖的火塘边，与子孙后代在一起才对，他们对祖神爱护和恭敬有加的程度，由此可略见一斑。

（二）多神崇拜

人们认为祖先保佑子孙后代生活平安、稼穑丰稔，在众神中理应居最高地位，主管民族生殖繁衍的花婆神，也是不容忽视的，所以花婆神是仅次于祖先神的神祇，被奉为家庭和地方的守护神。花婆神亦即花神，每户都要在家中厢房边为她立神位，求她保佑妇女多生育，并保佑小孩逢凶化吉，长生平安。安放花婆神的仪式相当隆重，要把最受敬重的舅妈请到场，用猪仔做牺牲，请师公念咒作法，杀鸡宰鸭宴请女客。此外，历史上还信奉灶王、土地、米魂、山魂、水魂、梅山神等，认为灶王保护家庭诸事平安，过年时要敬祭一番；土地是村屯神，保护屯子内牲畜不遭野兽伤害；米魂，又名田神，保护禾苗生长，在每年播种前、插秧、收割后等农事活动中，皆要举行祭祀仪式，并依次增加祭品；梅山神管护狩猎，每次出猎有所斩获均要以猎物献祭；人出门时须加小心，避免碰上山魂、水魂，否则就会得病等。

五、对几个问题的思考

（一）百褶裙的消失

据清谢启昆《广西通志》记载，当时的水族服饰是“男女皆挽髻向前，项饰银圈。男服对衽衣，名四块瓦。女花裙（百褶裙），衣袖长窄”。时至今日，水族的服饰变化已经很大，尤其是为青年妇女所喜爱的百褶裙（花裙）已经无法寻到其踪影了，水族妇女们日常所穿的服装，基本上是蓝色大襟无领半长衫，青布长裤，深青色围裙。她们原先所盛行的百褶裙消失原因何在？民族服饰的产生和形成，主要与居住地理环境、气候条件、审美观等有着密不可分的关系，尤其是生产方式，对服饰的形成发展影响更大。水族居住的桂西山地（包括其先祖居住地贵州荔波县），山高林密，涧深沟菁，气候湿润，植被茂盛，田地多在山腰坡底，生产条件比较恶劣。作为生产主力的水族妇女，除了要做纺纱织布等日常家务外，还要翻山越岭去耕田种地。显而易见，穿着百褶裙穿山越涧、过林钻洞，不仅极不方便，而且也不安全，百褶裙在生产劳动及日常生活中已经起不到保护作用了。水族妇女为了适应社会经济发展的需要和跟上时代前进的步伐，让长裤、便裤逐步取代百褶裙也在情理之中。百褶裙的消失，表明了水族对那些过时、不适合的服饰加以改革，使之跟上时代的变迁和生产发展的需要，使之更加舒适、完美。

（二）节日文化所折射的民族心理

1. 卯节文化的内涵

过卯节的主要是龙江上游的贵州省三都荔波及其毗邻一带的水族群体。朱砂村的水族从荔波县迁来，过卯节是理所当然的。卯节的起源无史可考，但它是据水历、水书推算出过节日期的。据此可以认为起源于一千多年前，水族先民从百越族群分化出来以后，由采集渔猎经济转向农业种植经济。研究表明，作为百越族群中分化出来的水族，其种植水稻的历史可以追溯到唐宋以前。《旧唐书·地理志》载：今水族聚居的贵州三都荔波等（以前称为东谢）地区“土热多霖雨，稻作再熟”。《宋史·蛮夷传》说，水族先民“夹龙江居，种稻似湖湘”。朱砂村水族卯节选择在禾苗返青时的农历六月举行，实际上就带有渴望丰收的祈愿。水稻的丰收，要风调雨顺，而风调雨顺要靠上天和神灵的庇佑，水族卯节的主要内容是歌唱和娱乐。民间故事《阿腊坡和耀向井》就讲到，人们在祭祀仙男仙女和仙人石后，这一带就泉水常流，树木常青，即使干旱年景，水稻也能获得丰收。因此每年农历六月卯节这天，家家户户都要备办酒席，祭祀仙男仙女。青年男女穿节日盛装在阿腊坡上和耀向井边互相对歌，显示卯节的唱歌活动最初目的在于祭神、娱神。这和广西壮族歌圩节“一年每到今天能唱唱歌，必定风调雨顺，五谷丰登，人畜兴旺”等如出一辙，道出了在节日唱歌起到既娱神更娱人的作用，说明唱歌娱神与农耕社会尤其是水稻种植民族有着密切的联系。可以说，卯节是农耕社会自然崇拜的产物，具有鲜明和突出的稻作文化特征。

2. 过苦年

水族的苦年又叫南瓜节，起源于纪念古时灾年。据说水族的一位长者为解决族人的疾苦，外出找粮，不幸饿死途中，族人治丧别无他物，只好煮了家中仅存的一只南瓜发丧。因长者忌日是农历九月逢午，所以这天大家忌荤，用南瓜煮熟和鱼一起置于簸箕内祭祖。祭毕，全家人围着簸箕进餐。这个传说表明，水族居民在迁徙定居以后的日子里，曾遭遇过一场令他们刻骨铭心的灾难，为了悼念先祖，奋发图强，便在这一特定的日子里斋戒素食（鱼除外）来做纪念。苦年的举行，表明祖先崇拜在水族中的至高地位，而在这个重要的忌荤宗教祭典日，鱼没有被排除在外而是被当作祭祀品，表明鱼在水族生活中占有非同小可的重要地位。联想起水族在丧葬中用鱼作为必须祭品，新婚、起新房要将鱼放生，分宗开亲要用鱼祭祖才能举行仪式，以鱼招待贵客等风俗，可以认为，远古时代，鱼对于水族的生存和发展关系密切，人们认为鱼对水族特别慈善和关照，于是鱼被视为本民族的同类，与本民族有血统关系，并将其作为神灵崇拜。用鱼作为祭祀祖先的供品，就是他们视鱼为沟通人与祖先联系的中介，祈求祖先赐福庇护本民族后代繁荣昌盛的原始崇拜心理的反映。鱼在宗教祭典和喜庆日里的重要地位，也说明了作为农耕民族之一的水族曾经历过采集渔猎的原始时代。渔猎生活使水族对鱼产生了崇拜。研究表明，秦代后，水族先民开始从骆越族群中分离出来，离开邕江流域一带，溯龙江而上，迁徙往桂黔边境，逐渐向单一民族的方向发展。随着社会的发展，水族也逐渐脱离了原始社会，进入阶级社会，但其鱼崇拜的原始宗教信仰，仍以文化遗存的方式保留在水族的风俗习惯中。

（原载《广西民族研究》2001年第2期；
作者系广西民族问题研究中心副研究员）

“俫人”族源浅探

龚永辉

我国“俫人”分布于黔桂滇三省（区）交接地带。新中国成立三十多年来，一直未能确定其民族成分。近年来，虽引起一些专家学者的注意，然而见仁见智，看法不一。综观其研究动态，关键在于尚未对其族源问题进行过系统的探讨。笔者认为，探讨“俫人”族源是件很有意义的事，它不仅仅是目前解决“俫人”族属问题的关键之一，还牵涉到汉藏语系各语族先民之间，及其与南亚语系孟-高棉语族先民之间的历史关系。深入、系统地探讨这一课题，将对解决西南民族关系史中的一些疑难问题起到一定的积极作用。然而，课题难度较大，非一两篇文章便可搞清，当循序分别讨论。本文为“俫”源初溯，旨在给“俫人”族属识别提供参考意见。概而言之，古今“俫人”的概念不同，今自报“俫人”的族源出自仡佬族。

一、古今“俫人”的概念和时空区别

文献里，关于“俫人”的记载不算很多，却已可以勾勒出古今“俫人”的大致轮廓。

“俫——古族名”，这是1979年出版的《辞海》的注释。该书在“俚”的条目下，进一步把“俫”的源流作了交代：“俚——东汉至隋唐屡见于史籍，常与僚并称。主要分布在今广东西南沿海及广西东南等地……少数移入桂西的后称俫，至清代渐与壮人融合……”。

其实在古籍里，这一“古族名”并非仅存在于桂西。据《浔州府志·前志第四卷》载：“猍（俫）人（蓄）蛊占卜各事，皆汉唐以前风气未开之陋俗。”而最早较为具体叙述“俫人”的史料，则是《广南府志》采于《元史》的一段：“广南路有黑白沙人、普喇、普央、黑白猓猡（倮㑩）、鲁兀来子、普歹九种。其地山硗获薄，男青衣，不曳地，女长裙，跣足，性缓力弱，喜食诸虫，不知礼教。”

明代对“俫人”的记载更为生动，更为活跃。当时他们主要活动在今贵州。洪武年间“调北征南”，大将军傅友德率军由黔入滇，取道普定、普安（今兴义地区一带）。“征平俫苗”后，留下先锋黄昱“永镇斯土”。后屡有“苗俫”反抗。如“永乐元年，糯钵寨苗赖子据陵元堡叛”，不得不“调云南曲靖、普安大兵讨平之。”再如弘治十一年又发生“鲁础营之乱”，“奉旨调川、湘、滇三省兵往征，三年不克”，只能再调滇桂土官巨富五姓之兵，分三路“合于鲁础营，协力年余”，方得平定。至于“俫人”在这个时期的风俗习性也有所记载。如“鲁础营之乱”平定之后，裂土封五姓为土司。《贵州通志》就记载：其地“原系奶子所居，其男子逐出境外，五姓即以奶子之妇配给所带兵丁，其性强悍，穿短裙，赤足，奔走如男子，俗称老户，非土司不可制之”。

到了清代，贵州境内，“俫人”已不那么活跃，只有“明叛赖子之墓”一类记载。广西却不然，《古今图书集成》里记载西隆州的“猫猍（偛俫）顽梗之裔”，西隆的统治者们还在哀叹：“苗猍（俫）之性，顽梗难驯，非一朝一夕可以移风易俗。”《广西通志》也载：“猍（俫）居山巅曰寨，男蓄发，以青布包首，颈插烟袋，出常携锄，能作獞（僮）语；妇人衣蓝，领袖裙脚则以红黑各色缘之。”

到了民国时代，仍有少部分记载，贵州《兴仁县补志》卷七十四页载：“兴仁县……有苗来，各现亦读书、知礼通俗焉。”《田西县志》亦载：“猍人分布于南角乡之猍周猍的等村，以人数太少，早为汉族所同化，语言风俗习惯与汉人从同……”当时的《辞海》也注释：“猍［勒孩切音来］，蛮族名，能作壮语，广西西隆州有之。”《岭表纪蛮》一书中，则以“水人”、“巴人”、“但人”、“牙人”、“佯人”、“那马”、“倮罗”、“黑衣”、“仲人”、“俫人”等各族“或壮化、或汉化、或人寡势微，实同名异，尤无可纪”，故“一概从略”。

新中国成立后，1951年中央民族访问团一分团联络组的调查材料还载：“百色区……俫人（俗称俫子）一千余人。”1964年版的隆林民族分布图上，代表俫人的“其他民族”代号标明约为五百人。

上述文献资料表明：千百年间，“俫人”的主要活动区域是滇黔桂交界处。实地考察，这一地区还有不少古“俫人”所遗留的城堡、营盘、围墙、地基及坟墓。当地人民或称之为“俫”，或称之为“央”。传说中的“俫人”，除去那些神话色彩之外，也与史籍记载的大致相似。

分析上述资料，笔者认为，我们对古代“俫人”的认识，应当明确三点。

其一，“央人”不是“俫人”。

上述古代“俫人”活动区域内，在人们的传说往往是“俫人”与“央人”几乎一样，甚至不少人把二者合而为一。因此，以往的调查者得出这样的印象：“央人”就是“俫人”。其实，这是一种误会。

如前所录，至今见于云贵高原最早的并较具体地叙述俫人的史料就是《广南府志》引《元史》的那一段。其中，“普央”和

“来子”各作为当地九种族体之一并录。民国《兴仁县志》风俗志载：当地人六月六要祭布央田，参照当地民间传说，所祭的是古时开荒造田而又搬走了的“布央”。再据《兴仁县补志》证明，民国时期流行祭布央之俗的当地居民中“有苗来”，可见直到民国年间，兴仁一带人们的意识中，“俫”和“央”都还是两个概念。如果说，据此而列“央”“俫”间的不等式仍然需要进一步验证的话，那么，今天的民族称谓仍然可以借鉴，贵州的布依族，云南、广西的壮族中，就有不少仍旧称为“布央”、“布别香”、“麻秧”的土语集团。而自报“俫人”的，却没有被任何一族称为“布央”。同时，这些“俫人”仍以自己特有的语言、风习等诸因素，明显区别于各“布央”集团。

其二，此地“俫人”不等于彼地“俫人”。

亦如前录，广南“俫人”“女长裙，性缓力弱，喜食诸虫”，而册亨“俫人”妇女则是“其性强悍，穿短裙，奔走如男子……非土司不可制之”。无论从衣着服饰上，还是从性格特征上，以至人口质量上，都判若两族。再如笔者实地考查，民国时期《田西县志》中所指居于俫周的“俫人”，以及被俫周人称为“布俫”的隆林拉也居民，他们操的是壮语南部方言砚广土语。可是，自报“俫人”的人群至今保持的传统“俫语”却与壮语属不同语支。还值得一提的是，“俫人”有不同的来源。《辞海》所释，“俫”是“俚”迁到桂西后形成的，其祖居地原在两广的沿海地带；《贵州通志》又将“俫”称为“老户”，作为与“客人”相对的概念使用，而且，《西隆州志》也述：其地自古“苗猍杂居”，都表明“俫人”自古生息于斯。可见，尽管同称为“俫”，却往往在风习、语言以致来源上都迥然各异。

其三，古代“俫人”不等于今天“俫人”。

清《西隆州志》载：“民有四种，曰仲家、曰侬人、曰俫子、曰倮倮。”其中，“仲”、“侬”各为今当地壮族两大方言一个土语集团的先民，“倮”则为今当地彝族的先民。“仲”、“侬”在当地历来人口最多，列在前边；“倮倮”排在后尾，其人口远比“仲”、“侬”少。可见其序列与数量是相应的。“徕”排于“倮”之前，人口应多于“倮”。然而，若以今天“徕人”的概念去看当时西隆州的“徕子”，则其人数比当时的“倮倮”少得多，不应当排于“倮倮”之前。这就要求我们注意到古人今人对民族的认识上的差别，注意到族称延续性之外的变异性，历史地观察这个问题。用当时的“徕子”的概念去进行分析，这就好理解了。据笔者考证，古“徕人”的含意，原为“畲种山人”，其特征就是“居山”和“游耕畲种”。当时的西隆州内的居民，除了今天其地的壮、彝各族以及“徕人”的先民外，还有今当地苗族、瑶族、仡佬族各支系的先民。这些集团未见明确的记载，却一直到新中国成立初期还保持着游耕畲种的特点。而且，把他们的人数合之于“徕”，则恰好适于“仲”、“侬”之后，“倮倮”之前。因此可以说，《西隆州志》所称“四种”之民中，“徕子”一种实际已包括了今当地苗、瑶、仡佬各族以及自报“徕人”的直接祖先。进而，我们已知古“徕人”内部支系差别悬殊，跟“分而未化、融而未合的相对独立的群体单位”——今天自报“徕人”的群体，确有很大的不同。我们的探索应当充分认识到这一区别，把握住自报“徕人”群体本身，去寻找其真正的族源。

二、今自报“徕人”的祖籍及其族源

为避免古今“徕人”在概念上的混乱，对今天“徕人”的称谓取其自称。今云南“徕人”自称“蟒皮”是用彝语所述，就像广西“徕人”用汉语自称“徕人”一样。今云南“徕人”传统语言已失，传统自称亦不复存在。唯广西“徕人”仍然保持，在“徕语”中音为“布流”。

今广西三姓“布流”都传说是从外地迁来的，王姓还记得的地方是：“江西”、“湖广”、“鲁础”、“高坎子”、“结龙坝”；韦、陆二姓记得的是：“江西”、“湖广”、“铁板桥”、“下午屯”。此外，还传说不少地名都在西隆境内。经广西民委识别组调查核实，“下午屯”、“结龙坝”、“高坎子”都在今贵州兴义，“鲁础”即今贵州兴仁县鲁础营，“铁板桥”是今贵州镇宁县花江区的“铁索桥”，于是基本上认定他们来自贵州。

然而，对“江西”、“湖广”这两个地名的解释尚需花一番心思。调查祖籍时，“布流”被询问者对其他小地名或失或记，但对“江西”、“湖广”却是无人不晓。在其视为最神圣的中堂神位，有人赫然写上“本祖始于江西湖广”字样；在被视为最郑重的引亡人“返祖”的“开路辞”里，甚至起首就是“江西唉湖广”；更有一所清代的“生基坟”，其碑文铭记着“始祖……原系湖广……人氏”。前人对此的解释有两点：一是小地名全在贵州，不属“江西湖广（南）”，二是石碑铭志“与古俫人居住地对不上号，而且年代不长，不能说明古俫人的族源”，并通过这两点否定“江西”、“湖广”的传说。其实，这样的解释并未使人信服。我们认为“江西”、“湖广”作为祖居之地，在敬祖心理特别强烈的“布流”中有口皆碑，一般来说是不会没有住过这些地方的。问题是怎样去理解它。仔细考察，“江西”或是黔中一个小地名。“江西坡”位于今晴隆县西南三十里，为明代安南卫前期治所；“湖广”为元代所建的行省，其范围包括北盘江以外的贵州，其西界就在安顺附近。因此，“江西湖广”的传说也未曾把“布流”的祖籍拖到贵州之外。当然，也不排除这一传说反映了明代“江西填湖广，湖广填四川”的历史现象的影响，其影响方式也许有跟汉人在思想意识方面的交流，在血缘方面的融合；但从其至今保持的语言类型特征来看，这种语言类型与汉语迥异，而且使用这种语言的人很少，不可能将大量汉人同化于其中。因而，“布流”先民的主体并非从古代汉人势力区“江西”等地搬来，而是本来生活于少数民族聚居的贵州。从而可以确定“布流”的祖籍。其离当代“布流”居住处最远的，目前所能找到的是镇宁、安顺一带。

历史学中任何一个有科学意义的“点”，都应当由时空概念交叉构成，犹如一个坐标。前边找到其祖籍是镇宁、安顺一带，仅是坐标的横轴。因此，当再找出其纵坐标，即时间概念，弄清楚“布流”生活于今安顺一带时究竟是什么历史时期，然后再看彼时彼地民族关系如何，以便进一步探讨其族源。

从传说的特点来看，近代的居住点易记，久远的一般都遗忘了，能够保存下来的必有其不寻常的内涵。这些内涵，就是我们要寻找的历史线索。因此，应该把注意力集中在距今“布流”居住点较远的“鲁础营”、“铁索桥”、“湖广”、“江西”这几个地名中。

“鲁础营”的“营”字乃明代卫所制度的标记。特别是明弘治年间的“鲁础营之乱”，给人印象很深。而且，战乱期间正是人们外逃的高峰期，因而可视为一个时间标记。

“铁板桥”因其用材奇特而让人印象深刻，它建于明末，“布流”过桥的时间绝不会早于那个时限。

“湖广”的流传也许是因为政区的变动。明永乐十一年（1413年），成立贵州承宣布政司，其大部分地区就是由“湖广”划来，这一变动发生在“布流”迁徙的途中。当“布流”在原湖广布政司境内某地定居时，其地已改称“贵州”，因而他们误以为走出了“湖广”。此后的迁程，一直在与“湖广”相邻的贵州境内，因而也传“湖广”。

“江西”这个小地名，是祖居的一个具体地点，流传原因不很明确，大概因为元明时期常把“江西湖广”联称，后人产生了误会，而把这小地名“升格”成为一个堂堂行省的大名，传了下来。它对确定居留期限的作用不大，但却有助于我们肯定两条不同迁徙路线的“布流”其祖籍是同一的。

从“湖广”与“铁板桥”提供的线索看，韦、陆二姓“布流”生活于安顺应是元明以至更早的时间，南下镇宁则是明末以后。从“鲁磁营”来看，王姓“布流”过镇宁的时候还没有“铁板桥”，他们比韦陆二姓来得早些。但从“湖广”来看，亦不会早于元至元年间。于是元朝前后，大致是三姓“布流”均居于安顺一带的时间。

安顺、镇宁一带，明属“安顺军民府”。查《明史》（十四传二百回，贵州土司）：“安顺、普里部蛮所居，元世祖置普定府，成宗时改普定路……”又《元史·地理志》说：“普定路，本普里部，归附后改普定府……”可见元、明及更早，生活于当地的“蛮”主要为“普里部”。

“普里”与“布流”一样，都是民族语言的汉语记音。从双边的声韵关系来看，确是十分相似。“普”和“布”在作为族称记音时往往是相通的。如前引“布央”就曾被记为“普央”。所不同的仅仅是“里”和“流”，也只差在韵尾的一个音素，作为记音上的误差，这也是常见的。特别是按彝语解释所谓“普里部”就是“濮人”。“濮”正是彝人对“布流”的称谓，因此，有理由将“普里”看作“布流”的先民。

《安顺府志》卷二十二《普里本末记》称：“普里之先，出于昆明。”《史记·西南夷传》将昆明归为“氐类”，大多数学者都认为昆明绝大部分是彝族的祖先。由此看来，“布流”似乎与彝族同源，然而，两者语言事实相差很大，长期同处于一个地区而有如此之大的语言差别，不可能是“同源共流”，因而“布流”与彝族只是“异源交流”，“布流”的真源必定是在彝族先民“昆明”之外。

再看《贵州通志》卷十一里，周洪漠撰的贵州水西彝族土司《安氏家传序》，其中有这样一段：“其先有慕济济者，与普里部犵犵氏争为君长，迭有盛衰。其后有曰济济火，善抚其众，时闻诸葛武侯南征，通道积粮以迎武侯。武侯大悦，遂命为先锋，赞武侯以平南夷，擒纵孟获。及归，克犵犵氏，拓其境土，武侯封为罗甸国王。自济济火传至普贵凡五十六代，其先间皆封以王爵。”

此文中就把仡佬族称为“普里部”。尤中先生分析这一段历史时指出：普里部在“水东”，当时“水西”安氏彝族祖先慕济济已越水而东，至普里与仡佬族酋长进行争夺。及至三国初年，济济火始“拓其境土”，被封为罗甸国王，当地仡佬族即被置于彝族贵族的统治之下，直到明朝时期如此。上引《安氏家传序》之中，还叙述：“普贵，宋开宝间纳土归附，殇王爵以镇一方。”清人白爱必达《黔南识略》记安顺府“宋为普里部，元置普定府及习安等州，至元中改为罗甸宣慰司……”都反映了这一历史事实。因此，《安顺府志》所称的昆明，乃按统治者的族源叙述。其实，普里部是仡佬族，不是彝族。

至此，再将仡佬族与“布流”相对照，本文的结论就已经接近得出了。从民族称谓来看，彝族称仡佬族也同称“布流”一样，都叫做“濮”，而且，“布流”与仡佬族各方言集团的自称在音韵上往往同源。查阅中央民族访问团一分团联络组 1951 年写的《西隆苗区民族情况报告》，还有这样的记载：“据俫族代表说是原来一种少数民族与土人混杂的结果。原来的少数民族可能是仡佬族。”更令笔者坚信的是，多次实地考察所见“布流”与仡佬各支系无论在语言或者风习上，以至心理素质方面，都还保持相当大的同一性。无疑，“布流”与仡佬在主源上相同。作为分化融合中的当代群体单位，必然还有其他来源，只是就其较为牢固的传统血缘纽带，以及其至今仍与仡佬族各支系特征最接近等因素来看，其他来源只是处于从属地位，并未决定事物的本质，因而本文略而不论。

“布流”从“普里”中分化出来，应是离开安顺府之后的事，也就是说，最早是在明末以后。而那以前，《新唐书·南蛮下南平僚传》中说："戎泸间有葛僚。"宋代朱辅的《溪蛮丛笑》中记载"五溪蛮"中有"曰仡佬"者，其记载今湘西、黔东一带各族情况共79条，明言"仡佬"者达17条之多。元代的《云南志略》、《元史》、明朝的《炎徼纪闻》等等，都记有仡佬。可见仡佬族形成已久。"布流"既是后起之称，且是从这个族中分化出来的。因此，确切地说，"布流"的族源出自仡佬。但本文并非直接讨论族属问题，族属已另文探讨，待进一步订正后，再向识者请教。

[原载《广西师范大学学报》（哲学社会科学版）1985年第1期；作者系广西民族大学教授]

后 记

为庆祝中国西南民族研究学会建会30周年，查阅30年来我国西南各省、自治区民族研究的发展情况，学会决定在建会30周年之际，出版“中国西南民族研究学会建会30周年精选学术文库”，各省、自治区分别结集出版一卷。按照总部的统一部署和要求，广西壮族自治区民族问题研究中心、广西民族大学、百色学院等单位的副会长便开始商议文集的出版事宜。2013年，广西民族大学秦红增副会长组织力量收集论文并计划以《广西民族大学学报》增刊的形式出版，后因学会总部要求统一版式和出版社而停止。为了保持与兄弟省的编辑出版进程同步，“广西卷”的编辑出版工作责无旁贷地落在了广西民族问题研究中心肩上，由研究中心主任俸代瑜副会长负责筹集出版经费，由覃彩銮副会长负责文集论文的收集、编辑工作。

我们收集入选论文的原则是：（1）以广西壮族自治区自治主体民族——壮族为龙头，兼顾或反映瑶、苗、侗、仫佬、毛南、回、京、彝、水、仡佬等11个少数民族的代表性研究成果；（2）作者以广西籍为主体；（3）收入论文以在广西区内相关学术期刊公开发表为主；（4）收入的论文保持其原貌。

论文的收集工作主要由广西民族问题研究中心覃丽丹同志负责；覃彩銮、黄润柏、刘建平、袁丽红、黄仲盈、覃丽丹等同志共同负责论文的校对。最后由覃彩銮、俸代瑜同志主编、通串。

学会会长何耀华、副会长陈国安十分关心广西卷的编辑和出版工作，并给予热情指导，在此谨致谢忱。

由于广西各世居少数民族的研究工作发展不够平衡，收集到的论文的数量自然也不平衡。在论文收集和编辑过程中，欠妥之处难免，请予指正或鉴谅。

编者

2014年3月28日

图书在版编目(CIP)数据

中国西南民族研究学会建会30周年精选学术文库．广西卷/袁晓文，陈国安总主编；覃彩銮，俸代瑜分册主编．—北京：民族出版社，2018.5

ISBN 978－7－105－15367－1

Ⅰ．①中…　Ⅱ．①袁…　②陈…　③覃…　④俸…　Ⅲ．①民族学—西南地区—文集　②民族学—广西—文集　Ⅳ．①K280.7－53

中国版本图书馆CIP数据核字(2018)第100061号

策划编辑：虞　农
责任编辑：毛乐燕
封面设计：金　晔
出版发行：民族出版社
地　　址：北京市和平里北街14号
邮　　编：100013
网　　址：http://www.mzpub.com
印　　刷：河北鑫兆源印刷有限公司
经　　销：各地新华书店
版　　次：2018年11月第1版　2018年11月北京第1次印刷
开　　本：880毫米×1230毫米　1/32　字数：405千字
印　　张：14.75
定　　价：48.00元
ISBN　978－7－105－15367－1/K·2674(汉1523)

汉文编辑一室电话：010－64271909　　发行部电话：010－64224782